浙江省社会科学界联合会研究课题成果（2013N013）

《四库全书》与嘉兴

王火红◎著

安徽师范大学出版社
·芜湖·

图书在版编目(CIP)数据

《四库全书》与嘉兴 / 王火红著. — 芜湖：安徽师范大学出版社，2017.11（2018.4 重印）
ISBN 978-7-5676-3297-4

Ⅰ.①四… Ⅱ.①王… Ⅲ.①《四库全书》- 研究 Ⅳ.①Z121.5

中国版本图书馆CIP数据核字(2017)第279066号

《四库全书》与嘉兴 王火红◎著
SIKU QUAN SHU YU JIAXING

责任编辑：潘　安
装帧设计：丁奕奕
出版发行：安徽师范大学出版社
芜湖市九华南路189号安徽师范大学花津校区
网　　址：http://www.ahnupress.com/
发 行 部：0553-3883578　5910327　5910310(传真)
印　　刷：虎彩印艺股份有限公司
版　　次：2017年11月第1版
印　　次：2018年 4 月第2次印刷
规　　格：787 mm×1 092 mm　1/16
印　　张：23
字　　数：439千字
书　　号：ISBN 978-7-5676-3297-4
定　　价：89.00元

前 言

在中国五千多年文明发展进程中，中华民族创造和传承了独树一帜的灿烂文化。先人给后世留下了数量宏富、令人叹为观止的文献典籍，其中一部人称“千古巨制，文化渊薮”的巨书，就是清乾隆年间修成的《四库全书》。《四库全书》收录图书3 461种，79 309卷，入存目书6 793种，93 551卷，共计10 254种，172 860卷[①]，基本上囊括了我国18世纪中叶以前的主要著作，是古代图书前所未有的大结集。《四库全书总目》等官修大型目录著作，继承古代目录学“辨章学术，考镜源流”的优良传统，钩玄提要，提纲挈领，不但把《四库全书》著录、存目的上万种书统括成一个有机的整体，而且系统总结了中国传统学术的渊源流变。可以说，《四库全书》及相关书集中保存了中国古代丰富浩瀚的文献典籍，全面展示了中华民族灿烂辉煌的传统文化[②]。这部巨书问世之后，与举世闻名的万里长城、京杭大运河一样，为全世界所瞩目。世界上极负盛名的一些大百科全书，如英国的《大英百科全书》、日本的《世界大百科事典》等，都把《四库全书》的编纂作为中国文化史上的一件大事，以专门的条目和段落，介绍给世界各国的读者[③]。

《四库全书》问世之后，便以它独有的魅力，不断吸引着学者对其进行研究，随着研究的深入拓展、成果的延续涌现，逐渐形成了研究《四库全书》的专学——“四库学”。《四库全书研究论文篇目索引（1908—2010）》收录百年间有关《四库全书》及相关领域的文章篇目5 000余条，是至今搜集最为完备的“四库学”研究文章索引。它不仅便于学者检索利用，还勾勒出了百年间“四库学”发展史。从该书收录著述我们可以看到，从民国初年开始，《四库全书》的研究先后掀起了两次热潮，至今余温不减。

---

①永瑢，纪昀，等.四库全书总目[M].北京：中华书局，1965：3.

②甘肃省图书馆，天津图书馆.四库全书研究论文篇目索引（1908—2010）[M].北京：国家图书馆出版社，2013：2.

③华立.《四库全书》纵横谈[M].上海：上海古籍出版社，1988：1.

一、《四库全书》研究概况

（一）民国时期的“四库学”研究

对《四库全书》的真正研究，从严格意义上来说，始于1911年清王朝被推翻之后。乾隆帝下令编纂《四库全书》之时，曾缮写七部，分别贮藏于北京故宫文渊阁、西郊圆明园文源阁、承德避暑山庄文津阁、沈阳故宫文溯阁、江苏扬州文汇阁、镇江文宗阁和杭州文澜阁。然而，历经风雨沧桑，七阁藏书损毁过半，其中文源阁、文汇阁、文宗阁三部《四库全书》全部被毁，文澜阁《四库全书》仅存四分之一，后经多次补钞齐全；有幸完整保存下来的文渊阁、文津阁、文溯阁三部《四库全书》，也多经变迁。民国时期《四库全书》的研究源于其中的文津阁《四库全书》。

1914年，刚成立不久的民国政府将文津阁《四库全书》由承德避暑山庄运至北京，1915年入藏京师图书馆保存并向社会开放。为了更好地保存与利用《四库全书》，当时学术界文化界提出了影印《四库全书》的动议，受到了社会广泛关注，虽然最终未能实现，但揭开了《四库全书》研究的序幕。

著名学者陈垣先生受教育部委托，于1920年6月到8月主持了对文津阁《四库全书》的清点工作，其间撰写了《文津阁四库全书册数页数表》《四库书目考异》《四库人名录》《四库书名录》等；1925年他主持了对文渊阁《四库全书》的清点，摹制了《文渊阁书排架图》，精确地绘出了书架的位置、层次以及每一层书架上典籍书名。在清点《四库全书》的过程中，陈垣还在故宫摛藻堂发现了《四库全书荟要》，在武英殿刻书处发现了自《四库全书》中撤出准备销毁的部分书。长期与《四库全书》的接触，陈垣研究成果颇丰，先后撰写了《编纂四库全书始末》《四库撤出书原委》《四库全书考异》等著述，不仅梳理了《四库全书》编纂的过程，还对一些悬而未决的问题作了开创性的研究。因对《四库全书》整理与研究的重大贡献，陈垣被誉为“四库学”的领军人物[①]。

自文津阁《四库全书》入京开放及陈垣相关成果发布之后，有关《四库全书》的论著相继出现。这段时期的研究成果可分为三类：

一是对《四库全书》纂修情况及收录内容的梳理。如任松如《四库全书答问》（1933）讲《四库全书》的纂修历史、《四库全书》分类及收录《四库全书》有关的重要文献；郭伯恭《四库全书纂修考》（1937）介绍了四库全书的编修过程、收录书

①周积明.“四库学”通论[J].清史研究,2000(3):52.

籍数量以及四库全书馆的组织；杨家骆《四库全书学典》（1946）介绍了四库全书的知识体系，汇编了四库全书著存书、撰人等条目以及有关的统计资料和专题目录。

二是对《四库全书总目》提要的辨正。如余嘉锡《四库提要辨证》一书[①]，对《四库全书总目》提要条目先摘原文，后指示错误，并广泛引证辨明，特别是对著述内容、版本、作者家世生平等所疑，详加考证，共订正讹误490篇；胡玉缙《四库全书总目提要补正》[②]，博采群籍，爬梳资料，考证《四库全书总目提要》2 092条，占《四库全书总目》提要数量的四分之一。两书作为民国时期《四库全书总目》辨正成果的巅峰之作，不仅为学者阅读利用《四库全书总目》提供了便利，还为后世树立了研究的典范。

三是对《四库全书》相关文献的整理。如陈乃乾《索引式的禁书总录》（1932）、王重民《办理四库全书档案》（1934）、金毓黻《文溯阁四库全书提要》（1935）等书目档案文献，为《四库全书》的研究提供了重要的资料基础。特别是商务印书馆1935年出版的选印本《四库全书珍本初集》，大大增强了《四库全书》的影响与传播，促进了学术界研究工作的开展。

(二)20世纪80年代后的"四库学"研究

20世纪80年代以后，对《四库全书》的研究出现了第二个高潮，而这一次也是跟《四库全书》的影印有关。1982年，台湾商务印书馆开始筹备影印文渊阁《四库全书》全本。1983年，时任台北故宫博物院副院长的昌彼得先生特撰《影印四库全书的意义》一文，明确标举"四库学"；台湾东吴大学刘兆祐教授撰《民国时期的四库学》一文，也直接提出并使用"四库学"的概念[③]。"四库学"之名一出，迅速在海峡海岸引起共鸣，随后，学术界对《四库全书》及其相关问题的研究成果如雨后春笋，蔚然大观，相关研究逐渐形成体系。虽然学者对相关研究成果的分类各不相同，但笔者比较认同周积明的观点，即四库学的研究类型大致表现在文献研究、历史研究、文化研究三个维度。

1. "四库学"的文献研究

"四库学"的文献研究，是从广泛的文献学角度而言，既包括文献及版本的勘

①余嘉锡1900年开始从事写作，1937年择取史、子两部写定之稿290余篇排印；1952年新撰成260余篇，汇合前稿，计490篇，约90万字，按《四库提要》原书顺序编排。全书1958年由科学出版社正式出版，1980年由中华书局出版标点本。

②胡玉缙一生致力于《四库全书总目提要》的补正，生前此书稿未写定，未能发表。后由王欣夫辑录整理，于1964年由中华书局出版。

③甘肃省图书馆，天津图书馆．四库全书研究论文篇目索引（1908—2010）[M]．北京：国家图书馆出版社，2013：3.

误、补正、考核与纠谬，又包括服务于文献阅读和研究工具书与资料汇编，属于实证研究的范畴。相关成果主要有：

一是《四库全书》不断被影印出版。1986年，台湾商务印书馆推出《文渊阁四库全书》影印本；1987年，上海古籍出版社以台湾影印本为蓝本，缩印出版；1999年，上海人民出版社与香港迪志文化出版有限公司联合推出《文渊阁四库全书电子版》；2004年，福建鹭江出版社与北京功德阁文化传播有限公司合作影印出版线装本《文渊阁四库全书》；2006年，商务印书馆与九鼎时代公司联合影印出版《文津阁四库全书》；2015年，杭州出版社与浙江图书馆合作影印出版《文澜阁四库全书》。各阁库本的影印出版使《四库全书》得到了广泛的传播，为《四库全书》的相关研究孕育了丰沃的土壤。

二是四库相关丛书陆续问世。如，1997年，齐鲁书社与台湾庄严文化事业有限公司出版了以季羡林为首的编委会编纂的《四库全书存目丛书》，该书收录清乾隆期以前的古籍4 508种、1 200册，均是《四库全书》未收、散藏于海内外100多家图书馆的孤本珍本；2000年，北京出版社出版的《四库禁毁书丛刊》梳理汇编了《四库全书》编修时禁毁书311种，同年出版的《四库未收书辑刊》网罗了清乾隆四库馆臣未见和清乾隆以降至清末问世的2 000种书；2001年，齐鲁书社出版的《四库全书存目丛书补编》，在《四库全书存目丛书》的基础上增收历代典籍219种；2002年，上海古籍出版社出版《续修四库全书》，该书既补选《四库全书》成书前传世图书，又续选《四库全书》成书后著述，共计收书5 213种；2005年，北京出版社出版的《四库禁毁书丛刊补编》，补收四库禁毁书290种。这些相继出版的丛书是对《四库全书》的补充，弥补了《四库全书》收书不全的缺憾，与《四库全书》一起清晰地揭示了到清末为止中国古代文化典籍的面貌，为《四库全书》的相关研究提供了丰富的文献资料。

三是四库全书提要的整理点校成果频现。如整理本《钦定四库全书总目》(1997)、崔富章《四库提要补正》(1990)、李裕民《四库提要订误》(1990)、杨武泉《四库全书总目辨误》(2001)，是对《四库全书总目》各篇提要的考订辨误；吴格整理《翁方纲纂四库提要稿》(2005)，吴格、乐怡标校整理《四库提要分纂稿》(2006)，张升编《四库全书提要稿辑存》(2006) 是对四库纂修官提要稿的搜集整理。司马朝军《四库全书总目研究》(2004) 从分类学、目录学、版本学、辨伪学、考据学等角度对《四库全书总目》进行了研究，介绍了《四库全书总目》在文献整理方面的贡献[①]。

①司马朝军.《四库全书总目》研究[M].北京:社会科学文献出版社,2004.

2.“四库学”的历史研究

“四库学”的历史研究则着重研究《四库全书》与《四库全书总目》编纂的背景、过程、活动以及相关人物。

一是对《四库全书》纂修历史的研究。黄爱平《〈四库全书〉纂修研究》（1989）运用丰富史料，特别是大量的办理《四库全书》历史档案，结合清前期的社会背景和学术状况，对《四库全书》编纂的过程及其影响做了全面的研究，对其中所涉及的禁书、文字狱等有关问题也做了深入的探讨，一时被誉为清史研究的创新成果①。吴哲夫《〈四库全书〉纂修之研究》（1990）充分利用台北故宫博物院文渊阁《四库全书》，系统介绍了四库全书的修纂过程②。中国第一历史档案馆编《纂修四库全书档案》（1997），是对纂修《四库全书》档案的整理，为《四库全书》的研究提供更加丰富与翔实的历史资料③。李常庆《〈四库全书〉出版研究》（2008）则通过考证史料考察《四库全书》成书后两百年来影印出版与续修的历史④。

二是对相关人物的研究。一些学者关注《四库全书》纂修过程中不同人员的作用及组织运作，如李忠智《纪晓岚与〈四库全书〉》（2010）以通俗的语言，介绍纪晓岚是怎样率领众多顶尖级学者编纂《四库全书》的⑤；张升《四库全书馆研究》（2012）分析了四库全书馆机构设置、运作管理、人员配置、奖惩制度等诸多方面，认为四库馆是由两大系统组成，并对现在通行于世的《四库全书》职名表进行了力所能及的修订与增补，为政府及民间组织大型图书的编纂活动提供借鉴和参考⑥；刘凤强《四库全书馆发微》（2015）从图书整理的传统与四库全书馆的开设、四库全书馆人员的遴选及其特点、四库馆管理制度研究、四库馆内人数与人员设置比例、政治引导与学术影响等方面，论述了有关四库全书馆的流程、制度、人员等特点⑦。司马朝军《〈四库全书总目〉编纂考》（2005）主要探讨《四库全书总目》的编纂过程，分析现存四家（翁方纲、姚鼐、邵晋涵、余集）所纂四库提要稿与《四库全书总目》的异同，弄清其他馆臣（包括分纂官、总纂官、总裁官等）在《四库全书总目》编纂过程中发挥的作用，讨论清高宗对《四库全书总目》的主控作用⑧。

---

①黄爱平.《四库全书》纂修研究[M].北京：中国人民大学出版社，1989.

②吴哲夫.《四库全书》纂修之研究[M].台北：台湾故宫博物院，1990.

③中国第一历史档案馆.纂修四库全书档案[M].上海：上海古籍出版社，1997.

④李常庆.《四库全书》出版研究[M].郑州：中州古籍出版社，2008.

⑤李忠智.纪晓岚与《四库全书》[M].北京：中国出版集团现代教育出版社，2010.

⑥张升.四库全书馆研究[M].北京：北京师范大学出版社，2012.

⑦刘凤强.四库全书馆发微[M].兰州：兰州大学出版社，2015.

⑧司马朝军.《四库全书总目》编纂考[M].武汉：武汉大学出版社，2005.

3. “四库学”的文化研究

“四库学”的文化研究主要关注《四库全书》与《四库全书总目》的知识本质、价值趋向、文化观念及其恒久性的价值。

计文德《从四库全书探究明清间输入之西学》(1991)从《四库全书》收录的西方图书情形入手，分析四库馆臣对西学的看法及明清之际西学对我国学术的影响，侧面展示明清之际中西文化的交流与融合①。周积明《文化视野下的四库全书总目》(1991)以独特的切入点、宽阔的视野、详密的论证，将《四库全书总目》放到文化整理中加以还原和分析，从中探寻中国文化的种族心理、十八世纪的时代心理以及《四库全书总目》编纂者的群体心理，把《四库全书》研究推到一个全新的高度，在“四库学”研究史上具有举足轻重的地位，为“四库学”乃至目录学的发展拓展了视野、开辟了新径②。陈晓华《〈四库全书〉与十八世纪的中国知识分子》(2009)，研究《四库全书》纂修前后中国知识分子在这个时期的表现及特征，从文献学史、学术政治史、思想文化史的角度首次以《四库全书》为基础考察了中国十八世纪及其前后知识分子的心路历程，对其代表及代表性成果进行了专门研究，在学术史上有较重要的学术价值③。司马朝军主编《〈四库全书〉与中国文化》(2010)介绍了《四库全书》的内容及分类体系，专论分为《周易》、道家、佛教、《四书》、司马迁、司马光、中医及学案等八大专题，力图全方位、多角度地探讨《四库全书》蕴含的中国文化之道④。

除了以上专著，在中国知网上以题名“四库全书”“精确匹配”的条件查找，可以检索到1980—2016年的期刊论文、学位论文、会议论文等研究文献1 764篇。从图0-1可以看出，1980年之后《四库全书》研究文献数量总体呈上升趋势，2014年达到128篇的峰值。这些论文的研究视角与上述专著大体一致。

但需要指出的是，“四库学”的文献研究、历史研究、文化研究成果并不均衡，前两者较多，文化研究则显得薄弱。另外，在实际研究中，三个类型的研究视角并不是泾渭分明的，相反，它们往往不可分割，甚至水乳交融。例如，陈垣以库本提要与《四库全书总目》比较，发现了四库馆臣如何在提要中强化他们的政治意识和文化观念⑤，这一基于文献研究角度的发现对“四库学”的历史研究和文化研究，具有重要的意义。

①计文德.从四库全书探究明清间输入之西学[M].台北:汉美图书有限公司,1991.

②周积明.文化视野下的四库全书总目[M].北京:中国青年出版社,2001.

③陈晓华.《四库全书》与十八世纪的中国知识分子[M].北京:社会科学文献出版社,2009.

④司马朝军.《四库全书》与中国文化[M].武汉:武汉大学出版社,2010.

⑤周积明.文化视野下的四库全书总目[M].北京:中国青年出版社,2001:291.

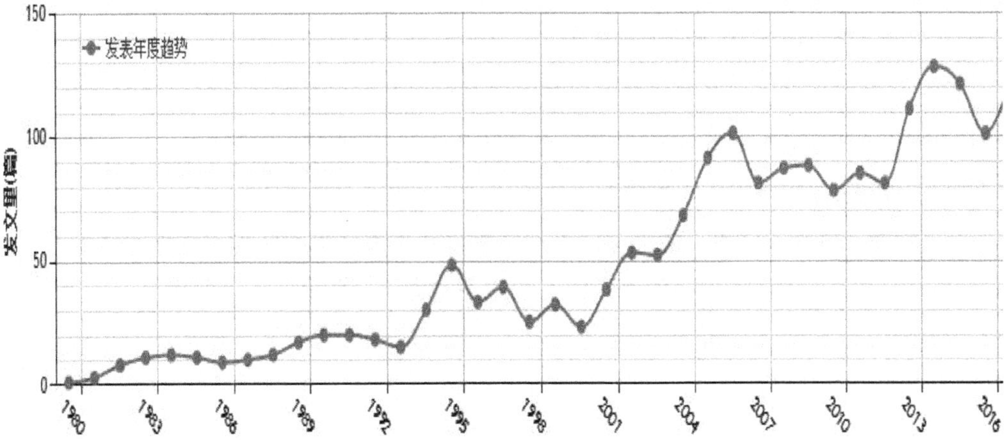

图0-1 中国知网收录《四库全书》研究论文数量趋势图[①]

二、区域“四库学”的研究回顾

四库开馆前期进行了历时7年的全国访搜图书工作。当时各省按朝廷访搜图书务求全备无遗的要求，把各自州县志和正史中所列人物著录的书，列出名册，派专人向本地书商、藏书家、名人之后及知情者逐一查核、访求，《四库全书》因而具有最广泛的图书书源，成了全国地方文献的集大成者；在全书的编纂过程中，来自全国各地的学者参与其中，使不同区域的思想文化再次交流碰撞；全书编修完成后，分贮七阁，藏书地区的学者士子趋之若骛，在图书保护与传承中付出巨大努力。这些使《四库全书》自刊行以来，有力地促进了区域文化的传播、融合与发展。因此，有学者认为，在我国现存的单部文献资料中，对全国区域文化研究价值最大者当首推《四库全书》[②]。

对《四库全书》的区域研究成果，在“四库学”中有着重要的位置。从研究方法看，有整体研究，也有个案研究，学者们从各地公私进呈本、献书人、禁毁书，四库所收地方文献、四库收录各地著述，各地学者对《四库全书》的贡献等方面，对《四库全书》作了区域文化学的探讨。

①http://kns.cnki.net/kns/Visualization/VisualCenter.aspx.

②查昌.《四库全书》与区域文化研究[OL].[2016-02-25].http://www.Guoxue.com/article/list.asp?id=405.

(一)《四库全书》相关文献区域分布研究

对“四库学”从区域角度的整体研究散落于前文提到的各种研究成果之中，尤以文献研究的成果为多。这部分研究成果重点关注《四库全书》进呈书目、著录存目书籍、禁毁书籍的地区分布情况。

任松如《四库全书答问》一书据涵秋阁钞本《进呈书目》将各省进书种数进行统计，并列出《四库全书》收录存目各地书籍数量[①]；黄爱平《〈四库全书〉纂修研究》中的《各省进呈书籍总数统计表》则根据汪启淑《水曹清暇录》《进呈书目》《纂修四库全书档案》综合统计[②]；冯春生所撰《〈四库全书〉著录底本来源分析》一文则对各省进呈书为《四库全书》所著录情况作了统计[③]。罗春兰对以上三家数据进行了统计对比，详见表0-1。

表0-1 各省进呈与四库著录书籍数量分布[④]

巡抚（总督）	进呈种数		著录种数		存目种数	合计总数
	任说	黄说	任说	冯说	任说	任说
浙江	4 523	4 600	366	367.5	1 273	1 639
江苏	1 911	4 808	310	310.5	551	861
两江	1 362		251	250.5	467	718
两淮	890	1 708	133	136	361	494
江西	784	1 042	61	61	394	455
安徽	523	516	128	118	199	327
山东	367	366	51	51	160	211
直隶	238	238	38	38	161	199
福建	202	213	58	59	102	160
河南	108	113	12	12	55	67
陕西	102	103	8	7	71	79
山西	88	88	8	9	58	66
湖北	84	84	13	13	47	60
湖南	46	46	7	7	26	33
广东	12	12	2	2	2	4
云南	4	4				
奉天	3	3			2	2
浙闽			5		3	8
两广					2	2

注：黄爱平将苏州书局1 726种、江宁书局1 374种、两淮盐政1 708种所进之

①任松如.四库全书答问[M].成都:巴蜀书社,1988:22-24.

②黄爱平.《四库全书》纂修研究[M].北京:中国人民大学出版社,1989:37-39.

③冯春生.《四库全书》著录底本来源分析[J].图书馆研究与工作,1996(1):54-56.

④罗春兰.四库学区域研究述要[J].图书馆工作与研究,2010(8):73-82.

书，统归于江苏，故有4 808种；冯春生将前后两部分源自两个地区藏家的书，以0.5种分别计入两地书籍数量，固表0-1有0.5种数量之说。

从表0-1可以看出，在乾隆三十七年（1772）冬至三十九年（1774）夏，整个征集书籍过程中，除四川、甘肃因战事未曾采访外，进呈数由多至少分别是：浙江、江苏、江西、安徽、山东、直隶、福建、河南、陕西、山西、湖北、湖南、广东、云南、奉天，另外广西、贵州无书可采，进书数为零。

当初为了尽快获得书源，鼓励献书，乾隆曾专门下诏，命以记载藏书家，表彰各藏书家献书之功，对私家献书人的区域分布也是四库学区域研究的一个重要内容。据郑伟章的《四库全书献书人丛考》的统计，在《四库全书总目》中注明的90名献书者，大多来自浙江、江苏、安徽、福建、上海，北方各省甚少[①]。

在纂修《四库全书》过程中，四库馆、军机处以及浙江等省都曾先后编过禁书目录，姚觐元《禁书总目四种》，可谓开搜访、辑刊禁书目录之先。而对各省奏缴禁书的数量，雷梦辰《清代各省禁书汇考》首先作了分省统计。罗春兰在前人研究的基础上统计出的四库禁书数量为151 725部[②]，各省分布情况如表0-2。

表0-2 《四库全书》编纂过程中各省禁书数量一览

省名		部数	省名	部数
江苏	苏州	34 590	直隶	1 537
	江宁	28 571	四川	1 151
江西		27 458	山西	835
浙江		14 630	贵州	702
安徽		14 301	山东	679
湖北		10 521	广西	445
河南		5 371	陕西	310
湖南		5 126	甘肃	304
云南		2 728	广东	289
福建		1 786	附四库馆	325

不管是官家进呈、私家进献、全书著录，还是书籍禁毁，浙江在诸多省份中都是数量居前，因而后人对浙江地区的四库学研究较早且成果较多。20世纪30年代，毛春翔先生辑录《四库全书》中所著录的浙江文献，所编《四库著录浙江先哲遗书目》以人为纲、以书为目，人以县别，每县之人以时代为序，详细列出了《四库全

①郑伟章.《四库全书总目》著录献书人丛考[M]//郑伟章.书林丛考.广州：广东人民出版社，1995:397.

②罗春兰.四库学区域研究述要[J].图书馆工作与研究，2010(8):73-82.

书》收录的浙江人著述书目，其中著录书732种、存目书1 505种。毛先生的成果曾在浙江图书馆《文澜学报》刊载，后因该报停刊，致使该文未能载完。20世纪下半期，徐永明《四库著录浙江先哲遗书目》[①]续之，毛冬青《徐续〈四库著录浙江先哲遗书目〉之忽略问题》，校正徐永明辑录书目之失误[②]，并著《〈四库著录浙江先哲遗书目〉补正》一文，对毛文再作补正，就毛文中“遗漏著者与作者”“错收或收入存疑之著者及著作”“著者、著作、附注等脱字及字误”三个主要问题进行修正[③]。后人则对《四库全书》著录浙江不同地区的文献进行了梳理分析，如张红《〈四库全书〉收录余杭、钱塘、仁和籍人士著作目录及作者简历辑录》(2001) 侧重于收录余杭、钱塘、仁和三地著述，并对作者履历逐一介绍[④]；范培华《〈四库全书〉著录古海盐先哲著述书目考》(2013) 对《四库全书》收录的海盐先哲著述书目进行了考述[⑤]。

对其他地区文献的研究在21世纪后逐渐增多。如王晓天《〈四库全书〉中的湘人著述》(2002)、陈旭东《清修〈四库全书〉福建采进本与禁毁书研究》(2004)、徐亮《〈四库全书〉西北文献研究》(2006)、高晓燕《清修〈四库全书〉与山东古代著述》(2007)、高远《清修〈四库全书〉河南采进本与禁毁书研究》(2007)、张瑞芬《〈四库全书总目〉中的安徽巡抚采进本和皖人著述》(2011)、史志龙《清修〈四库全书〉陕西巡抚采进本研究》(2012)、王红《〈四库全书总目〉著录西域文献研究》(2013)、徐亮《〈四库全书〉北京籍作者略考》(2015)、李勇政《〈四库全书总目〉云贵文献著录研究》(2016)、罗志欢与黄李霞的《〈四库全书总目〉著录广东文献研究》(2016) 等分别对《四库全书》著录或禁毁不同地区的文献进行梳理或考辨，从文献的数量、种类、提要及著者信息等分析地方文献的特征及各地文化的历史地位。

学术界从区域文献的角度对《四库全书》及《四库全书总目》的研究，是四库区域学研究的重头戏。由于《四库全书》网罗丰富，工程浩大，历代各省人著作及提要分散排列在四部各类之中，翻检不易，这类研究既有利于后人查找利用此类文献，又有利于窥视地方文化的发展历程。正如罗春兰所言，采摭一邦著述的郡邑目录，不仅便于检索，由时间方面作纵向观察，既可以见一省著作入选之殆始与历代情形，由空间作横向观察，又可见省境各郡邑人文之盈绌与消长，以较其因果，窥

①徐永明.四库著录浙江先哲遗书目[J].图书馆研究与工作,1997(3):50-56.

②毛冬青.徐续《四库著录浙江先哲遗书目》之忽略问题[J].图书馆研究与工作,1998(1):55-57.

③毛冬青.《四库著录浙江先哲遗书目》补正[J].图书馆研究与工作,2003(2):70-73.

④张红.《四库全书》收录余杭、钱塘、仁和籍人士著作目录及作者简历辑录[J].图书馆研究与工作,2001(2):39-40,47.

⑤范培华.《四库全书》著录古海盐先哲著述书目考[J].图书馆研究与工作,2013(3):70-71.

其全貌，亦其有助于方志学、目录学等学科的研究，以资查考[①]。

(二)《四库全书》与区域之关系研究

在对《四库全书》著录地方文献、禁毁地方文献梳理分析的同时，学界逐渐关注不同地区的学者对《四库全书》编书、献书、藏书、护书和补书等方面的贡献，并探究不同学者的治学态度与风格对《四库全书》的影响，进而从中管窥清代知识分子的学术命运，以及《四库全书》对地方文化传承发展的作用。

洪焕椿《乾隆四库征书浙江进呈秘籍之七大藏书家》(1946)一文，统计孙仰会、吴玉墀、鲍士恭、汪汝瑮、汪启淑、范懋柱、朱彝尊、郑大节8位浙江藏书家进呈书2 658种，并着重分析前7位藏书家对《四库全书》之贡献[②]。顾志兴《浙江籍学者、藏书家对编纂〈四库全书〉所作出的贡献》[③]、卢香霄《〈四库全书〉与浙江关系考述》(1995)[④]、吴育良《〈四库全书〉与浙江士人》(2013)认为浙江籍名流学者在编书、献书、藏书、护书和补书诸方面都对这部历史巨帙作了杰出贡献[⑤]。顾志兴的《文澜阁与四库全书》(2004)一书则详细介绍了《四库全书》开馆编修、入住文澜阁、经历战火、补钞新生的历程及浙人为编修与保护《四库全书》而做的努力与贡献[⑥]。

周生杰《〈四库全书〉与文化安徽》(2009)认为安徽省在全书编纂中，学政首倡而有修书之举，官员和徽商积极征书、献书而提供底本，硕儒鸿学参与编纂、校勘等各项事务，为全书的修纂做出了突出贡献[⑦]。徐道彬《论"皖派"学者与〈四库全书〉》(2016)通过对戴震及皖派学者在四库馆中奋斗历程的考察，指出皖派学者在《四库全书》的编纂过程中起到了中流砥柱的作用，皖派学者的抗争与影响，使朴实考证之风得以确立和发扬，间接反映了18世纪中国政治学术生态与知识分子的历史命运[⑧]。

张志宏《江西与〈四库全书〉关系之考述》(2008)，从22位江西籍四库馆臣直接参与图书编纂，江西籍馆臣共献书40余种，江西巡抚献书1 042种，四库著录江

①罗春兰.四库学区域研究述要[J].图书馆工作与研究,2010(8):73-82.

②洪焕椿.乾隆四库征书浙江进呈秘籍之七大藏书家[J].浙江通志馆馆刊,1997(4):52-57.

③顾志兴.浙江籍学者、藏书家对编纂《四库全书》所作出的贡献[C]//虞浩旭.天一阁文丛(第2辑).宁波:宁波出版社,2005:29-37.

④卢香霄.《四库全书》与浙江关系考述[J].浙江师大学报,1995(1):34-37.

⑤吴育良.《四库全书》与浙江士人[J].兰台世界,2013(4):112-113.

⑥顾志兴.文澜阁与四库全书[M].杭州:杭州出版社,2004.

⑦周生杰.《四库全书》与文化安徽[J].淮北煤炭师范学院学报(哲学社会科学版),2009(3):13-16.

⑧徐道彬.论"皖派"学者与《四库全书》[J].安徽大学学报(哲学社会科学版),2016(6):98-108.

西人书455种，江西禁书27 485部等方面考察，认为江西与《四库全书》关系紧密，《四库全书》在客观上保存江西的地方文献，禁书运动也带来文化灾难①。徐苏《文宗书韵文宗阁与〈四库全书〉》（2011）详细介绍了金山文宗阁的来历、兴毁、馆藏，文宗阁、《四库全书》与镇江的密切关系以及“文宗阁—绍宗藏书楼—复建文宗阁”的艰难历程②。高远《巴渝学人与清代〈四库全书〉编纂》（2011）对渝籍四库馆臣、私家献书人、录存渝人著述进行分析，旨在挖掘巴渝地方历史资源，探讨《四库全书》编纂的地域多元文化色彩③。吴海发《无锡籍学者对〈四库全书〉的突出贡献》（2012）梳理统计了无锡学者图书被《四库全书》著录的情形、著者科举功名信息，并论述了入选《四库全书》无锡籍学者著作的特色④。

还有一些文献从个案的角度考证士人与《四库全书》的关系。如，史志龙《陆费墀与〈四库全书〉》（2012）考察了陆费墀在参与《四库全书》编修过程中，协同总裁酌定条款章程，掌管底本收发，总校誊录各本，专办《四库全书》一切事宜，最后受累馆务抑郁而死的历史⑤。江庆柏《陆费墀与〈四库全书荟要〉纂修》（2016）指出四库全书馆总校官兼编纂官陆费墀，勤劬于馆务，编写《辨正通俗文字》，对《四库全书荟要》和《四库全书》缮录中的俗字作了规范；编写《荟要总目》，对《四库全书荟要》收录图书的基本信息和该书缮录所依据的底本与来源等作了具体说明⑥。朱炜《江南有完秩，补阙到文澜——张宗祥与文澜阁〈四库全书〉的半个世纪情》（2015）一文钩沉了张宗祥参与保护文澜阁《四库全书》的历史⑦。张升《陆锡熊与〈四库全书〉编修》（2014）一文考证《四库全书》总纂官陆锡熊的文集稿本《颐斋文集》对《四库全书》编修的贡献⑧。付嘉豪《鲍廷博与〈四库全书〉》（2011）一文认为清代藏书家鲍廷博精挑多种进呈，参与浙江巡抚续进书和《四库全书简明目录》校理等工作，为《四库全书》的纂修过程做出了颇多贡献⑨。

---

①张志宏.江西与《四库全书》关系之考述[D].南昌大学,2008.

②徐苏.文宗书韵文宗阁与《四库全书》[M].镇江:江苏大学出版社,2011.

③高远.巴渝学人与清代《四库全书》编纂[J].重庆工商大学学报(社会科学版),2011(1):124-128.

④吴海发.无锡籍学者对《四库全书》的突出贡献[J].江南大学学报(人文社会科学版),2012(5):71-79.

⑤史志龙.陆费墀与《四库全书》[J].档案,2012(3):19-22.

⑥江庆柏.陆费墀与《四库全书荟要》纂修[J].浙江师范大学学报(社会科学版),2016(6):39-43.

⑦朱炜.江南有完秩,补阙到文澜——张宗祥与文澜阁《四库全书》的半个世纪情[J].图书馆研究与工作,2015(3):19-20,26.

⑧张升.陆锡熊与《四库全书》编修[J].史学史研究,2014(2):108-116.

⑨付嘉豪.鲍廷博与《四库全书》[J].图书馆理论与实践,2011(6):60-64.

三、本书研究的目的与意义

对《四库全书》研究成果的回顾，我们可以看到学术界对《四库全书》的重视，从文献、历史、文化三个视角对《四库全书》进行研究已经成为当前学术研究的主导，也是我们可以吸收借鉴的研究方法。从区域研究的维度看，四库区域学的研究取得了一系列的成果，为更好地整理、保存地方文献，继承弘扬地域特色传统文化，增强当地人们的凝聚力和自豪感发挥重大作用；我们从中亦可窥见中华地域文化的差异和各地学人不同的治学特点，寻求进一步丰富与发展中华传统文化的路径。但是相关研究仍有很大的扩展空间。一方面，四库区域学的研究具有不均衡性，很多地区都有相关的研究，而作为图书文献进呈与著录大省的江苏在这方面的研究颇少；现有的研究局限于省域视角，省以下的市、县域视角研究颇少；研究的时间段集中于《四库全书》编修期间，而对于民国至今这段时间《四库全书》的研究颇少。另一方面，现有的四库区域学成果往往局限于描述性研究，即通过书籍、人员数量的统计或文献的辑录，描述某一地方区域与《四库全书》的关系，而对某一地区与《四库全书》相互影响作全面而深入的考察，揭示巨著编纂背后的地区社会文化动态，全面展示《四库全书》区域文化价值的研究却很少，特别是相关研究多囿于硕士学位论文与期刊论文，区域研究的专题论著极少。

经历了200多年的风雨，时至今日，《四库全书》对当前学术和文化的发展仍然有重要的影响。一方面，《四库全书》中保存的大量典籍已难觅其他版本，一套四库在手，传统文化和学术精华可以尽收眼底。另一方面，《四库全书总目》包含了颇多学术信息，有许多值得我们借鉴的东西。更重要的是，深入《四库全书》的研究和利用，可以推动中华民族的文化复兴。本书选择嘉兴这一区域作为研究《四库全书》的切入点，原因有二：

一是嘉兴具有深厚的人文底蕴，孕育了丰富的文献资源。嘉兴地处东南沿海、长江三角洲杭嘉湖平原腹心地带，下辖南湖、秀洲两区与嘉善、平湖、桐乡、海宁、海盐五县（市）。嘉兴地区自古为富庶繁华之地，素有“鱼米之乡”“丝绸之府”之称，是新石器时代马家浜文化的发祥地。春秋时嘉兴地跨吴越，素有“吴头越脚”之称，因此兼有吴“泰伯辞让之遗风”与越“夏禹勤俭之余习”。楚并越之后，又接受了百余年楚文化的影响。因独特的地理环境嘉兴在历史的发展过程中，往往成为各种文化交流碰撞的中心地带。西晋末与北宋末，在中原文化南下、文化重心南移、汉蒙文化汇合的历史变动中，嘉兴文化以其博大开放的胸怀，在冲突交融中择善而从，丰富和发展了自己的内涵。

有了富饶的物质条件保障与多种文化的滋养熏陶，嘉兴历代名人辈出，《中国大百科全书》记载的全国名人有1 800人，其中嘉兴就占了80余人；明清两代江浙共出进士2 000多人，其中嘉兴就有600多人。自前汉以来的两千多年，嘉兴著作荟萃，蔚然大观，清光绪《嘉兴府志・经籍志》收历代邑人及寓贤作者2 201家，著作4 486种①。

上文提到，浙江对《四库全书》编纂的贡献位列诸省前列，拥有如此丰富的人才与文献资源的嘉兴作为浙江省的一个文化重地，在《四库全书》编修之际自然不会置身事外。在四库区域学市域研究尚鲜少的情况下，嘉兴可以成为丰富《四库全书》研究范围的一个突破口。

二是嘉兴与《四库全书》关系密切，但前人相关研究尚不全面深入。梳理前人研究成果，嘉兴与《四库全书》有着千丝万缕的联系，嘉兴藏书家进献图书之多、嘉兴籍四库馆臣编纂图书之功、嘉兴文人护书校书之力等已被学者所共识。如毛春翔的《四库著录浙江先哲遗书目》、徐永明《四库著录浙江先哲遗书目》、毛冬青《徐续〈四库著录浙江先哲遗书目〉之忽略问题》《〈四库著录浙江先哲遗书目〉补正》所列《四库全书》著录浙江地区文人著述，从中可以了解嘉兴人著作入选《四库全书》之情形。陈心蓉在《嘉兴藏书史》一书中阐述了清代与民国时期嘉兴藏书家对《四库全书》的贡献②。嘉兴地区的鲍士恭知不足斋献书626种，朱彝尊后人献曝书亭藏书30余种，桐乡的陆费墀献书亦多，海宁祝德麟亦有献书；四库馆臣陆费墀为《四库全书》的编修与校对做出了巨大贡献；民国时期嘉兴人张宗祥、张元济参与了《四库全书》的补校。

可以说，目前对嘉兴与《四库全书》关系研究的成果是零星、碎片化的，多散落于浙江地区四库学研究之中，深入的研究、专题的研究尚未见到，很多问题也没有被涉及，如：嘉兴藏书家进献图书的类别、版本等信息；除陆费墀外嘉兴籍的其他四库馆臣对《四库全书》有何贡献；嘉兴文人作品尤其是朱彝尊、曹溶的著作对《四库全书总目》有何影响；《四库全书》收录的嘉兴文人著述的数量、来源途径、时代分布、类别特色、著者信息等尚待进一步研究；嘉兴人著述所呈现出来的嘉兴籍学人的治学特点、地域分布特点和嘉兴所处的地理环境、经济、教育、文化风俗的关系更未有人触及；很多嘉兴文人著述在《四库全书》编修过程中被禁毁，这些禁毁书的基本信息及其存世情况如何；搜书过程中的"寓禁于征"对嘉兴文化有何影响；《四库全书》成书后，嘉兴人对之保护、传播与研究有何贡献；等等。

基于上述原因，本书旨在吸取前人研究成果、借鉴前人研究方法的基础上，立

①嘉兴市志编纂委员会.嘉兴市志:下[M].北京:中国书籍出版社,1997:1985.

②陈心蓉.嘉兴藏书史[M].北京:国家图书馆出版社,2010.

足于区域“四库学”的研究视角，从历史、文献、文化三个维度探讨《四库全书》与嘉兴地区千丝万缕的关系。考察嘉兴人在编纂、献书、护书、校书、影印出版等方面对清修《四库全书》的贡献，联系嘉兴当时政治经济文化的现状，分析清代嘉兴藏书家以及文人对皇家修书的态度，一窥古代嘉兴学者的治学风尚，及后世嘉兴人对历史文献的珍重之情；梳理与《四库全书》有关的嘉兴人著录书、嘉兴人禁毁书、嘉兴未收书，对三类书籍的数量、来源、分布、价值、存世情况等进行统计分析，试图勾勒出嘉兴古代文献的概貌；把历史事实与文献整理结合起来，用个案研究的方法探讨清修《四库全书》与嘉兴文人之间的关系，对嘉兴这一特定区域历史文化发展的影响。全书主要内容分布如下：

第一章，藏书丰富，进呈四库。从乾隆钦点、私家进呈、官员进呈三个方面考察进献图书的嘉兴藏书家，分别对各藏书家的身世、藏书进行考证，对他们进献图书的数量、类别、年代、卷数、收录情况进行统计分析，进而探究进献图书过程中展现的清代嘉兴文人藏书观，以及《四库全书》编纂对嘉兴私家藏书的影响。

第二章，任职四库，编纂巨著。在介绍《四库全书》组织机构的基础上，据《四库全书档案》梳理统计嘉兴籍四库馆臣，对各馆臣的生平、四库职位及所作的贡献进行逐一评述；分析嘉兴籍四库馆臣的群体特征，借以考察四库全书馆人员运行与管理方式，为现代大型图书编辑提供借鉴。

第三章，学者著述，四库之源。据《四库全书总目提要》所收嘉兴人著述，统计分析嘉兴人著述的著录及存目情况，从进呈方式入手考察嘉兴先贤的著述在各地的流传与影响，从四库馆臣的评价探讨著述价值，从著述类别探讨嘉兴古代学者之风尚，从著述时代分布考察嘉兴历史文化之兴替，从著述在嘉兴的分布考察嘉兴地区的区域文化的特征与差异。同时分析嘉兴人著述的价值，对部分提要进行订正勘误，力求还原著述的原貌。

第四章，著述禁毁，文化浩劫。以《纂修四库全书档案》所载史料为主要考察点，兼及《四库禁毁书丛刊》与其他禁书书目中收录的嘉兴人著述，分析嘉兴人著述在《四库全书》编纂期间的禁毁情况及后世存留情况，探讨有关《四库全书》编纂过程中的禁书标准，分析著述禁毁对嘉兴科举、文献及文化的影响。

第五章，著述未收，全书不全。从相关书目中辑录乾隆四十四年（1779）之前已经刊出而《四库全书》未著录或存目嘉兴人著述，对这些著作的著者、著述内容、版本存世等情况作粗略研究，并探讨这些著述未被《四库全书》收录的原因。

第六章，经典著述，总目典范。考察朱彝尊的《经义考》《词综》《曝书亭集》《静志居诗话》《明诗宗》，曹溶的《学海类编》对四库馆臣撰写《四库全书总目提要》的影响，统计分析《四库全书总目》对以上各书的征引次数、例证征引用途，指出《四库全书总目》在征引之时对朱彝尊、曹溶著述内容进行了补充与订正，并从中探究四库馆臣的学术态度。

第七章，守护文澜，补钞库书。考察《四库全书》成书后嘉兴籍文人志士在保护文澜阁《四库全书》、对《四库全书》的多次校补等方面做出的努力与贡献，进而分析文澜补钞本的价值。

第八章，影印出版，校勘研究。梳理民国年间到现代《四库全书》影印的历史事实，考察以张元济、蒋复璁为代表的嘉兴人士对影印《四库全书》的作用与贡献，分析四库影印本的价值；考察嘉兴人士对《四库全书》的改造与研究，对“四库学”研究的贡献。

我们希望本书的抛砖引玉，能在以下方面起到促进作用：

一是有助于推动“四库学”在嘉兴区域内的系统研究。从乾隆三十七年（1772）起在全国范围内征集图书到乾隆五十八年（1793）十月二十四日禁书运动基本结束，从《四库全书》的问世到现代的影印出版，200多年来，《四库全书》与嘉兴之间有着千丝万缕的联系，这种密切的关系正是嘉兴历史文化发展历程的一个见证。本书第一次从地区的角度全方位研究《四库全书》的成书始末与200多年来的发展历程，系统探讨《四库全书》与嘉兴的关系，可以推动“四库学”在嘉兴区域内的系统研究，进一步丰富“四库学”的区域研究范围。

二是有助于嘉兴古代地方文献的整理与发掘。《四库全书》是中国乃至世界上规模最大的一套图书集成，几乎囊括了清乾隆以前中国历史上的主要典籍，至今被公认为中国传统文化宝库、古代典籍的渊薮。《四库全书》收录、禁毁、未收的著述是十八世纪中叶以前的嘉兴人著述的汇聚、整理与积累。对这些文献进行梳理可以了解嘉兴历代著作的编撰情况、流传轨迹及学术价值，展现嘉兴古代文献的概貌。

三是有利于推动嘉兴区域文化的研究与开发。通过考察嘉兴人对《四库全书》的贡献，可以展示嘉兴古人的文化成就，从中一窥嘉兴旧日学者之风尚、古代人文之隆替，集中展示嘉兴地方文化与嘉兴人士在我国文化传承发展中的地位与作用，有利于推动区域文化的研究与开发，增强地域文化的吸引力与凝聚力，促进嘉兴人对本区域文化的自觉与认同，进而提升嘉兴城市的文化魅力。

目　录

第一章　藏书丰富　进呈四库

《四库全书》之所以能够卷帙浩博，是因为有着充足的书籍来源。四库所收之书的来源有四种：政府固有藏书、公私进呈遗书、《永乐大典》中散见之书、临时编纂加入之书。而各地著名藏书家自己送至四库全书馆备用的私人藏书是其中最具特色的书籍来源，据统计，各地私人藏书家所进呈的私人藏书就有5 139种，个人进献的私人藏书占征书总数的38%左右，成了征收书籍的中坚力量[①]。这些书有的是奉旨进献，有的是自愿进献。清廷为了鼓励更多藏书家进献藏书，制定了奖书、题咏、记名等奖励办法。奖书：即凡进书500种以上者，赐《古今图书集成》一部；进书100种以上者，赐《佩文韵府》一部。题咏：即凡进书百种以上者，择一精醇之本，由乾隆皇帝题咏简端，以示恩宠，并令书馆尽先发还。记名：即在提要中注明采进者或藏书家姓名。各省采进本在百种以下者，亦将由某省督抚某人，采访所得，附载于后[②]。

清代嘉兴乃人文渊薮之地，藏书之风盛行，私人藏书更是盛极一时，出现了许多著名的藏书大家。他们所藏之书不仅数量可观，亦有许多珍本秘籍。在朝廷三令五申征集图书的情况下，各省纷纷响应号召，嘉兴籍藏书家踊跃献书，这些藏书家进献的家藏本与《四库全书》一起成了后世的宝贵财富。

第一节　乾隆钦点的嘉兴藏书楼

从乾隆三十七年（1772）到乾隆四十三年（1778），《四库全书》的征书工作历时7年之久。其间，乾隆多次下旨在全国范围搜访征集图书，曾在三十八年

① 王作华.私人藏书与《四库全书》[C]//甘肃省图书馆，甘肃四库全书研究会.四库全书研究文集 2005年四库全书研讨会文选.兰州：敦煌文艺出版社，2006：326-330.

② 任松如.四库全书答问[M].成都：巴蜀书社，1988：27.

(1773)三月二十九日颁下谕旨，直接点名访求江浙地区的藏书大家，其中嘉兴项氏之天籁阁、朱氏之曝书亭都在点名之列。谕旨部分文字见下：

> 昨以各省采访遗书奏到者甚属寥寥，已明降谕旨，详切晓示。予以半年之限，各督抚作速妥办矣。遗籍珍藏，固随地俱有，而浙江人文渊薮，其流传较别省更多，果能切实搜寻，自无不渐臻美备。闻东南从前藏书最富之家，如昆山徐氏之传是楼、常熟钱氏之述古堂、嘉兴项氏之天籁阁、朱氏之曝书亭，杭州赵氏之小山堂、宁波范氏之天一阁，皆其著名者，余亦指不胜屈，并有原藏书目，至今尚为人传录者。即其子孙不能保守，而辗转流播，仍为他姓所有，第须寻缘竟委，自不至湮没人间。纵或散落他方，为之随处踪求，亦不难于荟萃。(乾隆三十八年三月廿九日上谕)①

此圣旨传到浙江巡抚三宝处，三宝便不遗余力寻访书籍。乾隆三十八年(1773)闰三月二十六日，浙江巡抚将查访范氏天一阁等藏书情形上奏，其中可见三宝派嘉兴府同知舒希忠访项氏天籁阁、朱氏曝书亭书籍的情况。

> 跪读之下，仰见圣意殷切，天恩宽大，开诚布告，曲体下情，无微不至。臣伏查项氏天籁阁、朱氏曝书亭、赵氏小山堂、万(范)氏天一阁，本系浙江藏书著名之家，第缘后嗣式微，不能保守，或因弟兄分析，致有散失，必须寻原竟委，设法踪求。臣钦遵谕旨，飞饬杭嘉湖道孔毓文、宁绍台道冯廷丞，督率府县及各学教官，并又端委杭州府同知陈虞盛、王燧，嘉兴府同知舒希忠，分赴各家，细加采访。查得项氏天籁阁历年久远，明季已毁于火，子孙并无读书之人，所有藏书，早经散失，莫可稽考。曝书亭久经坍废，书亦散佚无存，但为时较近，尚易踪迹。其族孙现任嵊县训导朱休度，曾经觅送过三十二种，内选取一十二种，已在前二次进呈书目之内。现又饬令嘉兴府知府张绍元加意访求，不拘多寡，陆续购送。②

项氏之天籁阁、朱氏之曝书亭被乾隆眷顾钦点搜集所藏书籍，足以证明两者在当时藏书界的影响力。

① 中国第一历史档案馆.纂修四库全书档案[M].上海:上海古籍出版社，1997:211.

② 中国第一历史档案馆.纂修四库全书档案[M].上海:上海古籍出版社，1997:88-89.

一、天籁阁

(一)巨富收藏毁于战火

项元汴（1525—1590），字子京，号墨林居士，又号香严居士、退密斋主人、惠泉山樵等，是中国历史上著名的大收藏家，善于经营，家道富裕。天籁阁是项元汴在嘉兴市区瓶山边上修建的一处雅致的建筑，里面收藏的都是项氏祖上传下的历朝名人字画和海内孤本。项元汴曾得到一架铁琴，上有“天籁”二字，就名其藏书楼“天籁阁”。他嗜书如命，不惜重金多方求购珍稀的宋版书，以至于当时“三吴秘珍，归之如流”。天籁阁藏了多少珍贵的宋版呢？有人与江苏著名藏书家王世贞的“小酉馆”做过比较，认为小酉馆以藏三万卷宋刻的“尔雅楼”闻名天下，但若拿它的藏书与天籁阁相比，还是差得老远。天籁阁的藏书规模就可想而知了。

天籁阁在明代就名满天下，藏图书之富与宁波天一阁不相伯仲，而收藏的书画及其器物之精则独步天下。风雅之士慕名纷纷来嘉兴求访项元汴，登瞻天籁阁，以观赏珍玩名画为荣。项元汴开门办“博物馆”，所与交游皆风韵名流，翰墨时望。明代江南四才子的书画，他经常购买；明代大画家仇英曾为他高价定制画作；文征明长子文寿承，工书法，为明代流派印章的开山祖，为其刻印；陈淳为写意花鸟画宗师，曾教项元汴绘画；大书法家董其昌年轻在项元汴家当过家庭教师。因此，就明朝当时的名家之作，项元汴收藏就有得天独厚的条件。

明万历十八年（1590），项元汴去世，其子孙继续他的收藏事业，天籁阁的小部分旧藏流出，被其他收藏家如李日华父子、董其昌、马瀛等递藏。清顺治二年（1645），即距项元汴作古55年，清兵南下“大兵至嘉禾，项氏累世之藏，尽为千夫长汪六水所掠，荡然无存”[①]。对于这一史实，项元汴的孙子项圣谟在《三招隐图》卷的题跋曾说：“禾城（嘉兴）既陷，劫灰熏天，余仅孑身负母并妻子远窜，而家破矣。凡余兄弟所藏祖君之遗法书名画，与散落人间者，半为践踏，半为灰烬。”[②]吴晗在《江浙藏书家史略》一书中亦提到此事：在清兵攻破嘉兴城后，一个名叫汪六水的千夫长就直奔天籁阁，把里面的名人字画统统装入马车。之后，一把大火，天籁阁就此灰飞烟灭。事后，嘉兴地方绅士知道天籁阁里的珍宝遭遇到如此结局，就联名向姓金的千夫长提出请求：“此为不可估量的财富，不容任何人侵占。”千夫长为不犯众怒，答应把私宅里的名人字画悉数上交到京城。之后，这批堪称顶级的文

① 陈麦青.随兴居谈艺[M].上海:复旦大学出版社,2003:108.

② 徐邦达.古书画伪讹考辨:下卷[M].南京:江苏古籍出版社,1984:161.

化珍宝辗转送到北京，成为紫禁城里皇帝的雅玩[①]。

天籁阁至此衰败，但天籁阁部分收藏辗转流传后世。当时散失的文物其中一部分为后来的收藏家安岐、梁清标等收得，多数文物则归入清室内府，而后收藏于我国台北和北京故宫博物院，也有部分为国内其他博物馆以及国外博物馆收藏。如东晋顾恺之绢本设色《女史箴图卷》，现收藏在英国不列颠博物馆；唐韩干的《牧马图轴》，现收藏在台北故宫博物院；唐韩干的《照夜白图卷》，现收藏在美国纽约大都会博物馆；晋王羲之的《兰亭序》（神龙本），现收藏在北京故宫博物院[②]。这些天籁阁旧物都是宋元以前历代书画中的极品，现在都是国宝级文物，而这仅是天籁阁收藏品中的一小部分。由此可见，天籁阁收藏品的丰富程度和巨大价值在中国收藏史上是空前绝后的。

乾隆三十八年（1773），四库全书馆开馆后，好古博雅的乾隆皇帝深深眷念着天籁阁的珍贵藏品，直接点名访求天籁阁藏书。由于项元汴生前没有留下天籁阁藏品的名目数量，身后文物又流散，无人能说出全部珍藏的名目数量，最后四库馆征集到的项氏藏书极少。项氏所藏珍贵典籍未搜集到，反而勾起了乾隆皇帝对天籁阁的无限向往之情。乾隆六下江南[③]，多次访天籁阁旧址，四十九年（1784），乾隆最后一次南巡至嘉兴时，痛惜项氏天籁阁与所藏早已无存，遂作《天籁阁》诗一首，云："槜李（嘉兴古名）文人数子京，阁收遗迹欲充楹。云烟散似飘天籁，明史怜他独挂名。"[④]天籁阁已不复存在，乾隆便按天籁阁意境，在承德避暑山庄兴建"天籁书屋"一座，并赋诗七首。其中有"天籁颜书屋，名因槜李彰""额檐借槜李，天籁发天香"等诗句[⑤]。乾隆还命内府将宫廷收藏的原项氏天籁阁旧藏之书画，选出宋、元、明名家米芾、吴镇、徐贲、唐寅画卷各一幅，移藏于避暑山庄天籁书屋，并作长歌一首记其事。

（二）《四库全书》中的天籁阁旧藏

遍检《四库全书总目》，与天籁阁有关的图书被《四库全书》收录1种、入存目1种，分别为《斗南老人集》六卷与《世史积疑》二卷。这两种图书在天籁阁衰败

① 吴晗.江浙藏书家史略[M].北京：中华书局，1981：87.

② 王振.墨竹传情——读过云楼藏《元贤竹林七友图卷》[J].文物天地，2011(7)：75-79.

③ 清乾隆皇帝(即高宗弘历)在位六十年，乾隆十六年(1751)、乾隆二十二年(1757)、乾隆二十六年(1761)、乾隆三十年(1765)、乾隆四十五年(1780)、乾隆四十九年(1784)六次南巡。[许瑶光，吴仰贤，等.嘉兴府志(卷首)[M].清光绪四年(1878)刻本.]

④ 范景中，曹意强，刘赦.美术史与观念史[M].南京：南京师范大学出版社，2011：240.

⑤ 沈红梅.传世"天籁阁"旧藏图书考[C]//天一阁博物馆.天一阁文丛(第6辑).宁波：宁波出版社，2008：187.

后被其他收藏家所藏，《四库全书总目》对这两种书籍的渊源流布有比较详细的介绍。

《斗南老人集》六卷两淮盐政采进本

明胡奎撰。奎字虚白，海宁人。生元至顺间，尝游贡师泰之门。明初以儒学征，官宁王府教授。是集前有宁王权《序》，称其"晚年泊舟鄱阳望湖亭，见石刻东坡《黑云堆墨未遮山诗》，次韵和之。俄见一叟来，诵其诗曰：子非斗南老人耶？因以自号。"其事颇怪，疑好事者附会之，莫由诘其真妄也。朱彝尊《静志居诗话》称："吾乡云东逸史曾手录其稿，旧藏项氏天籁阁，继归高氏稽古堂，后为华山马思赞所藏。"案今世所传奎集皆出天籁阁抄本，止有四卷。前有项元汴题识，而无宁王原《序》。此本为明初宁王府文英馆所刊，见于《宁藩书目》。昆山徐氏传是楼又从原刻影抄，实分六卷。凡诗一千九百余首，与项氏所藏互校，乃知彼多所脱佚，不为足本。观《宁王序》中，又载："宗哲徐将军居西山，有道士过访，食蕨。道士吟一绝句云：'一拳打得地皮穿，握住东风不放拳。只待杜鹃啼血后，展开凤尾始朝天。'问其所作，以箸书'斗南一人'四字。时先生未有是称，后得先生稿，方知先生诗也。"与望湖亭和诗一事，文相连属，而朱彝尊《静志居诗话》独未采录。知彝尊所见惟天籁阁残本。其记望湖亭事亦从都穆《南濠诗话》摭入耳。奎诗不事雕饰，往往有自然之致。彝尊谓其功力既深，格调未免太熟，诵之若古人集中所已有者。其言诚不为过。然春容和雅，其长处亦不可掩。视后来之捃拾摹拟者，固有间矣。（《四库全书总目》卷一百六十九集部二十二别集类二十二）

由此提要可知，《斗南老人集》为海宁人胡奎所撰，该书应有两个流传的版本：一为天籁阁所藏的姚绶[①]手抄本，有四卷，书前有项元汴题识。后先后流转到高承埏[②]的"稽古堂"与马思赞[③]的"道古楼"。据考证，继季振宜[④]、朱彝尊大家收藏之

① 姚绶（1422—1495），明代书画家，字公绶，号丹丘子、云东逸史、上清仙吏，天顺进士，浙江嘉善人。书法古朴有致，淡然天真，前人有"骎骎欲度骅骝前，当与赵松雪、张外史并驱争先"的评价。（许焕玉，周兴春．中国历史人物大辞典［M］．济南：黄河出版社，1992：487.）

② 高承埏（1603—1648），字八遐，浙江秀水（嘉兴）人。明末嘉兴藏书家，有藏书楼"稽古堂"，藏书七万余卷。（李玉安，黄正雨．中国藏书家通典［M］．香港：中国国际文化出版社，2005：299-300.）

③ 马思赞（1669—1722），字寒中，号衎斋，又号南楼、鱼村，浙江海宁人。善诗词，性喜藏书，筑有藏书楼号"皆山堂""道古楼""红药山房"，所藏多宋元善本。管庭芬《海昌艺文志》评说："所居道古楼，插架悉宋元旧本，为东南藏书之冠。"（叶昌炽．藏书纪事诗附补正［M］．上海：上海古籍出版社，1989：407.）

④ 季振宜（1630—?），清扬州泰兴（今属江苏）人，字诜兮，号沧苇。顺治进士，授兰溪令，历刑、户两曹，擢御史。家本豪富，江南故家之书多归之。藏书处名静思堂。（瞿冕良．中国古籍版刻辞典［M］．济南：齐鲁书社，1999：615.）

后，此书辗转为徐世章[①]先生所得，并经他多年收藏之后，将其捐为国有，现藏于天津图书馆。故该书卷首、卷末分别钤有“项元汴印”朱方，“墨林之印”白方，“项子京家珍藏”朱方，“寒中马思之印”白方，“季振宜”朱方，“沧苇氏鉴定印”白方，“彝”“尊”朱白文连珠印，“竹垞审定”白方，“濠园秘笈”朱文方印[②]。该书为白皮纸抄写，字体古朴有致，自然流畅，墨色丰润，给人一种自然脱俗之感。名家手迹又辅以精妙纸墨，无怪乎明清大收藏家项元汴、季振宜等奉为神品，我国著名版本目录学家赵万里先生鉴定此书为国家一级善本。

另一版本为明初宁王府文英馆所刊，后经昆山徐氏“传是楼”影抄，是书分六卷，是胡奎所撰诗集的完整版本，集前有宁王权序。《四库全书》著录的即为此版本，由两淮盐政采进。从提要还可以看出四库馆臣对该书有极高的评价，认为“奎诗不事雕饰，往往有自然之致”“春容和雅，其长处亦不可掩”。

《世史积疑》二卷浙江范懋柱家天一阁藏本

旧题元李士实撰。前有自序，称至正七年壬申三月朔书。案，至正七年岁在乙亥，非壬申，与史不合。而元代亦未闻有李士实，惟明有新建李士实，成化丙戌进士，官至右都御史，致仕。正德间宁王宸濠图不轨，引之同谋。事起时，以士实与举人刘养正为左右丞相。宸濠就擒，士实并伏法。事见《明史》。而正德七年正值壬申，与此书序内纪年适合。屠隆《考槃余事》又称，士实有善书名，而此本内自书序文，笔势颇雄放，亦足相证其为明李士实所撰无疑。书首有衡山及天籁阁印记，乃文征明、项元汴两家旧本。此必在当时以士实为党逆叛臣，嫌于私存其著作，故改窜纪年以掩其迹，而后来著录者遂误以为元人也。其书采摘史事，分条立说，迄于东汉之末而止。以丧心从乱之人，而妄议古今，其说盖不足深论矣。(《四库全书总目》卷八十九史部四十五史评类存目一)

本书署名元李士实撰，经四库馆臣分析，实为明李士实所撰。此书书首有衡山及天籁阁印记，乃文征明（号衡山）、项元汴两家旧本，后被天一阁收藏，并进呈于四库全书馆。

① 徐世章(1889—1954)，字端甫，又字叔子，号濠园，又称濠园居士，天津人，喜爱收藏文物字画，尤于集玉著称。(天津市政协文史资料研究委员会.天津近代人物录[M].1987:304.)

② 白莉蓉.精品荟萃流芳千古——记天津图书馆藏徐世章捐赠古籍善本书[J].图书馆工作与研究，2007(6):72-74.

二、曝书亭

（一）曝书亭藏书八万卷

曝书亭是清初著名学者朱彝尊的藏书楼。朱彝尊（1629—1709），字锡鬯，号竹垞，又号金风亭长、舫𦹠，晚号小长芦钓鱼师。浙江秀水（今嘉兴）人。出身于官宦家庭，自幼勤奋好学，聪慧过人，为文千言立就，《清史稿·朱彝尊传》称“生有异秉，书经目不遗”①。十七岁时，即专心研究古学，博及群书，无所不通。康熙十八年（1679），清廷第一次举行博学鸿词会试，五十岁的朱彝尊以布衣应诏举博学鸿词科，入选后授翰林院检讨职并参与《明史》的修撰，后入值南书房，充日讲官，讲起居注，赐居北京景山黄花门。康熙二十三年（1684）被劾谪官，移居宣武门外古藤书屋，又移居槐市斜街。康熙二十九年（1690）复官，六十一岁的朱彝尊在江南乡试副考官任上乞假归里，结曝书亭为游憩、藏书之所，从此隐居林下藏书、著书直至终老。

朱彝尊博通经史，文和汪琬并驱；诗与王士祯并称南北两大宗；作词风格清丽，为浙西词派的创始者，与陈维崧并称朱陈。著有《日下旧闻》《经义考》《曝书亭诗文集》《词综》等。

朱彝尊精于金石文史，购藏古籍图书不遗余力，为清初著名藏书家之一。出身于书香门第的朱彝尊，少年时家藏旧书较多，从十七岁起潜心于读书、游历和收藏图书，后由于社会动乱，家道逐渐衰落，其先世遗书也毁于明末清初兵乱之中，朱彝尊一度几乎到了无书可读的地步。“先太傅赐书，乙酉兵后，罕有存者，予年十七，始从妇翁避地六迁，而安度先生九迁，乃定居梅会里，家具率一艘，研北萧然，无书可读。”②朱彝尊学问名闻乡野，很多幕府争相聘请幕僚。康熙十年（1671），朱彝尊做客扬州，扬州的书坊很多，图书的版刻印刷也有一定规模，这让他开始有意识地收集购买图书。在江都，朱彝尊遇故人明代藏书家项笃寿③之子出售“万卷楼”残帙，爱书如命的朱氏以二十金购之，获得了曝书亭藏书中最早购进的一批藏书。自此以后，他所到之处，无不留心搜访，只要遇到有价值的书籍，即使是断编残帙，也要解囊购回，无钱则典衣予直以归。游幕期间，朱彝尊北至内蒙古、

① 赵尔巽.清史稿:卷484[M].北京:中华书局,1977:13 339.

② 叶元章,钟夏.朱彝尊选集[M].上海:上海古籍出版社,1991:446.

③ 项笃寿(1521—1586),浙江秀水人,字子长,号少溪,别号兰石主人。明著名藏书家项元汴之兄,有藏书楼名万卷楼。

河北、山西，南到云南、两广，东临黄海、渤海，足迹遍及大半个中国。每到一处他都遍访当地书肆、藏书楼，求教于前辈学者，极尽一切可能求书问学。“游大江南北，北出云朔，东泛沧海，经瓯越，所至丛祠荒冢，破炉残碑之文，无不搜剔考证，与史传参校异同。”[①]这期间朱彝尊饱览群书，奠定了以后在学术界发展的学问基础。

朱彝尊后半生为官薪俸，除衣食之外，全部用来买书，并开展了有计划的抄书活动。无论官家之藏，私家之储，常借而录之，甚至不惜金银财帛，求而抄写，因此其藏书中有一部分是抄本。朱彝尊在京师为官时，身边带着一些善于楷书的小吏为他抄书。每抄成一书，他都详加校正。对于不同版本的图书的抄校更是一字不苟。遇到四方经进史馆之书，他更是随时抄录，后因偷抄史馆藏书，为妒忌者告发，被撤去翰林检讨的官职。朱彝尊毫不后悔，其抄书被革职之事在其相关文章中均有记载。

> 予中年好抄书，通籍以后见史馆所储，京师学士大夫所藏弆，必借录之。有小吏能识四书，日课其传写，坐是，为院长所弹去官，而私心不悔也。[②]（《曝书亭集·鹊华山人诗序》）
>
> 予入史馆，以楷书手王纶自随，录四方经进书。纶善小词，宜兴陈其年见而击节，寻供事翰苑。忌者潜清学士牛钮形之白简，遂罢予官。归田之后，家无恒产，聚书三十椟。自谓老矣，不能遍书也，而铭之曰：夺侬七品官，写我万卷书。或默或语，孰智孰愚？且皆钤印于卷之首页。一面刻朱文戴笠小像，一面镌白文十二字曰：购此书，颇不易，愿子孙，忽轻弃。殆即钟鼎文之“子孙永宝”意也。[③]（《书椟铭》）

而从朱彝尊所撰序跋及其年谱、交游来看，其借抄图书的范围远不止官家史馆，各大私家藏书楼均是他猎奇之所。他曾到曹溶、徐乾学家，借两家藏书传抄；又借抄于宛平孙承泽、无锡秦氏、昆山徐氏、晋江黄氏、钱唐龚氏等诸家旧藏。朱彝尊抄书之用力用心，可从王士禛（即王士祯）《居易录》记载看出：“竹垞又言：近写得彭汝砺《鄱阳集》、洪丞相《盘洲集》、王炎午《吾汶集》、程巨夫《雪楼集》。”[④]曝书亭藏书中的很大一部分都是以借抄的方式获得。曝书亭藏书中还有一部分得力于朱彝尊之子昆田，如《吴氏两汉刊误补遗》是其作客济南时抄自章丘李氏

① 李玉安，陈传艺.中国藏书家辞典[M].武汉：湖北教育出版社，1989：173.

② 叶继元.南京大学百年学术精品.图书馆学卷[M].南京：南京大学出版社，2002：90.

③ 叶继元.南京大学百年学术精品.图书馆学卷[M].南京：南京大学出版社，2002：90.

④ 王士禛.居易录[M].影印文渊阁《四库全书》本，第869册：450.

藏书[①]。

朱彝尊六十一岁时官复原职，不久以老病告归，于秀水建起了曝书亭。这之后的十多年中，曾收上海藏书家李延昰[②]藏书50柜，2 500卷，达到藏书3 000余卷。加上之前购书、抄书，朱氏合计先后所得八万卷。朱氏将八万卷书分为“经、艺、史、志、子、集、类、说”等八个门类，按类插架入藏，总名为“曝书亭藏书”。据清代学者陈康祺《郎潜纪闻》记载：“朱检讨休官后，著书自娱，收藏日富，长洲韩文懿公尝语门人张大受曰：吾贵为尚书，何如秀水朱十，以七品官归田，饭蔬饮水，多读万卷书也。”[③]朱彝尊藏书的质量和数量都颇为当时文人学者所称誉，徐乾学、顾嗣立、曹寅等人经常过访朱彝尊借书抄录。

朱彝尊藏书印有“潜采堂”“南书房旧讲官”“梅会里朱氏潜采堂藏书”“七品官耳”“秀水朱彝尊锡鬯氏”“我生之年岁在屠维大荒落月在橘壮十四日癸酉时”等。朱彝尊逝世后，曝书亭藏书比较完好地保存了几十年。后来，朱彝尊子昆田不幸早夭，遗二孙：一桐孙，一稻孙，稻孙字稼翁。孙因家境贫困而将藏书变卖，大约于清乾隆中叶藏书开始散失，曝书亭也在漫漫岁月中夷为平地。王昶《蒲褐山房诗话》云：“（稼翁）晚年贫不能支，曝书亭藏书八万卷，渐致散佚。”[④]

(二)《四库全书》中的曝书亭藏书

乾隆三十八年（1773）乾隆颁下谕旨直接点名访求曝书亭朱氏藏书时，朱彝尊及子昆田、孙稻孙皆卒，曝书亭藏书已散出。后浙江巡抚三宝先后搜访到朱氏藏书至少120余种：乾隆三十八年闰三月二十六日浙江巡抚三宝奏查访范氏天一阁等藏书情形折中提到“朱彝尊族孙现任嵊县训导朱休度曾经觅送过三十二种，内选取一十二种，已在前二次进呈书目之内”，“至现在书局续收遗书一百八种内，即有曝书亭者十四种”；乾隆三十八年四月十三日浙江巡抚三宝奏鲍士恭等五家呈献遗书清单中有“内有曝书亭、小山堂及此外收藏家旧本”；乾隆三十八年四月二十八日浙江巡抚三宝奏呈续获天一阁等家遗书目录并《永乐大典·考工记》六本折中提到“再，曝书亭家藏之书，久已散落各方，今据嘉兴县知县王士瀚广行购觅，找获得有六十九种”。所以，《四库全书总目》中的“浙江朱彝尊家曝书亭藏本”，实为嘉兴知县王士浣购觅进呈，与私家呈本性质不同。

---

① 李程.朱彝尊《明诗综》研究[D].武汉:华中师范大学,2014:30.

② 李延昰(1628—1697),清初医家、藏书家,原名彦贞,字我去,后改字辰山,又号寒村、漫庵。华亭人,因参与扶明抗清事败,避居浙江嘉兴,与朱彝尊友善。

③ 陈寿祺.郎潜纪闻[M].北京:中华书局,1997:263.

④ 杜泽逊.文献学概要:修订本[M].北京:中华书局,2008:84.

《四库全书总目》载录朱彝尊藏书33种，其中经部5种、史部5种、子部13种、集部10种，著录5种、入存目28种，具体书目信息见表1–1。

表1–1 《四库全书总目》中的曝书亭藏书书目

序号	部	类	收录方式	著者姓名	著者朝代	书籍名称	卷数
1	经	诗	存目	吴肃公	清	《诗问》	1
2	经	诗	存目	吕柟	明	《毛诗说序》	6
3	经	易	著录	林栗	宋	《周易经传集解》	36
4	经	书	著录	刘三吾等	明	《书传会选》	6
5	经	春秋	著录	叶梦得	宋	《春秋传》	20
6	史	编年	存目	吴瑞登	明	《两朝宪章录》	20
7	史	政书	存目	不详	不详	《存心录》	10
8	史	政书	存目	王圻	明	《谥法通考》	18
9	史	杂史	著录	陶岳	宋	《五代史补》	5
10	史	传记	存目	不详	明	《素王记事》	无
11	子	医家	存目	陈会	明	《神应经》	1
12	子	杂家	存目	乐纯	明	《雪菴清史》	5
13	子	儒家	存目	陈龙正	明	《程子详本》	20
14	子	儒家	存目	王广谋	元	《圣贤语论》	2
15	子	杂家	存目	顾应祥	明	《惜阴录》	12
16	子	杂家	存目	来知德	明	《瞿塘日录》	12
17	子	医家	存目	刘宇	明	《安老怀幼书》	4
18	子	杂家	存目	陈耀文	明	《学圃萱苏》	6
19	子	类书	存目	赵枢生	明	《含元斋别编》	10
20	子	类书	存目	傅岩	明	《事物考》	8
21	子	类书	存目	朱昆田	清	《三体摭韵》	12
22	子	类书	存目	李鼎	明	《王制考》	4
23	子	小说家	存目	凌迪知	明	《名世类苑》	46
24	集	别集	存目	顾潜	明	《静观堂集》	14
25	集	别集	存目	寇天叙	明	《涂水集》	8
26	集	别集	存目	狄冲	明	《春溪诗集》	4
27	集	别集	存目	刘绘	明	《嵩阳集》	无
28	集	别集	存目	曾棨	明	《西墅集》	10
29	集	别集	存目	周汝登	明	《海门先生集》	12
30	集	别集	存目	冯梦祯	明	《快雪堂集》	64
31	集	别集	存目	吴大经	明	《丛桂轩集》	2
32	集	别集	著录	杭淮	明	《双溪集》	8
33	集	总集	存目	陈斗	明	《订补浯溪集》	2

《四库全书总目》将载录书籍分4部、44类，从上表可以看出，曝书亭藏书分布于4部中的15类。33种藏书中宋人著作3部、元人著作1部、明人著作26部、清人著作2部，另有一部著者不详。

曝书亭藏书散出后，流传出去又为他人收藏。在乾隆下旨征书之时，曝书亭散出之书又被其他藏书家进献于四库馆，或作为采进本被收录。考察《四库全书总目》，一些藏书家进献的家藏本书籍卷首处钤有朱彝尊的藏书印，四库馆臣由此断定这些书曾是朱彝尊家藏之书。如注为“副都御史黄登贤家藏本”的《石刻铺叙》，注为“浙江吴玉墀家藏本”的《方舟易学》《春秋图说》，注为“浙江鲍士恭家藏本”的《苕溪集》等。又有注为“两淮盐政采进本”的《春秋别典》，旧无刊本，四库馆臣考订此本亦为朱彝尊家藏本，因书上有“康熙辛巳十月彝尊题字”[①]。相关提要文字见下：

《石刻铺叙》二卷副都御史黄登贤家藏本

宋曾宏父撰。……国朝初年，朱彝尊得射渎抄本，自为之跋。有珊瑚木难之喻。此本末有此跋及彝尊名字二印，盖犹其手迹。（《四库全书总目》卷八十六史部四十二目录类二）

《方舟易学》二卷浙江吴玉墀家藏本

宋李石撰。……朱彝尊《经义考》曰：“《方舟集》止存二卷，昆山徐秉义家藏有《易互体例》，卷首不著撰人名氏，但题门人刘伯熊编。”此本卷首有“竹垞”二字小印，岂其书后归彝尊欤？（《四库全书总目》卷七经部七易类存目一）

《春秋图说》无卷数浙江吴玉墀家藏本

不著撰人名氏。……卷首有“竹垞”二字朱文印，盖朱彝尊所藏，而《经义考》不著此名。是必后觉其赝托，弃之不录，而所弃之本又为吴氏所收耳。（《四库全书总目》卷三十经部三十春秋类存目一）

《苕溪集》五十五卷浙江鲍士恭家藏本

宋刘一止撰。……此本前有曝书亭印记，盖朱彝尊家旧钞。（《四库全书总目》卷一百五十六集部九别集类九）

《春秋别典》十五卷两淮盐政采进本

明薛虞畿撰。……则此书乃虞畿兄弟二人相续而成也。旧无刊版。此本为朱彝尊家所藏，有康熙辛巳十月彝尊题字，惜其抄撮具有苦心，惟各条之末不疏明出何书。（《四库全书总目》卷五十史部六别史类别史类存目）

---

① 陈心蓉.嘉兴刻书史[M].合肥：黄山书社，2013：253.

第二节　鲍氏知不足斋献书

一、鲍廷博与知不足斋

鲍廷博（1728—1814），字以文，号渌饮，先世徽州歙县人。祖父辈始在杭州从事盐业和冶业，“先家于杭，后迁于桐邑青镇（今桐乡乌镇）东乡之杨树湾”。鲍氏“力学好古，以力购前人书以为欢，既久而所得书益多且精，遂裒然为大藏书家”[①]，其藏书楼取《大戴礼记》“学然后知不足”之义而称“知不足斋”。他嗜书如命，经商所得收入几乎全部用来购书，友人朱文藻描述其购书、藏书情形说：“三十年来，近自嘉禾、吴兴，远而大江南北，客有以异书来售武林者，必先过君之门，或远不可致，则邮书求之。”[②]

鲍廷博对图书见多识广，阮元在《定香亭笔谈》中称鲍廷博：“博极群书，家藏万卷，虽隐僻罕见著录者，问之无不知其原委。”[③]翁广平在《鲍渌饮传》中说，鲍廷博“生平酷嗜书籍，每一过目，即能记其某卷叶某讹字。有持书来问者，不待翻阅，见其板口，即曰此某氏板，某卷刊讹若干字，案之历历不爽”[④]。鲍氏的藏书印有“世守陈编之家”“老屋三间赐书万卷”“教西长塘鲍氏知不足斋藏书印”等多方[⑤]。

二、天下献书之冠

乾隆开设四库馆征书天下时，鲍廷博踊跃献书。据乾隆三十八年（1773）四月《浙江巡抚三宝奏鲍士恭等五家呈献遗书等事折》所载，在杭州府知府彭永年带同县学等官，亲赴藏书家借抄图书时，以鲍士恭（鲍廷博之子）为首的藏书家表示：“士恭等生逢盛世，家守遗经，恭蒙我皇上稽古右文，特下求书之令，恩纶涣布，艺苑腾欢。窃愿以私箧所藏，上充秘府，芹曝之献，实出至诚。”[⑥]开明的藏书家们愿意

① 叶昌炽.藏书纪事诗:卷五[M].北京:北京燕山出版社,2008:411.

② 叶昌炽.藏书纪事诗:卷五[M].北京:北京燕山出版社,2008:411.

③ 阮元.定香亭笔谈:卷二[M].上海:商务印书馆,1936:56.

④ 叶昌炽.藏书纪事诗:卷五[M].北京:北京燕山出版社,2008:411.

⑤ 叶昌炽.藏书纪事诗:卷五[M].北京:北京燕山出版社,2008:412.

⑥ 中国第一历史档案馆.纂修四库全书档案[M].上海:上海古籍出版社,1997:211.

将所藏书籍直接呈献四库书馆，这样就省却了誊抄的麻烦，还可以将所藏图籍以原貌的形式交由四库馆。鲍士恭等人愿意进书的赤诚之心，很快达于圣听。但是清廷并非要将各家进献之书充实秘府，而只是以此为底本，另行抄录，所有进呈原本还是要发还本人的。为此，是年四月二十八日，乾隆帝专门给三宝一个谕旨："所有进到各书籍，将来办竣后，仍须给还各本家自行收藏，无藉伊等恭进。"[①]藏书家们得知圣上之意，同声感戴圣主体下之情。

鲍廷博选取知不足斋所藏精本，命长子士恭交由浙江学政王杰转呈四库纂修馆。关于鲍氏进呈图书的数量，学界比较认同的为《四库采进书目》中所记"浙江省第四次鲍士恭呈送书目计共六百二十六种"；而任松如在《四库全书答问》又说有七百余种[②]，付嘉豪在《鲍廷博与〈四库全书〉》一文中考证认为是717种[③]。然而，鲍家进呈之书的数量还是少于江苏藏书家马裕进献的776种。单纯从数量说，马氏为献书之最；但鲍氏进献之书被著录的比重大且质量好，远胜于马氏。《四库全书总目》载录鲍士恭家藏本380种（而马氏家藏书被载录359种），占载录书总数的3.7%；从载录方式看，著录书252种、存目书128种；从四部分布看，经部10种、史部62种、子部137种、集部171种。鲍家所献之书多为宋元以来之孤本、善本，载录的380种图书中唐人著述23种、宋人著述149种、元人著述63种、明人著述104种、清人著述19种、其他22种。鲍廷博精于校勘，所献之书质量上乘，四库馆臣在处理鲍氏进呈书籍，有时连同鲍廷博的校记、识语等一并收录。故翁广平《鲍渌饮传》云："乾隆间献书，先生聚全家藏善本六百余种，命长子士恭隶仁和县籍，进呈乙览。先生之书大半宋元旧版、旧写书，又手自校雠，一无伪讹，故为天下献书之冠。"[④]《国朝耆献类征初编》《清史列传·鲍廷博传》《啁啾漫记》等书亦称鲍廷博"为天下献书之冠"[⑤]。

鲍氏父子献书有功，多次赢得清廷褒奖。发还图书时，鲍家所进献珍本秘籍《唐阙史》《武经总要》，与其他近百珍本一起被乾隆题诗于卷首，其诗一曰："知不足斋岂不足，渴于书籍是贤乎。长编大部都皮阁，小说卮言亦入橱。阙史两编传摭拾，晚唐遗迹见规模。彦休自号参寥子，参得寥天一也无。"[⑥]当时士林皆称羡曰"天下稽古之士，未有荣誉如斯者"。

乾隆皇帝还把皇宫内府书室题名"知不足斋"，称"斋名沿鲍氏"。乾隆三十九

① 中国第一历史档案馆.纂修四库全书档案[M].上海:上海古籍出版社,1997:211.

② 任松如.四库全书答问[M].成都:巴蜀书社,1988:44.

③ 付嘉豪.鲍廷博与《四库全书》[J].图书馆理论与实践,2011(3):60-64.

④ 陈心蓉.嘉兴藏书史[M].北京:国家图书馆出版社,2010:255.

⑤ 付嘉豪.鲍廷博与《四库全书》[J].图书馆理论与实践,2011(3):60-64.

⑥ 于敏中,等.国朝宫史正续编[M].台北:台湾学生书局,1965:2 293.

年（1774）鲍氏获赐内府编纂的中国较大的一部类书《古今图书集成》、内府初印本《佩文韵府》各一部。其中《古今图书集成》为书城巨观，为书万卷，分类集历代典籍。鲍廷博得乾隆嘉奖，受宠若惊，感恩不尽。他在桐乡县乌青镇杨树湾专门动工修建了赐书堂，收藏宫廷赐书《古今图书集成》6编、33典、10 000余卷，并请翁广平写了《赐书堂记》刊于《听莺居文抄》。乾隆颁赐的《古今图书集成》，自鲍廷博传其子鲍士恭，孙鲍正言、正宇，曾孙鲍寅，"皆世守寒毡，珍藏勿失"。民国时期，鲍氏后人将朝廷赏赐的《古今图书集成》完璧送给浙江府，方便后人借阅，该书现存浙江省图书馆。乾隆四十五年（1780），乾隆帝第五次南巡时，鲍廷博在杭州"迎銮献颂"，乾隆帝赏给他大缎两匹，后又赐给《伊犁得胜图》《金川得胜图》等宫内之物[①]。

喜获诸多嘉奖后，鲍廷博深受鼓舞，遂立志刊刻《知不足斋丛书》，力图将家藏善本古书公诸海内。《知不足斋丛书》前后共刻印三十集，其中鲍廷博自刻二十六集，儿孙续刻四集，鲍氏将乾隆题诗的覆明钞本唐高彦休撰《阙史》二卷置于《知不足斋丛书》之首。嘉庆十八年（1813），嘉庆皇帝在向浙江巡抚方受畴问及《知不足斋丛书》刻印情况时，方氏即呈上鲍廷博刻印的《知不足斋丛书》二十六集。是年六月二十五日，嘉庆帝谕旨："鲍廷博年逾八旬，好古绩学，老而不倦，著加恩赏给举人，俾其世衍书香，广刊秘籍，亦艺林一事也。"[②]当时鲍廷博已86岁高龄。嘉庆十九年（1814），鲍廷博临死之前，"遗命子孙续刻告成，以无负天语褒嘉之至意。故殁后子士恭刊成二十七、八两集，孙正言刊成二十九、三十两集"[③]。《知不足斋丛书》内容广博，世称善本。《四库全书总目录》收录情况参见表1–2。

表1–2 《四库全书总目》中的鲍士恭家藏本书目

序号	部	类	载录方式	著者姓名	著者朝代	作品名称	卷数
1	经	易	存目	郑圭	明	《易臆》	3
2	经	易	存目	华兆登	明	《周易古本》	1
3	经	礼	存目	戴冠	明	《礼记集说辨疑》	1
4	经	礼	著录	张尔岐	清	《仪礼郑注句读》附《监本正误》《石经正误》	19
5	经	春秋	著录	不详	不详	《春秋年表》	1
6	经	春秋	著录	郑玉	元	《春秋经传阙疑》	45
7	经	春秋	存目	顾宗玮	清	《春秋左传事类年表》	1

① 桑良之.长塘鲍氏藏书世家[J].江淮文史,2005(1):170–176.

② 阮元.揅经室二集:卷五[M].北京:中华书局,1993:494.

③ 刘尚恒.鲍廷博年谱[M].合肥:黄山书社,2010:283.

续表

序号	部	类	载录方式	著者姓名	著者朝代	作品名称	卷数
8	经	乐	存目	张敉	明	《舞志》	12
9	经	小学	存目	章黼	明	《韵学集成》	13
10	经	小学	存目	叶秉敬	明	《韵表》	无
11	史	编年	存目	李焘经	清	《续宋编年资治通鉴》	18
12	史	别史	著录	叶隆礼	宋	《契丹国志》	27
13	史	别史	存目	邓元锡	明	《明书》	45
14	史	别史	存目	朱谋玮	明	《邃古记》	8
15	史	别史	存目	钱士升	明	《南宋书》	60
16	史	杂史	著录	王栐	宋	《燕翼诒谋录》	5
17	史	杂史	著录	平庆安	不详	《平宋录》	3
18	史	杂史	存目	杨汝翼	宋	《顺昌战胜录》	1
19	史	杂史	存目	高拱	明	《伏戎纪事》	1
20	史	传记	著录	王方庆	唐	《魏郑公谏录》	5
21	史	传记	著录	孙奇逢	清	《中州人物考》	8
22	史	传记	著录	范成大	宋	《骖鸾录》	1
23	史	传记	著录	范成大	宋	《吴船录》	2
24	史	传记	存目	丁元吉	明	《陆右丞蹈海录》	1
25	史	传记	存目	乐史	宋	《广卓异记》	20
26	史	传记	存目	尤玘	元	《万柳溪边旧话》	1
27	史	传记	存目	陶宗仪	明	《草莽私乘》	1
28	史	传记	存目	王朝佐	明	《东嘉先哲录》	20
29	史	传记	存目	邵正魁	明	《续列女传》	9
30	史	传记	存目	高兆	清	《续高士传》	5
31	史	传记	存目	张大复	明	《昆山人物传》《名宦传》	11
32	史	史钞	著录	文德翼	明	《宋史存》	2
33	史	载记	著录	不详	不详	《五国故事》	2
34	史	载记	著录	不详	不详	《朝鲜史略》	6
35	史	载记	存目	不详	不详	《晋史乘》《楚史梼杌》	2
36	史	载记	存目	钱贵	明	《吴越纪馀》《杂吟》	6
37	史	地理	著录	欧阳忞	宋	《舆地广记》	38
38	史	地理	著录	万斯同	清	《昆仑河源考》	1
39	史	地理	著录	靳辅	清	《治河奏绩书》	4
40	史	地理	著录	张鸣凤	明	《桂胜》	16
41	史	地理	著录	龚明之	宋	《中吴纪闻》	6
42	史	地理	著录	高德基	元	《平江记事》	1
43	史	地理	著录	释玄奘	唐	《大唐西域记》	12
44	史	地理	存目	黄汴	明	《图注水陆路程途》	8
45	史	地理	存目	郭子章	明	《郡县释名》	26
46	史	地理	存目	陆化熙	明	《目营小辑》	4
47	史	地理	存目	曹学佺	明	《蜀中名胜记》	30
48	史	地理	存目	张岱	清	《西湖梦寻》	5
49	史	地理	存目	王维德	清	《林屋民风》	12
50	史	地理	存目	宋彦	明	《山行杂记》	1
51	史	地理	存目	萧大亨	明	《夷俗记》	1

续表

序号	部	类	载录方式	著者姓名	著者朝代	作品名称	卷数
52	史	地理	存目	李言恭 郝杰	明	《日本考》	5
53	史	地理	存目	罗曰褧	明	《咸宾录》	8
54	史	职官	著录	周必大	宋	《玉堂杂记》	3
55	史	职官	著录	吕本中	宋	《官箴》	1
56	史	职官	著录	胡太初	宋	《昼帘绪论》	1
57	史	政书	存目	张朝瑞	明	《明贡举考》	9
58	史	政书	存目	江蘩	清	《四译馆考》	10
59	史	目录	著录	俞松	宋	《兰亭续考》	2
60	史	目录	著录	曹士冕	宋	《法帖谱系》	2
61	史	目录	著录	桑世昌	宋	《兰亭考》	12
62	史	目录	著录	朱珪	明	《名迹录》《附录》	7
63	史	目录	存目	不详	不详	《金石备考》	14
64	史	目录	存目	刘青藜	清	《金石续录》	4
65	史	史评	著录	孙甫	宋	《唐史论断》	3
66	史	史评	著录	李焘	宋	《六朝通鉴博议》	10
67	史	史评	著录	吕中	宋	《大事记讲义》	23
68	史	史评	存目	许浩	明	《元史阐幽》	1
69	史	史评	存目	洪垣	明	《觉山史说》	2
70	史	史评	存目	不详	不详	《宋史笔断》	12
71	史	史评	存目	不详	不详	《卖菜言》	1
72	史	史评	存目	葛震	清	《诗史》	12
73	子	儒家	著录	史伯璿	元	《管窥外篇》	2
74	子	儒家	存目	陆深	明	《同异录》	2
75	子	儒家	存目	敖英	明	《慎言集训》	2
76	子	儒家	存目	薛应旂	明	《薛方山纪述》	1
77	子	儒家	存目	岳元声	明	《圣学范围图》	无
78	子	兵家	著录	何去非	宋	《何博士备论》	1
79	子	兵家	著录	何良臣	明	《阵纪》	4
80	子	兵家	存目	辛弃疾	宋	《美芹十论》	1
81	子	农家	著录	鲍山	明	《野菜博录》	4
82	子	农家	存目	马一龙	明	《农说》	1
83	子	天文算法	存目	戈永龄	明	《太阳太阴通轨》	无
84	子	天文算法	存目	林祖述	明	《星历释义》	2
85	子	术数	著录	不详	不详	《灵台秘苑》	15
86	子	艺术	著录	庾肩吾	梁	《书品》	1
87	子	艺术	著录	裴孝源	唐	《贞观公私画史》	1
88	子	艺术	著录	孙过庭	唐	《书谱》	1
89	子	艺术	著录	张怀瓘	唐	《书断》	3
90	子	艺术	著录	窦臮	唐	《述书赋》	2
91	子	艺术	著录	荆浩	唐	《画山水赋》附《笔法记》	2

续表

序号	部	类	载录方式	著者姓名	著者朝代	作品名称	卷数
92	子	艺术	著录	宋高宗	宋	《翰墨志》	1
93	子	艺术	著录	朱长文	宋	《墨池编》	6
94	子	艺术	著录	米芾	宋	《书史》	1
95	子	艺术	著录	米芾	宋	《宝章待访录》	1
96	子	艺术	著录	米芾	宋	《海岳名言》	1
97	子	艺术	著录	韩拙	宋	《山水纯全集》	1
98	子	艺术	著录	姜夔	宋	《续书谱》	1
99	子	艺术	著录	陶宗仪 朱谋垔	明	《书史会要》《补遗》《续编》	11
100	子	艺术	著录	潘之淙	明	《书法离钩》	10
101	子	艺术	著录	朱谋垔	明	《画史会要》	5
102	子	艺术	著录	张丑	明	《真迹日录》《二集》《三集》	7
103	子	艺术	著录	张丑	明	《法书名画见闻表》	1
104	子	艺术	著录	张丑	明	《南阳法书表》《南阳名画表》	2
105	子	艺术	著录	张丑	明	《清河书画表》	1
106	子	艺术	存目	梁孝元	梁	《山水松石格》	1
107	子	艺术	存目	王维	唐	《画学秘诀》	1
108	子	艺术	存目	李成	唐	《山水诀》	1
109	子	艺术	存目	不详	不详	《宣和论画杂评》	1
110	子	艺术	存目	僧仲仁	宋	《华光梅谱》	1
111	子	艺术	存目	李澄叟	宋	《画山水诀》	1
112	子	艺术	存目	李衎	元	《竹谱详录》	1
113	子	艺术	存目	王世贞	明	《画苑》《画苑补益》	14
114	子	艺术	存目	王世贞	明	《王氏书苑》《书苑补益》	18
115	子	艺术	存目	释莲儒	明	《画禅》	1
116	子	艺术	存目	莫是龙	明	《画说》	1
117	子	艺术	存目	程允基	清	《琴谈》	2
118	子	谱录	著录	虞荔	梁	《鼎录》	1
119	子	谱录	著录	吕震	明	《宣德鼎彝谱》	8
120	子	谱录	著录	不详	不详	《歙州砚谱》	1
121	子	谱录	著录	米芾	宋	《砚史》	1
122	子	谱录	著录	不详	不详	《歙砚说》《辨歙石说》	2
123	子	谱录	著录	不详	不详	《端溪砚谱》	1
124	子	谱录	著录	周嘉胄	明	《香乘》	28
125	子	谱录	著录	陆羽	唐	《茶经》	3
126	子	谱录	著录	宋子安	宋	《东溪试茶录》	1
127	子	谱录	著录	窦苹	宋	《酒谱》	1
128	子	谱录	著录	欧阳修	宋	《洛阳牡丹记》	1
129	子	谱录	著录	王观	宋	《扬州芍药谱》	1
130	子	谱录	著录	范成大	宋	《范村梅谱》	1
131	子	谱录	著录	刘蒙	宋	《刘氏菊谱》	1
132	子	谱录	著录	史正志	宋	《史氏菊谱》	1
133	子	谱录	著录	范成大	宋	《范村菊谱》	1
134	子	谱录	著录	史铸	宋	《百菊集谱》《菊史补遗》	7

续表

序号	部	类	载录方式	著者姓名	著者朝代	作品名称	卷数
135	子	谱录	著录	陈思	宋	《海棠谱》	3
136	子	谱录	著录	蔡襄	宋	《荔枝谱》	1
137	子	谱录	著录	韩彦直	宋	《橘录》	3
138	子	谱录	著录	陈仁玉	宋	《菌谱》	1
139	子	谱录	著录	傅肱	宋	《蟹谱》	2
140	子	谱录	著录	高似孙	宋	《蟹略》	4
141	子	谱录	著录	杨慎	明	《异鱼图赞》	4
142	子	谱录	存目	汤显祖	明	《别本茶经》	3
143	子	谱录	存目	陆廷灿	清	《艺菊志》	8
144	子	杂家	著录	邓伯羔	明	《艺彀》《彀补》	4
145	子	杂家	著录	晁说之	宋	《晁氏客语》	1
146	子	杂家	著录	马永卿 崔铣	宋明	《元城语录》附《行录》	4
147	子	杂家	著录	苏籀	宋	《栾城遗言》	1
148	子	杂家	著录	俞德邻	宋	《佩韦斋辑闻》	4
149	子	杂家	著录	储泳	宋	《祛疑说》	1
150	子	杂家	著录	郑瑗	宋	《井观琐言》	3
151	子	杂家	著录	张应文	明	《清秘藏》	2
152	子	杂家	著录	文震亨	明	《长物志》	12
153	子	杂家	著录	姜绍书	清	《韵石斋笔谈》	2
154	子	杂家	存目	陆树声	明	《病榻寤言》	1
155	子	杂家	存目	陆树声	明	《耄馀杂识》	1
156	子	杂家	存目	张翀	明	《浑然子》	1
157	子	杂家	存目	袁黄	明	《祈嗣真诠》	无
158	子	杂家	存目	窦文照	明	《纪闻类编》	4
159	子	杂家	存目	万尚父	不详	《听心斋客问》	1
160	子	杂家	存目	周梦旸	明	《常谈考误》	4
161	子	杂家	存目	赵钍	明	《古今原始》	14
162	子	杂家	存目	郑明选	明	《秕言》	4
163	子	杂家	存目	钱希言	明	《戏瑕》	3
164	子	杂家	存目	杨万里	宋	《诚斋挥麈录》	1
165	子	杂家	存目	苏祐	明	《逌旃琐语》	1
166	子	杂家	存目	陆树声	明	《长水日抄》	1
167	子	杂家	存目	戴冠	明	《濯缨亭笔记》	10
168	子	杂家	存目	张大复	明	《闻雁斋笔谈》	6
169	子	杂家	存目	陈禹谟	明	《说储》《二集》	16
170	子	杂家	存目	李诩	明	《戒庵漫笔》	8
171	子	杂家	存目	周宇	明	《认字测》	3
172	子	杂家	存目	吕曾见	明	《吕氏笔弈》	8
173	子	杂家	存目	蒋一葵	明	《尧山堂外纪》	100
174	子	杂家	存目	沈节甫	明	《纪录汇编》	216
175	子	杂家	存目	张应文	明	《张氏藏书》	4
176	子	书	著录	不详	不详	《永嘉八面锋》	13
177	子	书	著录	余寅	明	《同姓名录》《录补》	13

续表

序号	部	类	载录方式	著者姓名	著者朝代	作品名称	卷数
178	子	书	著录	胡炳文	元	《纯正蒙求》	3
179	子	书	著录	葛万里	清	《别号录》	9
180	子	书	存目	李瀚	晋	《标题补注蒙求》	3
181	子	书	存目	徐汾	清	《广群辅录》	6
182	子	书	存目	王廷灿	清	《同姓名录》	8
183	子	小说家	著录	尉迟偓	南唐	《中朝故事》	2
184	子	小说家	著录	钱易	宋	《南新书》	10
185	子	小说家	著录	孔平仲	宋	《孔氏谈苑》	4
186	子	小说家	著录	蔡绦	宋	《铁围山丛谈》	6
187	子	小说家	著录	王君玉	宋	《国老谈苑》	2
188	子	小说家	著录	施德操	宋	《北窗炙輠录》	1
189	子	小说家	著录	岳珂	宋	《桯史》	15
190	子	小说家	著录	不详	不详	《耆旧续闻》	10
191	子	小说家	著录	杨瑀	元	《山居新语》	4
192	子	小说家	著录	陆容	明	《菽园杂记》	15
193	子	小说家	著录	锺辂	唐	《前定录》《续录》	2
194	子	小说家	著录	高彦休	唐	《唐阙史》	2
195	子	小说家	著录	郑綮	唐	《开天传信记》	1
196	子	小说家	著录	马纯	宋	《陶朱新录》	1
197	子	小说家	存目	张宁	明	《方洲杂言》	1
198	子	小说家	存目	黄瑜	明	《双槐岁抄》	10
199	子	小说家	存目	祝允明	明	《野记》	4
200	子	小说家	存目	皇甫录	明	《近峰闻略》	8
201	子	小说家	存目	顾起元	明	《客座赘语》	10
202	子	小说家	存目	都穆	明	《谈纂》	2
203	子	小说家	存目	蔡善继	明	《前定录》	2
204	子	小说家	存目	梅鼎祚	明	《才鬼记》	16
205	子	小说家	存目	郭子章	明	《六语》	30
206	子	释家	著录	释晓莹	宋	《罗湖野录》	4
207	子	道家	著录	黄帝	不详	《阴符经解》	1
208	子	道家	著录	俞琬	宋	《周易参同契发挥》《释疑》	4
209	子	道家	存目	郭本中 步履常	明	《鹤林类集》	无
210	集	别集	著录	张耒	宋	《宛邱集》	76
211	集	别集	著录	杨炯	唐	《盈川集》《附录》	11
212	集	别集	著录	李邕	唐	《李北海集》《附录》	7
213	集	别集	著录	高适	唐	《高常侍集》	10
214	集	别集	著录	顾况	唐	《华阳集》附《顾非熊诗》	4
215	集	别集	著录	吕温	唐	《吕衡州集》	10
216	集	别集	著录	皇甫湜	唐	《皇甫持正集》	6
217	集	别集	著录	李翱	唐	《李文公集》	18
218	集	别集	著录	李祁	元	《云阳集》	10
219	集	别集	著录	孙樵	唐	《孙可之集》	10
220	集	别集	著录	皮日休	唐	《皮子文薮》	10

续表

序号	部	类	载录方式	著者姓名	著者朝代	作品名称	卷数
221	集	别集	著录	柳开	宋	《河东集》《附录》	16
222	集	别集	著录	苏舜钦	宋	《苏学士集》	16
223	集	别集	著录	释契嵩	宋	《镡津集》	22
224	集	别集	著录	苏颂	宋	《苏魏公集》	72
225	集	别集	著录	陶弼	宋	《邕州小集》	1
226	集	别集	著录	文同	宋	《丹渊集》《拾遗》《年谱》《附录》	45
227	集	别集	著录	祖无择	宋	《龙学文集》	16
228	集	别集	著录	曾肇	宋	《曲阜集》	4
229	集	别集	著录	米芾	宋	《宝晋英光集》	8
230	集	别集	著录	郑侠	宋	《西塘集》	10
231	集	别集	著录	刘弇	宋	《龙云集》	32
232	集	别集	著录	刘安上	宋	《刘给事集》	5
233	集	别集	著录	刘安节	宋	《刘左史集》	4
234	集	别集	著录	傅察	宋	《忠肃集》	3
235	集	别集	著录	宗泽	宋	《宗忠简集》	8
236	集	别集	著录	杨时	宋	《龟山集》	42
237	集	别集	著录	洪炎	宋	《西渡集》《补遗》	3
238	集	别集	著录	曹勋	宋	《松隐文集》	39
239	集	别集	著录	陈与义	宋	《简斋集》	16
240	集	别集	著录	程俱	宋	《北山小集》	40
241	集	别集	著录	刘一止	宋	《苕溪集》	55
242	集	别集	著录	韩驹	宋	《陵阳集》	4
243	集	别集	著录	王蘋	宋	《王著作集》	8
244	集	别集	著录	罗从彦	宋	《豫章文集》	17
245	集	别集	著录	胡宏	宋	《五峰集》	5
246	集	别集	著录	郑刚中	宋	《北山集》	30
247	集	别集	著录	陈渊	宋	《默堂集》	22
248	集	别集	著录	林之奇	宋	《拙斋文集》	20
249	集	别集	著录	赵公豫	宋	《燕堂诗稿》	1
250	集	别集	著录	周必大	宋	《文忠集》	200
251	集	别集	著录	林亦之	宋	《网山集》	8
252	集	别集	著录	王子俊	宋	《格斋》	1
253	集	别集	著录	曾极	宋	《金陵百咏》	1
254	集	别集	著录	戴复古	宋	《石屏集》	6
255	集	别集	著录	张栻	宋	《南轩集》	44
256	集	别集	著录	李廷忠	宋	《橘山四六》	20
257	集	别集	著录	许尚	宋	《华亭百咏》	1
258	集	别集	著录	姜特立	宋	《梅山续稿》	17
259	集	别集	著录	刘宰	宋	《漫塘文集》	36
260	集	别集	著录	徐照	宋	《芳兰轩集》	1
261	集	别集	著录	徐玑	宋	《二薇亭集》	1
262	集	别集	著录	翁卷	宋	《西岩集》	1
263	集	别集	著录	赵师秀	宋	《清苑斋集》	1
264	集	别集	著录	刘过	宋	《龙洲集》《附录》	16

续表

序号	部	类	载录方式	著者姓名	著者朝代	作品名称	卷数
265	集	别集	著录	魏了翁	宋	《鹤山全集》	109
266	集	别集	著录	方大琮	宋	《铁庵集》	37
267	集	别集	著录	不详	宋	《壶山四六》	1
268	集	别集	著录	游九言	宋	《默斋遗稿》	2
269	集	别集	著录	吴潜	宋	《履斋遗集》	4
270	集	别集	著录	徐鹿卿	宋	《清正存稿》《附录》	7
271	集	别集	著录	李曾伯	宋	《可斋杂稿》《续稿》《续稿后》	54
272	集	别集	著录	岳珂	宋	《玉楮集》	8
273	集	别集	著录	方岳	宋	《秋崖集》	40
274	集	别集	著录	刘黻	宋	《蒙川遗稿》	4
275	集	别集	著录	释居简	宋	《北涧集》	10
276	集	别集	著录	周弼	宋	《汶阳端平诗隽》	4
277	集	别集	著录	吴锡畴	宋	《兰皋集》	3
278	集	别集	著录	张尧同	宋	《嘉禾百咏》	1
279	集	别集	著录	释道璨	宋	《柳塘外集》	4
280	集	别集	著录	王应麟	宋	《四明文献集》	5
281	集	别集	著录	牟巘	宋	《牟氏陵阳集》	24
282	集	别集	著录	何梦桂	宋	《潜斋文集》附《铁牛翁遗稿》	12
283	集	别集	著录	董嗣杲	宋	《西湖百咏》	2
284	集	别集	著录	方夔	宋	《富山遗稿》	10
285	集	别集	著录	王镃	宋	《月洞吟》	1
286	集	别集	著录	方凤	宋	《存雅堂遗稿》	5
287	集	别集	著录	王炎午	宋	《吾汶稿》	10
288	集	别集	著录	黄公绍	宋	《在轩集》	1
289	集	别集	著录	陈岩	宋	《九华诗集》	1
290	集	别集	著录	刘秉忠	元	《藏春集》	6
291	集	别集	著录	张弘范	元	《淮阳集》附录《诗馀》	2
292	集	别集	著录	释英	元	《白云集》	3
293	集	别集	著录	杨公远	元	《野趣有声画》	2
294	集	别集	著录	刘诜	元	《桂隐文集》《诗集》	8
295	集	别集	著录	王奕	南宋	《玉斗山人集》	3
296	集	别集	著录	白珽	元	《湛渊集》	1
297	集	别集	著录	仇远	元	《山村遗集》	1
298	集	别集	著录	杨奂	元	《还山遗稿》《附录》	3
299	集	别集	著录	龚璛	元	《存悔斋稿》《补遗》	2
300	集	别集	著录	周权	元	《此山集》	4
301	集	别集	著录	马臻	元	《霞外诗集》	10
302	集	别集	著录	陈栎	元	《定宇集》《别集》	17
303	集	别集	著录	侯克中	元	《艮斋诗集》	14
304	集	别集	著录	郭豫亨	元	《梅花字字香前集》《后集》	2
305	集	别集	著录	丁复	元	《桧亭集》	9
306	集	别集	著录	黄溍	元	《黄文献集》	10
307	集	别集	著录	柳贯	元	《待制集》《附录》	21

续表

序号	部	类	载录方式	著者姓名	著者朝代	作品名称	卷数
308	集	别集	著录	许有壬	元	《圭塘小稿》《别集》《续集》《附录》	17
309	集	别集	著录	洪焱祖	元	《杏亭摘稿》	1
310	集	别集	著录	李士瞻	元	《经济文集》	6
311	集	别集	著录	卢琦	元	《圭峰集》	2
312	集	别集	著录	吴景奎	元	《药房樵唱》《附录》	4
313	集	别集	著录	释大圭	元	《梦观集》	5
314	集	别集	著录	吴镇	元	《梅花道人遗墨》	2
315	集	别集	著录	成廷珪	元	《居竹轩集》	4
316	集	别集	著录	张雨	元	《句曲外史集》《补遗》《集外诗》	7
317	集	别集	著录	谢宗可	元	《咏物诗》	1
318	集	别集	著录	郭翼	元	《林外野言》	2
319	集	别集	著录	胡天游	元	《傲轩吟稿》	1
320	集	别集	著录	张宪	元	《玉笥集》	10
321	集	别集	著录	许恕	元	《北郭集》《补遗》	7
322	集	别集	著录	舒頔	元	《贞素斋集》《附录》《北庄遗稿》	10
323	集	别集	著录	周霆震	元	《石初集》《附录》	11
324	集	别集	著录	甘复	元	《山窗馀稿》	1
325	集	别集	著录	王逢	元	《梧溪集》	7
326	集	别集	著录	叶容	元	《樵云独唱》	6
327	集	别集	著录	杨允孚	元	《滦京杂咏》	1
328	集	别集	著录	郭钰	元	《静思集》	10
329	集	别集	著录	贡性之	元	《南湖集》	7
330	集	别集	著录	吕诚	元	《来鹤亭诗》《补遗》	9
331	集	别集	著录	朱希晦	元	《云松巢集》	3
332	集	别集	著录	汪克宽	元	《环谷集》	8
333	集	别集	著录	陈基	元	《夷白斋稿》《外集》	36
334	集	别集	著录	张昱	元	《可闲老人集》	4
335	集	别集	著录	危素	明	《说学斋稿》	4
336	集	别集	著录	危素	明	《云林集》	2
337	集	别集	著录	陶宗仪	明	《南村诗集》	4
338	集	别集	著录	郭奎	明	《望云集》	5
339	集	别集	著录	袁华	明	《可传集》	1
340	集	别集	存目	黄希旦	宋	《支离子集》	1
341	集	别集	存目	任渊	宋	《精华录》	8
342	集	别集	存目	叶梦得	宋	《北山律式》《王炎诗》《晁冲之诗》	4
343	集	别集	存目	陈康伯	宋	《陈文恭公集》	13
344	集	别集	存目	顾禧	宋	《志道集》	1
345	集	别集	存目	曾丰	宋	《别本缘督集》	12
346	集	别集	存目	陈傅良	宋	《止斋论祖》	5
347	集	别集	存目	岳珂	宋	《棠湖诗稿》	1
348	集	别集	存目	王迈	宋	《臞轩四六》	2

续表

序号	部	类	载录方式	著者姓名	著者朝代	作品名称	卷数
349	集	别集	存目	朱淑真	宋	《断肠集》	2
350	集	别集	存目	危昭德	宋	《巽斋四六》	1
351	集	别集	存目	陈仁子	宋	《牧莱脞语》《二稿》	20
352	集	别集	存目	俞琬	宋	《林屋山人集》	1
353	集	别集	存目	萧国宝	元	《辉山存稿》	1
354	集	别集	存目	杜本	元	《清江碧嶂集》	1
355	集	别集	存目	朱德润	元	《存复斋集》	10
356	集	别集	存目	袁士元	元	《书林外集》	7
357	集	别集	存目	华幼武	元	《黄杨集》《补遗》	4
358	集	别集	存目	郑允端	元	《肃雝集》	1
359	集	别集	存目	曹志	元	《拱和诗集》	1
360	集	别集	存目	张玉娘	元	《兰雪集》	1
361	集	别集	存目	余祚征	明	《文斋文集》	11
362	集	总集	著录	邓忠臣	宋	《同文馆唱和诗》	10
363	集	总集	著录	林表民	宋	《赤城集》	18
364	集	总集	著录	郑虎臣	宋	《吴都文粹》	9
365	集	总集	著录	柴望	宋	《柴氏四隐集》	3
366	集	总集	著录	许有壬	元	《圭塘欸乃集》	2
367	集	总集	著录	顾瑛	元	《玉山名胜集》《外集》	9
368	集	总集	著录	偶桓	明	《乾坤清气集》	14
369	集	总集	著录	刘昌	明	《中州名贤文表》	30
370	集	总集	著录	不详	不详	《经义模范》	1
371	集	总集	著录	李蓘	明	《宋艺圃集》	22
372	集	总集	著录	李蓘	明	《元艺圃集》	4
373	集	总集	存目	杜桓	明	《柳黄同声集》	2
374	集	总集	存目	赵彦复	明	《梁园风雅》	27
375	集	诗文评	著录	黄彻	宋	《溪诗话》	10
376	集	诗文评	存目	徐骏	元	《诗文轨范》	2
377	集	诗文评	存目	陈懋仁	明	《藕居士诗话》	2
378	集	诗文评	存目	蒋一葵	明	《尧山堂偶隽》	7
379	集	诗文评	存目	宋长白	清	《柳亭诗话》	30
380	集	诗文评	存目	张翼 包衡	明	《清赏录》	12

第三节　嘉兴籍官员献书

《四库全书》编纂时，很多四库馆臣亦进献图书，据相关资料记载，有四位嘉兴籍四库馆臣将家藏图书进献书馆。

一、编修汪如藻献书

汪如藻（生卒年不详），字念孙，一作彦孙，号鹿园，清代浙江桐乡人。藏书家孟铜子。乾隆四十年（1775）进士，入翰林，官终山东粮道，后来入四库馆，为总目协勘官，署衔为文渊阁校理、翰林院编修。承先世累代藏书，裘杼楼、古香楼、擒藻堂、华及堂、小方壶、碧巢之旧藏尽为其所有。乾隆三十八年（1773）开馆征书，汪如藻献家藏书271种，被《四库全书》收录三分之一。《四库全书总目》载录来源为编修汪如藻家藏本144种，其中经部6种、史部27种、子部13种、集部98种，著录书91种、存目书53种。

汪如藻为朝绅中献书较多者，乾隆三十九年（1774）五月十四上谕点名表彰进献图书一百种以上的藏书家："又进书一百种以上之江苏周厚堉、蒋曾莹，浙江吴玉墀、孙仰曾、汪汝瑮，及朝绅中黄登贤、纪昀、励守谦、汪如藻等，亦俱藏书旧家，并着每人赏给内府初印之《佩文韵府》各一，俾亦珍为世宝，以示嘉奖。"①《拜经楼藏书题跋记·苏诗补注》记其藏书印记有："拥书楼收藏""梧桐乡汪氏拥书楼所藏"等，所提"拥书楼"即汪如藻为藏乾隆赐书而建②。

汪氏所献之书很多版本较早，载录的144种图书中唐人著述6种、宋人著述65种、元人著述28种、明人著述29种、清人著述8种、其他8种，明代之前的著述占68.6%。汪如藻进呈之书中不乏珍本，如《尚书详解》《西昆酬唱集》二书时已"世罕流布"，幸得汪氏进呈，才可重得著录；宋陈思编、元陈世隆合著的《两宋名贤小集》380卷，堪称《四库全书》中的大头著述。参见表1-3。

表1-3 《四库全书总目》中的汪如藻家藏本书目

序号	部	类	载录方式	著者姓名	著者朝代	作品名称	卷数
1	经	书	著录	丁特起	宋	《孤臣泣血录》	1

① 永瑢，纪昀，等.四库全书总目：卷首[M].北京：中华书局，1965：2.

② 郑伟章.书林叶考[M].广州：广东人民出版社，1995：364.

续表

序号	部	类	载录方式	著者姓名	著者朝代	作品名称	卷数
2	经	书	存目	熊方	宋	《补后汉书年表》	10
3	经	礼	著录	陈经	宋	《尚书详解》	50
4	经	小学	著录	皮日休 陆龟蒙	唐	《松陵集》	10
5	经	小学	存目	不详	唐	《唐四僧诗》	6
6	经	小学	存目	不详	唐	《薛涛李冶诗集》	2
7	史	正史	著录	顾从德	明	《咏史诗》	2
8	史	编年	著录	韦庄	唐	《浣花集》《补遗》	11
9	史	杂史	存目	沈亚之	唐	《沈下贤集》	12
10	史	杂史	存目	吴管	元	《蕉窗蒠隐词》	1
11	史	杂史	存目	王构	元	《修辞鉴衡》	2
12	史	杂史	存目	赵景良	元	《忠义集》	7
13	史	传记	存目	赖良	元	《大雅集》	8
14	史	传记	存目	刘履	元	《风雅翼》	14
15	史	传记	存目	刘埙	元	《水云村泯稿》	2
16	史	传记	存目	赵孟頫	元	《别本松雪斋集》	2
17	史	传记	存目	王桢	元	《农务集》	3
18	史	传记	存目	王士熙	元	《王鲁公诗钞》	1
19	史	载记	著录	王偕	元	《获溪集》	2
20	史	载记	著录	王翰	元	《友石山人遗稿》	1
21	史	地理	著录	谢应芳	元	《龟巢集》	17
22	史	地理	著录	杨维桢	元	《复古诗集》	6
23	史	地理	存目	刘岳申	元	《申斋集》	15
24	史	地理	存目	揭徯斯	元	《文安集》	14
25	史	地理	存目	陈泰	元	《所安遗集》	1
26	史	地理	存目	朱晞颜	元	《鲸背吟集》	1
27	史	地理	存目	李孝光	元	《五峰集》	6
28	史	职官	著录	陈镒	元	《午溪集》	10
29	史	目录	著录	郝经	元	《陵川集》《附录》	40
30	史	目录	存目	张观光	元	《屏岩小稿》	1
31	史	目录	存目	释善住	元	《谷响集》	3
32	史	目录	存目	吾邱衍	元	《竹素山房诗集》	3
33	史	史评	存目	释圆至	元	《牧潜集》	7
34	子	艺术	存目	徐明善	元	《芳谷集》	2
35	子	谱录	存目	释觉岸	元	《释氏稽古略》	4
36	子	杂家	存目	王士点 商企翁	元	《秘书监志》	11
37	子	杂家	存目	吾邱衍	元	《周秦刻石释音》	1
38	子	杂家	存目	不详	不详	《赠言小集》	1
39	子	类书	存目	不详	不详	《诗家鼎脔》	2
40	子	类书	存目	不详	不详	《西昆酬唱集》	2
41	子	类书	存目	不详	不详	《敏求机要》	16
42	子	小说家	著录	不详	不详	《南渡录》《窃愤录》	3

续表

序号	部	类	载录方式	著者姓名	著者朝代	作品名称	卷数
43	子	小说家	存目	不详	不详	《宋季三朝政要》	6
44	子	小说家	存目	不详	不详	《周礼集说》	10
45	子	小说家	存目	刘炳	明	《刘彦昺集》	9
46	子	释家	著录	马曰璐	清	《韩柳年谱》	8
47	集	别集	著录	释克新	明	《元释集》	1
48	集	别集	著录	汪褆	明	《檗庵集》	2
49	集	别集	著录	汪子祜	明	《石西集》附《崇礼堂诗》	9
50	集	别集	著录	林右	明	《林公辅集》	3
51	集	别集	著录	贝琼	明	《清江诗集》《文集》	41
52	集	别集	著录	王恭	明	《草泽狂歌》	5
53	集	别集	著录	乌斯道	明	《春草斋集》《附录》	11
54	集	别集	著录	虞堪	明	《希澹园诗》	3
55	集	别集	著录	徐一夔	明	《艺圃蒐奇》《补阙》	20
56	集	别集	著录	张鼎思	明	《琅琊代醉编》	40
57	集	别集	著录	邓庆宷	明	《荔枝通谱》	16
58	集	别集	著录	顾从德	明	《印薮》	6
59	集	别集	著录	程敏政	明	《宋纪受终考》	3
60	集	别集	著录	内府	明	《经厂书目》	1
61	集	别集	著录	孙克宏	明	《碑目》	3
62	集	别集	著录	王士性	明	《广志绎》《杂志》	6
63	集	别集	著录	葛寅亮	明	《金陵梵刹志》	53
64	集	别集	著录	刘侗 于奕正	明	《帝京景物略》	8
65	集	别集	著录	廖世昭	明	《志略》	16
66	集	别集	著录	郑麟趾	明	《高丽史》	2
67	集	别集	著录	马荩臣	明	《吴越世家疑辨》	1
68	集	别集	著录	方豪	明	《断碑集》	1
69	集	别集	著录	徐学聚	明	《历朝珰鉴》	4
70	集	别集	著录	危素	明	《草庐年谱》《附录》	4
71	集	别集	著录	徐阶	明	《岳庙集》	4
72	集	别集	著录	权衡	明	《庚申外史》	2
73	集	别集	著录	杨贞一	明	《诗韵辨略》	2
74	集	别集	著录	梅鷟	明	《尚书谱》	5
75	集	别集	著录	刘云峰	清	《梧江杂咏》	1
76	集	别集	著录	陶越	清	《过庭纪馀》	3
77	集	别集	著录	顾炎武	清	《经世篇》	12
78	集	别集	著录	汪文柏	清	《杜韩集韵》	3
79	集	别集	著录	不详	清	《读书随记》《续记》《剩语》	3
80	集	别集	著录	曹溶	清	《金石表》	1
81	集	别集	著录	潘耒	清	《类音》	8
82	集	别集	著录	林正大	宋	《风雅遗音》	2
83	集	别集	著录	汪莘 汪元量	宋	《方壶词》《水云词》	4

续表

序号	部	类	载录方式	著者姓名	著者朝代	作品名称	卷数
84	集	别集	著录	刘克庄	宋	《后村诗话前集》《后集》《续集》《新集》	14
85	集	别集	著录	不详	宋	《南岳倡酬集》《附录》	2
86	集	别集	著录	桑世昌	宋	《回文类聚》《补遗》	5
87	集	别集	著录	吴渭	宋	《月泉吟社》	1
88	集	别集	著录	陈思 陈世隆	宋元	《两宋名贤小集》	380
89	集	别集	著录	吕南公	宋	《吕次儒集》	1
90	集	别集	著录	黄庭坚	宋	《山谷刀笔》	20
91	集	别集	著录	王质	宋	《林泉结契》	5
92	集	别集	著录	李侗	宋	《延平文集》《附录》	5
93	集	别集	著录	张元干	宋	《别本芦川归来集》	6
94	集	别集	著录	李弇	宋	《翦绡集》	2
95	集	别集	著录	刘辰翁	宋	《须溪四景诗集》	4
96	集	别集	著录	薛嵎	宋	《云泉诗》	1
97	集	别集	著录	赵必瑑	宋	《覆瓿集》	6
98	集	别集	著录	柴望	宋	《秋堂集》	3
99	集	别集	著录	吴龙翰	宋	《古梅吟稿》	6
100	集	别集	著录	于石	宋	《紫岩诗选》	3
101	集	别集	著录	陈深	宋	《宁极斋稿》附《慎独叟遗稿》	2
102	集	别集	著录	施枢	宋	《芸隐横舟稿》《芸隐倦游稿》	2
103	集	别集	著录	宋伯仁	宋	《西塍集》	1
104	集	别集	著录	许棐	宋	《梅屋集》	5
105	集	别集	著录	杨至质	宋	《勿斋集》	2
106	集	别集	著录	文天祥	宋	《文信公集杜诗》	4
107	集	别集	著录	谢枋得	宋	《叠山集》	5
108	集	别集	著录	汪莘	宋	《方壶存稿》	8
109	集	别集	著录	刘克庄	宋	《后村集》	50
110	集	别集	存目	周文璞	宋	《方泉集》	4
111	集	别集	存目	姜夔	宋	《白石诗集》《诗说》	2
112	集	别集	存目	洪咨夔	宋	《平斋文集》	32
113	集	别集	存目	杜范	宋	《清献集》	20
114	集	别集	存目	华岳	宋	《翠微南征录》	11
115	集	别集	存目	郑清之	宋	《安晚堂诗集》	7
116	集	别集	存目	陈淳	宋	《北溪大全集》《外集》	51
117	集	别集	存目	杨简	宋	《慈湖遗书》《续集》	20
118	集	别集	存目	洪迈	宋	《野处类稿》	2
119	集	别集	存目	杨万里	宋	《诚斋集》	133
120	集	别集	存目	郑樵	宋	《夹漈遗稿》	3
121	集	别集	存目	周麟之	宋	《海陵集》《外集》	24
122	集	别集	存目	周孚	宋	《蠹斋铅刀编》	32
123	集	别集	存目	冯时行	宋	《缙云文集》	4
124	集	别集	存目	欧阳澈	宋	《欧阳修撰集》	7
125	集	别集	存目	李纲	宋	《梁溪集》《附录》	186

续表

序号	部	类	载录方式	著者姓名	著者朝代	作品名称	卷数
126	集	总集	著录	李弥逊	宋	《筠溪集》	24
127	集	总集	著录	黄裳	宋	《演山集》	60
128	集	总集	著录	李之仪	宋	《姑溪居士前集》《后集》	70
129	集	总集	著录	李昭玘	宋	《乐静集》	30
130	集	总集	著录	谢薖	宋	《竹友集》	10
131	集	总集	著录	韦骧	宋	《钱塘集》	14
132	集	总集	著录	张方平	宋	《乐全集》《附录》	41
133	集	总集	著录	蒋堂	宋	《春卿遗稿》	1
134	集	总集	著录	释重显	宋	《祖英集》	2
135	集	总集	著录	庞元英	宋	《谈薮》	1
136	集	总集	著录	赵溍	宋	《养疴漫笔》	1
137	集	总集	著录	洪迈	宋	《夷坚支志》	50
138	集	总集	存目	翟耆年	宋	《籀史》	1
139	集	诗文评	著录	张淏	宋	《艮岳记》	1
140	集	诗文评	著录	张礼	宋	《游城南记》	1
141	集	词曲	著录	白朴	金	《天籁集》	2
142	集	词曲	存目	孟元老	宋	《东京梦华录》	10
143	集	词曲	存目	朋九万	宋	《乌台诗案》	1
144	集	词曲	存目	程卓	宋	《使金录》	1

二、少詹事陆费墀献书

陆费墀（1731—1790），本姓费，字丹叔，一字磁士，号颐斋，晚号吴泾灌叟，浙江桐乡人。乾隆三十一年（1766）进士，改庶吉士，授编修，官至礼部侍郎。三十八年（1773）四库全书开馆后，受任四库全书馆总校及副总裁之职，与纪昀、陆锡熊等人，为编纂《四库全书》出力较多。家富于藏书，进呈四库馆数十种，《四库全书总目》载录8种，其中著录书7种、存目书1种。参见表1-4。

表1-4 《四库全书总目》中的陆费墀家藏本书目

序号	部	类	载录方式	著者姓名	著者朝代	作品名称	卷数
1	经	礼	著录	胡广	明	《礼记大全》	30
2	经	礼	著录	朱子	宋	《家礼》《附录》	6
3	经	礼	存目	杨慎	明	《别本家礼仪节》	8
4	史	编年	著录	刘恕	宋	《通鉴外纪》《目录》	15
5	子	法家	著录	邓析	周	《邓析子》	1
6	子	杂家	著录	慎到	周	《慎子》	1
7	集	别集	著录	庾信	周	《庾开府集笺注》	10
8	集	别集	著录	王十朋	宋	《东坡诗集注》	32

续表

三、编修祝德麟献书

祝德麟（1742—1798），字趾堂，号芷塘，浙江海宁袁花人。清官员、诗人。乾隆二十八年（1763）进士，授翰林院庶吉士、编修，官至提督陕西学政，升湖广道监察御史，掌礼科给事中。乾隆五十五年（1790）以言事不合黜归，主讲云间书院。工诗，以性灵为主。室名曰“悦亲楼”。著有《悦亲楼诗集》30卷、《外集》2卷、《赓云初集》4卷、《吴任杰离骚草木疏辨证》4卷。

四库开馆时，祝德麟为翰林院提调官，署翰林院编修。祝德麟进呈书籍的具体数量不明，相关记载称其进书若干种，《四库全书总目》载录2种，均入集别集类存目。两种书分别为明祝淇著《履坦幽怀集》二卷、明祝萃著《虚斋先生遗集》十卷。值得一提的是，被载录的祝德麟家藏本均是其先辈所撰。祝淇，字汝渊，号梦窗，约明宪宗成化六年（1470）前后在世。祝萃（1452—1518），字维贞，号虚斋，明成化二十年（1484）进士。祝德麟将家藏先辈著作进献且被著录，迅速使其家族书知晓天下。

四、编修查莹献书

查莹（1743—1803），海宁人，字韫辉，号映山，别号竹南逸史。乾隆三十一年（1766）二甲二十六名进士，授编修，入四库全书馆任武英殿提调官，后官文渊阁校理。历任广西、湖北学政，山西道监察御史，掌四川道监察御史，两任巡视南漕官，至吏科给事中。祖父查升字仲韦、号声山，家有“澹远堂”，书法秀逸，尤精小楷；富藏书，且多购藏书画。他继承祖父书画和藏书的收藏传统，并精于鉴藏书画，其藏书处为“听雨楼”“赐研堂”“学山堂”“依竹堂”等。藏书印主要有“依竹主人”“听雨楼查氏有谷赏图书”“慧海楼藏书印”“竹南藏书”“莹寿之章”“学山堂印”“澹远堂图书印”“查映山太史藏书”“赐研堂印”“棣园居士”“莹寿之章”“文渊阁校理”等10数枚。为官京师时，与翰林院检讨李铎经常游弋于书肆，每日游琉璃厂延庆堂中，所得极多。李文藻在其《琉璃厂书肆记》曾记载：“延庆堂刘氏在路北，查编修莹、李检讨铎日游其中”[①]。其藏书楼收藏影写宋抄本、明本和清代稿本甚多，其中以文集类为特色。如抄宋本《庆湖遗老诗集》、影写宋刊本《分门纂类唐歌诗》、明本《元诗遗音集》《剡诗漫笔》《高太史大全集》等，名家批注较多，皆为

① 李玉安，黄正雨．中国藏书家通典[M].北京：中国国际文化出版社，2005：455.

精审之本。今北京图书馆藏明景泰间刻本《高太史大全集》十八卷、四册，卷内有“查莹之印”“圣雨楼查氏有圻珍赏图书”“赐研堂印”等印记。

四库馆开馆时查莹进书多种，《四库全书总目》载录1种：明俞焕章著《读史图纂》1卷，入史别史类存目。

第四节 《四库全书》与清代嘉兴私家藏书

一、清代嘉兴藏书家的藏书理念

中国私家藏书，到清代已积累了丰富的经验并形成了浓厚的藏书风气，因而涌现出众多的数代相聚相传的藏书世家。嘉兴人自古“罕习军旅，尤慕文儒”，“好读书，虽三家之村必储经籍”，崇文重教之下藏书大家辈出。在《中国藏书家考略》一书中所收录的历代480余名藏书家中，清代嘉兴藏书家就有62人，占12.9%，位居全国之首[①]。特别是清初嘉兴秀水，乾嘉以后的嘉兴海宁，成为浙江乃至全国私家藏书最活跃的地区。像海盐张氏涉园、海宁蒋氏别下斋、衍芬草堂等都是清代著名的藏书世家。

但我们也看到，在《四库全书》编修之际，真正参与进献图书的藏书家比例甚少。究其原因，一是由于清代文字狱盛行，中国士人为避文祸，多选择不参与或少参与的策略，以求全身远祸；二是受千年封建社会专制主义的影响，中国藏书文化有“秘而不宣”的传统，特别到了私家藏书盛行的清代，这种藏书思想更是到了登峰造极的地步。许多读书人把秘藏图书作为巩固自己儒士地位的重要手段，甚至将是否秘藏先辈图书看做是“孝”与“不孝”的行为标准[②]。因而，虽然清廷多次下谕旨征收书，一些秉承“秘而不宣”藏书思想的藏书家们仍不肯轻易将图书进献。

当然，鲍廷博等人乐于将珍藏进呈，与明清时代嘉兴很多藏书家积极开明的藏书心态有关。特别是明末清初嘉兴学者、藏书家曹溶（1613—1685）撰写《流通古书约》，提出了古书传抄互换或刊行广布的流通之法，在我国首次以文字的形式倡导图书开放的思想。该思想得到了一些开明藏书家的赞同，随着图书流通意识的增强，图书为天下之公器、藏书公开的理念不断深入人心，一些嘉兴藏书家认识到将

① 王火红.古代客籍名人对嘉兴历史文化发展的贡献[J].兰台世界,2013(9):99-100.

② 李婷.评析中国古代私人藏书家的文化心理特征——“秘而不宣”[J].图书情报知识,1988(1):23-25.

所藏书籍进献给朝廷，会更为便捷地公之天下，实为造福后人之善举[①]，从而积极进献私家藏书。可以说，清代是嘉兴藏书由藏转向用、由私转向公的重要阶段。

嘉兴不少私人藏书家既继承古代藏书家的优良传统，又顺应时代潮流，积极推动私家藏书的开放使用，为其后的公共图书馆事业作出了巨大贡献。如海宁藏书家张元济在清宣统元年（1909）创办“涵芬楼”，从收集善本古籍开始，继而中外图书兼收，到民国十三年（1924），涵芬楼藏有37 000卷善本书和珍贵抄本，包括遍及中国22个行省及边远地区的2 641种地方志、十二卷濒于失传的《永乐大典》、数套欧洲科学杂志、全套的荷兰《通报》、英国《亚洲文会北中国支会会报》等特色文献，成为当时最大的藏书楼。民国十五年（1926），张元济将其建成颇具规模的公共图书馆——东方图书馆，在开启民智等方面起到了重要作用。

二、《四库全书》对清代嘉兴私家藏书的影响

（一）促进私家藏书的盛行

私家藏书为《四库全书》做了不可磨灭的贡献，造就了《四库全书》的卷帙浩博。乾隆帝对进书者实施了物质与精神的双重奖励：其一奖书，其二题咏，其三记名，其四钤印。皇帝对进书者奖励极大地调动私人藏书的积极性，使广大学者和民众认识藏书是利国、利民、利己，造福子孙后代、光耀门庭的佳事，于是好多人倾心投身于藏书之中，大大促进私人藏书发展。藏书家因献书有功而得到嘉赏，其赏赐亦是图书，进一步丰富了藏书家私家藏书的内容。

《四库全书》编纂好后，又抄了六部，七部书分别珍藏于文渊阁、文溯阁、文源阁、文津阁“北四阁”与文宗阁、文汇阁和文澜阁“南三阁”。这“七阁”，即仿照天一阁所建，树立了私人藏书“宁波范氏天一阁为巨擘”，私人藏书家和学者竞相仿效建造藏书楼，而且在修建藏书楼时，往往借鉴官府庋藏《四库全书》的经验，注意对书籍装潢护惜，有序陈列编目，建立规章制度，提高私家藏书的图书保存质量。

如海宁藏书家吴骞在乾隆四十五年（1780）建造的藏书处，起名“拜经楼”，建造规模很宏大，藏书十万卷。同期海宁另一位藏书家陈鳣说：“吴骞筑拜经楼，聚书数十万卷，丹黄甲乙，排列几筵。”[②]陈鳣自己晚年也在海宁的紫微山麓建造了向山阁来收藏其书，“阁中收藏宋元本及抄本、校本等达十余万卷”[③]。乾隆之后，海宁

① 付嘉豪.鲍廷博与《四库全书》[J].图书馆理论与实践,2011(3):60-64.

② 郑伟章,李万健.中国著名藏书家传略[M].北京:书目文献出版社,1986:114.

③ 郑伟章,李万健.中国著名藏书家传略[M].北京:书目文献出版社,1986:120.

周春“著书斋”“昙花馆”，许梿“古韵阁”亦闻名江南，蒋光煦“别下斋”、蒋光焴“衍芬草堂”更是藏书家中的翘楚；平湖陆烜“奇晋斋”，钱天树“味梦轩”“是耶楼”收藏书画数万卷，几与“曝书亭”及明代的“天籁阁”媲美；海盐马玉堂的“汉唐斋”，人称藏书甲于江浙。到清朝末年至民国初年，沈曾植“海日楼”、沈曾桐“赖古楼”、陈乃乾“共读楼”、张宗祥“铁如意馆”、张元济“涵芬楼”等①，传承嘉兴前代藏书家的优良传统，在藏书史上留下了浓墨重彩的一笔。

乾隆帝下谕旨开放江浙三阁及翰林院，加强图书流通，增加了私人藏书的书源，同时也对私人藏书管理和开放流通产生一定影响，使私人藏书不仅本人受益，子孙受益，也逐步嘉惠士林，面向社会开放，对清代文化发展繁荣起到了推动作用。与此同时，相对于一些藏书家的累世所得子孙不能守，许多私家收藏的珍本秘籍被《四库全书》收录或存目，受到了官方更加严密与系统的保管而得以广泛传播，对保存典籍、弘扬文化有着积极意义。

《四库全书》问世后，许多学者士人趋之若鹜，竞相翻板刊刻，进一步促进了私家图书的刊刻出版。如鲍廷博、鲍士恭父子不仅是著名藏书家也是刊刻家，辑刊的《知不足斋丛书》，“凡三十集，收书二百零七种，七百八十一卷，内容包括经史考订、历算、金石、地理、书画、诗文集、书目各类，收罗广泛，鉴别精审，在清代丛书中，最受学者推崇”②。

（二）削弱个别私家藏书的实力

私家藏书促成了《四库全书》的编纂，而自身却因此受到削弱，一些藏书大家迅速衰落，从此一蹶不振。原因之一是《四库全书》的面世揭开了私家藏书神秘的面纱，原来藏书家世代传守的私家秘珍成了大众共享的公共资源，私家藏书的魅力便大大削弱。

藏书大家衰落的原因之二在于大部分私人进呈的藏书没有被归还。虽然当初征书时乾隆信誓旦旦“仍将原本发还”，但实际上除了少数经乾隆题咏的珍本发行录副、陆续发还之外，绝大多数进献之书并未归还。比如，在乾隆五十一年（1786），吏部尚书刘墉在清查各省采进遗书及各藏书家呈进遗书存留情形时，发现有9 416部书仍存在翰林院书库内，并没有发还给各家③，而且此后一直也没有发还。如此众多的书，都是藏书家历经几代珍藏所得，就被这样搁置一旁。

在征书过程中，有很多私家藏书因字里行间有“违碍”之意而被窜改，甚至被

① 陈心蓉.清代嘉兴私家藏书的繁盛及其原因[J].兰台世界,2009(6):56-57.

② 黄爱平.四库全书纂修研究[M].北京:中国人民大学出版社,1989:379.

③ 王俊义,黄爱平.清代学术文化史论[M].台北:文津出版社,1999:386.

销毁。乾隆亲下谕旨，对于“已缴藏书之家，再令诚妥之员，前往明白传谕，如有不应存留之书，即速交出，与收藏之人，并无关碍”。他还威胁，“此次传谕之后，复有隐讳存留，则是有心藏匿伪妄之书，日后别经发觉，其罪转不能逭，承办之督抚等，亦难辞咎”[①]。乾隆皇帝轻描淡写的几句话，似乎是对藏有“违碍”书的藏书家的恩典，实际上是对私家藏书家的变相掠夺，给藏书家造成了毁灭性的打击。

① 官修.清实录.清高宗实录:卷964[M].北京:中华书局,1985:1 084-1 085.

第二章　任职四库　编纂巨著

纂修《四库全书》是一项浩繁的文化工程。乾隆三十七年（1772），乾隆皇帝下诏开设四库全书馆，委派纪昀等著名学者160余人编纂《四库全书》。四库全书馆于乾隆三十八年（1773）二月正式开馆，不仅吸收了很多学有专长、名重一时的文人学者，而且招募了大量的办事人员，形成了一个庞大的专门机构。乾隆四十六年（1781）十二月，第一部《四库全书》抄写完毕并装潢进呈。接着又用了将近三年的时间，抄完第二、三、四部，分贮文渊阁、文溯阁、文源阁、文津阁珍藏。从乾隆四十七年（1782）七月到乾隆五十二年（1787）又抄了三部，分贮江南文宗阁、文汇阁和文澜阁珍藏。在编纂《四库全书》的过程中还产生了《四库全书荟要》《四库全书总目》《四库全书简明目录》《四库全书考证》《武英殿聚珍版丛书》等系列四库书籍。

四库全书馆为四库馆臣提供了一个施展才华的平台、一个与众多文士切磋交流的机会，嘉兴文士与众多四库馆臣一起在四库馆内各司其职，以其学识专长，为《四库全书》的纂修、相关书籍的编纂做出了巨大的贡献。

第一节　《四库全书》组织机构

一、四库全书馆构成

编纂《四库全书》这样规模庞大的丛书，没有一个专门的组织机构显然是无法开展工作的。在《四库全书》的编纂工作还未开始前，乾隆帝曾任命军机大臣为总裁，并从翰林官员中抽调专人从事《永乐大典》查校工作。乾隆三十八年（1773）二月，在乾隆帝正式向各省督抚等发出搜访遗书命令前一个月，派福隆安负责“四库全书处”人员的安排[①]，也就是说，“四库全书处”（也称“四库全书馆”，以下统称“四库全书馆”）在二月已正式成立。

四库全书馆的最高职务是总裁、副总裁，负责总理馆内一切事务，多由乾隆任命。正总裁先后由皇六子多罗质郡王永瑢，皇八子多罗仪郡王永璇，皇十一子永瑆，东阁大学士、翰林院掌院学士、军机大臣刘统勋，文渊阁大学士、军机大臣刘伦，文华殿大学士、军机大臣于敏中，武英殿大学士舒赫德，以及阿桂、英廉、程景伊、嵇璜、福康安、和珅、蔡新、王际华、裘日修等各阁领事、各部尚书16人担任；副总裁官也先后有梁国治、曹秀先、张若、刘墉、王杰、彭元瑞、金简、董浩、曹文植、沈初、钱汝诚、李友棠等12人之多[②]。四库全书馆前后有多达3位皇子、9位大学士、7位尚书、17位侍郎[③]，其他众多的官员或多或少参与《四库全书》的编纂工作。

总裁和副总裁主要负责以下工作：一是制定章程。四库全书馆的各项章程，基本上都是总裁们根据乾隆帝的指示讨论制定的。二是选拔人才。纪昀、陆锡熊、邵晋涵、周永年等都是总裁们向乾隆帝推荐的人才，而这些人才以后在《四库全书》编纂过程中发挥了巨大作用。三是考核催办。此外，总裁和副总裁在征书、校书、抄书、印书的管理方面也做了大量工作[④]。

四库全书馆总裁、副总裁其下根据工作性质的不同，大致可分为纂修、缮书、监造三大处[⑤]。

（1）纂修处：专职校理勘定全部书籍，并兼司缮书处缮写书籍的分校工作。设总阅官，总理书籍的审阅工作；总纂官，负责“各书详检确核，撮举大纲，编纂总目”事宜；总校官，总管全部书籍的校订工作；翰林院提调官、武英殿提调官，分别负责提取两处书籍事宜；总目协勘官，协助编定总目。至于具体纂修各书事宜，则分属于各纂修官，包括校勘《永乐大典》纂修兼分校官、校办各省送到遗书纂修官、黄签考证纂修官、天文算学纂修兼分校官等，他们在负责纂修的同时，大部分兼任校勘工作。

总纂官先后由翰林院侍读纪昀、刑部郎中陆锡熊、太常寺少卿孙士毅等担任。陆费墀为总校官。纂修分校，则由戴震主“经”，邵晋涵主“史”，周永年主“子”，纪昀主“集”。他们带领的纂修官王念孙、朱筠、翁方纲、王太岳、姚鼐、卢文弨

① 中国第一历史档案馆.纂修四库全书档案[M].上海:上海古籍出版社,1997:63.

② 姜越.文以载道千古流传的大清文豪故事[M].北京:中国财富出版社,2014:136.

③ 李常庆.《四库全书》出版研究[M].郑州:中州古籍出版社,2008:10.

④ 徐友富.办理《四库全书》组织管理工作述要[J].南京大学学报(哲学·人文·社会科学),1995(2):94-100.

⑤ 黄爱平.《四库全书》纂修研究[M].北京:中国人民大学出版社,1989:114.

等，都是硕学通儒，一时名宿。乾隆三十八年（1773）三月，四库全书馆设立不久，四库总裁们考虑到这部书囊括古今，数量必将繁多，便提出分色装潢经、史、子、集书衣的建议。书成后它们各依春、夏、秋、冬四季，分四色装潢，即经部绿色、史部红色、子部月白色、集部灰黑色，以便检阅。

（2）缮书处：专司全书的缮写及校勘事宜。设总校官，总理全部缮写书籍的校勘事宜；分校官，具体负责校勘一般书籍，篆隶分校官和绘图分校官，分别负责校勘某些专门书籍；督催官，掌管督责缮写校勘事宜，又翰林院、缮书处、武英殿收掌官，分别负责三处书的收发出入。

（3）监造处：主要经管武英殿刊刻印刷装订整理书籍事宜。设监造官专司其职。

二、《四库全书》编纂流程

从《四库全书》编纂计划最初的策划至该项编纂工作完成，乾隆皇帝参与了全过程，并就编纂过程中的大事小事一一作出指示，实质上是《四库全书》编纂的总设计师和把关人。正如他本人所言，他希望通过编纂此书达到“古今数千年，宇宙数万里，其间所有之书虽夥，都不出四库之目也”[①]之目的。

经过前期大规模的书籍征集，接下来四库馆臣就要开始编修《四库全书》了。当然，在全书编纂的过程中，图书的征集一直在继续。书籍征集汇总到四库馆之后，四库馆臣大致要完成以下工序。

（一）整理书籍

前文提到，四库所收之书的来源有四种：政府固有藏书、公私进呈遗书、《永乐大典》中散见之书、临时编纂加入之书。具体地说，《四库全书》的底本可以分为六种：内府本，即政府藏书，包括武英殿等内廷各处藏书；赞撰本，即清初至乾隆时奉旨编纂的书，包括帝王的著作；各省采进本，即各省督抚征集来的图书；私人进献本，即各省藏书家自动或奉旨进呈的书；通行本，即采自社会上流行的书；《永乐大典》本，即从《永乐大典》中辑录出来的佚书。

对于各种底本的书，乾隆要求纂修人员“详为勘核，厘其应刊、应抄、应存者，系以提要，辑成总目，依经史子集部分类众”[②]，为整理工作确立了基本程序。四库馆臣在整理书籍时，对以上各书提出应抄、应刻、应存的具体意见。应抄之书是认为合格的著作，可以抄入《四库全书》。应刻之书是认为最好的著作，这些著作

① 弘历.文渊阁记[M]//李希泌.中国古代藏书与近代图书馆史料.北京：中华书局，1982：15.

② 中国第一历史档案馆.纂修四库全书档案[M].上海：上海古籍出版社，1997：108.

不但抄入《四库全书》，而且还应另行刻印，以广流传。应存之书是认为不合格的著作，不能抄入《四库全书》，而在《四库全书总目》中仅存其名，列入存目。对于应抄、应刻的著作，要比较同书异本的差异，选择较好的本子作为底本。

一种图书一旦定为四库底本，还要进行一系列加工，飞签、眉批就是加工的产物。飞签也叫夹签，是分校官改正错字、书写初审意见的纸条。这种纸条往往贴于卷内，送呈纂修官复审。纂修官认可，可用朱笔径改原文，否则不作改动。然后送呈总纂官三审，总纂官经过分析之后，可以不同意纂修官的复审意见，而采用分校官的初审意见。三审之后，送呈御览。

由于书籍的来源不同，整理工作也相应地分别实施。对于各省采进本的整理，四库全书馆花费时间最多。采进本虽然在收进时已进行初步审定，仍然混杂着一些"违碍"之作。纂修官首先要剔除这些书籍，开单呈送总裁。然后，根据任务分工校勘各书，即进行版本鉴别、内容辨伪、详细考证等工作。最后，要给经过审查、校勘的书编写提要，叙列作者、版本、要旨，并考订文字得失，提出应刊、应抄、应删的建议。总纂官对纂修官的整理成果复加审定，送呈御览。对于《永乐大典》辑佚书，特地将翰林院西斋房作为查阅场所，30余名纂修官将已查阅完毕的书迅速抄写底本，并撰写简要说明文字，呈送总裁。对于内府本，总裁指定纂修官专职办理，抄写完成后编写总目，然后经总裁勘定，由皇帝决定取舍。敕撰本由于是清朝皇帝命令撰写的书，大多直接交缮书处抄写，某些书或由于不够完善，或因情况变化，纂修官奉命予以增补①。

（二）抄写底本

应刻、应抄两部分书籍皆交缮书处组织人员按已定规格进行抄录，抄写人员在四库馆中数量最多。一开始，抄写人员由保举而来，"令现在提调、纂修各员于在京之举人，及贡监各生择字画工致者各举数人"，由总裁"复加阅定，共足四百人之数"②。

后来，四库馆臣发现这种方法有行贿、受贿等弊病，改为考查的办法，具体做法是："嗣后无庸仍令纂修、提调等官保举誊录，以绝奔竞，以免物议。应俟该处应需添人缮写时，先期出示晓谕，有愿自备资斧投充誊录者，取具同乡六品以上京官印结具呈投递，京员子弟即令该员由本衙门具文呈送。俟汇齐时，总裁官酌定应用人数，奏请皇上钦点大臣数员，传集诸臣，各令当堂亲书数行，择其字画端正者，

① 霍艳芳.中国图书官修史[M].武汉:武汉大学出版社,2014:488.

② 齐秀梅,杨玉良,等.清宫藏书[M].北京:紫禁城出版社,2005:229.

照数取录，以次充补，纂修、提调等官均不干预其事。”[①]

考查法虽比保举法优越，但也有不便之处，于是，誊录人员的来源又改在乡试落第卷内挑选，择其试卷字迹匀净者予以录用。这样，先后选拔了3 826人[②]担任抄写工作，保证了抄写《四库全书》的需要。

《四库全书》收入图书3 461种、79 309卷，成书装订36 300册、分6 752函、约10亿字，全部用馆阁体蝇头小楷一笔一画抄写完成，而且前后抄了7部。人工抄写本身就是尤为繁重的基础性工程，四库全书馆制定了《功过处分条例》，自乾隆四十二年（1777）正月起开始实施。四库全书馆严格按章办事，奖罚分明，确保整部书籍书写准确，字迹优美，笔体整齐划一。按乾隆钦定的工资标准，抄写1 000字付酬2钱5分银子。为了保证进度，设有“稽核字数考勤簿”，规定了抄写定额：每人每天抄写1 000字，每年抄写33万字，5年限抄180万字。五年期满，抄写200万字者，列为一等；抄写165万字者，列为二等。按照等级，分别授予州同、州判、县丞、主簿四项官职。为了保证质量，成书经分校、复校两关之后，再经总裁纪晓岚抽阅，最后装潢进呈皇帝。发现字体不工整者，记过一次，罚多写1万字。由于措施得力，《四库全书》的抄写工作进展顺利，每天都有600人从事抄写工作，至少可抄60余万字。

（三）校订书籍

这是最后一道关键性工序，主要由缮书处人员操作。从办理《四库全书》在事诸臣职名表看，缮书处设总校官4人，分校官179人，就其知识资格论，上自编修，下至进士，可以看出乾隆对书籍校勘的重视。在书籍编修过程中，乾隆对书籍校勘督查极严，为了保证校订工作的顺利进行，严格执行《功过处分条例》。按照规定，总裁、总校、分校等按次记过，所错之字如系原本讹误者，免其记过；如原本无讹，确系誊录致误者，每错一字记过1次；如能查出原本错误，签请改正者，每一处记功1次。各册之后，一律开列校订人员衔名，以明其责。一书经分校、复校两关之后，再经总裁抽阅，最后装潢进呈。书库馆每三个月对书籍讹误次数进行统计，并根据记过次数进行赏罚，其中分校复校错至2次，总裁名下错至3次者，均查明交部议处；记过3次以上之总裁，即照例罚俸半年，总校分校等，则照例罚俸三个月。

自乾隆四十三年（1778）至四十九（1784）年，在馆诸臣，上自总裁，下至分校，被记过者、罚俸者，数不胜数。总纂纪昀、陆锡熊、孙士毅，均于乾隆四十五

① 张国风.《太平广记》史话[M].北京：国家图书馆出版社，2015：50–51.

② 郭伯恭.四库全书纂修考[M].长沙：岳麓书社，2010：73.

年（1780）冬被记过3次，纂修周永年于四十六年（1781）秋被记过50次。邵晋涵于四十五、四十六、四十七（1780—1782）三年中，被记过51次。尤以总校官王燕绪、朱钤、何思钧、仓圣脉四人，被记过之次数为最多：六年中，仓圣脉被记过1 686次，朱钤被记过2 734次，王燕绪被记过3 705次，何思钧被记过3 728次[①]。

乾隆五十二年（1787），随着《四库全书》续缮三分全书告竣，耗时十余年的四库修书工作终于接近了尾声，就在这时，乾隆帝在抽阅过程中发现一些书存在着讹误及一些“违碍”之处，因此四库成书后，又进行了一系列的复校工作。通过先后两次的校勘，校阅出了不少讹脱错谬之处，甚至漏写抵换之处，在一定程度上提高了《四库全书》的质量。

（四）编纂相关书籍

在编纂《四库全书》的过程中，四库馆臣们还编纂了许多相关书。如《四库全书荟要》《四库全书总目》《四库全书简明目录》《四库全书考证》《武英殿聚珍版丛书》等，这几种书可以看作编纂《四库全书》的副产品。

《四库全书荟要》是《四库全书》的精华，收书473种、19 931卷。开本大小和装帧形式与《四库全书》相同。乾隆四十三年（1778）共抄两部：一部放在宫中御花园的摛藻堂，一部放在圆明园东墙外长春园内的味腴书屋。

《四库全书总目》200卷是《四库全书》收录书和存目书的总目录。该目录前有“凡例”，经史子集四部之首冠以总序，大类之前又有小序，每书之下都有著者介绍、内容提要、版本源流等考证文字。这些考证文字出于纪昀、戴震、姚鼐、邵晋涵等著名学者之手，因而具有重要的学术价值。

《四库全书简明目录》是《四库全书总目》的简编本，它不列存目书，只列《四库全书》收录的图书，每种书的提要也写得比较简单。当时，因《四库全书总目》卷帙繁多，翻阅不易，乾隆帝谕令编一部只记载书名、卷数、年代、作者姓名，便于学者“由书目而寻提要，由提要而得全书”[②]的目录性图书。乾隆三十九年（1774），总纂官纪昀、陆锡熊等人遵照乾隆帝的谕令，将抄入《四库全书》的书籍，依照经史子集四部分类，逐一登载。此书于乾隆四十六年（1781）告竣，共20卷。

《四库全书考证》100卷，乾隆四十一年（1776）王太岳等奉谕编纂。该书是四库馆臣对应抄、应刻各书校勘字句的记录汇编，对于校订古籍有较高的参考价值。

《武英殿聚珍版丛书》包括《四库全书》中138种“应刻”之书，是用木活字印

① 郭伯恭.四库全书纂修考[M].长沙:岳麓书社,2010:145.

② 中国第一历史档案馆.纂修四库全书档案[M].上海:上海古籍出版社,1997:228.

成。该丛书在刻印4种之后，主持人金简通过比较，认为木活字花钱少，实用价值高，改为木活字印刷出版。金简把木活字印刷过程写成《钦定武英殿聚珍版程式》一书，并收入《四库全书》，它是古代印刷史上的重要文献，已被译成德文、英文等流传世界。

三、四库馆臣数量

《四库全书》的纂修乃清廷盛事，馆员的组成关系重大，乾隆在考虑馆员人选时很是慎重，要求很高，时人均以能参与这一文化工程而倍感荣耀。《四库全书总目》卷首载有清乾隆四十七年（1782）七月十九日四库全书馆开列的办理《四库全书》在事诸臣职名，所列四库馆臣362人，如去除兼职的情况（陆费墀、王嘉曾），实际任职人数是360人。这个职名表大致反映了从辑校《永乐大典》伊始到清乾隆四十六年（1781）底第一部《四库全书》告竣长达9年间历任馆职人员的基本情况，一直以来是学界考查四库馆臣的重要依据。后来的学者对360位四库馆臣进行过相关考证，任松如《四库全书答问》一书中介绍了四库馆中26位历任总裁的籍贯与官职、谥号，认为总裁在四库馆中有重要作用，列出了21位著述家的擅长学科、学术派别①。

但事实上，还有不少曾经在四库馆供职的人员未见题名。他们当中或因故革职，或因年老退出，或因病解任，或因身故除名等原因在馆时间不长，都未能列名。黄爱平的著作《〈四库全书〉纂修研究》认为360位四库馆臣的衔名表并不完整，至少有庆桂等23位在职馆员因各种原因并未被列名②，嘉兴人钱载就是其中一员，钱载于清乾隆四十四年（1779）被任命为总阅官，但未列入职名表。也就是说，四库全书的组织机构远比其开列的任职人数要庞大得多。

张升《四库全书馆研究》一书在考查殿本、浙本《四库全书》职名表所收的所有馆臣及相关史料后，对通行于世的四库职名表进行了修订与增补，考得可以明确认定馆臣身份的四库馆臣共476人③。这些四库馆臣个个学识渊博，官品、人望、学识俱优，无一人是等闲之辈，他们汇聚一堂，可谓“贤俊蔚兴，人文郁茂，鸿才硕学，肩比踵接”④。

考察《纂修四库全书档案》，梳理得出参与《四库全书》编纂的嘉兴学者至少有

① 任松如.四库全书答问[M].上海:上海书店出版社,1992:16-23.

② 黄爱平.《四库全书》纂修研究[M].北京:中国人民大学出版社,1989:104.

③ 张升.四库全书馆研究[M].北京:北京师范大学出版社,2012:354.

④ 黄爱平.《四库全书》纂修研究[M].北京:中国人民大学出版社,1989:116.

20人（其中不含可能参与书籍抄写的人员），参见表2-1所示。

表2-1　嘉兴籍四库馆臣[①]

序号	姓名	籍贯	四库职务	具体事务
1	钱汝诚	海盐	副总裁	协助总理馆内一切事务
2	沈初	平湖		
3	谢墉	嘉善	总阅官	总理书籍的审阅工作
4	钱载	嘉兴		
5	陆费墀	桐乡	武英殿提调官、总校官	总管全部书籍的校订工作、提取武英殿书籍
6	祝德麟	海宁	翰林院提调官	负责提取翰林院书籍
7	冯应榴	桐乡		
8	查莹	海宁	武英殿提调官	负责提取武英殿书籍
9	汪如藻	嘉兴	总目协勘官	管理协订全书总目
10	陈万青	桐乡	校勘《永乐大典》纂修兼分校官	负责从《永乐大典》中辑佚书及其校对工作
11	汪如洋	嘉兴		
12	金蓉	嘉兴	武英殿纂修官、四库馆纂修官	负责武英殿、四库馆书籍的校对
13	钱樾	嘉善	缮书处分校官	负责校勘已抄录书籍
14	钱世锡	嘉兴		
15	陈文枢	海宁		
16	冯集梧	桐乡		
17	沈叔埏	嘉兴		
18	沈凤辉	桐乡		
19	汪师曾	嘉兴		
20	陈墉	海盐		

第二节　嘉兴籍四库馆臣事迹考

一、副总裁：钱汝诚　沈初

（一）钱汝诚

1.个人生平

钱汝诚（1722—1779），字立之，号东麓，浙江嘉兴人，刑部侍郎钱陈群之子。

① 本书将嘉兴人的籍贯分为嘉兴（即秀水）、海宁、桐乡、海盐、嘉善、平湖六个地域。

清乾隆十三年（1748）进士。以翰林院编修入直南书房，主持江南乡试，后擢内阁学士。历任兵部左侍郎、顺天府府尹、户部左侍郎、刑部左侍郎等职。任四库全书馆副总裁，后充三通馆副总裁。清乾隆四十四年（1779）病故。以文学知名，兼工画[①]。

2.修订大型书籍

钱汝诚是在清乾隆四十一年（1776）九月二十四日被任命为四库全书馆副总裁的，当时因原总裁曹秀先、蔡新另有他职，张若溎年老，钱汝诚与沈初、刘墉同时补充副总裁之职。

> **内阁奉上谕：**曹秀先、蔡新现在阿哥书房行走，张若溎年逾七旬，俱不能办理四库全书总裁事务，遇有算法等书，仍着蔡新阅看。沈初、钱汝诚、刘墉，俱着充四库全书处总裁。钦此。（乾隆四十一年九月二十四日谕内阁着沈初钱汝诚刘墉充四库全书处总裁）[②]

在四库馆期间，钱汝诚曾参与《明史》《西域图志》与《日下旧闻考》的修订。乾隆四十二年（1777）五月，钱汝诚、于敏中二人奉命为总裁，宋铣、刘锡嘏等人为纂修，将明史重新考证，重改《明史》本纪成42卷。据有关记载可知，乾隆四十二年（1777）六月二十八日，乾隆帝派遣于敏中、英廉、钱汝诚为总裁官，负责《西域图志》《日下旧闻考》的修订、增纂工作，划一地名，校正人名、地名对音讹谬，同时对有关记载加以考证订讹[③]。其中《日下旧闻》42卷为清康熙年间朱彝尊所编，乾隆年间加以补充、考证，成《日下旧闻考》160卷。此二书修订完成后，被收入《四库全书》。

在军机处办理四库全书记过单上，我们也看到钱汝诚的记录，如乾隆四十三年（1778）八月二十一日，钱汝诚因全书缮写错误被罚俸六个月。

（二）沈初

1.个人生平

沈初（1729—1799），字景初，号萃岩，又号云椒，浙江平湖林家埭人（今属林埭镇）人。少有异禀，读书目数行下。清乾隆二十七年（1762），南巡，召试，赐举人，授内阁中书。二十八年（1763），成一甲第二名进士，授编修。三十二年（1767），直懋勤殿，合写经为皇太后祝禧。逾年，大考翰詹，以直内廷未与试，诏

① 黄惠贤.二十五史人名大辞典：下册[M].郑州：中州古籍出版社，1997：595.

② 中国第一历史档案馆.纂修四库全书档案[M].上海：上海古籍出版社，1997：537.

③ 侯德仁.清代边疆史地学[M].北京：群言出版社，2006：96.

褒初学问优美，特晋一秩，擢侍讲。三十六年（1771），直南书房，督河南学政，未赴任，丁祖母承重忧。守丧期满，迁右庶子。累擢礼部右侍郎，督福建学政。遭本生父忧，守丧期满，任命为兵部侍郎。寻以母病乞归终养。后起故官，督顺天学政，调江苏。任满回京，调吏部，又督江西学政。

沈初学识渊博，以文学受知，历清乾隆、嘉庆两朝，主乡试1次，任学政5次，先后历充四库全书馆、实录馆、三通馆副总裁，续编《石渠宝笈》《秘殿珠林》，校勘《太学石经》。嘉庆元年（1796），与千叟宴，充会试知贡举。擢左都御史，授军机大臣，迁兵部尚书，历吏、户二部尚书。清嘉庆四年（1800），以老罢枢务，免直内廷，充实录馆副总裁。未几，卒于官，谥号文恪，祀贤良祠。

沈初工诗文，善书法。诗以清隽胜，汪中序品为“深微远适”。工四六，擅古文。著有《兰韵堂御览诗》六卷、《经进文稿》二卷、《诗集》十二卷续一卷、《文集》五卷续一卷、《西清札记》二卷等[①]。沈初还是清朝著名的藏书家，其“书隐楼”于乾隆二十八年（1763）开始建造，历时13年建成，用作藏书和居住用，与宁波“天一阁”、南浔“嘉业堂”并称，有“明清江南三大藏书楼”之誉，藏古籍、书画富于一方[②]。

2.馆内外勤于编书

（1）充任四库副总裁

清乾隆四十一年（1776）九月二十四日，沈初与钱汝诚、刘墉同时补充副总裁之职，协助总裁管理馆内各项事务，也负责校勘书籍。据《纂修四库全书档案》所收三月一次的记过单可知，若总裁记过三次，分校、复校两次，均应交部察议。但是四库馆在添设总校一职后，乾隆帝对总裁的要求也就更为严刻，“现已添设总校，其总裁等不过从中抽阅，伊等所阅之书既少，则处分不应仍照向例。嗣后书内每错一次，即将签贴之总裁交部察议”[③]。从乾隆四十六年（1781）四月至六月三个月时间，错误次数按季核查，沈初被记过达十四次之多[④]，因而被罚销去记录一次，罚俸禄三个月[⑤]。从十月至十二月，沈初被记过一次，被罚俸禄六个月[⑥]。由此可见乾隆帝对四库馆臣督办四库全书要求之严，处罚之重。

乾隆四十七年（1782）七月初八日，乾隆下令“以四库全书告竣，江浙为人文渊薮，特发内帑银两，缮写全书三分，分贮扬州大观堂之文汇阁、镇江金山寺之文

① 陈文新.中国文学编年史:清前中期卷[M].长沙:湖南人民出版社,2006:215.

② 李玉安,黄正雨.中国藏书家通典[M].香港:中国国际文化出版社,2005:429.

③ 中国第一历史档案馆.纂修四库全书档案[M].上海:上海古籍出版社,1997:1 381.

④ 中国第一历史档案馆.纂修四库全书档案[M].上海:上海古籍出版社,1997:1 382.

⑤ 中国第一历史档案馆.纂修四库全书档案[M].上海:上海古籍出版社,1997:1 389.

⑥ 中国第一历史档案馆.纂修四库全书档案[M].上海:上海古籍出版社,1997:1 566.

宗阁，杭州圣因寺内拟建文澜阁，以昭美备等因”。告假在浙江老家的沈初听说欣喜不已，与浙江众名流恳请浙江巡抚臣福崧据情代奏，恭谢天恩事。奏折中，福崧奏道：“初等识愧管窥，学惭墨守，夙叨尘乎馆阁，胥感荷乎钧陶。幸窥玉笈珠囊，沾教泽而愿勤探索；仰望云车日驭，傍春堤而弥切就瞻。初等曷胜踊跃欢忭之至。”[①]

（2）纂录《浙江采集遗书总录》

乾隆四十七年（1782），查沈初告假回籍。告假回乡的沈初还参与了《浙江采集遗书总录》一书的纂修。《浙江采集遗书总录》是在清朝乾隆年间纂修《四库全书》的过程中产生的一部提要式目录。根据当时的要求，各地进呈遗书时需开载简明书目并初拟各书大意，供四库馆甄选采录，浙江省为此专门成立书局。沈初正丁忧在浙，遂被延请主其事，任书局总裁，并于教职内拣选学问优者，分任校阅。事竣后，沈初等人将历次所进书目重新按四库成例即经史子集四部加以编次，并刊刻成书，成为我们今天所看到的《浙江采集遗书总录》。

在《浙江采集遗书总录》纂录职名中未设总纂、分纂职务，沈初任总裁一职，负责实际的编纂工作[②]。有关《浙江采集遗书总录》一书的价值，何灿[③]认为：无论是作为一部独立的古典目录，还是作为四库学研究的相关资料，《浙江采集遗书总录》都有重要的学术价值。在目录学方面，《浙江采集遗书总录》进行了目录编撰的一些尝试。其著录内容较为全面，包括书名、卷数、版本、作者等；著录每书均有简明提要，涉及范围广泛，撰写时参考了众多书目和相关图籍，引用了大量序跋，有保存文献之功；类目设置在参考前代书目的基础上，有所调整创新，总体上较为细致合理。在版本学方面，每书标注版本，间或分析版本源流，比较版本异同，记碑记和刻书识语，提供了许多版本学信息。在藏书史方面，标记名家钞藏本，考察递藏始末，记藏书印，对研究藏书家的事迹提供了缘索。在文献考辨方面，纠正了一些其他书目中存在的讹误，通过考辨弄清了一些书籍的作者和真伪问题。《四库全书总目》编纂时对《浙江采集遗书总录》多有参考引用，而在书名、作者、版本的著录和描述上，二者可以互证或勘误。

（3）编辑其他书籍

此外，乾隆四十六年（1781）二月十八日，沈初兼领三通馆副总裁，负责修订《续通典》《续通志》《皇朝通典》《皇朝通志》及修订增辑《续文献通考》《皇朝文献通考》等工作。在四库馆承办的《日下旧闻考》《契丹国志》《明唐桂二王本末》《河

① 中国第一历史档案馆.纂修四库全书档案[M].上海：上海古籍出版社，1997：1 713.

② 史志龙.沈初与《四库全书》[J].兰台世界，2016(6)：102-104.

③ 何灿.《浙江采集遗书总录》研究[D].济南：山东大学，2010：1.

源纪略》等书修订完成后，沈初还被奖励加官一级[①]。

乾隆五十六年（1791）十一月二十一日乾隆下谕旨："《十三经》有武英殿刊本，未经勒石，因思从前蒋衡所进手书《十三经》，曾命内廷翰林详核舛讹，藏弆懋勤殿有年。允宜刊之石版，列于太学，用垂永久"[②]，指派沈初和王申、王杰为总裁，董诰、刘墉、金简、彭元瑞为副总裁重新用石板刊刻《十三经》，并派沈初与金士松、阮元、瑚图礼、那彦成随同校勘。另，文津阁收存书籍数目清单中有沈初等敬刊的《高宗御制文三集》一部十六卷。

二、总阅官:谢墉　钱载

(一)个人生平

1.谢墉

谢墉（1719—1795），字昆城，号金圃、丰甫、东墅，晚号西髯，嘉善人，清朝官吏、画家。乾隆十六年（1751），皇上南巡，谢墉以优贡生召试，赐举人，授内阁中书。十七年（1752）中进士，改庶吉士，授编修。历官侍讲、侍读学士、内阁学士、江苏学政、吏部左侍郎等。乾隆四十四年（1779）任四库全书馆总阅官，兼国史馆副总裁，曾任聚珍本校对官。

谢墉通贯经史，工诗古文辞，曾在上书房任职很久。嘉庆方典学，肄习诗文，乾隆命谢墉为其讲授。谢墉亦工书，宗法钟繇、王羲之，笔力遒劲，圆润秀拔。著有《四书义》《六书正说》《安雅堂诗文集》《听钟山房集》等。谢墉长于小学校勘学，张之洞《清代著述诸家姓名略》将其列为清代校勘名家三十一员之一[③]。

2.钱载

钱载（1708—1793），字坤一，号萚石，又号匏尊，晚号万松居士、百幅老人，秀水（今浙江嘉兴）人，清朝官吏、诗人、书画家。乾隆十七年（1752）进士，改庶吉士，散馆授编修，历官《续文献通考》纂修、詹事府少詹事，后授内阁学士兼礼部侍郎、上书房行走，任《四库全书》总阅官、山东学政，后辞官回乡。虽官至二品，而家道清贫，晚年卖画为生。

钱载为乾嘉年间秀水诗派的代表诗人，诗宗黄庭坚，险入横出，常与同县王又曾、万光泰辈相与唱酬。钱载为陈群族孙，从陈群母陈受画法，苍秀高劲，亦如其

① 中国第一历史档案馆.纂修四库全书档案[M].上海:上海古籍出版社,1997:1 808.

② 中国第一历史档案馆.纂修四库全书档案[M].上海:上海古籍出版社,1997:2 259.

③ 罗积勇,李爱国,黄燕妮.中国古籍校勘史[M].武汉:武汉大学出版社,2015:303.

诗。善水墨，尤工兰竹。书法虽少逊，亦秀逸可喜。著有《箨石斋诗文集》。

（二）同属总阅

清乾隆四十四年（1779）二月初一日，阿哥书房行走谢墉与钱载等五人一起被于敏中推荐充四库全书馆总阅官。

> 谨查阿哥书房行走之翰林等，前岁经臣于敏中等遵旨选派周煌、汪廷玙、朱珪、倪承宽阅看全书，续经吉梦熊面奏俯准，一体阅看。今臣复遵旨于现在行走人员内选得谢墉、达椿、钱载、吴（胡）高望、李汪度五员，均堪阅看全书。谨拟写谕旨进呈。谨奏。（军机大臣奏遵旨选得阿哥书房行走人员谢墉等五员阅看全书片乾隆四十四年二月初一日）①

总阅官的职责就是总理、校阅进呈来的各类书籍。尽管这些书在呈送之前，各地书局或专办人员已经进行过初步的别择，但仍不免真伪混淆，因此，总阅官的第一步工作就是对这些书进行全面的清理甄别，包括版本鉴别、辨伪、考证等诸项工作。从事这项工作的人，不但要有广博的文化知识，而且需精通考证之学，谢墉、钱载得以充任此职，足见二人学识渊博。乾嘉时期，考据学已成一代风气，朴学运动的兴起沿袭而来的实证法，既是一种学术研究的方法，又是一种学术致思的倾向，也是谢墉、钱载等总阅官们总理书时所遵循的准则。

巧合的是，谢墉与钱载均为乾隆十七年（1752）进士，且同为嘉兴人。在四库全书馆的日子，两位同乡与同榜进士相互扶携、荣辱与共，通过《纂修四库全书档案》中的一些赏罚记录，我们可以看到两人同在的身影。如乾隆四十四年（1779）十一月十八日的军机大臣拟赏四库全书处人员果单所记，谢墉、钱载等总阅官十一人，每人均获赏苹果四个、圆果三个、石榴五个；乾隆四十五年（1780）七月二十四日的记过单所记，钱载、谢墉等各记过二次；乾隆四十五年（1780）九月初四日的记过单所记，钱载、谢墉等罚俸六个月；乾隆四十六年（1781）七月十六日的记过单所记，谢墉记过三次，钱载记过九次；乾隆四十六年（1781）九月初六日，谢墉、钱载被罚俸六个月；乾隆四十七年四月初二日，以上年十月至十二月抽阅《四库全书》之《天隐子》《经外杂钞》《湛然居士集》《本事诗》内缮写错讹，钱载记过五次，被罚俸六个月。

据乾隆五十二年（1787）五月二十三日，质郡王永瑢等奏现办复校文渊文源两阁书籍事宜折，吏部堂官谢墉被选入看书人员，参与文渊、文源两阁书籍的复校工

① 中国第一历史档案馆.纂修四库全书档案[M].上海:上海古籍出版社,1997:998.

作[①]。

谢墉还曾为《四库全书》的校勘推荐优秀人才。乾隆五十五年（1790）在发往“南三阁”的《四库全书》陆续到位需要校订之际，身居高位的毕沅、谢墉、王昶三人向两淮盐政全德推荐江都汪中，让他承担文汇阁和文宗阁《四库全书》的校勘任务。两淮盐政全德接受了他们的建议，向朝廷推荐了汪中，得到批准后，汪中受邀担任文宗阁的典书官，并主持校勘《四库全书》的事宜。事实证明，谢墉等人的推荐是正确的。汪中在担任文宗阁典书官期间，对所藏的典籍尤其是《四库全书》进行了认真的校勘，撰写了20多万字的校勘札记，改正过《四库全书》的不少错误。清嘉庆进士李兆洛在《汪容甫精法楼校书记》中称：“先生当时以泛览为精研，第举而综贯之。细绎其余绪，冥合手会，归成一家言，庸不为学者盛业，而不可易言也。”[②]

三、总校官:陆费墀[③]

陆费墀是桐乡人，《桐乡县志》载：“笃志好学，淹贯百氏，旁及医卜杂技之书，靡不通晓；尤精于鉴赏，凡历代彝鼎、图书、碑文、缣素，一见即辨其真赝，书画篆刻无不擅长。”[④]陆费墀与《四库全书》相伴始终，为《四库全书》的编纂与典藏等做出了重要贡献，且一生沉浮皆与《四库全书》息息相关。

(一)宦海沉浮

清乾隆三十年（1765），中举人，授内阁中书。

乾隆三十一年（1766），中进士，改庶吉士。

乾隆三十四年（1769），散馆，授编修。

乾隆三十五年（1770），充顺天乡试同考官。

乾隆三十七年（1772），四库全书馆开馆，选翰林官专司纂辑，陆费墀充任总校官，兼武英殿提调官。十月，充日讲起居注官。

乾隆三十九年（1774），因承办《四库全书》及《四库全书荟要》处缮录，综核稽查，颇能实心勤勉，且学问优良，升为翰林院侍读。

乾隆四十年（1775），擢侍读学士，又晋升詹事府少詹事。

---

① 中国第一历史档案馆.纂修四库全书档案[M].上海:上海古籍出版社,1997:2 012.

② 徐良雄.天一阁文丛(第1辑)[M].宁波:宁波出版社,2004:120.

③ 总校官、武英殿提调官陆费墀,翰林院提调官祝德麟,总目协勘官汪如藻,武英殿提调官。

④ 严辰.光绪桐乡县志[M].台北:成文出版社,1970:518.

乾隆四十年（1775）二年十月二十九日，乾隆命以哈密瓜颁赐四库全书馆诸臣，四库馆臣大为感动，联句一百五十四韵以纪皇恩。其中少詹事臣陆费墀联句“宠锡来中秘”“萋萋咏冈梧”①。

乾隆四十一年（1776），《四库全书》大部分告成，贮文渊阁，充文渊阁直阁事。

乾隆四十三年（1778），以纂办各书均能出力，赏缎匹、荷包、笔墨纸砚等物。

乾隆四十五年（1780），因武英殿遗失《四库全书》底本三十余种，被解任审讯，嗣查明实因书卷浩繁、收发不清所致，别无情弊，仍下部议降一级任用。九月，受命与内阁学士纪昀等纂《历代职官表》。

乾隆四十七年（1782），第一部《四库全书》编成，继续分抄六套。七月，擢内阁学士，兼礼部侍郎衔。十月，发现书中尚存有悖于清廷之内容未经删改，下部议处，复降一级留任。

乾隆四十八年（1783），奉命与大将军永玮一起赴奉天负责《四库全书》入驻文溯阁。期间母亲高龄九十，请假回家省亲，乾隆赐其母御书匾额。

乾隆四十九年（1784）正月，擢礼部右侍郎。二月，任《四库全书》馆副总裁官。十一月，充经筵讲官。

乾隆五十年（1785），仍充文渊阁直阁事。赴热河负责文津阁《四库全书》入驻，又负责江浙三阁《四库全书》的抄写工作。

乾隆五十一年（1786），转左侍郎。之后，因母丧返里。

乾隆五十二年（1787），又因续抄江浙三阁《四库全书》内仍有触犯清廷之言论，未奏请销毁，且有连篇累牍脱空无字之处，乾隆御笔批下部严议革职留任，并罚赔三分书应发文澜、文汇、文宗三阁陈列之书匣、面叶、插架等项。后又因底本未移交明白落职。

乾隆五十三年（1788），寓居西湖校文澜阁已到之书，又因查出“内廷四阁”所贮《四库全书》装函排架有错乱之帙，而罚陪缴经费银一万两。

乾隆五十五年（1790）九月卒。其罚款，生前已缴出银一万两，卒后复追缴，几罚没其全部田房产业②。

（二）重要贡献

1.酌定条款章程

陆费墀作为武英殿提调，专办《四库全书》一切事宜，曾协助总裁于敏中制定《四库全书》纂修的条款章程。对此，清高宗乾隆曾提到：

① 纪昀.中华文学百家经典.纪昀集[M].长春：时代文艺出版社，2002：214、216.

② 桐乡市政协文史资料委员会.桐乡运河文化：第24辑[M].北京：台海出版社，2006：165-166.

从前办理《四库全书》时，朕因卷帙浩繁，编纂不易，原曾谕于敏中，凡兴作大事。不能不侥幸数人。……此事发端于于敏中，承办于陆费墀，其条款章程俱系伊二人酌定。[①]

乾隆五十二年（1787）十月十五日，以《四库全书》错讹太多，乾隆帝颁谕，处罚一应官员时又再次提到此事：

……是办理此书者并未实心校阅，竟以稽古右文之举，为若辈邀恩牟利之捷径，大负朕意。此事发端于于敏中，承办于陆费墀，其条款章程俱系伊二人酌定。今所缮书籍荒谬至此，使于敏中尚在，必当重治其罪。因伊业经身故，是以从宽，止撤出贤良祠，不复追论，保全始终。陆费墀业已革职，亦不深究……[②]

可见《四库全书》的编纂虽由户部尚书于敏中首倡，而承办之人实为陆费墀，二人共同酌定了编纂《四库全书》的条款章程。

2. 掌管底本收发

乾隆帝广征天下遗书以编纂《四库全书》，其中官刻书籍及旧有藏书多存放于武英殿中，卷帙甚为浩繁。而所有缮写、收发之事，皆由武英殿办理。陆费墀任武英殿提调，总司其事，受命负责武英殿官刻书籍及旧有藏书的底本收发及书籍搬运，同时收受各地官吏和私人收藏家进献的珍本书籍，头绪十分繁杂。

除掌管底本收发以外，陆费墀还负责核查《四库全书》和《四库全书荟要》缮录之事。誊录之人每日应抄写多少，先经总裁酌定，接着责令各分校官催收，然后由复校官汇总之后交给提调官验明。当时武英殿和四库馆两处誊录者达上千人之多，陆费墀曾奉谕旨查《四库全书荟要》一年缮写总数。这时候发现有个叫姚岐谟的誊录旷欠功课达数月之多。为此，总裁、分校与提调都受到了不同程度的惩罚。此事之后，四库馆改变了以往的办事流程，各分校所收誊录课程，先送提调核查有无短缺，然后再发给复校官审阅[③]。陆处事得当，“一切综核稽查，颇能实心勤勉”，深受乾隆赏识。

3. 总理《四库全书》校订

四库开馆之后，陆费墀任总校官，督率一大批校对官及书手，总理《四库全书》校订与装订之事。总校官之下，有分校官，分任校订之事，除篆隶分校官、绘图分校官外，多由纂修官兼任。在未发给誊录抄写之前，有旧刻本明显讹误的，各

① 中国第一历史档案馆.纂修四库全书档案[M].上海：上海古籍出版社，1997：1 876.

② 郭伯恭.四库全书纂修考[M].上海：上海书店出版社，1992：160.

③ 史志龙.陆费墀与《四库全书》[J].档案，2013(3)：19-22.

分校应随时订正，每卷书缮写完毕后也需精心校对。每位馆臣的功过得失均记录在册。如今，这些记录四库馆臣功过的处分单成了后人研究《四库全书》的宝贵文献资料。

由于《四库全书荟要》一书是专门呈给皇帝御览的，陆费墀及所有誊录和纂修官在校订时都比较用心。每校订一书，陆费墀都要求需详列著者年代、官职、里籍、姓名，缮写所用底本，以及校勘所用版本，并将诸本异同之处列为条目，附于每册之后，名曰《考证》。据统计，《四库全书荟要》用于校勘的版本，多达500种，其中仅宋版就有62种，金、明与清初刊本共计401种，永乐大典本18种，道藏本2种，稿本1种，仿宋钞本7种，另有不详版本15种①。陆费墀还在小类之后简述源流，追本溯源，这些在《四库全书荟要总目》里都有很好的体现。书成之后，考证精确、校勘精审、缮写认真、讹误较少，乾隆对此书比较满意。

《四库全书》七阁之书陆续缮校完毕并置藏以后，乾隆仍察察为明，不时抽阅，对一些书中存在的讹误，时时予以指责，对偶然发现的某些“违碍”之处，更是抓住不放，大做文章，从而在《四库全书》成书之后，又发生了一系列复校撤毁改补之事。内廷四阁全书与江浙三分全书的复校都进行过两次。作为总校官，陆费氏始终操劳其中，受命办理江浙三阁《四库全书》的缮录工作。

4.纂修《钦定历代职官表》

乾隆四十五年（1780）九月十七日，谕令四库馆臣在编列《四库全书》之余，纂修《钦定历代职官表》一书，“将本朝文武内外官职阶级与历代沿袭异同之处，详稽正史，博参群籍，分晰序说，简明精审，毋冗毋遗”。目的是为了标榜清代政治“参稽前代，不繁不简，最为详备”。时任总校官的陆费墀与其他总纂总校官如纪昀、陆锡熊、孙士毅等人被选派共同编纂该书。乾隆令编纂《钦定历代职官表》的谕文如下：

> 国初设官分职，不殊周官法制。及定鼎中原，参稽前代，不繁不简，最为详备。其间因革损益，名异实同，稽古唐虞，建官惟百，内有百揆、四岳，外有州牧侯伯，奋庸熙载，亮采惠畴。周则监于二代，立三公三孤。秦汉以后为丞相、为中书、门下平章、知政事。明洪武因胡惟庸之故，改丞相为大学士，其实官名虽异，职守无殊。惟在人主太阿不移，简用得人，则虽名丞相，不过承命奉行。即改大学士，而所任非人，窃弄威福，严嵩之流，非仍名大学士者乎？盖有是君，方有是臣，惟后克艰厥后，庶臣克艰厥臣。昔人有言：天下之安危，系乎宰相，其言实似是而非也。至六官，即今之六部。周礼典制綦详，要亦本于唐虞司徒秩宗

① 史志龙.陆费墀与《四库全书》[J].档案，2013(3)：19-22.

诸职,外而督抚。自秦汉以来,所称守牧节度行省,即唐虞十二牧之遗,历朝改革,建置纷如,难以缕数。我国家文武内外官职品级,载在《大清会典》,本末秩然。至于援古证今,今日之某官即前某代某官,又或古有今无,或古无今有,允宜勒定成书,昭垂永久,俾览者一目了然。现在编列《四库全书》,遗文毕集,着即派总纂总校之纪昀、陆锡熊、陆费墀、孙士毅等,悉心校核,将本朝文武内外官职阶级,与历代沿袭异同之处,详稽正史,博参群籍,分晰序说,简明精审,毋冗毋遗。其议政大臣、领侍卫内大臣、八旗都统、护军、统领、健锐火器营、内务府并驻防将军及新疆增置各官,亦一体详晰考证,分门别类,纂成《历代职官表》一书,由总裁复核,陆续进呈,候朕阅定。书成后,即以此旨冠于卷首,不必请序,列入《四库全书》,刊布颁行,以昭中外一统,古今美备之盛。因首论丞相一官,余可类推,览是编者,其各顾名思义,凛然于天工人代,兢兢业业,夙夜靖共,以庶几克艰无旷之义。钦哉!特谕。(乾隆四十五年九月十七日上谕)[①]

由于纂修《四库全书》征集图书众多,《钦定历代职官表》一书引用资料极为丰富,从《三礼》等儒家经典,各史职官志以至政书、类书、笔记、文集加上《清会典》,囊括了古代官制记叙的主要文献资料。《钦定历代职官表》纂成之后,不仅收入《四库全书》,还由武英殿刊板印行,后世流传较广,颇具实用价值。

5.负责全书典藏

乾隆四十一年(1776),第一份《四库全书》大部分修订好后开始入贮文渊阁,陆费墀任文渊阁直阁事,负责典守、整理、晾晒阁中《四库全书》。文渊阁直阁事额设四人,于满、汉内阁学士,詹事府詹事、少詹事,翰林院侍读学士、侍讲学士内简充。是年开始,每年三、六、九月,文渊阁直阁事及校理、检阅等官,如期到阁会同内务府兼管司员、笔帖式等,将阁藏《四库全书》翻晾,然后放归原架。

乾隆四十八年(1783),陆费墀与将军永玮奉命专程护送《四库全书》赴盛京文溯阁,兼办书籍的陈设工作,并于文溯阁东侧立《御制文溯阁记》碑,此为文溯阁正式藏书之始[②]。

乾隆五十年(1785)春,陆费墀护送第四分全书入贮文津阁。《御制诗》集《文津阁咏古树》诗有载:"山庄之阁曰文津,适以今春藏全备。"注中说:"乙巳春第四分全书装潢完竣,命原办之礼部侍郎陆费墀送至此,依前三阁之例,分架陈设,部次井然。"[③]至此,内廷四阁书已全部入藏。

① 任松如.四库全书答问[M].成都:巴蜀书社,1988:155-156.

② 徐良雄.中国藏书文化研究[M].宁波:宁波出版社,2003:427.

③ 避暑山庄研究会.避暑山庄论丛[M].北京:紫禁城出版社,1986:235.

6.撰写《四库全书辨正通俗文字》

陆费墀在馆日久，目无未见之书，批阅之余，偶有心得，即随时抄录，笔耕不辍。著有《四库全书辨正通俗文字》一书，后被收入《续修四库全书》，其重刻序云："正者，斯字之本体也。通者，古今繁简不同，凡隶省及前代碑拓可从者也。俗者，承袭鄙俚，《后汉·儒林传》所谓'别字'，今转音谓之白字，断不可从者也"，被誊录馆书者"倚为司南"。《续修四库全书总目提要》亦云："此乾隆朝，诏修四库全书，用备缮录之人取法者也。"[①]可见此书之价值在于为四库馆誊录之人立一个参照标准，抄写底本时即以此为准。

(三)受罚始末

四库全书馆有严格《功过处分条例》，对于四库修书官员而言，记过是对修书中"寻常疏忽"出现一般性的错别字的处置，在当时来说是算最轻的处罚了。在修书过程中，如果发现有"违碍字句""悖谬之处""妄逞臆说"等政治性错误，四库馆臣就可能面临罚俸、革职、治罪等处罚，甚至死后籍没其家。陆费墀在与《四库全书》相伴的17年中，屡次获罪，最后抑郁而死。

1.底本遗失

乾隆四十五年（1780），王杰代替董诰任武英殿总裁，此时《四库全书荟要》的编纂工作已告竣，开始清查底本。陆费墀因"底本短少"四五百种及"办理毫无章程"，遭到总裁王杰的参奏，奏请"严加根究，勒限追缴"[②]。乾隆谕旨如下：

> 陆费墀专司提调，前后数年，事出一手，其从前倚恃大学士于敏中优待，假藉声势，朕非不知之。是以总司书局三员内，纪昀、陆锡熊均经升用，而陆费墀则久未迁擢。现据王杰查出伊短少底本拖延掩饰缘由，则不可不严行查办。陆费墀着解任。[③]

乾隆谕令大臣英廉、金简、曹文埴等人秉公审讯，经查实遗失底本仅38种，系"书籍浩繁，人数又众，收发匆忙之际，遗漏登记"[④]所致。乾隆解释说"恐其中有私捐情弊，是以将陆费墀解任"，现经查实"尚无别项情弊"，是以准许其开复。最后给予陆费墀"销去加一级，免其降调"的处分。

2.首部书校订不严

① 中国科学院图书馆.续修四库全书总目提要经部[M].北京：中华书局，1993：1 151.

② 王俊义，黄爱平.清代学术文化史论[M].北京：文津出版社，1999：390.

③ 中国第一历史档案馆.纂修四库全书档案[M].上海：上海古籍出版社，1997：1 158.

④ 中国第一历史档案馆.纂修四库全书档案[M].上海：上海古籍出版社，1997：2 073.

乾隆四十七年（1782），《四库全书》告成，第一份全书誊清，接着《四库全书总目》《四库全书简明目录》也先后进呈。尽管这年二月，乾隆帝曾赐宴全体馆臣以示庆功，并奖赏纪昀等编校官员，但他仍不放松查禁“违碍图书”、处罚所谓犯错官员[①]。

乾隆四十七年（1782）十月二十九日，乾隆帝颁谕，以毛奇龄《词话》一书内有“清师下浙”字样，处罚修书馆一应官员。

> 四库馆进呈原任翰林院检讨毛奇龄所撰《词话》一书，内有“清师下浙”字样，殊属背谬。毛奇龄系康熙年间翰林，书内载我朝时事，理应称“大兵”或“王师”等字样，乃指称“清师”抬写，竟似身仕前明，未经在本朝出仕者，谬妄已极！毛奇龄系素有文望之人，且身故已久，朕不肯因其字句背谬，照从前戴名世等之案办理。但此等书籍经纂修、校对等阅过，即应按照馆例签改进呈，乃漫不经心，俱未看出，实非寻常疏忽可比。除将原书交馆改正，并查明此外有无似此等字样，一并签改外，所有书内列名之总纂官纪昀、陆锡熊，总校官陆费墀、王燕绪，分校官刘源溥，俱著交部分别议处。[②]

陆费墀在是年七月被擢内阁学士兼礼部侍郎衔，十月即遭处罚降一级留任。

3.四阁之书缮录校订不严

乾隆五十二年（1787）三月十九日，乾隆帝审查《四库全书》续缮三份，发现有犯禁之处，以李清《诸史同异录》“妄逞臆说”，下令销毁，并追究一应官员责任。

> 李清系明季职官，当明社沦亡，不能捐躯殉节，在本朝食毛践土，已阅多年，乃敢妄逞臆说，任意比拟。设其人尚在，必当立正刑诛，用彰宪典。今其身既幸逃显戮，其所著书籍悖谬之处，自应搜查销毁，以杜邪说而正人心。……所有办《四库全书》之皇子、大臣，及总纂纪昀、孙士毅、陆锡熊，总校陆费墀、恭泰、吴裕德，从前复校许烺，俱着交部，分别严加议处。至议叙举人之监生朱文鼎，系专司校对之人，岂竟无睹，乃并未校出，其咎更重。朱文鼎本因校书特赐举人，着即斥革，以示惩儆。[③]

乾隆下令复校文津阁等阁之书，随着复校的深入，却发现《四库全书》在缮录校订方面漏洞百出，错讹之处不一而足，有当删不删、当毁不毁的，有“连篇累页

① 朱维铮.重读近代史[M].上海：中西书局，2010：83.

② 中国第一历史档案馆.纂修四库全书档案[M].上海：上海古籍出版社，1997：1668.

③ 陈文新.《清实录》科举史料汇编[M].武汉：武汉大学出版社，2009：518.

空白未填”，甚至还有整卷遗漏的情况，这些问题使乾隆大为恼火。乾隆五十二年（1787）六月十二日，乾隆下谕处罚相应官员。

从前办理四库全书系总纂纪昀、陆锡熊，总校陆费墀等司其事，以该员等纂辑订正著有微劳，不次超擢，数年之间晋阶卿二，乃所办书籍竟如此荒谬舛错。如果从前缮写时，誊录率意脱落遗漏，自不难将已邀议叙现膺民社各员斥革治罪，但此等讹谬，该誊录等惟知照本缮写，势不能考订改正；而纂校各员，则系专司考订之责，自应详加细阅，方不致讹谬丛生。乃一任其袭谬沿讹，竟若未经寓目者；该员等何所办事，其咎实无可辞。今纪昀既自认通行复阅明末各书，并请将看出应换篇页，自行赔写，交部议处。而陆锡熊则因现出学差，陆费墀丁忧回籍，转得置身局外，是使纪昀一人独任其咎，转令现在派出之大小各员分任其劳，实不足昭公允。着将文渊、文源、文津三阁书籍，所有应行换写篇页，其装订、挖改工价，均令纪昀、陆锡熊二人一体赔。至陆费墀本系武英殿提调，后充总校，所有《四库全书》伊一人实始终其事，而其洊升侍郎受恩尤重，较之纪昀、陆锡熊其咎亦更重。现在续办三分书，应发文澜、文汇、文宗三阁陈设外，所有面叶、装订、木匣、刻字等项，俱着陆费墀自己出资，仍照文渊等三阁式样罚赔，妥协处理，就近陈设，以示惩儆，而服众心，不必令盐商等承办。①

乾隆认为办理《四库全书》，纪昀、陆锡熊、陆费墀三人“专司其事”，应三人共同负责，着纪昀、陆锡熊负责赔写文渊、文源、文津三库书，其装订、挖改各工价由二人分摊。相对于纪昀、陆锡熊，乾隆对总校官陆费墀的惩罚尤为严厉。陆费墀嗣复被革职，还需独自承担南三阁各阁所存《四库全书》约36 000册书的缮写、装订之资。乾隆五十三年（1789），陆费墀寓居西湖校文澜阁已到之书，又因查出内廷四阁所贮《四库全书》装函排架有错乱之帙，而罚陪缴经费银一万两，几乎耗光了家中现银。

数年之间，陆费墀往来于江浙二省，两下照看，既奔波劳累，又忧愤交加，终于在五十五年（1790）九月三阁之书尚未装潢完毕之前抱病身亡。但是，乾隆尚不释然，多次指责陆费墀在四库馆任职期间“惟以牟利为心”。甚至在陆费氏身亡之后的十月二十一日下谕旨抄其家产：

陆费墀本系寒士，家无担石，向在于敏中处藉馆为业，谅不过千金产业耳！今所办三阁书匣等项，及缴出罚银一万两，计其家资，已不下三四万，若非从前在四库馆提调任内，苞苴馈送，何以有此多资？现在陆费墀业已身故，所有插

① 郭伯恭.四库全书纂修考[M].上海：上海书店出版社，1992：159-160.

架、装匣等事，若令伊子接办，恐未能谙习，且身后所遗家业，想已无多，亦难措办。此时三分书俱已校对完竣，自应全行发往三处藏弃，未便稽延。着传谕海宁、全德即仿照前次发去装潢书匣等式样制造，专派妥商办理。并着海宁查明陆费墀现有田房产业，加恩酌留一千两之数，为伊家属养赡，如尚有余资，即作为添补三阁办书之用。①

浙江巡抚海宁根据乾隆谕旨，抄了陆费墀的家。十一月二十三日，海宁向乾隆报告抄家结果：查出现银1 500余两，并田房契价及首饰、衣物等，约计价值万两以外，除留下“衣物等估值一千两之数，赏给伊家作为养赡外，其余房产赀物，一并交商据实变卖，以为办书之用”②。

（四）后世评价

从乾隆三十八年（1773）四库开馆至乾隆五十五年（1790）抑郁而死，陆费墀勤于馆务，把一生精力付之《四库全书》，四库馆书“皆所手定”。馆务之余，陆费墀还利用闲暇的时间，编辑官方文献，撰写著作。在所有的四库馆臣中，陆费墀是惟一从始至终参与编纂《四库全书》的人，整整17年，其功不可没。然成也《四库全书》，毁也《四库全书》。陆费墀最终因《四库全书》获罪抄家，令人唏嘘。

《四库全书》编纂多达七部，仅誊录就有千余人，每个人的能力以及勤奋、认真程度差异悬殊，而且卷帙浩繁，草率之事自然难免。但把《四库全书》抄写校对上的许多失误，完全归咎于陆费墀一人，实属不公。任松如认为：“四库馆开，兼任总校官。一切综核稽查，颇能实心勤勉。先后十有七年，辰入酉出，寒暑未尝稍懈。职员中与《四库全书》相终始而实际任事最力，经理出自一手者，殆陆费氏一人也。”③黄爱平认为：“陆费墀获罪的真实原因乃在于未能查出《四库全书》内所收书籍的‘违碍’及讹错之处。就前者而言，正是乾隆的苛查导致陆费墀成为其禁书政策的牺牲品；而从《四库全书》的缮写讹错来看，把责任全推到一个人身上，也是不公平的。”④两位先生的评价较为中肯，几为学界共识。

① 王重民.办理四库全书档案：下册[M].北平：国立北平图书馆排印本，1934：31.

② 中国第一历史档案馆.纂修四库全书档案[M].上海：上海古籍出版社，1997：2 025.

③ 任松如.四库全书答问[M].成都：巴蜀书社，1988：14.

④ 黄爱平.《四库全书》纂修研究[M].北京：中国人民大学出版社，1989：112.

四、翰林院提调官：祝德麟　冯应榴

（一）祝德麟：补书、刊刻、校勘

清乾隆三十八年至三十九年（1773—1774），祝德麟在四库全书馆任翰林院提调官，具体负责翰林院书籍的提取工作，兼纂办三通馆书籍，乾隆五十年（1785）授湖广道御史。在四库全书馆任职期间，祝德麟专司收发文移及稽查誊录功课之事，并翻译辽、金、元三史人、地、官名。此外，祝德麟还在其他方面为《四库全书》做出了诸多贡献。

1.确定四库未收《道古堂文集》

在乾隆五十一年（1786）九月初十日怡亲王永琅等奏覆遵旨面询御史祝德鳞从前所见浙人书籍情形折中，祝德麟详细交代了自己在馆司职情况。原文如下：

> 臣永琅、臣永瑢、臣嵇璜谨奏，为遵旨询明覆奏事。本月初八日接军机大臣扎寄，钦奉谕旨：从前有人奏及御史祝德麟见浙江人著有书一部，祝德麟訾其撰述未妥。其所著何书，忘其名目。着留京王、大臣即传该御史面询其著书人系何姓名，所著之书系何名目，书中有何不妥，现在是否尚有其书。钦此。臣等当即传御史祝德麟面加询问。据称：我于乾隆三十八、九年在翰林院办事，充当四库全书处提调，其中兼纂办三通馆书籍，系逐卷进呈御览。至四库馆各省所进遗书，由总纂阅定，分别抄刻存目各款，另加提要进呈。我系提调，专司收发文移及稽查誊录功课之事，所进各书并不寓目，实从未有评论訾议何人所著书不妥之处。如果曾经论及，尚可约略记忆。今蒙谕旨垂询，断不敢不据实直陈，自蹈欺饰之咎。况所见之书，果其撰述不妥，我既经訾议，此时即据实指出，亦并无不合之处，焉肯代人隐瞒。至三十九年以后，丁忧回籍，家居数载，因平日从不为人题辞作序，亲友中亦无以所著之书送阅者。再四追维，惟杭世骏所著《道古堂文集》，系有刻本，曾记与人论其古文过于摹仿古人面目，未足称为名家。是否即系皇上所询之害，乞转奏。等语。臣等当即询以杭世骏所著《道古堂文集》。是否尚有其书，据称现在托同乡访求，预备进呈。等语。所有询问缘由，理合恭折复奏。伏乞皇上睿鉴。谨奏。（乾隆五十一年九月初十日，怡亲王永琅等奏覆遵旨面询御史祝德鳞从前所见浙人书籍情形折）[1]

清乾隆五十一年（1786），四库全书开始了全面的复校工作，撤改违禁书籍是第

[1] 中国第一历史档案馆.纂修四库全书档案[M].上海：上海古籍出版社，1997：1 945-1 947.

一要务。因有人说“祝德麟见浙江人著有书一部，并认为其撰述未妥”，怡亲王永琅等四库馆臣担心此不妥之书有违碍之处，误被收入《四库全书》，因而派人向时任湖广道御史的祝德麟当面质询。祝德麟记起曾言及杭世骏所著《道古堂文集》过于摹仿古人面目，但不肯定其为违禁之书，乃托同乡访求，预备进呈。清乾隆五十一年（1786）九月二十三日军机处上谕奏御史祝德麟呈送《道古堂文集》并查明未经写入全书折所示，最终祝德麟补送杭世骏所著《道古堂文集》，确定此书未据浙省解送到馆，因而未入全书。

> 据御史祝德麟呈送杭世骏所著《道古堂文集》。谨将原书进呈，并查得此书未据浙省解送到馆，是以未经写入四库书，并存目中亦未列入。合并声明。谨奏。（乾隆五十一年九月二十三日奏御史祝德鳞呈送《道古堂文集》并查明未经写入全书折）①

2.负责刊刻《三史国语解》

祝德麟曾负责《三史国语解》的刊刻工作，在乾隆五十二年（1787）六月初二日祝德麟奏请将《三史国语解》刊刻完竣呈览，折文如下：

> 掌湖广道监察御史臣祝德麟跪奏，为请旨事。钦惟我国家同文盛轨，自古所无。皇上典学粹精，用心正大，敕命馆臣将辽金元三史人、地、官名详加厘正。臣于乾隆四十六年编修任内，经总裁八阿哥奏充纂修，偕在事满汉各员逐卷改译，并辑成《三史国语解》恭呈乙览，仰蒙钦定，从此昭示来兹，永为信史。因思四库全书乃皇上文思广运，集千古之大成，所有各书中关涉辽、金、元三朝事迹，不独史部所载繁多，子、集二部当亦不少，允宜遵照《三史国语解》一律改正。惟当日纂办之时，以三史各名尚未译定，无凭照改，大率俱从其旧。现奉谕旨，命尚书以下大小各员分勘文渊等阁四库书籍，日有程课，字字行行均须寓目，似宜趁此校阅之际，遇有三朝人、地、官名，即签出某书、某卷、某页、某行，详登档册，既可省将来一番寻检之烦，并不虞于疏漏。仍请敕下武英殿总裁，赶紧将《三史国语解》一书刊刻完竣，详晰校对，先刷清本呈览。恭候发下之日，刷印多本，分给现签档册各员，赴阁领书，查对挖改，仍派方略馆原办之满纂修会同悉心校核，以昭详慎，而衷一是。如臣言可采，应请敕下文华殿、圆明园及热河校勘诸臣，一体遵照办理。伏祈皇上睿鉴。谨奏。（乾隆五十二年六月初二日，掌湖广道监察御史祝德麟奏请将《三史国语解》刊刻完竣呈览折）②

---

① 中国第一历史档案馆.纂修四库全书档案[M].上海：上海古籍出版社，1997：1 948.

② 中国第一历史档案馆.纂修四库全书档案[M].上海：上海古籍出版社，1997：2 018-2 019.

从奏折文字可知，《三史国语解》是厘正辽、金、元三史人、地、官名的注解之书，祝德麟认为所有关涉辽、金、元三朝事迹的书宜遵照《三史国语解》一律改正人、地、官名，于是奏请加紧将《三史国语解》一书刊刻完竣，以便修改；而在此书未刊出之前，馆员校阅文渊等阁四库书籍之际将三朝人、地、官名详登档册，以便他日修改。可以说，祝德麟的说法合情合理，乃可取之谏。

3.奏请归私宅校勘书籍

乾隆五十二年（1787），乾隆令四库全书馆原派之大臣官员复校江南三阁之书。初决定让四库馆臣在文华殿集中阅看，限时完工。十月二十日，祝德麟针对此事上疏奏请准详校三分全书各员能携书籍归私宅校勘，以避免当时天气严寒、文华殿环境恶劣而导致的工作迟缓。折文如下：

> 掌湖广道监察御史臣祝德麟跪奏，为奏明续校书籍情形，叩恳圣慈，仰祈睿鉴事。恭照江浙三分四库全书，奉旨着原派之大臣官员详校，仰见皇上厘正册府、嘉惠士林之至意。当经在事大臣议奏，仍在文华殿阅看，立限完竣，不日即可开局。臣与叨校阅之荣，惟有踊跃奉公，随班趋直，第细加体察，如此办理，于公事深虑无裨。盖以冬夏之时令不同，分寸之光阴足惜。以后节向严寒，风雪交作，文华主敬，殿宇崇闳，若不燃炉火，则砚冰胶结，填补书签，人人束手。若殿廷重地，围炉烈焰，熏灼累月，在臣工心窃不安。且千函万帙，堆积炉旁，旦晚倘有疏虞，关系更非浅鲜。况详校各员大半住居外城，每日趋赴禁垣，近者三五里，远者十余里，家中早饭后急忙入直校书，正课不过历巳、午、未三时，较之夏时之辰入酉出，仅得半功，亏缺既多，限期将届，势不得不草率了事。
>
> 查三分书籍本须外发，尚未装潢，与两阁之业经排架者有间，倘许照从前分校之例，听其携归私宅，则道途奔走之时，皆几案研紬之候，并可焚膏继晷，校勘从容，实可收事半功倍之益。其或致污损遗失，不虑其不照数赔补，自领自缴，亦无需多人承值。臣妄揣情形，博参舆论，似宜量为变通，以广皇仁，以期实效。如蒙恩准，其一切收发章程，应请敕下总理大臣详悉妥议具奏。臣言是否有当，伏祈皇上睿鉴训示。谨奏。（乾隆五十二年十月二十日掌湖广道监察御史祝德鳞奏请准详校三分全书各员携归私宅校勘折）
>
> 乾隆五十二年十月二十日奉旨：着照所请行。钦此。[①]

祝德麟建议详校三分全书各员能携书籍归私宅校勘有几点好处：无需在文华殿然炉火，可避免火灾隐患；四库馆臣可免道途奔走，延长校对书籍时间，可加快校

① 中国第一历史档案馆.纂修四库全书档案[M].上海：上海古籍出版社，1997：2 079-2 080.

对进度；自领自缴，亦无需多人承值，可节省馆中人力。此奏一举多得，乾隆欣然批准。

（二）冯应榴

1.个人生平

冯应榴（1741—1801），字星实，一字诒曾，桐乡人。乾隆二十六年（1761）进士。三十年（1765），乾隆南巡召试，得一等第四名，官授内阁中书。后历任军机处行走，主持湖北乡试，提督四川学政，累迁吏部郎中。四十四年（1779），参加抢修黄河决口，草行露宿，心力交瘁。工作完成后升御史，后转通政司参议、鸿胪寺卿，擢江西布政使。当时适值旱灾，民生艰危，而吏治腐败，冯应榴严禁属吏馈赠贪冒，江西吏治为之一清。又命令各州县买补常平仓积谷。第二年歉收，得以赖此度过饥荒。后因巡抚事牵连罢官，复出任御史，升给事中。五十四年（1789），累充山东乡试正考官，主持山东乡试。再由参议复任鸿胪寺卿。后以父母年老陈情告归。

冯应榴是清藏书家、校勘家。自幼秉承家学，博闻强识，才华横溢，尤潜心于诗学研究。辞官后，致力于校勘古今典籍。因《苏文公诗注》，舛误较多，他取王梅溪、施辅之、查初白诸家注本之长，考订得失，稽其异同，编成《苏文忠诗合注》55卷。清嘉庆五年（1800），纂修《嘉兴府志》。另著有《金檀高青丘诗笺注》《学悟稿》《湖上题襟集》《踵息居士诗文集》等。亦多藏书，如诗文、经义之类至数百种。

2.查办禁书

四库开馆后，冯应榴任翰林院提调官，负责提取翰林院书籍。在清乾隆四十七年（1782）四月初六日，冯应榴曾上书奏复钦遵毋庸查办《沧浪乡志》，折文如下：

> 护理江西巡抚印务、布政使臣冯应榴跪奏，为钦奉圣训，恭折覆奏事。本年四月初一日接奉上谕：李世杰奏查获《沧浪乡志》一折内，摘出各种字句，指为狂悖，并称饬属查明。等因。钦此。臣伏思违碍书籍原当查缴净尽，其谬托立言妄匿并不遵奉恩旨依限首缴者，一经发觉，断不应少有宽假。若不过字句失检，及迂儒泥于用古，语有微疵，自毋庸过为指摘。如有挟嫌图诈、借词讦告者，不但不应准理，并当立治其诬捏倾陷之罪，以弭戢刁风。我皇上至圣至明，于查缴禁书一事，从不稍有苛求，即如近日因福建海澄县民周铿声、河南光州民萧万成挟嫌妄告悖逆二案，特颁谕旨，宣示臣民，业经通行晓谕在案。兹复钦奉上谕，训示周详，臣跪读之下，益仰见圣主大公至正，不为已甚之至意。臣当即转饬各属一体钦遵，自后核办禁书，不得拘泥吹求，办理过当，及轻听讦告，致长刁风。

其有实在违背诗文书籍，必实力查缴，毋许片纸只字存留，又不得指为无碍，稍滋轻纵。所有臣奉到谕旨缘由，理合缮折覆奏，伏乞皇上睿鉴。谨奏。(乾隆四十七年四月初六日护理江西巡抚冯应榴奏复钦遵毋庸查办《沧浪乡志》谕旨缘由折)

乾隆四十七年四月廿四日奉朱批：览。钦此。①

从上折可以看出，作为提调官，除了提取书籍，冯应榴另一重要职责是甄别违禁之书，从众多书籍中剔除“违碍”书籍并进行查证办理。对于禁书的查办，他认为“违碍书籍原当查缴净尽，其谬托立言妄匿并不遵奉恩旨依限首缴者，一经发觉，断不应少有宽假。若不过字句失检，及迂儒泥于用古，语有微疵，自毋庸过为指摘”。表明立场之时冯应榴亦不忘大拍乾隆马屁，“皇上至圣至明，于查缴禁书一事，从不稍有苛求，即如近日因福建海澄县民周铿声、河南光州民萧万成挟嫌妄告悖逆二案，特颁谕旨，宣示臣民，业经通行晓谕在案”，并表示“自后核办禁书，不得拘泥吹求，办理过当，及轻听讦告，致长刁风”。冯应榴之语表面上是《四库全书》纂修时期四库馆臣查办禁书的标准，实际上到纂修及复校之时，对违碍之书的撤毁篡改远远比冯应榴之语严格得多。

五、总目协勘官：汪如藻

(一)四库任职经过

《四库馆臣职名表》所列汪如藻任总目协勘官，但是据考察，汪如藻在四库全书馆曾担任过其他职务。

乾隆三十八年（1773），大学士刘统勋推荐汪如藻与程晋芳、任大椿、翁方纲担任《四库全书》纂修官，认为四人“留心典籍，见闻颇广”。乾隆三十八年（1773）闰三月十一日办理四库全书处奏遵旨酌议排纂四库全书应行事宜折有载：

此外，并查郎中姚鼐，主事程晋芳、任大椿，学政汪如藻，原任学士降调候补之翁方纲，亦皆留心典籍，见闻颇广，应请添派为纂修官，令其在馆一同校阅，悉心考核，方足敷用。②

乾隆四十年（1775）二年十月二十九日，乾隆命以哈密瓜颁赐四库全书馆诸

① 中国第一历史档案馆.纂修四库全书档案[M].上海：上海古籍出版社，1997：1 553-1 554.

② 中国第一历史档案馆.纂修四库全书档案[M].上海：上海古籍出版社，1997：76.

臣，庶吉士汪如藻以纪皇恩联句为："飏长渐骊珠，纠结纹青绿。"[①]

乾隆四十六年（1781），四库馆奖励在馆五年期满人员，汪如藻被列入升职之列。

查乾隆四十三年四库馆五年期满议叙，所有提调、纂修各员，请旨酌量加恩。奉旨：着以应升之缺，列明在前升用。钦此。今查勘总目之编修汪如藻、程晋芳、李潢，部议照例请旨引见，酌量加恩，亦以应升之赞善、司业列名在前，伏候钦定。谨奏。

乾隆四十六年四月二十二日奉旨：着照例以应升之缺，列名在前升用。钦此。[②]

从以上档案文字可知，汪如藻在第一部《四库全书》编修的过程中，担任了查勘总目一职，负责管理协订全书总目，这与《四库馆臣职名表》所列汪如藻曾任总目协勘官一致。虽汪如藻被列入升任赞善、司业之列，但最终并未如愿。据乾隆五十年（1785）二月初九日内阁折文，在《四库全书》竣工之际，四库馆根据乾隆的旨意，对参与全书编修的翰苑各员按考试等第分列升降革罚。考试只按其文字优劣，分为五等，其中一等二人，二等三十五人，三等五十人，四等三十二人，不入等四人。入一、二等者可得到奖赏，其他则会受到惩罚。嘉兴籍馆臣汪如藻、祝德麟入三等，其中汪如藻在馆"议叙升用之处"被注销，并被罚俸半年[③]。

此外，汪如藻还担任过文渊阁校理，参与第一部全书的校定工作。文渊阁建于乾隆四十年（1775），其名称系沿袭明代而来。因其地处宫禁，故而受到统治者的特别重视。早在乾隆四十一年（1776）六月，文渊阁刚刚竣工，《四库全书》纂修工作尚在进行之时，乾隆帝就下令制定文渊阁官制职掌以及将来阁书管理章程。他在谕旨中说：

文渊阁国朝虽为大学士兼衔。而非职掌，在昔并无其地。兹既崇构鼎新，琅函环列，不可不设官兼掌，以副其实。自宜酌衷宋制，设文渊阁领阁事总其成，其次为直阁事，同司典掌，又其次为校理，分司注册点验。所有阁中书籍，按时检曝，虽责之内府官属，而一切职掌，则领阁事以下各任之，于内阁翰詹衙门内兼用。其每衔应设几员，及以何官兼充，着大学士会同吏部、翰林院定议，列

① 纪昀.中华文学百家经典.纪昀集[M].长春:时代文艺出版社,2002:216.

② 中国第一历史档案馆.纂修四库全书档案[M].上海:上海古籍出版社,1997:1 349.

③ 中国第一历史档案馆.纂修四库全书档案[M].上海:上海古籍出版社,1997:1 859-1 860.

名具奏，候朕简定，令各分职系衔，将来即为定额，用垂久远。①

于是，大学士舒赫德召集吏部及翰林院有关人员，详细商定了文渊阁官制及各项管理章程，并搜罗入职文渊阁人员。乾隆四十五（1780）年十一月十五日，翰林院奏补文渊阁校理，当时韦谦恒、德昌以原职充文渊阁校理，瑞保、汪如藻、五泰、陈崇本等14人均被记名，作为文渊阁校理候补人员②。

乾隆四十六（1781）年十二月，第一部《四库全书》纂成，贮藏宫中文渊阁，各项管理工作随之提上日程，领阁事上传下达，总司其责；提举阁事直接管理一般事务，并督率所辖司员具体从事看守、扫除等各项杂务；直阁事、校理、检阅各员则每日轮流入值。汪如藻随后进入文渊阁，参与校理全书。

乾隆四十八年（1783）五年二十六日，因遗漏销毁《问山集》，总纂等相关官员被分别罚俸，其中汪如藻被罚俸六个月③。

（二）辑佚孤本书籍

当时很多四库馆臣参与了《永乐大典》孤本书籍的辑佚工作，所辑之书在《四库全书》中被称为永乐大典本。据统计，四库馆臣先后共从《永乐大典》中辑得失传文献500余种，其中380余种收入《四库全书》，120余种列为存目。汪如藻任大典本纂修官时辑佚书籍有2种被《四库全书》收录，分别是宋王谠撰《唐语林》8卷、金王寂撰《拙轩集》6卷。

据《四库全书总目提要》，《唐语林》明以来刊本久佚，明谢肇淛《五杂俎》引杨慎语"《语林》罕传，人亦鲜知"。当时四库馆臣清理武英殿书库时，发现有明嘉靖初桐城齐之鸾所刻残本。此本分为上下二卷，前有齐之鸾自序，称所得非善本，其字画漫漶、篇次错乱，几不可读。汪如藻辑佚此书时，以《永乐大典》所载《语林》，与齐之鸾所刻残本参互校订，删其重复，增多四百余条。又得原序目一篇，载所采书名及门类总目，当日体例，尚可考见其梗概。只不过《永乐大典》各条散于逐韵之下，其本来门目难以臆求，汪如藻谨略以时代为次，补于刻本之后，无时代者又后之，共为4卷。又将刻本上下卷分别析为2卷，总合成8卷，以还其旧。因为此书久无校本，讹脱甚众，文义往往难通，汪如藻取新、旧唐书及诸家说部，一一详为勘正。校对之后仍然不能确定的，则姑仍原本，庶不失阙疑之义④。

① 郭伯恭.四库全书纂修考[M].长沙：岳麓书社，2010：161-162.

② 中国第一历史档案馆.纂修四库全书档案[M].上海：上海古籍出版社，1997：1230.

③ 中国第一历史档案馆.纂修四库全书档案[M].上海：上海古籍出版社，1997：1730.

④《四库全书总目提要》卷一百四十一子部五十一[OL].[2016-03-12].http://ds.eywedu.com/sikuquanshu/140.htm.

《拙轩集》著者金王寂，字元老，蓟州玉田人，登天德二年（1150）进士，历官中都路转运使，谥文肃，《金史》不为立传。元好问《中州集》载其诗入《乙集》中，并称寂著有《拙轩集》《北迁录》诸书。当时《北迁录》已失传，只有《永乐大典》所载寂诗文尚多，汪如藻从中辑出17篇，按次第裒缀，厘正为6卷。提要称王寂诗境清刻镵露，有戛戛独造之风；古文亦博大疏畅，在大定、明昌间卓然不愧为作者，而《拙轩集》中文章体格也足以与《滹南》《滏水》相为抗行。金朝一代文士见于《中州集》者不下百数十家，而当时只有赵秉文、王若虚二集尚有传本，其余多湮没无存。四库馆臣认为《拙轩集》6卷能俾读者揽其崖略，犹得以考见金源文献之遗，是亦可为宝贵矣[①]。

汪如藻还参与了《大清一统志》的纂辑工作，《纂修四库全书档案》所载：《一统志》自乾隆二十九年（1764）开馆以来，已一十九年，仍在不断修订。为了在乾隆四十九年（1784）全数完竣，收入四库全书，拟添派编修汪如藻、修撰戴衢亨协同纂辑，以期能限期完工[②]。

六、武英殿提调官:查莹

据《四库馆臣职名表》，查莹为武英殿提调官。考察档案，发现查莹还曾任四库馆纂修官，荟要处提调、复校等职。查莹性聚书，与翰林院检讨李铎经常游弋于书肆，遇到异书，必购至家，考校诸本，并有题跋以记。藏书印众多，其中一枚为“文渊阁校理”[③]，可见其曾在文渊阁任职，执掌校勘整理文渊阁藏书。

乾隆五十年（1785）正月初六日，乾隆为庆祝自己的七十五岁寿辰和在帝位五十年，也为庆祝《四库全书》纂修全部告竣，在乾清宫举行了盛大的千叟宴，参宴的嘉兴籍四库馆臣有礼部左侍郎钱载、吏部左侍郎谢墉、吏部给事查莹。

据乾隆五十年（1785）二月初九日内阁折文，在全书告成之际组织参与全书编修的翰苑各员参加的考试中，查莹入二等。

七、纂修官:金蓉

1.个人生平

金蓉（生卒年不详），字衡一，又字采江，秀水县（嘉兴）人，乾隆三十四年

① 《四库全书总目提要》卷一百六十六集部十九[OL].[2016-03-12].http://ds.eywedu.com/sikuquanshu/165.htm.

② 中国第一历史档案馆.纂修四库全书档案[M].上海:上海古籍出版社,1997:1 466.

③ 李玉安,黄正雨.中国藏书家通典[M].香港:中国国际文化出版社,2005:458-459.

(1769)进士，授编修。《梅里诗辑》有载录："先生天资颖悟，稍长即工吟咏，尝夏日分赋，得'荷叶有一舸，斜阳摇乱碧，半塘泻明珠'之句。里中前辈朱芋坡家养恬蕉窗诸，先生极为叹赏。后登词馆，声誉翕然。甲午丁母艰回里，无复出山之计。爰于西偏别构数楹，名曰听雨轩。"[①]薛廷文在《梅里词绪》对金蓉极为称赞："采江诗词皆所谓清新而俊逸，读之如对玉壶仙峤，使人白憎其凡骨也。白丁母艰后，遂绝意仕进，矮屋颓垣，种梅调鹤，名利淡然，襟怀亦风雅而高旷者矣。词学竹坨，神貌都似，差不足者薄与小耳。"[②]金蓉著有《听雨轩稿》《湄庄词钞》等。

2.参与全书纂修

据乾隆三十八年(1773)闰三月十一日办办理四库全书处奏遵旨酌议排纂四库全书应行事宜折，金蓉在四库开馆伊始便被任命为纂修官，与侍讲邹奕孝，洗马刘权之，赞善王燕绪，候补司业刘亨地，编修黄瀛元、郑际唐、朱诺，检讨萧芝、左周等一同被选进四库全书馆，负责书籍的参考分稽之事。

> 四库全书集艺苑之大成，考核宜归精当。今所办《永乐大典》内摘出各书旧本颇多，而各省所采遗书，现奉特旨令各督抚实力经理访求，自必广搜博取。即内府旧储书籍，卷帙亦甚为浩博，现有之纂修三十员，仅敷校办《永乐大典》。其余各种书册并须参考分稽，需员办理。臣等公同酌议，于翰、詹两衙门内除各书馆有专办之事难于兼顾各员外，选得侍讲邹奕孝，洗马刘权之，赞善王燕绪，候补司业刘亨地，编修金蓉、黄瀛元、郑际唐、朱诺，检讨萧芝、左周等十员，令其作为纂修，分派办理。[③]

八、校勘《永乐大典》纂修兼分校官：陈万青　汪如洋

(一)个人小传

1.陈万青

陈万青(1743—1798)，字远山，号湘南，石门(今桐乡石门镇)人。清乾隆四十六年(1781)辛丑科钱荣榜进士第二人。陈万青出身贫寒，学习刻苦，年幼时就异常聪明、伶俐。15岁时入官学，补博士弟子员。七次参加岁考，每科皆为头名，一时名声大噪。陈万青由选贡进京，一举登上京兆榜。进士及第后，授翰林院编

① 阮元.两浙輶轩录(卷34)[M/DB].合肥:黄山书社.

② 孙克强，杨传庆，裴喆.清人词话(中)[M].天津:南开大学出版社，2012:921.

③ 中国第一历史档案馆.纂修四库全书档案[M].上海:上海古籍出版社，1997:76.

修，历任翰林院侍读，纂修《通典》《通志》《通鉴》《四库全书》及《永乐大典》等大型书籍。乾隆四十八年（1783），出任顺天乡试同考官。乾隆五十一年（1786），出任侍讲，江西乡试主考官。乾隆五十三年（1788），以侍读出任，予行正科乡试考官。乾隆五十五年（1790），充任恩科会试同考官。乾隆五十九年（1794），以编修，出任典试山东乡试副考官。乾隆六十年（1795），陈万青任广东乡试主考官。又改为提督陕甘学政，卒于为官任上。

陈万青长于诗文，喜欢作书，"铺锦叠绣，杼柚日新"，没有一日暂且荒废。擅长书法，尤其精于小楷，闻名遐迩，远播在外，相传朝鲜进贡的使节每次来到京师，必要购买陈万青的碑刻而归[①]。

2.汪如洋

汪如洋（1755—1794），字润民，号云壑，诗人汪孟鋗之子，浙江秀水（今嘉兴）人。清乾隆四十五年（1780）以会试第一膺殿试第一，拔职修撰。四十八年（1783），充三通馆纂修官。五十一年（1786），典山东试。此年冬，督云南学政。汪如洋禀性沉厚，喜怒不形于色，处事随和，待人平易近人、方介守洁、持正不阿，教士以立品为先，文尚清真[②]。

汪如洋工诗文，其父汪孟鋗是以王又曾为首的"浙江秀水派"诗人。汪如洋承父诗法，诗作清润圆朗，他也常与王又曾的儿子王复写诗吟和。著有《葆冲书屋诗词集》四卷、《湖海诗传》《外集》一卷、《诗余》一卷等[③]。

(二)辑佚分校

汪如洋曾辑佚《云溪居士集》30卷。《云溪居士集》宋华镇撰，原集本一百卷，但自明到清乾隆时期，此集无传本。汪如洋从《永乐大典》中掇缉诠次，厘为三十卷，仅得原刻卷数三分之一。

分校官除了校对底本与抄录本之间的文字之外，还要参与违禁之书或违碍文字的检阅。如英廉等所编《全毁书目》《抽毁书目》之前所附英廉的奏文中有云：

> 臣与总纂纪昀等公同商酌，以各书内有词义违碍者，业经陆续查出，分次奏缴销毁。但卷帙浩繁，恐其中或尚有应毁字句，应再行通加覆检，然后发回，庶无漏等因，于四十五年五月，具折奏明。奉旨："知道了。钦此。"随派纂修翰林戴衢亨、蔡廷衡、潘廷筠、王春煦、吴裕德、吴省兰、汪如洋、程昌期、吴舒帷、吴锡

① 王鸿鹏，王凯贤，张荫堂.中国历代榜眼[M].北京：解放军出版社，2004：359-360.

② 江燕，文明元.新纂云南通志：八[M].王珏点校.昆明：云南人民出版社，2007：51.

③ 王鸿鹏，王凯贤，张荫堂.中国历代文状元[M].北京：解放军出版社，2004：451.

> 麒、孙希旦、陆伯焜、陈万青等十三员，将各省解送之明代以后各书，逐一覆加检阅，详细磨勘，务将诞妄字句删毁净尽，不致稍有遗漏。兹据各该纂修等已全行阅竣，共看出应行销毁书一百四十四部，应酌量抽毁书一百八十一部。臣同该总纂纪昀等逐加复核，理合开具略节清单，同原书三百二十五部，二千一百二十三本，一并缴进，请旨分别销毁。[①]

汪如洋、陈万青与其他分校官负责“将各省解送之明代以后各书，逐一复加检阅，详细磨勘，务将诞妄字句删毁净尽，不致稍有遗漏”。分校检阅之后再交与总纂官复核，最终拟定销毁书籍书目。

乾隆四十七年（1782）二月初二，军机大臣等奏遵旨拟赏四库全书议叙人员，拟赏人员中有陈万青，拟赏物品为“墨刻一本、如意一柄、八丝大缎一匹、砚一方、笔一匣、墨一匣、绢笺十张”[②]。

据乾隆五十年（1785）二月初九日谕折文，在《四库全书》竣工之际，四库馆根据乾隆的旨意，对参与全书编修的翰苑各员按考试等第分列升降革罚。陈万青、汪如洋入考试二等，其中陈万青从编修升为侍讲；汪如洋记名，遇有应升缺出提奏[③]。

据乾隆五十二年（1787）五月二十三日，质郡王永瑢等奏现办复校文渊文源两阁书籍事宜折，侍讲陈万青被选入翰詹五十员之一，参与文渊、文源两阁书籍的复校工作。

九、缮书处分校官：钱樾等八人

除了以上嘉兴籍四库馆臣外，还有8位分校官，他们的主要职责包括辑佚书籍、校对书籍、检阅违碍书籍等。

（一）钱樾

钱樾（1743—1815），字黼棠，浙江嘉善人。清李宗昉《妙香室文集》称其“天资聪敏，博学强记。喜书法，作擘窠大字，气势磅礴”[④]。清乾隆三十七年（1772）中进士，钱樾被选为翰林院庶吉士，四十三年（1778）授予翰林院编修。继充陕西乡试正考官。四十八年（1783）提督四川学政。五十三年（1788）为上书房行走，

① 冯浩菲.中国古籍整理体式研究[M].北京：高等教育出版社，2003：243.

② 中国第一历史档案馆.纂修四库全书档案[M].上海：上海古籍出版社，1997：1 463.

③ 中国第一历史档案馆.纂修四库全书档案[M].上海：上海古籍出版社，1997：1 859-1 860.

④ 李国钧.中华书法篆刻大辞典[M].长沙：湖南教育出版社，1990：362.

翌年嘉亲王（后为嘉庆帝）宠以诗章："翰苑才名久，西江荷宠荣。"三月，以"旷直"罪名，革职留任。后重新起用充江西乡试副考官。六十年（1795）二月吏部考绩，获一等，升右赞善。嘉庆元年（1796）任江西学政，升左庶子。二年（1797）迁侍讲学士。四年（1799）正月仍在上书房行走，不久授内阁学士，升礼部左侍郎，七月提督江苏学政。五年（1800）调吏部右侍郎转左侍郎。任满调户部右侍郎、左侍郎职。八年（1803）调吏部右侍郎。九年（1804）犯失察下属书吏舞弊罪，降职补内阁学士，改任翰林院编修。十年（1805）升任鸿胪寺少卿，六月任山东学政。十二年（1807）回京，迁大理寺少卿，仍尚书房行走。十三年（1808）补内阁学士。后因患肝病回里养病。成亲王永理赐元代吴镇草书《心经》一卷，持还家乡，勒石置之梅花庵中。二十年（1815）卒于家。樾生平为官40余年，凡民间利病，均知无不言[①]。

据《纂修四库全书档案》，乾隆四十三年（1778）四月二十九日庶吉士钱樾被授为编修。乾隆四十年（1775）二年十月二十九日，乾隆命以哈密瓜颁赐四库全书馆诸臣，四库馆臣大为感动，联句一百五十四韵以纪皇恩。其中庶吉士钱樾联句"摊时绿罽铺，储藏归廦廪"[②]。

乾隆四十五年（1746），《四库全书》第一分册告成之时，文渊阁筵宴恭和御制诗，上赐钱樾龙尾石砚一方。次年，钱樾归里，因以"传砚"名其堂。另据乾隆五十二年（1787）五月二十三日质郡王永瑢等奏现办复校文渊文源两阁书籍事宜折，编修钱樾被选入翰詹五十员之一，参与文渊文源两阁书籍的复校工作。

清嘉庆八年（1803）四月初七日，钱樾等会同纪昀续行缮办《四库全书》。

> 现存续行缮办《四库全书》，前已谕令纪昀查明具奏。兹据将应入各书开单呈览，并拟出事宜十余条，着添派庆桂、董诰、朱畦、戴衢亨、英和、钱樾、潘世恩，会同纪昀经理，并将应办各事宜悉心妥议具奏。[③]

（二）钱世锡

钱世锡（1733—1795），字慈伯，一字嗣伯，号百泉，秀水（今嘉兴）人，钱载子。乾隆四十三年（1778）进士，改庶吉上，授编修。初入翰林，钱载与英廉充教习，英廉语世锡："子入翰林，而上即命其父为之师，可谓至恩。"一时称盛事。钱世锡工诗，常与祝维诰子祝器、王又曾子王复唱和。《晚晴簃诗汇》称其诗"瘦硬通

① 嘉善县志编纂委员会.嘉善县志[M].上海：三联书店，1995：1 040.

② 纪昀.中华文学百家经典.纪昀集[M].长春：时代文艺出版社，2002：216.

③ 清实录：仁宗实录：卷111第29册[M].北京：中华书局，1986：481.

神，谨守家法”，又谓“其论祝西涧诗，谓幽静娟秀，深微隽妙，能得古人神韵风味于语句之外。盖其得力所在，见相似者，而为之倾倒也”。著有《麂山老屋诗集》①。

据《纂修四库全书档案》中的记过单，钱世锡分校过《文忠集》《清闭阁全集》②，也曾因被军机处累计记过十四次而罚俸三个月③。

据乾隆五十年（1785）二月初九日谕折文，在《四库全书》竣工之际，四库馆组织对参与全书编修的翰苑各员在乾清宫考试，并按考试等第分列升降革罚。钱世锡在考试中入四等，被休致出馆④。

（三）陈文枢

陈文枢（生卒年不详），字天中，号薇堂，浙江海宁人。清乾隆四十年（1775）乙未科吴锡麟榜进士，廷试第二甲第十四名。初授翰林院庶吉士，改授礼部主事。有《花对山房诗钞》。

据《纂修四库全书档案》所记载，陈文枢于乾隆四十年（1775）五月十六日被大学士于敏中推荐任命为四库全书馆分校官。当时因《四库全书荟要》、查聚珍版各书的原派校对之员人手不足，拟添派校对八员，新授庶吉士的陈文枢在被推荐之列。

乾隆四十年（1775）二年十月二十九日，乾隆命以哈密瓜颁赐四库全书馆诸臣，庶吉士陈文枢联句“早得御冬需，念此安居乐”⑤以纪皇恩。

乾隆四十三年（1778）四月二十九日，乾隆谕内阁，此次散馆（庶吉士在馆学习定期三年，期满，由庶常馆教习奏请皇帝御试，分发任用，名为“散馆”。由钦派的阅卷大臣分别等第，或授编修、检讨，或用为部属司员，或用为知县，或仍留馆学习，等候下一届散馆），汉书庶吉士汪如藻授为编修，庶吉士陈文枢以部属司员⑥。陈文枢在四库馆中曾分校过《韩内翰别集》《云麓漫抄》《刘彦昺集》《华阳集》《诗传诗说驳异》《湛园札记》等。另根据军机处的统计，乾隆四十六年（1781）十月至十二月，分校陈文枢因书籍错讹被记过四十八次，后不久病故。参见《纂修四库全

① 钱仲联，傅璇琮，王运熙，等．中国文学大辞典[M].上海：上海辞书出版社，1997：1 183.

② 见《纂修四库全书档案》档案779条：《清闭阁全集》内“杨维桢”，“桢字讹“祯”，又“谢朓”，“朓”字讹“眺”，总校官朱钤记过二次，分校官钱世锡记过四次。

③ 中国第一历史档案馆．纂修四库全书档案[M].上海：上海古籍出版社，1997：1 569.

④ 中国第一历史档案馆．纂修四库全书档案[M].上海：上海古籍出版社，1997：1 859-1 860.

⑤ 纪昀．中华文学百家经典．纪昀集[M].长春：时代文艺出版社，2002：216.

⑥ 中国第一历史档案馆．纂修四库全书档案[M].上海：上海古籍出版社，1997：819.

书档案》中记过单[①]。

（四）冯集梧

冯集梧（1757—1807），字轩圃，号鹭庭。桐乡人，冯应榴之弟。乾隆四十六年（1781）进士，选庶吉士，散馆授编修，典试云南。家多藏书，精校勘。工诗画。尝刻《元丰九域志》《杜樊川诗注》、惠定宇《后汉书补注》。室名"贮云居"。著有《贮云居稿》。

关于冯集梧的档案记载甚少，乾隆四十六年（1781）五月二十八日，武英殿修书处总裁董诰等奏请拣选庶吉士冯集梧等入武英殿，折文如下：

> 查武英殿行走翰林，前经奏准遇有员缺，臣等拣选具奏充补在案。今出有编修闵惇大，庶吉士范鏊、吴蔚光、吴树萱四缺，臣等谨拟以庶吉士王朝梧、冯集梧、曾燠、沈步垣四员充补。为此谨奏请旨。[②]

乾隆四十七年（1782）七月十九日奉旨开列的办理四车全书在事诸臣职名中，冯集梧为缮书处分校官，且已由原翰林院庶吉士改授为礼部主事[③]。

作为四库馆臣，冯集梧有机会获得同一书籍的不同版本，使他得以不断完善《元丰九域志》一书的校核。《元丰九域志》刊成于元祐元年（1086）正月以后，至明代由毛晋加以摹钞，而成毛晋影钞宋刻本，清代收藏于徐乾学传是楼中。但由于毛晋钞本佚第十卷，乾隆三十七年（1772）纂修《四库全书》时，四库馆在两江总督采进的毛晋影钞宋刻本的基础上，又取苏州朱焕家钞本补其缺卷，成为完书。乾隆四十九年（1784），冯集梧重得宋刻摹本，并取江南书局采进本及《新定九域志》清徐乾学所藏宋椠本、浙江书局采进本作了参校，即成《元丰九域志》乾隆四十九年冯集梧刻本、武英殿聚珍本。《四库全书总目》中《元丰九域志》一书提要有"近时冯集梧校刊此书，每卷末具列考证，其所据亦此本也"，文中此本即宋刻摹本。乾

---

①《纂修四库全书档案》档案779条：《韩内翰别集》内"风势偃罗帷"句，"帷"讹"帏"。总校官王燕绪记过一次，分校官陈文枢记过二次……《云麓漫抄》内"据此二说"句，"据"讹"挞".总校官仓圣脉记过一次，分校官陈文枢记过二次。《湛园札记》内"谢朓"，"朓"字讹"眺"；又"宗室刘安"句，"安"下讹衍"国"字。总校官朱钤记过二次，分校官陈文枢记过四次。《纂修四库全书档案》档案851条：《刘彦昺集》内，撰人名"杨维桢"，讹写作"杨廉夫"，共四处。总校官朱钤记过四次，分校官陈文枢记过八次.……《华阳集》内"而汉文践阼"句，"阼"讹"祚"；又"无愧谥号"句，"谥"讹"溢"；又"鹴裘典尽终讳寒"句，"鹴"讹"鹴"。总校官王燕绪记过三次，分校官陈文枢记过六次。……《诗传诗说驳异》内"管叔封于邶"句，"叔"讹"赤"，共九处。总校官杨懋珩记过九次，分校官陈文枢记过十八次。

② 中国第一历史档案馆.纂修四库全书档案[M].上海：上海古籍出版社，1997：1 362.

③ 中国第一历史档案馆.纂修四库全书档案[M].上海：上海古籍出版社，1997：2 700.

隆五十三年（1788），冯集梧从海宁藏书家陈鳣处得《元丰九域志》钱遵王所藏影宋刻钞本、查氏所藏钞本，又将此书重校一遍，而成《元丰九域志》德聚堂藏版①。

（五）沈叔埏

1.个人生平

沈叔埏（1736—1803），字剑舟，一字埴为，号双湖，秀水（今嘉兴）人。乾隆三十年（1765）高宗南巡，召试一等，赐举人，授内阁中书。乾隆四十四年（1779），充《四库全书》武英殿分校。曾任方略馆、《一统志》《通鉴辑览》分校及《历代职官表》协修官。乾隆五十二年（1787）成进士，授吏部主事。到部未十日，以母老乞归养。筑室锦带、宝带两湖间，学者称双湖先生。主魏塘讲席尤久，多所成就。著有《颐采堂集》15卷。

2.边校对边辑佚边录副

清乾隆四十四年（1779），沈叔埏充《四库全书》武英殿分校，曾任《历代职官表》协修官。沈叔埏出身贫寒、好学不倦，未入四库馆之前对四库馆极为向往。他在得知朋友任大椿入选四库馆之后，曾写信祝贺：

> 两月前阅邸抄，知兄荐预四库编摩之役，甚善甚善！此席由词馆得之，乃其常职，兄以仪曹得之，则不可谓不见知于当途者矣。古之好学者，至游书肆，求为集贤写书吏以成其学。夫此馆之开，远轶唐之集贤院，岂不足以当宇内大书肆耶？此则弟之所心喜且慕者也。②

实际上，沈叔埏在未入四库馆之前，就通过助校的方式参与了四库之事。如乾隆四十三年（1778），四库馆总目协勘官程晋芳曾邀请他助校《唐会要》。

入四库馆之后，如鱼得水的沈叔埏在校书之际得以广综博览，学有所成，撰有《颐彩堂文集》16卷、《颐彩堂诗集》10卷。据沈氏《颐采堂文集》，其在四库馆曾参与辑录《永乐大典》佚书，今《四库全书总目》著录者尚有《都官集》14卷、《东堂集》10卷、《畏斋集》6卷、《积斋集》5卷四种。从《总目》提要中可以知晓沈叔埏辑佚书籍的过程。

《都官集》，宋陈舜俞撰，原本久佚，只有《永乐大典》所载，而且篇什颇多。沈叔埏检核排比，得十之六七，以类编次，并将厉鹗《宋诗纪事》、沈季友《槜李诗系》所录诗七首加入其中，釐为文十一卷、诗三卷。

《东堂集》，宋毛滂撰，四库馆臣认为“其诗有风发泉涌之致，颇为豪放不羁。

① 王文楚.史地丛稿[M].上海：上海人民出版社，2014：249.

② 司马朝军.《四库全书总目》编纂考[M].武汉：武汉大学出版社，2005：678-679.

文亦大气盘礴，汪洋恣肆，与李廌足以对垒。在北宋之末，要足以自成一家，固未可竟置之不议也”[①]。沈叔埏从《永乐大典》搜采裒辑，釐为诗四卷、文六卷。

《畏斋集》，元程端礼撰，诸家书目亦多不载，故世久无传，只有《永乐大典》中散见其诗文百余篇。沈叔埏谨依类编次，厘为六卷。

《积斋集》，元程端学撰，其文集《元史》本传不载，世亦未见传本，惟《文渊阁书目》有之。沈叔埏检勘《永乐大典》各韵，掇拾残剩，为诗一卷、文四卷。

此外，沈叔埏还从《永乐大典本》中辑佚出了金王寂撰《辽东行部志》1卷，当时此书久佚。《辽东行部志》是记录辽宁省辽阳至辽东半岛等地的最早文献，关涉金代上京、东京、北京三路地理、古迹、文物，异闻颇多，可补正《金史·地理志》之缺。该书辑出后未被《四库全书总目》著录，但后被《续修四库全书》收录。

利用职务之便，沈氏还录副了许多四库大典本书籍，录副之书又被一些爱书之人借去传抄、校对。如：孔继涵曾借抄《守城录》2卷、《西陲笔记略》1卷、《绍兴采石大战始末》1卷；鲍廷博曾借抄《溪堂集》10卷、《东斋纪事》5卷补遗1卷、《东堂集》10卷、《老圃集》2卷、《彝斋文编》4卷、《东斋纪事》5卷补遗1卷[②]。这些录副之书使一些罕见珍籍得以在民间流传，满足了许多文士的求书之心；另一方面，这些书保留了《四库全书》的许多底本与校对信息，具有较高的文献价值。

作为分校官，沈叔埏的主要任务是以底本与四库誊抄本作文字上的比对，在他录副的四库书籍中还保留着当时校对的痕迹。乾隆四十八年（1783）沈叔埏曾校对并录副《彭城集》40卷，此书抄校本现藏于国家图书馆善本部。从每页校语看，沈氏所做的校勘包括文字的确认、前后顺序的调整、补入新的内容、对其中的一些文句作修正、对内容提出疑问等。如卷七“夷门城东门一首”，沈氏校“宜是夷门行”；卷二十四“贡举议”，沈氏校“水西家集尚有论更学校贡举法一篇，应抄附此篇之后”；卷四十“设常侍郎对”，沈氏校“此篇移至卷首”。与《四库全书》定本校比较，可以看出大多校改在定本中有所体现。

(六)沈凤辉

沈凤辉（生卒年不详），字桐圃，石门（今桐乡石门镇）人。乾隆三十六年（1771）辛卯举人，官中书。任四库全书馆分校官，乾隆四十九年（1784）十一月前丁忧离馆。绩学工文，著有《类要偶钞》。

沈凤辉曾从《永乐大典》中辑佚出《古今姓氏书辨证》40卷，被《四库全书总目》著录。该书为宋邓名世撰，宋时绍兴有刊本，当时已散佚。《永乐大典》中该书

① 永瑢，纪昀，等．四库全书总目提要[M]．海口：海南出版社，1999：807.

② 陈心蓉，丁辉．嘉兴历代进士藏书与刻书[M]．合肥：黄山书社，2014：165.

内容散附《千家姓》下，已非旧第。考王应麟所引原序，称始于国姓，余分四声，则其体例与《元和姓纂》相同。沈凤辉以韵隶姓，重为编辑，仍厘为四十卷，目录二卷。复姓则以首字为主，附见于各韵之后。遇到中间有征引讹谬的情形，就附着案语，予以纠正。

此外，据《纂修四库全书档案》中的记过单，沈凤辉分校过《义丰集》。据乾隆五十二年（1787）五月二十三日，质郡王永瑢等奏现办复校文渊文源两阁书籍事宜折，沈凤辉被选入典籍中书三十员之一，参与文渊文源两阁书籍的复校工作。

（七）汪师曾

汪师曾（生卒年不详），字省三，号鲁堂，秀水（今嘉兴）人。岁贡生，官余姚训导。曾任四库全书馆复校官。善书，清篆刻家。著有《蜨园未定稿》《鲁堂诗稿》[①]。

据《纂修四库全书档案》中的记过单，汪师曾复校过《通志》《荟要》《杨继盛集》等书。乾隆四十二年（1777）七月初四，因“《呻吟语》原序内‘余矍然曰’句，‘余’字误为‘途’；《通志》卷内，关帝谥号仍照旧书写，未经校出”，复校汪师曾记过三次[②]。乾隆四十三年（1778）二月，因所校书籍错讹，内阁中书汪师曾被罚俸三个月。

（八）陈墉

陈墉（生卒年不祥），字厚堂，号鹭田。海盐籍，寓居德清。乾隆四十年（1775）乙未科进士。任庶常，改翰林院庶吉士，改吏部主事。著有《卓庐初草》不分卷，国图有清末抄本；辑《国朝人书评》不分卷，有清光绪间木活字《牖蒙丛编》本，国图有藏。

职名表中，陈墉为缮书处分校。乾隆四十年（1775）二年十月二十九日，乾隆命以哈密瓜颁赐四库全书馆诸臣，庶吉士陈墉联句“登厨佐革蒲，升香先尝庙”[③]。查《纂修四库全书档案》，乾隆四十三年（1778）四月二十九日，乾隆谕内阁此次散馆庶吉士戴心亨等分别授职，其改部各员内原办书者仍兼馆行走，谕旨说，“其庶吉士梁土国、陈墉、杨昌霖、张慎和、陈文枢、仓圣脉、李廷敬、会廷槽、胡敏、胡必达、何思钧，俱著以部属用”；乾隆四十六年（1781）七月十六日，军机大臣奏查明四月至六月所进书籍错误次数请将总裁等交察议折，有“记过二十二次之陈墉”；

① 单锦珩.浙江古今人物大辞典：续编[M].北京：方志出版社，2001：41.

② 中国第一历史档案馆.纂修四库全书档案[M].上海：上海古籍出版社，1997：631.

③ 纪昀.中华文学百家经典.纪昀集[M].长春：时代文艺出版社，2002：216.

乾隆四十七年（1782）四月二十四日，吏为知照四库全书馆记过人员罚俸事致典籍厅移会折文有："……除分校官记过七十八次之陈墉，……，已经病故毋庸议外"，可见，乾隆四十七年（1782）四月前，陈墉已经病故。

第三节　四库馆臣群体特征略窥

由于四库馆臣在组织完备、机构庞大的四库馆中担任着不同的职务，负责不同的事务，是修书的骨干力量，因此在修书过程中对于四库馆臣的选任就显得极为重要。清朝统治者对四库馆臣的选拔有着一定的要求和限制，并通过一定的途径进行筛选的；为了保证修书工作的顺利进行，四库馆还建立了系统的管理规范。上述20位嘉兴籍四库馆臣，不仅是乾隆时期嘉兴文士的杰出代表，更是参与全书编修的所有四库馆臣的集体缩影。下面我们就从这些嘉兴籍四库馆臣的生平事迹中一窥四库馆臣的群体特点与四库馆运转方式。

一、入馆条件

（1）学识渊博。嘉兴籍四库馆臣多为乾隆朝进士出身，20人中18人为进士，其中汪如洋是状元，沈初、陈万青为榜眼。作为当朝进士，经历了科举的洗礼，无不是饱读诗书、才富五车之辈。参见表2-2。

（2）各有所长。除了在科举上功成名就之外，作为舞文弄墨的高手，这些嘉兴文士多有专长，如钱汝诚以文知名、工于画，谢墉擅长小学、校勘学，沈初工诗文、善书法，陈万青擅长诗文，汪如洋工于诗，冯应榴精于校勘，查莹精鉴藏书、画，冯集梧精校勘、工诗画，等等。而没有进士功名的沈凤辉绩学工文、汪师曾善书，得以破格任用。四库全书馆让四库馆臣的专长充分发挥在《四库全书》纂修过程中的选择底本、抄书、校书等相应环节，保证了巨著的质量与水准。

（3）人品出众。嘉兴籍四库馆臣多是品学兼优，官品、人品俱佳。从他们的生平小传中可以看到，其中的佼佼者为官时政绩显著，多次获得升迁。如汪如洋方介守洁、持正不阿，教士以立品为先，任云南学政时得士俱优；沈初历任左都御史、军机大臣、兵部尚书、吏部尚书、户部尚书等，且死后得谥号文恪，祀贤良祠；钱汝诚历任兵部左侍郎、顺天府府尹、户部左侍郎、刑部左侍郎等职；冯应榴历任官江西布政使、山东乡试正考官、内阁中书、鸿胪寺卿等；谢墉历官侍讲、侍读学士、内阁学士、江苏学政、吏部左侍郎等。

表2-2 嘉兴籍四库馆臣科举与仕履情况

姓名	科举情况	在馆时官职
钱汝诚	乾隆十三年（1748）进士	原任经筵讲官、刑部侍郎
沈初	乾隆二十八年（1763）榜眼	原任兵部侍郎
谢墉	乾隆十七年（1752）进士	经筵讲官、吏部侍郎
钱载	乾隆十七年（1752）进士	内阁学士、礼部侍郎
陆费墀	乾隆三十一年（1766）进士	日讲起居注官、文渊阁直阁事、詹事府少詹事
祝德麟	乾隆二十八年（1763）进士	翰林院编修
冯应榴	乾隆二十六年（1761）进士	军机处行走、鸿胪寺卿，后任江西布政使臣
查莹	乾隆三十一年（1766）进士	翰林院编修
汪如藻	乾隆四十年（1775）进士	文渊阁校理、翰林院编修
汪如洋	乾隆四十五年（1780）状元	翰林院编修
金蓉	乾隆三十四年（1769）进士	翰林院编修
陈万青	乾隆四十六年（1781）榜眼	翰林院编修
钱樾	乾隆三十七年（1772）进士	翰林院编修
钱世锡	乾隆四十三年（1778）进士	翰林院检讨
陈文枢	乾隆四十年（1775）进士	原任翰林院庶吉士，改授礼部主事
冯集梧	乾隆四十六年（1781）进士	翰林院庶吉士
沈叔埏	乾隆五十二年（1787）进士	内阁中书
沈凤辉	乾隆三十六年（1771）举人	内阁中书
汪师曾	岁贡生	内阁中书
陈墉	乾隆四十年（1775）进士	原翰林院庶吉士，改吏部主事

二、入馆方式

从嘉兴籍四库馆臣入馆的经历看，符合条件的学者进入四库馆参与修书一般有三种途径：一是由乾隆皇帝直接任命，二是总裁的荐举任命，三是从修书机构如翰林院、武英殿等原有修书人员中选拔。

（1）任命。总裁是四库馆中最高的职务，总裁官都是由乾隆帝直接任命的，因此能否成为总裁官进馆修书不是依个人品学才能而定，而是由个人的品秩高低及乾隆帝的信任程度决定的。因此，乾隆帝任命的总裁、副总裁，多为军机大臣、大学士、尚书、侍郎。嘉兴籍四库馆臣中，由乾隆任命的有任副总裁的刑部侍郎钱汝诚、兵部侍郎沈初，以及与于敏中极力支持搜辑《永乐大典》古书的武英殿提调官陆费墀。

（2）举荐。在办理四库全书的过程中，总裁等会根据需要举荐一些虽然科第低但非常有才华的学者进馆修书。如，汪如藻因“留心典籍，见闻颇广”，被总裁于敏中推荐为纂修官。

（3）遴选。在四库馆中的纂修人员中，有一部分是直接从翰林院、武英殿原有修书人员中遴选任用的。翰林院的职责是修实录、史志，充提调、纂修、总修等，在翰林院任职与曾经任职者，被称为翰林官，简称翰林。武英殿是康熙年间设立的修书机构，掌管刊印装演书籍之事。这些从翰林院、武英殿中遴选出来的修书人员不但拥有丰富的修书经验，而且大都是当时名人志士，因此他们对于《四库全书》的纂修起了很大的作用。在嘉兴籍四库馆臣中，谢墉、钱载被于敏中在翰林行走人员内选为总阅官；金蓉被总裁于翰林院选为纂修；冯集梧被选入武英殿，参与全书分校。

三、亲属同馆

嘉兴籍四库馆臣中有父子、兄弟同入四库馆的情况，如钱载与钱世锡为父子，冯应榴、冯集梧为兄弟，汪如藻、汪如洋为堂兄弟。一个家族中能有几人同时参与《四库全书》的纂修，乃家族之荣耀。一个全书馆中竟有三个这样的嘉兴家族，这也从一个侧面反映了清代科举的集中性与家族性。

中国传统社会是一个“官本位”社会，当科举成为入仕的主要途径后，“以读书振其家声”成为读书人光耀门楣的主要途径。科举考试具有地区性集中的特点，据《嘉兴志》所载，明清两代，嘉兴进士居全省首列，在全国巍科人物（包括会元、状元、榜眼、探花和传胪）最多的26个城市中，嘉兴、嘉善两县各为其一。这与嘉兴地区社会的稳定、经济的繁荣与崇文之风的盛行息息相关。同时科举考试具有家族性集中的特点，往往越是在科举上有所建树的家族，越是积极普及族中子弟的文化教育和熏陶，于是同族中人共学一室，时常交流切磋，促进了族人科举应试的传承与创新。例如，嘉善钱氏、海宁查氏等都是当时的科举世家。在四库馆选拔人才时，嘉兴地区众多科举世家的士子得以入围，父子、兄弟均入馆修书也就不足为怪了。

当然，在四库馆中，亲属同馆的不仅仅是嘉兴籍四库馆臣。任松如曾指出几组四库馆中最著名的亲属馆臣，如属于父子关系的有：刘统勋、刘墉、刘纶、刘跃云，裘日修、裘行简；属于兄弟关系的有：永瑢、永璇、永理，朱琏、朱筠，刘权之、刘校之；属于叔侄兄弟的有：戴均元、戴衢亨、戴心亨[①]。除了皇子们外，亲属四库馆臣均来自当时的科举世家，是清代教育与科举家族性的真实体现。

① 任松如.四库全书答问[M].成都:巴蜀书社,1988:18-19.

四、在馆时间

在四库修书的过程中，乾隆帝会根据修书的需要，不断往四库馆里补充馆臣，与此同时，也不断有四库馆臣离馆，从而使四库馆臣在馆的时间不一，流动性很强。

修书时间过长也是造成四库馆臣流动性强的一个重要原因。《四库全书》自乾隆三十八年（1773）二月开馆，至五十二年（1787）四月办理完竣，前后历时十四年之久。而四库馆是一个临时的修书机构，馆臣都是在原有职位的基础上被临时任免的，因此如果馆臣在原有职位上有突发情况或者馆臣自身出现一些问题，就可能要离馆。

从相关档案看，陆费墀在四库馆任职时间最长，与《四库全书》的纂修相伴始终。其他嘉兴籍四库馆臣在馆时间不同，可知离馆的情况至少有以下两种：一是因年老病故或因病解任而离馆，如钱汝诚病卒，钱载年老退休，1793年去世；陈文枢在修书期间病故；陈墉乾隆四十七年（1782）四月前病故。二是因丁忧回籍而离馆，如沈初丁忧告假，祝德麟丁忧回籍。

五、个人命运

四库修书是一项巨大的文化工程，再加上乾隆帝非常重视，这就使得世人非常羡慕当时进馆修书的四库馆臣。这些著名的文人名贤荟萃一堂，各以其学识专长，在不同的职任上为《四库全书》的纂修作出了重大贡献。一方面，一些四库馆臣的确因修书之功受到许多赏赐，甚至使得整个家族得到巨大的光环和荣耀；另一方面，一些四库馆臣也因修书之过遭到重大惩罚。因此，四库馆臣的个人命运在修书过程中跌宕起伏。

1.获得奖赏

（1）物质赏赐

据档案所记，每隔上一段时间，乾隆皇帝就会赏赐给四库馆臣一些水果，而且赏赐多是当季稀少的水果。如乾隆四十二年（1777）十月二十七日军机大臣拟赏哈密瓜人员名单："查四库全书总裁共十员，除臣等军机处行走及懋勤殿行走者已蒙恩特赏外，余总裁四员，酌拟每员赏瓜一圆。英廉、程景伊、嵇璜、钱汝诚，拟共赏四圆。总纂三员，拟共赏二圆。提调十二员，拟共赏四圆。总校九员，拟共赏三圆。纂修、分校及排校聚珍版之翰林、中书等官共一百二十八员，拟共赏三十圆。”[①]又如，乾隆四十四年（1779）十一月十八日的军机大臣赏四库全书处人员，谢墉、钱载等总阅官十一人，每人均获赏苹果四个、圆果三个、石榴五个。

乾隆皇帝还会赏给四库馆臣一些日常生活用品，如笔、墨、纸、砚、绸缎、荷包等等。如乾隆四十三年（1778）二月二十九日“至陆费墀、陆锡熊、纪昀，虽均已加恩擢用，但纂办各书，均为出力，着赏给缎匹、荷包、笔、墨、纸、砚，以示奖励”[②]。

（2）精神鼓励

与物质赏赐不同，乾隆皇帝还通过摆官宴、御笔题诗等方式犒劳四库馆臣的修书之功，给予他们精神上的鼓励。在封建社会，能与最高统治者同宴，对时人来说，是莫大的殊荣。如乾隆四十七年（1782）二月初二日，“上御文渊阁，赐四库全书总裁、总阅、总纂、总校、分校、提调、校理、检阅等官宴，并赏赉有差”[③]。又如，乾隆五十年（1785）正月初六日，乾隆皇帝在乾清宫举行了盛大的千叟宴，邀请了诸多四库馆臣参加，嘉兴籍四库馆臣钱载、谢墉、查莹均名列其中。

所修之书能得到皇帝的御笔题诗，也是对四库馆臣的莫大奖赏。如，由总裁于敏中、沈初等人参与编纂的《日下旧闻考》完成之后，得到乾隆帝的亲自鉴定，并御制诗两首。

（3）加官晋爵

加官晋爵对于学而优则仕的四库馆臣来说，是对其最好的奖赏。在档案中，可以见到四库馆臣被升职的多处记录。如陆费墀在参与修书的过程中曾被屡次提拔，乾隆三十九年（1774）十一月十三日“编修陆费墀承办四库全书并荟要处缮录之事，一切综核稽查，颇能实心勤勉，思其学问亦优，著加恩以翰林院侍读升用，遇缺即补，以示鼓励”[④]。乾隆四十年（1775），擢侍读学士，后又晋升詹事府少詹事；乾隆四十七年（1782）七月，擢内阁学士，兼礼部侍郎；乾隆四十九年（1784）正月，擢礼部右侍郎。此外，乾隆五十年（1785），陈万青因修书有功从编修升为侍讲。

2.遭受责罚

四库馆内人员冗杂，在修书过程中不可避免会出现一些差错，这就使得四库馆臣的荣辱不定。

（1）记过处分。记过这种惩罚，嘉兴籍四库馆臣几乎无人能幸免。如，乾隆四

① 中国第一历史档案馆.纂修四库全书档案[M].上海:上海古籍出版社,1997:745.

② 中国第一历史档案馆.纂修四库全书档案[M].上海:上海古籍出版社,1997:785.

③ 中国第一历史档案馆.纂修四库全书档案[M].上海:上海古籍出版社,1997:1 462.

④ 中国第一历史档案馆.纂修四库全书档案[M].上海:上海古籍出版社,1997:288.

十二年（1777）七月初四记过单上，汪师曾记过三次；乾隆四十五年（1780）七月二十四日的记过单上，钱载、谢墉各记过二次；沈初在乾隆四十六年（1781）四月至六月的三个月时间，被记过达十四次之多；乾隆四十七年（1782）四月二十四日记过单上，陈墉被记过七十八次。

（2）经济惩罚。这主要表现在对四库馆臣的罚俸及勒令他们因自身失误而造成修书损失的赔偿。总裁和总阅官的罚俸相对较高，一般为六个月，其他的总校、分校和复校一般为三个月。如，乾隆四十三年（1778）二月，因所校书籍错讹，内阁中书汪师曾被罚俸三个月；同年八月，钱汝诚因全书缮写错误被罚俸六个月；乾隆四十五年（1780）九月，钱载、谢墉因记过罚俸六个月。

在经济惩罚上，陆费墀遭遇的最为严厉。如，乾隆五十二年（1787），因续抄江浙三阁《四库全书》内仍有触犯清廷之言论，未奏请销毁，且有连篇累牍脱空无字之处，被罚赔三分书应发文澜、文汇、文宗三阁陈列之书匣、面叶、插架等项；乾隆五十三年（1788），因内廷四阁所贮《四库全书》装函排架有错乱之帙，而罚陪缴经费银一万两；乾隆五十五年（1790）死后还被罚没全部田房产业。

（3）降级处罚。这主要表现在对馆臣的革职、革职留任、降级任用等。同样，陆费墀所受的降级处罚次数最多。如，陆费墀在乾隆四十五年（1780），因武英殿遗失《四库全书》底本三十余种，下部议降一级任用；乾隆四十七年（1782）十月，因书中尚存有悖于清廷之内容未经删改，下部议处复降一级留任；乾隆五十二年（1787），因底本未移交明白而落职。多次严厉的处罚使得陆费墀“在忧愁中死去”，使得陆费墀沦为“成也修书，败也修书”的典型。

当然，《四库全书》的纂修最终依据的是乾隆皇帝的个人意志，对四库馆臣的赏罚自然也是全凭乾隆皇帝的个人意志。某种意义上，四库馆臣个人的荣辱得失全在最高统治者维护皇权权威的一念之间。当官方主持的修书不过是政治的产物时，部分馆臣最终也就成了政治的牺牲品。

以上对嘉兴籍四库馆臣表现出来的特点，可以说是四库馆臣群体的缩影，间接反映了全体四库馆臣的大致情形。当然，我们从中也可以总结出一些经验，为如今大型书籍的纂修提供些许借鉴。其一，专门的修书机构是修书成功的前提。大型书籍的纂修必须成立组织严密的修书机构，明确修书的目的与意义，承担修书的组织发动、分工协调等工作。其二，选拔合适的修书人员是修书成功的关键。修书人员作为修书工作的主要承担者，不仅需要具备较高的文化素质与专业技能，更需要具有奉献精神。其三，完善的管理制度是修书成功的保障。修书工作的顺利进行，需要制定完备的管理制度，对修书人员的工作进行有效的监管与督查，以保证各项工作能按时按质按量的开展。其四，官方的积极支持是修书成功的有力支撑。要想修撰出一部高质量大规模的丛书，国家和政府在人力、物力和财力的积极支持不可或缺，但是修书需要官方的支持，并不意味着修书要成为政治的产物。

第三章　学者著述　四库之源

经过四库馆臣严格的筛查，被确定没有“违碍”或“悖逆”之处的书籍，依据著录价值的大小被誊录入库（称著录书），或抄存卷目（称存目书），这些书籍由馆臣撰写提要，汇辑成《四库全书总目》200卷。《四库全书总目》为我国古代最巨大的官修图书目录，由清代永瑢、纪昀等编纂。该书自乾隆三十八年（1773年）开始编修，至乾隆四十六年（1781）初稿完成。经过修改、补充，于乾隆五十四年（1789）定稿，由武英殿刻版。乾隆六十年（1795），浙江地方官府又据杭州文澜阁所藏武英殿刻本翻刻，自此方得广泛流传。《四库全书总目》共载录书籍10 254种，172 860卷，其中著录书3 461种、79 309卷，存目书6 793种、93 551卷[①]，基本上包括了清乾隆以前我国重要的古籍，特别是元代以前的书籍更完备。

经笔者检查，《四库全书总目》载录了307位嘉兴先贤[②]的著述，其中著录书88种、存目书406种，共计494种、6 664卷（另26种无卷数），这些著述丰富了《四库全书》的文献来源与地方特色。对嘉兴人著述进行整理和计量分析，可以有助于探知古代嘉兴学者的治学特点与风格，也有利于研究嘉兴地方文化的发展历程与地域特征。

---

① 永瑢，纪昀，等.四库全书总目[M].北京：中华书局，1965：3.

② 这里的嘉兴人是指其籍贯为嘉兴境内（包括寄籍嘉兴）的学者，以及长期寓居在嘉兴境内的学者，包括嘉兴、嘉善、平湖、海盐、海宁、桐乡。另根据嘉兴地区行政区划变更，清代秀水县纳入今嘉兴，清代石门、崇德纳入今桐乡。

第一节　《四库全书总目》载录嘉兴人著述概况

一、经部著述

《四库全书总目》中的嘉兴人著述中，共有经部著述84种。经部著述概况参见表3-1。

表3-1 《四库全书总目》中的嘉兴人经部著述

序号	部类	载录方式	著者姓名	著者朝代	著者籍贯	作品名称	底本来源
1	经部春秋类	存目	陈士芳	明	海宁	《春秋四传通辞》十二卷	浙江巡抚采进本
2	经部春秋类	存目	卢轩	清	海宁	《春秋三传纂凡表》四卷	两淮马裕家藏本
3	经部春秋类	存目	朱奇龄	清	海宁	《春秋测微》十三卷	浙江巡抚采进本
4	经部春秋类	著录	朱朝瑛	明	海宁	《读春秋略记》十卷	两江总督采进本
5	经部春秋类	存目	陈许廷	明	海盐	《春秋左传典略》十二卷	江苏巡抚采进本
6	经部春秋类	著录	袁仁	明	嘉善	《春秋胡传考误》一卷	通行本
7	经部春秋类	存目	陈懿典	明	嘉兴	《读左漫笔》一卷	编修程晋芳家藏本
8	经部春秋类	存目	黄正宪	明	嘉兴	《春秋翼附》二十五卷	浙江汪启淑家藏本
9	经部春秋类	存目	金瓯	清	嘉兴	《春秋正业经传删本》十二卷	江苏周厚堉家藏本
10	经部春秋类	著录	徐庭垣	清	嘉兴	《春秋管窥》十二卷	浙江巡抚采进本
11	经部春秋类	著录	俞汝言	清	嘉兴	《春秋平义》十二卷	浙江巡抚采进本
12	经部春秋类	著录	俞汝言	清	嘉兴	《春秋四传纠正》一卷	浙江巡抚采进本
13	经部春秋类	存目	陆奎勋	清	平湖	《春秋义存录》十二卷	浙江巡抚采进本

续表

序号	部类	载录方式	著者姓名	著者朝代	著者籍贯	作品名称	底本来源
14	经部礼类	存目	陈与郊	明	海宁	《檀弓辑注》二卷	浙江巡抚采进本
15	经部礼类	存目	朱朝瑛	明	海宁	《读周礼略记》六卷	浙江巡抚采进本
16	经部礼类	存目	朱朝瑛	明	海宁	《读仪礼略记》十七卷	两江总督采进本
17	经部礼类	存目	朱朝瑛	明	海宁	《读礼记略记》四十九卷	浙江巡抚采进本
18	经部礼类	存目	朱泰贞	明	海盐	《礼记意评》四卷	浙江巡抚采进本
19	经部礼类	存目	曹庭栋	清	嘉善	《昏礼通考》二十四卷	浙江巡抚采进本
20	经部礼类	存目	朱建子	清	嘉兴	《服制图考》八卷	江西巡抚采进本
21	经部礼类	存目	诸锦	清	嘉兴	《夏小正诂》一卷	浙江巡抚采进本
22	经部礼类	著录	盛世佐	清	嘉兴	《仪礼集编》四十卷	浙江巡抚采进本
23	经部礼类	著录	诸锦	清	嘉兴	《补飨礼》一卷	浙江巡抚采进本
24	经部礼类	存目	陆奎勋	清	平湖	《戴记绪言》四卷	浙江巡抚采进本
25	经部礼类	著录	陆陇其	清	平湖	《读礼志疑》六卷	浙江巡抚采进本
26	经部诗类	著录	张次仲	明	海宁	《待轩诗记》八卷	浙江巡抚采进本
27	经部诗类	著录	朱朝瑛	明	海宁	《读诗略记》六卷	浙江巡抚采进本
28	经部诗类	存目	沈万钶	明	嘉善	《诗经类考》三十卷	浙江巡抚采进本
29	经部诗类	存目	诸锦	清	嘉兴	《毛诗说》二卷	浙江巡抚采进本
30	经部诗类	存目	陆奎勋	清	平湖	《陆堂诗学》十二卷	浙江巡抚采进本
31	经部诗类	著录	辅广	宋	桐乡	《诗童子问》十卷	浙江吴玉墀家藏本
32	经部书类	存目	朱朝瑛	明	海宁	《读尚书略记》无卷数	浙江巡抚采进本

续表

序号	部类	载录方式	著者姓名	著者朝代	著者籍贯	作品名称	底本来源
33	经部书类	存目	郑晓	明	海盐	《禹贡图说》一卷	浙江巡抚采进本
34	经部书类	存目	郑晓	明	海盐	《禹贡说》一卷	两江总督采进本
35	经部书类	著录	袁仁	明	嘉善	《尚书砭蔡编》一卷	浙江吴玉墀家藏本
36	经部书类	存目	俞鲲	明	嘉兴	《禹贡玄珠》一卷	两江总督采进本
37	经部书类	存目	邵璜	明	嘉兴	《禹贡通解》一卷	江苏巡抚采进本
38	经部书类	存目	陆键	明	嘉兴	《尚书传翼》十卷	浙江巡抚采进本
39	经部书类	著录	陈泰交	明	嘉兴	《尚书注考》一卷	浙江吴玉墀家藏本
40	经部书类	存目	郭兆奎	清	平湖	《心园书经知新》八卷	浙江巡抚采进本
41	经部书类	存目	陆奎勋	清	平湖	《今文尚书说》三卷	浙江巡抚采进本
42	经部书类	存目	陆陇其	清	平湖	《古文尚书考》一卷	编修程晋芳家藏本
43	经部四书类	存目	陈诜	清	海宁	《四书述》十九卷	浙江巡抚采进本
44	经部四书类	存目	施德操	宋	海宁	《孟子发题》一卷	江苏巡抚采进本
45	经部四书类	存目	郑晓	明	海盐	《四书讲义》无卷数	浙江汪启淑家藏本
46	经部四书类	存目	毛尚忠	明	嘉善	《四书会解》十卷	浙江巡抚采进本
47	经部四书类	存目	李祖惠	清	嘉兴	《虹舟讲义》二十卷	浙江巡抚采进本
48	经部四书类	存目	谭贞默	明	嘉兴	《三经见圣编》一百八十卷	江苏巡抚采进本
49	经部四书类	存目	陆邦烈	清	平湖	《圣门释非录》五卷	浙江巡抚采进本
50	经部四书类	存目	陆陇其	清	平湖	《三鱼堂四书大全》四十卷	通行本
51	经部四书类	存目	陆陇其	清	平湖	《续困勉录》六卷	江苏周厚堉家藏本

续表

序号	部类	载录方式	著者姓名	著者朝代	著者籍贯	作品名称	底本来源
52	经部四书类	著录	陆陇其	清	平湖	《四书讲义困勉录》三十七卷	浙江巡抚采进本
53	经部四书类	著录	陆陇其	清	平湖	《松阳讲义》十二卷	浙江巡抚采进本
54	经部五经总义类	存目	吕治平	清	海宁	《五经辨讹》五卷	浙江巡抚采进本
55	经部五经总义类	存目	沈起	清	嘉兴	《墨菴经学》无卷数	浙江巡抚采进本
56	经部五经总义类	著录	岳珂	宋	居嘉兴	《刊正九经三传沿革例》一卷	两江总督采进本
57	经部五经总义类	存目	郭兆奎	清	平湖	《心园说》二卷	浙江巡抚采进本
58	经部小学类	存目	陈与郊	明	海宁	《方言类聚》四卷	浙江巡抚采进本
59	经部小学类	存目	陈荩谟	明	嘉兴	《皇极图韵》一卷	江西巡抚采进本
60	经部小学类	存目	陈荩谟	明	嘉兴	《元音统韵》二十八卷	浙江巡抚采进本
61	经部小学类	著录	娄机	宋	嘉兴	《汉隶字源》六卷	内府藏本
62	经部小学类	著录	娄机	宋	嘉兴	《班马字类》五卷	内府藏本
63	经部小学类	存目	吴震方	清	桐乡	《读书正音》四卷	浙江巡抚采进本
64	经部孝经类	存目	曹庭栋	清	嘉善	《孝经通释》十卷	浙江巡抚采进本
65	经部易类	存目	朱朝瑛	明	海宁	《读易略记》无卷数	浙江郑大节家藏本
66	经部易类	著录	查慎行	清	海宁	《周易玩辞集解》十卷	浙江巡抚采进本
67	经部易类	著录	张次仲	明	海宁	《周易玩辞困学记》十五卷	山东巡抚采进本
68	经部易类	存目	陈言	明	海盐	《易疑》三卷	江苏周厚堉家藏本

续表

序号	部类	载录方式	著者姓名	著者朝代	著者籍贯	作品名称	底本来源
69	经部易类	著录	姚士粦	明	海盐	《陆氏易解》一卷	浙江吴玉墀家藏本
70	经部易类	存目	李奇玉	明	嘉善	《雪园易义》四卷、《图说》一卷	浙江巡抚采进本
71	经部易类	存目	钱棻	明	嘉善	《读易绪言》二卷	浙江巡抚采进本
72	经部易类	存目	钱士升	明	嘉善	《周易揆》十二卷	浙江巡抚采进本
73	经部易类	存目	冯昌临	清	嘉兴	《易学参说》二卷	浙江巡抚采进本
74	经部易类	存目	沈廷劢	清	嘉兴	《身易实义》五卷	浙江巡抚采进本
75	经部易类	存目	徐世淳	明	嘉兴	《易就》六卷	两淮盐政采进本
76	经部易类	存目	黄正宪	明	嘉兴	《易象管窥》十五卷	浙江巡抚采进本
77	经部易类	存目	张仁浃	清	嘉兴	《周易集解增释》八十卷	浙江巡抚采进本
78	经部易类	存目	程观生	明	居嘉兴	《四易通义》六卷	内府藏本
79	经部易类	存目	陆奎勋	清	平湖	《陆堂易学》十卷	浙江巡抚采进本
80	经部易类	存目	沈瑞锺	明	平湖	《广易筌》四卷	浙江巡抚采进本
81	经部易类	存目	于琳	清	平湖	《周易义参》六卷	浙江巡抚采进本
82	经部易类	存目	鲍恂	元	桐乡	《学易举隅》三卷	浙江吴玉墀家藏本
83	经部易类	存目	陈诜	清	海宁	《易经述》无卷数	浙江巡抚采进本
84	经部易类	存目	曹庭栋	清	嘉善	《易准》四卷	浙江巡抚采进本

二、史部著述

《四库全书总目》中的嘉兴人著述中，共有史部著述110种。史部著述概况参见表3-2。

表3-2《四库全书总目》中的嘉兴人史部著述

序号	部类	载录方式	著者姓名	著者朝代	著者籍贯	作品名称	底本来源
1	史部编年类	存目	支大纶	明	嘉善	《世穆两朝编年史》六卷	内府藏本
2	史部编年类	存目	张庚	清	嘉兴	《通鉴纲目释地纠缪》六卷、《补注》六卷	浙江巡抚采进本
3	史部编年类	存目	屠衡卜世昌	明	嘉兴	《明通纪述遗》十二卷	浙江汪启淑家藏本
4	史部别史类	存目	郑晓	明	海盐	《征吾录》二卷	浙江汪启淑家藏本
5	史部别史类	存目	钱士升	明	嘉善	《南宋书》六十卷	浙江鲍士恭家藏本
6	史部别史类	存目	蒋之翘	明	嘉兴	《晋书别本》一百三十卷	浙江巡抚采进本
7	史部别史类	著录	叶隆礼	宋	嘉兴	《契丹国志》二十七卷	浙江鲍士恭家藏本
8	史部传记类	存目	郭凝之	明	海宁	《孝友传》二十四卷	江苏巡抚采进本
9	史部传记类	存目	郭凝之	明	海宁	《明孝友传》八卷	浙江巡抚采进本
10	史部传记类	存目	吕元善	明	海盐	《圣门志》六卷	江苏巡抚采进本
11	史部传记类	存目	吕元善	明	海盐	《三迁志》五卷	安徽巡抚采进本
12	史部传记类	存目	吕兆祥	明	海盐	《宗圣志》十二卷	浙江汪启淑家藏本
13	史部传记类	存目	吕兆祥	明	海盐	《陋巷志》八卷	两淮马裕家藏本
14	史部传记类	存目	吕兆祥	明	海盐	《东野志》四卷	浙江巡抚采进本
15	史部传记类	存目	钱升	明	海盐	《壶天玉露》四卷	浙江巡抚采进本
16	史部传记类	存目	徐咸	明	海盐	《名臣言行录前集》十二卷、《后集》十二卷	浙江范懋柱家天一阁藏本
17	史部传记类	存目	郑履淳	明	海盐	《郑端简年谱》七卷	浙江巡抚采进本
18	史部传记类	存目	朱维陛	明	海盐	《东方类语》十六卷	浙江巡抚采进本

续表

序号	部类	载录方式	著者姓名	著者朝代	著者籍贯	作品名称	底本来源
19	史部传记类	存目	钱士升	明	嘉善	《明表忠记》十卷	浙江巡抚采进本
20	史部传记类	存目	范明泰	明	嘉兴	《米襄阳外纪》十二卷	江苏巡抚采进本
21	史部传记类	存目	范明泰	明	嘉兴	《米芾志林》十六卷	江西巡抚采进本
22	史部传记类	存目	李日华	明	嘉兴	《礼白岳记》一卷	礼部尚书曹秀先家藏本
23	史部传记类	存目	李日华	明	嘉兴	《玺召录》一卷	礼部尚书曹秀先家藏本
24	史部传记类	存目	李日华	明	嘉兴	《梅墟先生别录》二卷	两淮盐政采进本
25	史部传记类	存目	戚元佐	明	嘉兴	《槜李往哲前编》一卷	浙江巡抚采进本
26	史部传记类	存目	吴孝章	明	嘉兴	《名臣志钞》二十四卷	浙江巡抚采进本
27	史部传记类	存目	郁衮	明	嘉兴	《革朝遗忠录》二卷	浙江范懋柱家天一阁藏本
28	史部传记类	存目	曹溶	清	嘉兴	《刘豫事迹》一卷	两淮盐政采进本
29	史部传记类	存目	曹溶	清	嘉兴	《崇祯五十宰相传》一卷	浙江巡抚采进本
30	史部传记类	存目	盛枫	清	嘉兴	《嘉禾征献录》四十六卷	两淮马裕家藏本
31	史部传记类	存目	项玉笋	清	嘉兴	《槜李往哲续编》一卷	浙江巡抚采进本
32	史部传记类	著录	鲁訔	宋	嘉兴	《杜工部诗年谱》一卷	江苏巡抚采进本
33	史部传记类	著录	杜臻	清	嘉兴	《闽粤巡视纪略》六卷	浙江巡抚采进本
34	史部传记类	著录	项笃寿	明	嘉兴	《今献备遗》四十二卷	浙江巡抚采进本
35	史部传记类	著录	岳珂	宋	居嘉兴	《金佗稡编》二十八卷、《续编》三十卷	两淮盐政采进本
36	史部传记类	存目	过庭训	明	平湖	《圣学嫡派》四卷	内府藏本
37	史部传记类	存目	金汝谐	明	平湖	《历代名臣芳躅》二卷	浙江巡抚采进本

续表

序号	部类	载录方式	著者姓名	著者朝代	著者籍贯	作品名称	底本来源
38	史部传记类	存目	陆浚源	明	平湖	《陆氏世史钞》六卷	浙江巡抚采进本
39	史部传记类	存目	陆祚蕃	清	平湖	《粤西偶记》一卷	大学士英廉购进本
40	史部传记类	存目	胡其久	明	桐乡	《夷齐考疑》四卷	浙江巡抚采进本
41	史部地理类	存目	蒋宏任	清	海宁	《硖石山水志》一卷	浙江巡抚采进本
42	史部地理类	存目	潘廷章	清	海宁	《硖川志》一卷	两淮马裕家藏本
43	史部地理类	存目	谈迁	清	海宁	《海昌外志》无卷数	浙江巡抚采进本
44	史部地理类	存目	董穀	明	海盐	《澉浦续志》九卷	浙江巡抚采进本
45	史部地理类	存目	李确	明	海盐	《乍浦九山补志》十二卷	浙江巡抚采进本
46	史部地理类	存目	姚士粦	明	海盐	《日畿访胜录》二卷	编修程晋芳家藏本
47	史部地理类	著录	常棠	宋	海盐	《澉水志》八卷	浙江巡抚采进本
48	史部地理类	存目	仇俊卿	明	海盐	《海塘录》八卷	江西巡抚采进本
49	史部地理类	存目	胡震亨	明	海盐	《海盐县图经》十六卷	浙江汪启淑家藏本
50	史部地理类	存目	钱以垲	清	嘉善	《罗浮外史》无卷数	浙江巡抚采进本
51	史部地理类	存目	钱以垲	清	嘉善	《岭海见闻》四卷	两淮马裕家藏本
52	史部地理类	存目	袁黄	明	嘉善	《皇都水利考》一卷	江苏巡抚采进本
53	史部地理类	存目	邹衡	明	嘉善	《嘉兴志补》十二卷	浙江巡抚采进本
54	史部地理类	存目	沈思孝	明	嘉兴	《秦录》一卷	编修程晋芳家藏本
55	史部地理类	存目	沈思孝	明	嘉兴	《晋录》一卷	编修程晋芳家藏本
56	史部地理类	存目	周城	清	嘉兴	《宋东京考》二十卷	浙江巡抚采进本

续表

序号	部类	载录方式	著者姓名	著者朝代	著者籍贯	作品名称	底本来源
57	史部地理类	存目	陈士矿	清	嘉兴	《明江南治水记》一卷	编修程晋芳家藏本
58	史部地理类	存目	杜臻	清	嘉兴	《海防述略》一卷	浙江范懋柱家天一阁藏本
59	史部地理类	存目	黄承元	明	嘉兴	《河漕通考》二卷	浙江巡抚采进本
60	史部地理类	存目	谭吉璁	清	嘉兴	《延绥镇志》六卷	内府藏本
61	史部地理类	存目	陶晋槟	明	嘉兴	《楚书》一卷	编修程晋芳家藏本
62	史部地理类	存目	项惟贞	清	嘉兴	《燕台笔录》一卷	编修程晋芳家藏本
63	史部地理类	存目	陈懋仁	明	嘉兴	《泉南杂志》二卷	编修程晋芳家藏本
64	史部地理类	存目	沈光曾	清	嘉兴	《安澜文献》一卷	两江总督采进本
65	史部地理类	存目	劳大舆	清	桐乡	《瓯江逸志》一卷	大学士英廉家藏本
66	史部地理类	存目	吴震方	清	桐乡	《岭南杂记》二卷	大学士英廉家藏本
67	史部地理类	存目	潘凤梧	明	桐乡	《治河管见》四卷	两淮马裕家藏本
68	史部地理类	著录	朱辅	宋	桐乡	《溪蛮丛笑》一卷	编修程晋芳家藏本
69	史部地理类	存目	姚宏谟	明	秀水	《衡岳志》十三卷	浙江汪启淑家藏本
70	史部目录类	存目	陈奕禧	清	海宁	《金石遗文录》十卷	两江总督采进本
71	史部目录类	存目	曹溶	清	嘉兴	《金石表》一卷	编修汪如藻家藏本
72	史部目录类	著录	李光暎	清	嘉兴	《观妙斋金石文考略》十六卷	浙江巡抚采进本
73	史部目录类	著录	朱彝尊	清	嘉兴	《经义考》三百卷	通行本
74	史部史钞类	存目	项笃寿	明	嘉兴	《全史论赞》八十卷	江苏巡抚采进本
75	史部史钞类	存目	朱昆田	清	嘉兴	《南史识小录》八卷、《北史识小录》八卷	浙江巡抚采进本

续表

序号	部类	载录方式	著者姓名	著者朝代	著者籍贯	作品名称	底本来源
76	史部史钞类	存目	马维铭	明	平湖	《史书纂略》二百二十卷	浙江巡抚采进本
77	史部史钞类	存目	赵维寰	明	平湖	《读史快编》四十四卷	内府藏本
78	史部史评类	存目	陈诜	清	海宁	《资治通鉴述》无卷数	两江总督采进本
79	史部史评类	存目	仲宏道	清	嘉兴	《增定史韵》四卷、《读史小论》一卷	浙江巡抚采进本
80	史部史评类	存目	陈懿典	明	嘉兴	《读史漫笔》一卷	编修程晋芳家藏本
81	史部史评类	存目	范光宙	明	桐乡	《史评》十卷	内府藏本
82	史部杂史类	存目	许相卿	明	海宁	《革朝志》十卷	两淮盐政采进本
83	史部杂史类	存目	李确	明	海盐	《平寇志》十二卷	浙江巡抚采进本
84	史部杂史类	存目	郑晓	明	海盐	《逊国君记钞》一卷、《臣事钞》六卷	两淮盐政采进本
85	史部杂史类	存目	郑晓	明	海盐	《今言》四卷	两江总督采进本
86	史部杂史类	存目	钱士升	明	嘉善	《逊国逸书》七卷	内府藏本
87	史部杂史类	存目	屠叔方	明	嘉兴	《建文朝野汇编》二十卷	两淮马裕家藏本
88	史部杂史类	存目	陆陇其	清	平湖	《战国策去毒》二卷	江苏周厚堉家藏本
89	史部载记类	存目	姚士粦	明	海盐	《后梁春秋》二卷	浙江汪启淑家藏本
90	史部载记类	存目	黄洪宪	明	嘉兴	《朝鲜国纪》一卷	编修程晋芳家藏本
91	史部诏令奏议类	存目	陈与郊	明	海宁	《黄门集》三卷	浙江巡抚采进本
92	史部诏令奏议类	存目	杨雍建	清	海宁	《杨黄门奏疏》无卷数	浙江巡抚采进本

续表

序号	部类	载录方式	著者姓名	著者朝代	著者籍贯	作品名称	底本来源
93	史部诏令奏议类	存目	杨雍建	清	海宁	《抚黔奏疏》八卷	浙江巡抚采进本
94	史部诏令奏议类	存目	项笃寿	明	嘉兴	《小司马奏草》六卷	两江总督采进本
95	史部诏令奏议类	著录	赵汝愚	宋	桐乡	《诸臣奏议》一百五十卷	浙江巡抚采进本
96	史部正史类	存目	许相卿	明	海宁	《史汉方驾》三十五卷	两江总督采进本
97	史部正史类	存目	项梦原	明	嘉兴	《宋史偶识》三卷	浙江巡抚采进本
98	史部政书类	存目	查志隆	明	海宁	《山东盐法志》四卷	两淮盐政采进本
99	史部政书类	存目	陈龙正	明	嘉善	《救荒策会》七卷	浙江巡抚采进本
100	史部政书类	存目	陈懋仁	明	嘉兴	《年号韵编》一卷	浙江汪启淑家藏本
101	史部政书类	存目	汪砢玉	明	嘉兴	《古今鹾略》九卷、《鹾略补》九卷	浙江汪启淑家藏本
102	史部政书类	存目	曹溶	清	嘉兴	《明漕运志》一卷	编修程晋芳家藏本
103	史部政书类	存目	冯梦祯	明	嘉兴	《历代贡举志》一卷	编修程晋芳家藏本
104	史部政书类	存目	沈德符	明	嘉兴	《秦玺始末》一卷	编修程晋芳家藏本
105	史部政书类	存目	谭吉璁	清	嘉兴	《历代武举考》一卷	浙江巡抚采进本
106	史部政书类	著录	钟渊映	清	嘉兴	《历代建元考》十卷	两江总督采进本
107	史部职官类	存目	徐伯征	明	海宁	《留都武学志》五卷	两淮盐政采进本
108	史部职官类	存目	李日华	明	嘉兴	《官制备考》二卷	浙江汪启淑家藏本
109	史部职官类	存目	徐石麒	明	嘉兴	《官爵志》三卷	浙江吴玉墀家藏本
110	史部职官类	存目	徐必达	明	嘉兴	《南京都察院志》四十卷	两淮马裕家藏本

三、子部著述

《四库全书总目》中的嘉兴人著述中，共有子部著述148种，子部著述概况参见表3-3。

表3-3 《四库全书总目》中的嘉兴人子部著述

序号	部类	载录方式	著者姓名	著者朝代	著者籍贯	作品名称	底本来源
1	子部兵家类	存目	卜大同	明	嘉兴	《备倭记》二卷	编修程晋芳家藏本
2	子部兵家类	存目	盛万年	明	嘉兴	《岭西水陆兵纪》二卷	浙江巡抚采进本
3	子部兵家类	存目	冯孜	明	桐乡	《古今将略》四卷	浙江巡抚采进本
4	子部道家类	存目	叶钤	清	嘉善	《果山修道居志》二卷	江苏周厚堉家藏本
5	子部道家类	存目	冷谦	明	嘉兴	《修龄要指》一卷	编修程晋芳家藏本
6	子部法家类	存目	谭瑄	清	嘉兴	《续刑法叙略》一卷	编修程晋芳家藏本
7	子部法家类	著录	陈士矿	清	嘉兴	《折狱卮言》一卷	编修程晋芳家藏本
8	子部类书类	存目	陈与郊	明	海宁	《广修辞指南》二十卷	浙江巡抚采进本
9	子部类书类	著录	陈元龙	清	海宁	《格致镜原》一百卷	江苏巡抚采进本
10	子部类书类	存目	龚在升	清	嘉善	《三才汇编》四卷	江苏巡抚采进本
11	子部类书类	存目	李日华	明	嘉兴	《姓氏谱纂》七卷	浙江巡抚采进本
12	子部类书类	存目	李日华	明	嘉兴	《时物典汇》二卷	浙江巡抚采进本
13	子部类书类	存目	李绳远	清	嘉兴	《姓氏谱》六卷	浙江巡抚采进本
14	子部类书类	存目	李绳远	清	嘉兴	《李氏类纂》五十卷	浙江巡抚采进本
15	子部类书类	存目	李肇亨	明	嘉兴	《妇女双名记》一卷	编修程晋芳家藏本

续表

序号	部类	载录方式	著者姓名	著者朝代	著者籍贯	作品名称	底本来源
16	子部类书类	存目	穆希文	明	嘉兴	《蟫史》十一卷	浙江巡抚采进本
17	子部类书类	存目	陶涵中	明	嘉兴	《男子双名记》一卷	编修程晋芳家藏本
18	子部类书类	存目	汪文柏	清	桐乡	《杜韩集韵》三卷	编修汪如藻家藏本
19	子部类书类	存目	朱昆田	清	嘉兴	《三体摭韵》十二卷	浙江朱彝尊家曝书亭藏本
20	子部类书类	存目	朱彝尊	清	嘉兴	《韵粹》一百七卷	两淮盐政采进本
21	子部类书类	存目	陈懋仁	明	嘉兴	《庶物异名疏》三十卷	浙江吴玉墀家藏本
22	子部类书类	存目	颜茂猷	明	平湖	《六经纂要》无卷数	江苏巡抚采进本
23	子部类书类	著录	吴宝芝	清	桐乡	《花木鸟兽集类》三卷	两淮马裕家藏本
24	子部农家类	存目	张履祥	清	桐乡	《沈氏农书》一卷	编修程晋芳家藏本
25	子部谱录类	存目	陈邦彦	清	海宁	《乌衣香牒》四卷、《春驹小谱》二卷	浙江巡抚采进本
26	子部谱录类	存目	贾铭	元	海宁	《饮食须知》八卷	编修程晋芳家藏本
27	子部谱录类	存目	王路	明	平湖	《花史左编》二十七卷	江苏巡抚采进本
28	子部谱录类	存目	曹溶	清	嘉兴	《倦圃莳植记》三卷	浙江巡抚采进本
29	子部谱录类	存目	陈诗教	明	嘉兴	《花里活》三卷	编修程晋芳家藏本
30	子部儒家类	存目	许焞	清	海宁	《载道集》六十卷	浙江巡抚采进本
31	子部儒家类	存目	朱朝瑛	明	海宁	《罍菴杂述》二卷	浙江巡抚采进本
32	子部儒家类	存目	祝淦	清	海宁	《淑艾录》十四卷	江西巡抚采进本
33	子部儒家类	存目	祝淦	清	海宁	《下学编》十四卷	江西巡抚采进本
34	子部儒家类	存目	王文禄	明	海盐	《廉矩》一卷	编修程晋芳家藏本

续表

序号	部类	载录方式	著者姓名	著者朝代	著者籍贯	作品名称	底本来源
35	子部儒家类	存目	吴麟征	明	海盐	《家诫要言》一卷	编修程晋芳家藏本
36	子部儒家类	存目	锺韶	明	海盐	《论语逸编》三十一卷	浙江吴玉墀家藏本
37	子部儒家类	存目	曹庭栋	清	嘉善	《逸语》十卷	江苏巡抚采进本
38	子部儒家类	存目	陈龙正	明	嘉善	《程子详本》二十卷	浙江朱彝尊家曝书亭藏本
39	子部儒家类	存目	李公柱	明	嘉善	《学脉正编》五卷	浙江巡抚采进本
40	子部儒家类	存目	叶钤	清	嘉善	《续小学》六卷	浙江巡抚采进本
41	子部儒家类	存目	冯昌临	清	嘉兴	《日省编》一卷	浙江巡抚采进本
42	子部儒家类	存目	王庭	清	嘉兴	《理学辨》一卷	浙江巡抚采进本
43	子部儒家类	存目	岳元声	明	桐乡	《圣学范围图》无卷数	浙江鲍士恭家藏本
44	子部儒家类	存目	陶圻	清	嘉兴	《业儒臆说》一卷	编修程晋芳家藏本
45	子部儒家类	存目	徐必达	明	嘉兴	《周张全书》二十二卷	内府藏本
46	子部儒家类	存目	徐必达	明	嘉兴	《正蒙释》四卷	浙江巡抚采进本
47	子部儒家类	存目	陆陇其	清	平湖	《学术辨》一卷	编修程晋芳家藏本
48	子部儒家类	存目	陆陇其	清	平湖	《问学录》四卷	浙江巡抚采进本
49	子部儒家类	著录	陆陇其	清	平湖	《读朱随笔》四卷	浙江巡抚采进本
50	子部儒家类	著录	陆陇其	清	平湖	《三鱼堂剩言》十二卷	编修励守谦家藏本
51	子部儒家类	著录	陆陇其	清	平湖	《松阳抄存》二卷	浙江巡抚采进本
52	子部儒家类	存目	李培	清	嘉兴	《讲学》二卷	浙江范懋柱家天一阁藏本
53	子部术数类	著录	程道生	明	海宁	《遁甲演义》二卷	两江总督采进本

续表

序号	部类	载录方式	著者姓名	著者朝代	著者籍贯	作品名称	底本来源
54	子部术数类	存目	陈荩谟	明	嘉兴	《礦庵椠》一卷	浙江汪启淑家藏本
55	子部术数类	著录	释昙莹	宋	嘉兴	《珞琭子三命消息赋注》二卷	永乐大典本
56	子部术数类	著录	岳珂	宋	居嘉兴	《三命指迷赋》一卷	永乐大典本
57	子部天文算法类	存目	陈訏	清	海宁	《勾股述》二卷	浙江吴玉墀家藏本
58	子部天文算法类	著录	陈世仁	清	海宁	《少广补遗》一卷	两江总督采进本
59	子部天文算法类	著录	陈訏	清	海宁	《勾股引蒙》五卷	浙江巡抚采进本
60	子部小说家类	著录	施德操	宋	海宁	《北窗炙輠录》一卷	浙江鲍士恭家藏本
61	子部小说家类	存目	董穀	明	海盐	《碧里杂存》二卷	两江总督采进本
62	子部小说家类	存目	张宁	明	海盐	《方洲杂言》一卷	浙江鲍士恭家藏本
63	子部小说家类	存目	徐岳	清	嘉善	《见闻录》一卷	大学士英廉购进本
64	子部小说家类	存目	李琪枝	明	嘉兴	《清异续录》三卷	编修程晋芳家藏本
65	子部小说家类	存目	王逋	清	嘉兴	《蚓菴琐语》一卷	大学士英廉购进本
66	子部小说家类	存目	鲁应龙	宋	平湖	《闲窗括异志》一卷	浙江郑大节家藏本）
67	子部小说家类	存目	支立	明	嘉兴	《十处士传》一卷	浙江巡抚采进本
68	子部小说家类	存目	陈邦俊	明	嘉兴	《广谐史》十卷	内府藏本
69	子部小说家类	存目	陈忱	清	嘉兴	《读史随笔》六卷	浙江巡抚采进本
70	子部小说家类	存目	冯梦祯	明	嘉兴	《快雪堂漫录》一卷	浙江巡抚采进本
71	子部小说家类	存目	沈德符	明	嘉兴	《敝帚轩剩语》三卷、《补遗》一卷	两淮盐政采进本

续表

序号	部类	载录方式	著者姓名	著者朝代	著者籍贯	作品名称	底本来源
72	子部小说家类	存目	陶越	清	嘉兴	《过庭纪馀》三卷	编修汪如藻家藏本
73	子部小说家类	存目	王蓍	清	嘉兴	《豆区八友传》一卷	两淮盐政采进本
74	子部小说家类	著录	岳珂	宋	居嘉兴	《桯史》十五卷	浙江鲍士恭家藏本
75	子部小说家类	存目	冯汝弼	明	平湖	《祐山杂说》一卷	两淮盐政采进本
76	子部小说家类	存目	汪为熹	清	桐乡	《鄢署杂抄》十四卷	浙江巡抚采进本
77	子部医家类	存目	吴仪洛	清	海盐	《成方切用》十四卷	浙江巡抚采进本
78	子部医家类	存目	吴仪洛	清	海盐	《伤寒分经》十卷	浙江巡抚采进本
79	子部医家类	存目	蒋仪	明	嘉善	《药镜》四卷	浙江巡抚采进本
80	子部医家类	存目	黄承昊	明	嘉兴	《折肱漫录》六卷	两淮盐政采进本
81	子部医家类	著录	徐谦	明	嘉兴	《仁端录》十六卷	浙江巡抚采进本
82	子部医家类	著录	徐彬	清	嘉兴	《金匮要略论注》二十四卷	通行本
83	子部艺术类	存目	程道生	明	海宁	《射义新书》二卷	浙江巡抚采进本
84	子部艺术类	存目	曹庭栋	清	嘉善	《琴学内篇》一卷、《外篇》一卷	浙江巡抚采进本
85	子部艺术类	存目	顾仲清	清	嘉兴	《历代画家姓氏韵编》七卷	浙江巡抚采进本
86	子部艺术类	存目	李日华	明	嘉兴	《竹懒画媵》一卷、《续画媵》一卷	礼部尚书曹秀先家藏本
87	子部艺术类	存目	项圣谟	明	嘉兴	《墨君题语》二卷	礼部尚书曹秀先家藏本
88	子部艺术类	存目	张庚	清	嘉兴	《国朝画徵录》三卷、《续录》二卷	浙江巡抚采进本
89	子部艺术类	存目	朱象衡	明	嘉兴	《笔道通会》一卷	两淮盐政采进本

续表

序号	部类	载录方式	著者姓名	著者朝代	著者籍贯	作品名称	底本来源
90	子部艺术类	著录	郁逢庆	明	嘉兴	《郁氏书画题跋记》十二卷、《续题跋记》十二卷	两淮盐政采进本
91	子部艺术类	著录	项穆	明	嘉兴	《书法雅言》一卷	浙江巡抚采进本
92	子部艺术类	著录	汪砢玉	明	嘉兴	《珊瑚网》四十八卷	浙江孙仰曾家藏本
93	子部艺术类	著录	岳珂	宋	居嘉兴	《宝真斋法书赞》二十八卷	永乐大典本
94	子部艺术类	存目	戈守智	清	平湖	《汉溪书法通解》八卷	安徽巡抚采进本
95	子部杂家类	存目	查嗣瑮	清	海宁	《查浦辑闻》二卷	浙江巡抚采进本
96	子部杂家类	存目	谈迁	清	海宁	《枣林杂俎》无卷数	浙江巡抚采进本
97	子部杂家类	存目	汪定国	明	海宁	《诸子裒异》十六卷	江苏周厚堉家藏本
98	子部杂家类	存目	祝文彦	清	海宁	《理学就正言》十卷	浙江巡抚采进本
99	子部杂家类	存目	陈恂	清	海盐	《馀菴杂录》三卷	两淮盐政采进本
100	子部杂家类	存目	胡震亨	明	海盐	《读书杂记》二卷	安徽巡抚采进本
101	子部杂家类	存目	钱薆	明	海盐	《厚语》四卷	浙江巡抚采进本
102	子部杂家类	存目	钱琦	明	海盐	《钱子测语》二卷	浙江巡抚采进本
103	子部杂家类	存目	王文禄	明	海盐	《竹下寤言》二卷	浙江范懋柱家天一阁藏本
104	子部杂家类	存目	王文禄	明	海盐	《海沂子》五卷	编修程晋芳家藏本
105	子部杂家类	存目	王文禄	明	海盐	《邱陵学山》无卷数	浙江吴玉墀家藏本
106	子部杂家类	存目	许棐	宋	海盐	《樵谈》一卷	编修程晋芳家藏本
107	子部杂家类	存目	郑端允	明	海盐	《培垒居杂录》四卷	浙江巡抚采进本

续表

序号	部类	载录方式	著者姓名	著者朝代	著者籍贯	作品名称	底本来源
108	子部杂家类	存目	郑晓	明	海盐	《古言》二卷	浙江范懋柱家天一阁藏本
109	子部杂家类	存目	钱琦	明	海盐	《祷雨录》一卷	两江总督采进本
110	子部杂家类	存目	曹庭栋	清	嘉善	《老老恒言》五卷	浙江巡抚采进本
111	子部杂家类	存目	陆埛	明	嘉善	《篔斋杂著》一卷	编修程晋芳家藏本
112	子部杂家类	存目	钱继登	明	嘉善	《经世环应编》八卷	内府藏本
113	子部杂家类	存目	袁黄	明	嘉善	《祈嗣真诠》无卷数	浙江鲍士恭家藏本
114	子部杂家类	存目	袁衷	明	嘉善	《庭帏杂录》二卷	编修程晋芳家藏本
115	子部杂家类	存目	朱廷旦	明	嘉善	《捣坚录》二十四卷	两淮盐政采进本
116	子部杂家类	存目	陈懋仁	明	嘉兴	《析酲漫录》六卷	浙江巡抚采进本
117	子部杂家类	存目	高元标	清	嘉兴	《经术要义》四卷	浙江巡抚采进本
118	子部杂家类	存目	黄齐贤	清	嘉兴	《孝史类编》十卷	浙江巡抚采进本
119	子部杂家类	存目	李日华	明	嘉兴	《紫桃轩杂缀》三卷、《又缀》三卷	礼部尚书曹秀先家藏本
120	子部杂家类	存目	穆希文	明	嘉兴	《说原》十六卷	浙江巡抚采进本
121	子部杂家类	存目	沈尧中	明	嘉兴	《沈氏学弢》十六卷	浙江巡抚采进本
122	子部杂家类	存目	孙锺瑞	清	嘉兴	《圣学大成》无卷数	浙江范懋柱家天一阁藏本
123	子部杂家类	存目	谭贞默	明	嘉兴	《谭子雕虫》二卷	浙江巡抚采进本
124	子部杂家类	存目	项皋谟	明	嘉兴	《学易堂笔记》一卷、《二笔》一卷、《三笔》一卷、《四笔》一卷、《五笔》一卷	浙江巡抚采进本

续表

序号	部类	载录方式	著者姓名	著者朝代	著者籍贯	作品名称	底本来源
125	子部杂家类	存目	薛梦李	明	嘉兴	《教家类纂》八卷	编修励守谦家藏本
126	子部杂家类	存目	虞兆漋	清	嘉兴	《天香楼偶得》十卷	浙江巡抚采进本
127	子部杂家类	存目	周履靖	明	嘉兴	《夷门广牍》一百二十六卷	通行本
128	子部杂家类	存目	曹溶	清	嘉兴	《学海类编》无卷数	编修程晋芳家藏本
129	子部杂家类	存目	窦文照	明	嘉兴	《纪闻类编》四卷	浙江鲍士恭家藏本
130	子部杂家类	存目	沈德符	明	嘉兴	《飞凫语略》一卷	编修程晋芳家藏本
131	子部杂家类	存目	宋凤翔	明	嘉兴	《秋泾笔乘》一卷	浙江巡抚采进本
132	子部杂家类	存目	陶炜	清	嘉兴	《课业馀谈》三卷	编修程晋芳家藏本
133	子部杂家类	存目	项元汴	明	嘉兴	《蕉窗九录》无卷数	江苏巡抚采进本
134	子部杂家类	存目	项真	清	嘉兴	《无事编》二卷	两淮盐政采进本
135	子部杂家类	存目	张天柱	清	嘉兴	《进善集》无卷数	江西巡抚采进本
136	子部杂家类	存目	包衡	明	嘉兴	《清赏录》十二卷	浙江鲍士恭家藏本
137	子部杂家类	著录	李日华	明	嘉兴	《六研斋笔记》四卷、《二笔》四卷、《三笔》四卷	礼部尚书曹秀先家藏本
138	子部杂家类	著录	岳珂	宋	居嘉兴	《愧郯录》十五卷	江苏巡抚采进本
139	子部杂家类	存目	马嘉松	明	平湖	《十可篇》十卷	浙江巡抚采进本
140	子部杂家类	存目	颜茂猷	明	平湖	《迪吉录》九卷	内府藏本
141	子部杂家类	存目	俞镇	元	桐乡	《学易居笔录》一卷	编修程晋芳家藏本
142	子部杂家类	存目	劳大舆	清	桐乡	《闻钟集》无卷数	浙江巡抚采进本

续表

序号	部类	载录方式	著者姓名	著者朝代	著者籍贯	作品名称	底本来源
143	子部杂家类	存目	劳大舆	清	桐乡	《万世太平书》十卷	内府藏本
144	子部杂家类	存目	陈其德	明	桐乡	《垂训朴语》一卷	浙江巡抚采进本
145	子部杂家类	存目	张履祥	清	桐乡	《杨园全书》三十四卷	浙江巡抚采进本
146	子部杂家类	存目	张履祥	清	桐乡	《张考夫遗书》五卷	两江总督采进本
147	子部杂家类	著录	李如篪	宋	桐乡	《东园丛说》三卷	浙江巡抚采进本
148	子部杂家类	存目	姚士粦	明	海盐	《于陵子》一卷	江苏巡抚采进本

四、集部著述

《四库全书总目》中的嘉兴人著述中，共有集部著述152种。参见表3–4。

表3–4 《四库全书总目》中的嘉兴人集部著述

序号	部类	载录方式	著者姓名	著者朝代	著者籍贯	作品名称	底本来源
1	集部别集类	存目	查祥	清	海宁	《云在诗钞》九卷	浙江巡抚采进本
2	集部别集类	存目	查旭	清	海宁	《咸斋文钞》七卷	浙江巡抚采进本
3	集部别集类	存目	陈訏	清	海宁	《时用集》无卷数	浙江巡抚采进本
4	集部别集类	存目	陈与郊	明	海宁	《杜律注评》二卷	浙江巡抚采进本
5	集部别集类	存目	陈与郊	明	海宁	《隅园集》十八卷、《蘋川集》八卷	浙江巡抚采进本
6	集部别集类	存目	陈元龙	清	海宁	《爱日堂诗》》二十七卷	浙江巡抚采进本
7	集部别集类	存目	陈之遴	清	海宁	《浮云集》十一卷	江苏周厚堉家藏本
8	集部别集类	存目	冯觐	明	海宁	《小海存稿》八卷	两江总督采进本

续表

序号	部类	载录方式	著者姓名	著者朝代	著者籍贯	作品名称	底本来源
9	集部别集类	存目	沈珩	清	海宁	《耿岩文选》无卷数	浙江巡抚采进本
10	集部别集类	存目	沈翼机	清	海宁	《澹初诗稿》八卷、《见山堂诗钞》一卷	编修程晋芳家藏本
11	集部别集类	存目	许汝霖	清	海宁	《德星堂文集》八卷、《续集》一卷、《河工集》一卷、《诗集》五卷	浙江巡抚采进本
12	集部别集类	存目	朱奇龄	清	海宁	《拙斋集》五卷	浙江巡抚采进本
13	集部别集类	存目	祝萃	明	海宁	《虚斋先生遗集》十卷	编修祝德麟家藏本
14	集部别集类	存目	祝淇	明	海宁	《履坦幽怀集》二卷	编修祝德麟家藏本
15	集部别集类	著录	胡奎	明	海宁	《斗南老人集》六卷	两淮盐政采进本
16	集部别集类	存目	葛征奇	明	海宁	《芜园诗集》六卷	浙江巡抚采进本
17	集部别集类	存目	祝渊	明	海宁	《祝子遗书》四卷、《附录》一卷	浙江巡抚采进本
18	集部别集类	著录	查慎行	清	海宁	《补注东坡编年诗》五十卷	通行本
19	集部别集类	著录	查慎行	清	海宁	《敬业堂集》五十卷	浙江巡抚采进本
20	集部别集类	著录	许相卿	明	海宁	《云邨文集》十四卷	两淮盐政采进本
21	集部别集类	存目	董沄	明	海盐	《董从吾稿》一卷	浙江汪启淑家藏本
22	集部别集类	存目	胡夏客	清	海盐	《谷水集》二十二卷	浙江巡抚采进本
23	集部别集类	存目	李璋	明	海盐	《嗜泉诗存》二卷、《附录》一卷	浙江巡抚采进本
24	集部别集类	存目	李确	明	海盐	《九山游草》一卷	浙江巡抚采进本

续表

序号	部类	载录方式	著者姓名	著者朝代	著者籍贯	作品名称	底本来源
25	集部别集类	存目	李确	明	海盐	《梅花百咏》一卷	江苏周厚堉家藏本
26	集部别集类	存目	刘熠	明	海盐	《同春堂遗稿》四卷	江苏巡抚采进本
27	集部别集类	存目	马维翰	清	海盐	《墨麟诗》十二卷	浙江巡抚采进本
28	集部别集类	存目	彭辂	明	海盐	《彭比部集》八卷	浙江巡抚采进本
29	集部别集类	存目	钱琦	明	海盐	《东畬集》十四卷	浙江汪汝瑮家藏本
30	集部别集类	存目	钱芹	明	海盐	《钱永州集》八卷	两淮盐政采进本
31	集部别集类	存目	钱薇	明	海盐	《承启堂稿》二十九卷	浙江巡抚采进本
32	集部别集类	存目	释斯学	明	海盐	《幻华集》二卷	浙江孙仰曾家藏本
33	集部别集类	存目	许棐	宋	海盐	《献丑集》一卷	浙江巡抚采进本
34	集部别集类	存目	张宁	明	海盐	《奉使录》二卷	两江总督采进本
35	集部别集类	存目	郑晓	明	海盐	《端简文集》十二卷	两江总督采进本
36	集部别集类	存目	郑心材	明	海盐	《郑京兆集》十二卷、《外集》二卷	浙江巡抚采进本
37	集部别集类	著录	彭孙遹	清	海盐	《松桂堂全集》三十七卷、《延露词》三卷、《南淮集》三卷	江苏巡抚采进本
38	集部别集类	著录	许棐	宋	海盐	《梅屋集》五卷	编修汪如藻家藏本
39	集部别集类	著录	张宁	明	海盐	《方洲集》二十六卷、附《读史录》四卷	两淮马裕家藏本
40	集部别集类	著录	朱朴	明	海盐	《西村诗集》二卷、《补遗》一卷	浙江巡抚采进本
41	集部别集类	存目	冯皋谟	明	海盐	《丰阳集》十二卷	浙江巡抚采进本

续表

序号	部类	载录方式	著者姓名	著者朝代	著者籍贯	作品名称	底本来源
42	集部别集类	著录	顾况	唐	海盐	《华阳集》三卷、附《顾非熊诗》一卷	浙江鲍士恭家藏本
43	集部别集类	存目	蔡以封	清	嘉善	《观光集》五卷	浙江巡抚采进本
44	集部别集类	存目	曹庭栋	清	嘉善	《产鹤亭诗集》七卷	浙江巡抚采进本
45	集部别集类	存目	曹庭枢	清	嘉善	《谦斋诗稿》二卷、《补遗》一卷	浙江巡抚采进本
46	集部别集类	存目	丁嗣征	清	嘉善	《雪菴诗存》二卷	浙江巡抚采进本
47	集部别集类	存目	陆埘	明	嘉善	《陆篔斋集》十卷、《外集》二卷	礼部尚书曹秀先家藏本
48	集部别集类	存目	释方泽	明	嘉善	《冬谿集》二卷	浙江巡抚采进本
49	集部别集类	存目	孙琮	清	嘉善	《山晓阁诗》十二卷	浙江巡抚采进本
50	集部别集类	存目	支大纶	明	嘉善	《支子馀集》五十二卷	浙江汪汝瑮家藏本
51	集部别集类	著录	魏学洢	明	嘉善	《茅檐集》八卷	浙江巡抚采进本
52	集部别集类	著录	陆贽	唐	嘉善	《翰苑集》二十二卷	内府藏本
53	集部别集类	存目	范明泰	明	嘉兴	《襄阳遗集》一卷	两淮马裕家藏本
54	集部别集类	存目	高孝本	清	嘉兴	《固哉叟诗钞》八卷	浙江巡抚采进本
55	集部别集类	存目	李符	清	嘉兴	《香草居集》七卷	浙江巡抚采进本
56	集部别集类	存目	李绳远	清	嘉兴	《寻壑外言》五卷	浙江巡抚采进本
57	集部别集类	存目	李宗渭	清	嘉兴	《瓦缶集》十二卷	浙江巡抚采进本
58	集部别集类	存目	沈思孝	明	嘉兴	《溪山堂草》四卷	浙江汪汝瑮家藏本
59	集部别集类	存目	释通复	清	嘉兴	《冬关诗钞》六卷	浙江巡抚采进本

续表

序号	部类	载录方式	著者姓名	著者朝代	著者籍贯	作品名称	底本来源
60	集部别集类	存目	王翃	清	嘉兴	《二槐草存》无卷数	两淮盐政采进本
61	集部别集类	存目	王庭	清	嘉兴	《漫馀草》一卷	浙江巡抚采进本
62	集部别集类	存目	王周	明	嘉兴	《雁湖钓叟自在吟》九卷、《附录》一卷	浙江孙仰曾家藏本
63	集部别集类	存目	张时泰	清	嘉兴	《实懒斋诗集》四卷	浙江巡抚采进本
64	集部别集类	存目	周履靖	明	嘉兴	《梅颠稿选》二十卷	两江总督采进本
65	集部别集类	存目	陈泰交	明	嘉兴	《贲志斋集》十卷	浙江孙仰曾家藏本
66	集部别集类	存目	曹溶	清	嘉兴	《静惕堂诗集》四十四卷	江苏巡抚采进本
67	集部别集类	存目	曹溶	清	嘉兴	《粤游草》一卷	两江总督采进本
68	集部别集类	存目	陈瀚	明	嘉兴	《求志斋言草》三十卷	两淮盐政采进本
69	集部别集类	存目	冯梦祯	明	嘉兴	《快雪堂集》六十四卷	浙江朱彝尊家曝书亭藏本
70	集部别集类	存目	怀应聘	清	嘉兴	《冰斋文集》四卷	浙江巡抚采进本
71	集部别集类	存目	李良年	清	嘉兴	《秋锦山房集》二十二卷	江苏巡抚采进本
72	集部别集类	存目	沈起	清	嘉兴	《学园集》六卷、《续编》一卷	浙江巡抚采进本
73	集部别集类	存目	万光泰	清	嘉兴	《柘坡居士集》十二卷	浙江巡抚采进本
74	集部别集类	存目	吴鹏	明	嘉兴	《飞鸿亭集》二十卷	两淮盐政采进本
75	集部别集类	存目	项穆	明	嘉兴	《贞元子诗草》无卷数	浙江孙仰曾家藏本
76	集部别集类	存目	项元淇	明	嘉兴	《少岳集》四卷	浙江巡抚采进本
77	集部别集类	存目	徐嘉炎	清	嘉兴	《抱经斋集》二十卷、附《焚馀草》一卷	浙江巡抚采进本

续表

序号	部类	载录方式	著者姓名	著者朝代	著者籍贯	作品名称	底本来源
78	集部别集类	存目	姚究	明	嘉兴	《尚元草》八卷、《咏物诗》二卷	浙江巡抚采进本
79	集部别集类	存目	殷仲春	明	嘉兴	《栖老堂集》一卷	浙江巡抚采进本
80	集部别集类	存目	张庚	清	嘉兴	《强恕斋文钞》五卷	浙江巡抚采进本
81	集部别集类	存目	朱彝尊	清	嘉兴	《竹垞文类》二十六卷	内府藏本
82	集部别集类	著录	吴镇	元	嘉善	《梅花道人遗墨》二卷	浙江鲍士恭家藏本
83	集部别集类	著录	张尧同	宋	嘉兴	《嘉禾百咏》一卷	浙江鲍士恭家藏本
84	集部别集类	著录	朱彝尊	清	嘉兴	《曝书亭集》八十卷、《附录》一卷	通行本
85	集部别集类	存目	诸锦	清	嘉兴	《绛跗阁诗稿》十一卷	浙江巡抚采进本
86	集部别集类	著录	岳珂	宋	居嘉兴	《玉楮集》八卷	浙江鲍士恭家藏本
87	集部别集类	著录	岳珂	宋	居嘉兴	《棠湖诗稿》一卷	浙江鲍士恭家藏本
88	集部别集类	著录	李曾伯	宋	居嘉兴	《可斋杂汇》三十四卷	鲍士恭家藏本
89	集部别集类	存目	冯汝弼	明	平湖	《祐山文集》十卷、《诗集》四卷	江苏周厚堉家藏本
90	集部别集类	存目	胡庆豫	清	平湖	《东坪集》八卷	浙江巡抚采进本
91	集部别集类	存目	陆奎勋	清	平湖	《陆堂文集》二十卷、《诗集》十六卷、《续诗集》八卷	浙江巡抚采进本
92	集部别集类	存目	沈岸登	清	平湖	《黑蝶斋诗钞》四卷	浙江巡抚采进本
93	集部别集类	存目	沈不负	清	平湖	《老云斋诗删》十卷	浙江巡抚采进本
94	集部别集类	存目	沈季友	清	平湖	《学古堂诗集》六卷	浙江巡抚采进本

续表

序号	部类	载录方式	著者姓名	著者朝代	著者籍贯	作品名称	底本来源
95	集部别集类	存目	孙玺	明	平湖	《峰溪集》五卷、《外集》一卷	浙江孙仰曾家藏本
96	集部别集类	存目	屠勋	明	平湖	《太和堂集》六卷	浙江汪汝瑮家藏本
97	集部别集类	存目	屠应埈	明	平湖	《兰晖堂集》四卷	浙江汪汝瑮家藏本
98	集部别集类	存目	赵汉	明	平湖	《渐斋诗草》二卷	浙江巡抚采进本
99	集部别集类	存目	赵伊	明	平湖	《序芳园稿》二卷	浙江巡抚采进本
100	集部别集类	著录	赵孟坚	宋	平湖	《彝斋文编》四卷	永乐大典本
101	集部别集类	著录	陆陇其	清	平湖	《三鱼堂文集》十二卷、《外集》六卷、《附录》一卷	两江总督采进本
102	集部别集类	著录	贝琼	明	桐乡	《清江诗集》十卷、《文集》三十一卷	编修汪如藻家藏本
103	集部别集类	著录	张伯淳	元	桐乡	《养蒙集》十卷	两江总督采进本
104	集部别集类	存目	吕希周	明	桐乡	《东汇诗集》十卷	两江总督采进本
105	集部别集类	存目	汪子祜	明	桐乡	《石西集》八卷、附《崇礼堂诗》一卷	编修汪如藻家藏本
106	集部别集类	存目	吴震方	清	桐乡	《晚树楼诗稿》四卷	江苏周厚堉家藏本
107	集部别集类	存目	吴之振	清	桐乡	《黄叶村庄诗集》十卷	浙江巡抚采进本
108	集部别集类	著录	程本立	明	桐乡	《巽隐集》四卷	浙江巡抚采进本
109	集部词曲类	著录	朱淑真	宋	海宁	《断肠词》一卷	江苏周厚堉家藏本
110	集部词曲类	存目	查继超	清	海宁	《词学全书》十四卷	内府藏本
111	集部词曲类	存目	陈澍	清	嘉兴	《蕉雨轩诗馀汇选》八卷	两淮盐政采进本

续表

序号	部类	载录方式	著者姓名	著者朝代	著者籍贯	作品名称	底本来源
112	集部词曲类	著录	吕滨老	宋	嘉兴	《圣求词》一卷	安徽巡抚采进本
113	集部词曲类	著录	沈德符	明	嘉兴	《顾曲杂言》一卷	编修程晋芳家藏本
114	集部词曲类	著录	朱彝尊 汪森	清	嘉兴	《词综》三十四卷	内府藏本
115	集部诗文评类	存目	谈迁	清	海宁	《枣林艺篑》一卷	编修程晋芳家藏本
116	集部诗文评类	存目	胡震亨	明	海盐	《唐诗谈丛》一卷	编修程晋芳家藏本
117	集部诗文评类	存目	王文禄	明	海盐	《文脉》三卷	编修程晋芳家藏本
118	集部诗文评类	存目	徐泰	明	海盐	《诗谈》一卷	编修程晋芳家藏本
119	集部诗文评类	著录	胡震亨	明	海盐	《唐音癸签》三十三卷	江苏巡抚采进本
120	集部诗文评类	存目	陈懋仁	明	嘉兴	《藕居士诗话》二卷	浙江鲍士恭家藏本
121	集部诗文评类	存目	李日华	明	嘉兴	《恬志堂诗话》三卷	编修程晋芳家藏本
122	集部诗文评类	存目	黄洪宪	明	嘉兴	《玉堂日钞》三卷	浙江巡抚采进本
123	集部总集类	存目	查志隆	明	海宁	《宋文钞》无卷数	浙江巡抚采进本
124	集部总集类	存目	陈订	清	海宁	《宋十五家诗选》十六卷	内府藏本
125	集部总集类	存目	陈与郊	明	海宁	《文选章句》二十八卷	内府藏本
126	集部总集类	存目	葛征奇	明	海宁	《南园五先生集》二卷	安徽巡抚采进本
127	集部总集类	存目	周珽	明	海宁	《唐诗选脉会通评林》六十卷	通行本
128	集部总集类	存目	周之鳞	清	海宁	《宋四名家诗》无卷数	内府藏本
129	集部总集类	存目	朱嘉征	清	海宁	《乐府广序》三十卷	编修励守谦家藏本
130	集部总集类	存目	查克宏	清	海宁	《晚唐诗钞》二十六卷	内府藏本

续表

序号	部类	载录方式	著者姓名	著者朝代	著者籍贯	作品名称	底本来源
131	集部总集类	存目	胡震亨	明	海盐	《唐音戊签》二百一卷、《闰馀》六十四卷	江苏巡抚采进本
132	集部总集类	存目	钱孺穀 锺祖述	明	海盐	《小瀛洲社诗》六卷	浙江巡抚采进本
133	集部总集类	存目	汤绍祖	明	海盐	《续文选》三十二卷	浙江汪启淑家藏本
134	集部总集类	存目	郑履淳	明	海盐	《衡门集》十五卷	浙江汪汝瑮家藏本
135	集部总集类	存目	袁黄	明	嘉善	《评注八代文宗》八卷	内府藏本
136	集部总集类	存目	陈增新	清	嘉善	《柳洲诗集》十卷	浙江巡抚采进本
137	集部总集类	著录	曹庭栋	清	嘉善	《宋百家诗存》二十八卷	江苏巡抚采进本
138	集部总集类	著录	释正勉	明	嘉兴	《古今禅藻集》二十八卷	浙江汪启淑家藏本
139	集部总集类	存目	怀悦	明	嘉兴	《士林诗选》一卷	两淮马裕家藏本
140	集部总集类	存目	李绳远	清	嘉兴	《澄远堂三世诗存》八卷	浙江巡抚采进本
141	集部总集类	存目	周履靖	明	嘉兴	《梅坞贻琼》四卷	两江总督采进本
142	集部总集类	存目	杜庭珠	清	嘉兴	《唐诗叩弹集》十二卷、《续集》三卷	内府藏本
143	集部总集类	存目	姚悦	明	嘉兴	《尚元斋三世诗》十二卷	两江总督采进本
144	集部总集类	存目	朱彝尊	清	嘉兴	《洛如诗钞》六卷	浙江巡抚采进本
145	集部总集类	存目	释净溥	清	嘉兴	《兴善寺历代名贤留题集》二卷	两淮盐政采进本
146	集部总集类	著录	朱彝尊	清	嘉兴	《明诗综》一百卷	通行本
147	集部总集类	存目	陆棻	清	平湖	《历朝赋格》十五卷	内府藏本
148	集部总集类	著录	沈季友	清	平湖	《檇李诗系》四十二卷	浙江巡抚采进本

续表

序号	部类	载录方式	著者姓名	著者朝代	著者籍贯	作品名称	底本来源
149	集部总集类	著录	吴之振	清	桐乡	《宋诗钞》一百六卷	内府藏本
150	集部总集类	著录	陆时雍	明	桐乡	《古诗镜》三十六卷、《唐诗镜》五十四卷	内府藏本
151	集部总集类	著录	汪森	清	桐乡	《粤西诗载》二十五卷、《粤西文载》七十五卷、附《粤西丛载》三十卷	浙江巡抚采进本
152	集部总集类	存目	吴震方	清	桐乡	《朱子论定文钞》二十卷	浙江巡抚采进本

五、嘉兴人著述特征

1.底本来源

从表3-5得知，嘉兴人著述共有494种。其中，底本来源为内府藏本的有27种，通行本9种，永乐大典本3种，各省采进本299种，私人进献本155种。各省采进本和私人进献本占嘉兴人著述总数的91.9%。正如黄爱平所说，各省采进本和私人进献本占据了《四库全书》全部著录、存目书籍的绝大部分，是《四库全书》的主要来源①。从嘉兴人著述的底本来源来看，嘉兴人著述也不例外。

《四库全书总目》载录的嘉兴人著述中浙江巡抚采进本208种、浙江藏书家进呈本73种、通行本9种、永乐大典本4种、内府藏本27种，其他省份的巡抚采进或藏书家进献的书173种。浙江巡抚采进本是嘉兴人著述的主要来源，从外省采进或进呈的嘉兴人著述数量可以看出嘉兴先贤的作品在各地流传状况，江苏、两淮、两江等地嘉兴人著述较多，江西、安徽、山东等地较少。究其原因，一方面是地理空间距离的影响，距离嘉兴较近的地区最易获得嘉兴人著述，而嘉兴人也多在家乡附近区域活动；另一方面，这也与各地当时的文化发展状况有关，江苏作为清朝的文化大省，藏书大家众多，各地的文人趋之若鹜，故而江苏采进或进呈的书最多。

① 黄爱平.《四库全书》纂修研究[M].北京：中国人民大学出版社，1989：23.

表3-5 《四库全书总目》中嘉兴人著述底本来源

底本来源		著述数量（种）
通行本		9
永乐大典本		4
内府藏本		27
采进本	浙江巡抚采进本	208
	江苏巡抚采进本	25
	江西巡抚采进本	7
	两淮盐政采进本	26
	两江总督采进本	27
	山东巡抚采进本	1
	安徽巡抚采进本	5
私人进呈本	编修程晋芳家藏本	44
	编修励守谦家藏本	3
	编修汪如藻家藏本	6
	编修祝德麟家藏本	2
	大学士英廉购进本	3
	大学士英廉家藏本	2
	江苏周厚堉家藏本	11
	礼部尚书曹秀先家藏本	7
	两淮马裕家藏本	12
	浙江鲍士恭家藏本	16
	浙江范懋柱家天一阁藏本	7
	浙江孙仰曾家藏本	6
	浙江汪启淑家藏本	15
	浙江汪汝瑮家藏本	6
	浙江吴玉墀家藏本	10
	浙江郑大节家藏本	2
	浙江朱彝尊家曝书亭藏本	3
合计		494

2.朝代分布

从表3-6可以看出，明代之前的嘉兴文人著述被《四库全书总目》载录的很少，绝大部分是明清之际的文人著述。这与任松如《四库全书答问》中所述“历代作者，赵宋以前，北部人为多；至宋以后，则以南部人为最多。而明代以至清初，江浙人士几十之九矣”[①]是一致的。

嘉兴人朝代分布及著述数量从一个层面反映了嘉兴文化发展的实际情况。唐五代之前，嘉兴虽有一定数量的著述人物，但影响不大，故著述被收录者仅有陆贽、顾况2人。南宋北方人口的迁入促进了嘉兴经济的发展与耕读文化传统的形成，也奠定了嘉兴发展的文化根基。明清两代嘉兴社会经济与教育事业的长足发展，使得嘉兴士子表现出“不识大魁为天下公器，竟视巍科乃我家故物”的气概；科举之外，学者们著书立说，或醉心于藏书刻书，使得明清时期嘉兴文化异常繁荣，因而明清两代嘉兴人的大量著述被《四库全书总目》载录。

表3-6 嘉兴先贤朝代分布及著述数量

类别＼朝代	唐	宋	元	明	清	合计
文人	2	18	5	162	120	307
著述	2	29	5	258	200	494

3.重要著者

嘉兴人著述共涉及307位嘉兴学者，庞大的学者队伍中著作等身者比比皆是。《四库全书总目》载录著述数量排名前十四位的是：清代平湖的陆陇其13种；明代嘉兴的李日华10种；宋代居嘉兴的岳珂、清代嘉兴的曹溶、明代海盐的郑晓、明代海宁的朱朝瑛、清代嘉善的曹庭栋均为8种；清代嘉兴的朱彝尊、明代海宁的陈与郊均为7种；清代平湖的陆奎勋、清代嘉善的曹庭栋均为6种；明代嘉兴的陈懋仁，明代海盐的胡震亨、王文禄均为5种。另外，4种著作被载录的有8人，3种著作被载录的有19人，2种著作被载录的有43人。《四库全书》还著录了宋代海宁女子朱淑真的《断肠词》一卷，该书为江苏周厚堉家藏本，此本亦为毛晋《汲古阁》所刊，隶属于集部词曲类，反映了嘉兴地区女子重视文化习得与文学创作的氛围。

4.家族链

查看嘉兴人著述的作者，家族链特色明显。在嘉兴籍学人中，祖孙、父子、兄弟关系比比皆是。如属于父子关系的有吕元善与吕兆祥、姚悦与姚究、朱彝尊与朱昆田、胡震亨与胡夏客、董沄与董穀、袁仁与袁衷及袁黄、杜臻与杜庭珠等。兄弟

① 任松如.四库全书答问[M].上海:上海书店出版社,1992:128.

关系的有嘉善的曹庭栋与曹庭枢等。“四代同堂”的有：海盐的郑晓、郑履淳、郑端允、郑心材；嘉善的钱士升、钱棻、钱继登、钱以垲；海盐的钱琦，钱芹、钱薇、钱袭（三者为兄弟或堂兄弟），钱薷穀，钱升。嘉兴籍学人中著述较多的家族有海宁陈氏8人20种著述共282卷（其中3种无卷数）、海宁查氏7人10种著述172卷（其中一种无卷数）、嘉兴项氏10人著述13种共147卷（其中两种无卷数）等。

可见家学的继承在文化的发展创造与积累中显示了巨大的作用，这从《四库全书总目》对项穆的评价可见一斑，四库馆臣言其“生于博古赏鉴之家，藉文雅交游之盛，耳濡目染，都无俗事。故其诗皆楚楚有清致。所谓谢家子弟，虽复不端正者，亦自有一种风气也”①。

第二节 《四库全书总目》中的嘉兴人著述研究

一、嘉兴人治学特色与风格

通过嘉兴人著述中著录、存目数量的对比和在经、史、子、集四部中的数量分布，能够很明显地看出嘉兴人治学的特色。嘉兴人著述部类分布如表3-7所示。

《四库全书总目》将所载录的书籍分4部、44类。嘉兴人著述中经部84种、史部110种、子部148种、集部152种，除了经部乐类、史部时令类、史部纪事本末类、子部释家类、集部楚辞类5类没有著作被《四库全书总目》载录，其余39类则都具备。《四库全书总目》载录书籍10 254种，各部载录书籍分别为经部1 774种、史部2 160种、子部2 913种、集部3 407种。嘉兴人著述约占《四库全书总目》载录总量的4.82%。在经、史、子、集四部中，嘉兴学人著述占各部总数的比例分别为经部4.7%，史部5.09%，子部5.08%，集部4.46%。综观嘉兴人著述所占各部的比例来看，史部与子部相当，经部与集部相当，且各部所占比例差距不大。由此可知，嘉兴学人兴趣广泛，治学领域宽广，因而著述涉猎的范围比较广，各领域的研究成果丰硕。嘉兴籍学人如陈与郊、陆陇其、岳珂、郑晓的著述遍及经、史、子、集四部，曹溶的著述涉及史、子、集部6个类，李日华的著述涉及史、子、集部6个类，曹庭栋的著述涉及经、子、集部5个类，胡震亨与沈德符的著述涉及史、子、集部4个类，吴震方的著述涉及史、经、集部4个类，谈迁、袁黄、张庚与冯梦祯的著述

① 浙江省通志馆，浙江省地方志编纂委员会.重修浙江通志稿：著述考·艺术考[M].北京：方志出版社，2010：4 906.

涉及史、子、集部3个类；朱朝瑛的著述主要集中在经部，子部也有著述；钱士升的著述主要集中在史部，在经部也有撰著；陆奎勋的著述主要集中在经部，在集部也有撰著。嘉兴人著述中数量不是特别高产的学人，治学也不囿于一隅，如查志隆的著述分属于集部总集类与史部政书类，王庭的著述分属于集部别集类与子部儒家类。诸如此类的例子不再遍举，嘉兴籍学人的这一治学特色也是嘉兴人著述众多的原因之一。

表3-7　嘉兴人著述部类分布表

部	类	合计	著录	存目	部	类	合计	著录	存目
经	春秋类	13	5	8	史	职官类	4	0	4
	礼类	12	3	9		时令类	0	0	0
	诗类	6	3	3		纪事本末类	0	0	0
	书类	11	2	9	子	兵家类	3	0	3
	四书类	11	2	9		道家类	2	0	2
	五经总义类	4	1	3		法家类	2	1	1
	小学类	6	2	4		类书类	16	2	14
	孝经类	1	0	1		农家类	1	0	1
	易类	20	3	17		谱录类	5	0	5
	乐类	0	0	0		儒家类	23	3	20
史	编年类	3		3		术数类	4	3	1
	别史类	4	1	3		天文算法类	3	2	1
	传记类	33	4	29		小说家类	17	2	15
	地理类	29	2	27		医家类	6	2	4
	目录类	4	2	2		艺术类	12	4	8
	史钞类	4	0	4		杂家类	54	3	51
	史评类	4	0	4		释家类	0	0	0
	杂史类	7	0	7	集	别集类	108	22	86
	载记类	2	0	2		词曲类	6	4	2
	诏令奏议类	5	1	4		诗文评类	8	1	7
	正史类	2	0	2		总集类	30	7	23
	政书类	9	1	8					

经部，收录的是儒家经典，主要包括十三经、古乐、文字等方面书籍，以及解释经书的著作。从经部各小类来看，嘉兴籍学人以从事学术研究的居多，因而经部春秋类、礼类、四书类、易类等类著述偏多。浙人对经学的研究在宋元以来，不绝如缕，大凡著名学者都通此学问。进入清代之后，经学研究的风气达到极盛，梁启

超在《清代学术概论》中说："清学（主要指清代经学）之发祥地及根据地本在江浙。"其主要原因应该指向"学而优则仕"的科举教育。《清史稿》载："自唐以后，废选举之制，改用科目，历代相沿。而明则专取四子书及易、书、诗、春秋、礼记五经命题试士，谓之制艺。有清一沿明制，二百余年，虽有以他途进者，终不得与科举出身者相比。"[①]所谓制艺，即用"四书""五经"的内容出题，让参试者做"八股文"。嘉兴明清两代是科举兴盛之地，众多为了考取功名而长年累月与"四书""五经"相伴的士子学人，其学术范围及研究成果多出在经部[②]。

史部，主要收录各种体式的史书，如纪传体、编年体、纪事本末体、别史、杂史等。嘉兴学人史部著述所占比例最高，尤以传记类与地理类最多，分别被载录33种与29种，体现了嘉兴学者对历史真实性与事物内在规律的追求。明清之际，嘉兴的考证学开浙西学派之先，最早著称于世的首推秀水（今嘉兴）的朱彝尊。朱彝尊之学功力深厚，"略与顾炎武同风"，凡所撰述，具有本原。当时嘉兴学者还将追求真实的治学方法运用到了经学的研究之上，主张以训诂名物考据的方法治经，推崇汉儒经说，反对宋明以来以义理说经的风气，即清代的"汉学"思潮，这股思潮在乾嘉时期风靡整个学术界，影响深远[③]。

子部，主要收集先秦以来诸子百家及释道宗教的著作。此部范围广，收书也比较复杂。从子部各小类看，嘉兴历史上各种文化曾在这篇土地上碰撞交融，各家学术思想曾在嘉兴这片土地上百家争鸣，因而各家学术思想在其著述均有体现。特别是明清两代的儒学领域，程朱（程颢、程颐，朱熹）与陆王（陆九渊、王守仁）理学之争在嘉兴留下了深深的烙印。据《明儒学案》所载明代嘉兴著名的哲学家有海盐的董沄、嘉善的陈龙正。嘉靖年间，六十八岁高龄的董沄从心学开创者王守仁讲学，或沮之，沄曰："吾从吾所好耳。"遂又自号"从吾"。《董从吾稿》一卷是董沄的诗与语录、杂文的合集，大致皆是暮年谈理之词也，是书后附守仁和赠诸作。陈龙正（？—1645），字惕龙，师从程朱理学的推崇者高攀龙，精研理学，旁通经济。陈龙正认为《二程遗书》虽"朱子所手编，而其记载之重复，字句之同异，以至议论之出入，均未暇是正"，因而在著述《程子详本》一书中将《二程遗书》中的内容重新排比刊削、分类编次。

明清之际，很多儒学大师如刘宗周、黄宗羲等在江浙一带讲学，影响了许多嘉兴文人。刘宗周（1578—1645），浙江绍兴人，明代最后一位儒学大师，也是宋明理学（心学）的殿军。他开创的蕺山学派，在中国思想史特别是儒家史上影响巨大。

① 赵尔巽.清史稿:卷106　选举志一[M].北京:中华书局,1976:3 099.

② 张瑞芬.《四库全书总目》中的安徽巡抚采进本和皖人著述[D].兰州:兰州大学,2011:59.

③ 沈善洪,费君清.浙江文化史[M].杭州:浙江大学出版社,2009:382.

嘉兴的许多文人是其思想的追随者，其中桐乡张履祥，海宁祝渊、祝文彦均师从于他。桐乡张履祥践履笃实，为学者所宗。张履祥早从刘宗周闻慎独之学，晚乃专意程朱。难能可贵的是，他注意到农民的生活，并具体分析程朱陆王学术思想之优劣，提出了自己独到的见解。收录于子部杂家类的《张考夫遗书》五卷内容为训子语二卷、经正录一卷、备忘录一卷、书简一卷，《杨园全书》三十四卷皆其受业刘宗周时录以就正之词。

康熙中叶，则有平湖陆陇其和石门（今桐乡）吕留良，两人的学风大致相近，以排斥陆、王之学自任，专以朱学为依归。如陆陇其（1630—1693），字稼书，康熙九年（1670年）进士。其为学专宗程朱，排斥陆王，尝谓“今之论学者无他，亦宗朱子而已；宗朱子为正学，不宗朱子即非正学”[①]。但吕留良认为朱子之学自从元初许衡、吴澄等人出来“辱身枉己”，已丧失了民族气节，朱子之学已失其传，这与有伪道学家之称的陆陇其有根本的区别。

但两千多年来，儒家思想的正统地位并未被颠覆。宋、明以后，孔孟之道与程朱理学被奉为官学，朱子《四书大全》《五经大全》就是当时科举考试的教本。明清很多嘉兴学人推崇程朱理学，他们的著述颇受四库馆臣青睐。如《四库全书总目》收录陆陇其著作13种，其中子部儒家类5种：《学术辨》一卷、《三鱼堂剩言》十二卷、《问学录》四卷、《读朱随笔》四卷、《松阳抄存》二卷。

集部，主要收历代诗文集、文学评论及词曲方面的著作。一人著作的集子称别集，多人著作合编一起的集子称为总集。集部以文学书为主，但又不限于文学书。嘉兴历史上曾出现了一批文采斐然的学者，留下了许多脍炙人口的文学著述。嘉兴人集部类著述主要分布在别集类，有108种，这些别集类的著述内容颇为繁杂，多为嘉兴学者的诗词文赋。嘉兴清诗总的成就高过元、明，嘉兴也出现了堪称当时第一流的大诗人查慎行，他在清诗坛上有举足轻重的地位，成为宋诗派的代表人物。清代词坛浙西派主一时之风气，影响颇巨。浙西派创于秀水朱彝尊，他向同乡前辈曹溶假宋人词集，编选《词综》，并相与唱酬，共“崇尔雅”“斥淫哇”，并以大量创作成果竖起浙派大旗[②]。

二、嘉兴人著述的价值地位

嘉兴人著述占《四库全书总目》所收书（著录3 461种，存目6 793种）总数的4.82%。嘉兴人著述中被著录88种，存目406种，著录数和存目数之比为1:4.6，相

① 梁启超.中国近三百年学术史[M].杭州：浙江古籍出版社，2014：113.

② 沈善洪，费君清.浙江文化史[M].杭州：浙江大学出版社，2009：427.

对于《四库全书总目》中著录与存目大致1:2的比例来看，嘉兴人著述被著录的比例不高。虽然嘉兴人著述被著录的数量不多，但嘉兴人著述在质量上是较高的。嘉兴人著述不仅在理学、文学、史学等领域独领风骚，在农学、医学、数学等科技领域也不甘落后，有的甚至处于当时世界先进水平。下面择嘉兴人重要著述的学术价值与存世情况进行简单分析。

《读礼志疑》:《三礼》经文考证集大成者。

清陆陇其（1630—1692）撰。陆氏认为“《三礼》之书，经秦火多残缺不完，后由汉儒采辑而成，其中所载记周、秦、汉三代典礼，自明堂、清庙、吉、凶、嘉、军、宾、礼及名物、器数多相抵牾，不尽相同”①，于是辑取郑玄、孔颖达等众家注疏，折中于朱熹之书，旁及《春秋》、律吕等与《三礼》相关的资料，考证辨析，务求其中。鉴于该书有疑而未决者，则仍缺之，故名《志疑》。宋儒虽精于义理，但对汉人之注、唐人之疏多不能疏通证明。陆氏对《三礼》经文及郑注孔疏，随文纠正，考核折中，其用意实有独到，非俗儒所能及。陆氏虽然“覃思心性，墨程、朱”，但此书则又出理学之外，专考《三礼》黄制、名物、器具，指摘经文之疑，正注家误，多附己意。可见陆氏造诣之醇，诚清代儒林所罕见。

此书有《四库全书》本，《正谊堂全书》本。另有《学海类编》道光间刻本，作12卷；《丛书集成初编》本也作12卷，又附录1卷。后有商务印书馆1939年版，中华书局1985年版。

《经义考》：最详博的私探经学目录学著作。

朱彝尊（1629—1709），秀水（今嘉兴）人。朱彝尊文章淹雅，初在布衣之内，诗已与王士祯声价相齐，文和汪琬并驱。博通经史，学有根底，又与顾炎武、阎若璩颉颃上下。鉴于当时治经者多拘泥墨守一家之况，致使历代经学著作多有亡佚，他乃著《经义考》（初名《经义存亡考》）三百卷，通考自汉至明说经之书。每书先列作者姓氏、书名卷数量，注明存亡；次录原书序跋目录及诸儒评论；附列朱氏之考证和提要批评。

《经义考》保存了历代经书传义的有关资料，为后人治经提供了入学之门径，使“得从此而有所考鉴”，其功甚伟，被称为最详博的私探经学目录学著作。后来乾隆御题《经义考》诗自注说“自汉迄今，说经诸书存亡可考，文献足征编辑之勤，考据之审，网罗之富，实有裨于经学。”这个评价，诚为确当。苏州沧浪亭五百名贤祠朱彝尊赞云“文章尔雅，好古多闻。《经义》一编，有功斯文。”于其著述惟独拈出《经义考》，并同样指出了它的贡献。梁启超《清代学术概论》曾说：“清学自当以经

① 吴枫，宋一夫．中华儒学通典[M]．海口：南海出版公司，1992：1 274.

学为中坚。”可见，清代经学之兴盛，离不开与朱彝尊《经义考》一书[①]。《经义考》还对目录学发生了很大的影响。此后人们编纂各种目录，在体例上往往效仿《经义考》，如谢启昆的《小学考》、孙诒让的《温州经籍志》等。可见，《经义考》在学术上的贡献，其范围实则超出了经学本身。

此书有康熙四十四年（1705）167卷刊本，乾隆二十年（1755）扬州马氏300卷刊本，光绪十四年（1888）浙江书局刊本，中华书局民国二十年（1931）《四部备要》本，浙江省立图书馆民国二十三年（1934）铅印本，文物出版社1987年影印本。

《词综》：浙西词派奠基之作。

此书由朱彝尊编选26卷，汪森增补10卷，选辑唐、五代、宋、金、元诸家词30卷，补人3卷，补词3卷，共36卷。共收录词人650多家，词作2 250多首。此书集中多人搜采原始材料，“计览观宋元人词集一百七十家，传记、小说、地志共三百余家，历岁八稔，然后成书”[②]，“凡稗官野记中有片词足录者，辄为采掇”；“其词名句读为他选所淆舛，及姓氏爵里之误，皆详考而订正之”[③]。所以内容丰富，别开生面。

此书体例能吸取前代词选之长，以时代先后为序，各家下有词人姓氏、籍贯及其著作，间附宋、元人评语。书前有汪森所撰序文，为浙西词派奠定了理论基础。序中指出不应把词作为“诗之余”，推尊姜夔为词家正宗，以张辑、卢祖皋、史达祖、吴文英、蒋捷、王沂孙、张炎、周密为羽翼。然而只字不提苏、辛词派。朱彝尊在《凡例》中又提出“词至南宋始极其工，至宋季而始极其变，姜尧章氏最为杰出”[④]。此编“以醇雅为宗”的选录标准，意在纠正明词的流弊，同时也反映了浙西词派重格律形式、忽视思想内容的偏向。

《词综》26卷于康熙十七年（1678）付梓，后汪森增补合为36卷。有康熙三十年（1691）汪氏裘杼楼刊本，乾隆九年（1744）汪孟铜补刊本，中华书局民国二十四年（1935）《四部备要》本、1973年影印线装本、1975年影印平装本；国学整理社民国二十五年（1936）版，上海古籍出版社1978年点校铅印本、1999点校本，中州古籍出版社1990年铅印本，岳麓书社1995年校点本，世界书局2009年点校本。

《明诗综》：有清一代最为流行的大型明诗总集。

《明诗综》100卷，清朱彝尊辑录。该书录存明代诗人3 400余人的作品，并附有

① 朱则杰．朱彝尊学术贡献述评[J]．杭州师范学院学报，1993(2)：46-52.

② 汪森．《词综》序[M]//朱彝尊，汪森．词综．长沙：岳麓书社，1995：1.

③ 永瑢，纪昀，等．四库全书总目[M]．北京：中华书局，1965：1 825.

④ 朱彝尊，汪森．词综[M]．长沙：岳麓书社，1995：11.

作家小传及其友人汪森、朱端、张大受等人的分卷辑评。朱氏选录此书旨在成一代之书，因此他针对明代诗风屡变、选诗不一的情况，求全图备，搜罗各派诗歌、诗人，几乎无所遗漏，资料较为全富。此书还存有大量明末殉节之臣及遗民之作，对研究明代诗歌风貌有重要资料价值。在编排体例上，首卷录明室诸帝王之作，第2卷至第82卷按时代先后编入诗家作品，第83卷至第100卷分别辑录官掖、宗室、闺门、僧道、土司、属国、神鬼等诗，末卷录民间杂歌谣辞155首。

《明诗综》上自帝王宗室，下至僧俗女流，甚至域外属国、童谣杂谚，无不包罗殆尽，勾画出了整个明代诗坛的嬗变和走向。朱氏又长于史学，所选明诗又多朝政得失、人物臧否之作，评论亦多涉及一代掌故，常可补史乘所不及。诗人小传也颇费斟酌，评论较为公允，为后人所重视。《明诗综》较钱谦益书《列朝诗集》稍后出。《列朝诗集》遭禁，《明诗综》便成为有清一代最为流行的一部大型明诗总集。

该书有清康熙四十一年（1702）吴兴郑元庆笺释刊本、康熙四十四年（1705）自序六峰阁刊本、康熙四十四年（1705）白莲泾原刊本、《四库全书》本、乾隆六峰阁刊本、嘉庆二十四年（1819）序扶荔山房刊本、清岭南伍氏《粤雅堂丛书》本。先后被录入《中国古籍总目》《中国古籍善本书目》《北京大学古籍善本书目》①。近代有上海古籍出版社将其纳入《四库文学总集选刊》影印，另有中华书局2006年影印本。

《桯史》：两宋社会的史料笔记。

岳珂（1183—1243），南宋文学家。字肃之，号亦斋，晚号倦翁。岳飞之孙。相州汤阴（今属河南）人，寓居嘉兴。宋宁宗时，以奉议郎权发遣嘉兴军府兼管内劝农事，自此家居嘉兴，住宅在嘉兴金佗坊。《桯史》是一部笔记小说，共15卷，全书收录南北宋杂事140余条。该书以辨明"公是公非"为目的，通过许多目击耳闻的朝野各阶层人物的言行，愤怒揭露了两宋政治的腐败黑暗、南宋统治集团中投降派祸国殃民的罪恶，热情歌颂了爱国军民的抗金热忱和气节。书中所载之事，大都翔实可信。其中有些内容较正史为详备，如《乾道受书礼》《一言悟主》《开禧北征》等条，可补史传之阙。其中对文人轶事的记载，诗文作品的转录，可资辑佚、校勘，也有助文学史研究。在写作方法上，《桯史》摒弃了北宋欧阳修等人修《唐书》时的质木无文，远承司马迁《史记》的优良传统，融文史于一炉。

《桯史》15卷，有宋刻元明递修公文纸印本，藏于北京大学图书馆；明成化十一年（1475）江泝刻本，藏于湖南师范大学图书馆，均被列入第一批国家古籍保护名录。南京图书馆亦藏有《桯史》15卷宋刻元明递修本，清桐乡鲍廷博校，清沈树

① 马汉钦.明代诗歌总集与选集研究[M].哈尔滨:哈尔滨工程大学出版社,2009:145.

铺、民国嘉兴沈曾植跋，共8册。另有三秦出版社2004年点校本，中华书局2005年影印本。

《格致镜原》：古代科学技术史的资料汇编。

《格致镜原》为清人陈元龙撰集，约成书于清康熙四十七年（1708）。《格致镜原》仿宋代高承的《事物纪原》之义，专门考订事物的起源。全书100卷，分为30个类。《格致镜原》体例严谨、条理清晰，引文皆注明出处。每记一事一物，悉如书名之意必究其原委，探求本源，并按发展先后，明沿革、详名号、疏体类、考制作，以资实用。每一个类下，又分若干小类；每一小类之下，又分若干细目；每一细目之下，罗列群书中的各种有关资料。所收录的内容，着重汇集古书中有关各种器物、植物、动物和各种工艺技术方面的资料，因此，它是一部自然科学方面的专门性类书，是研究我国古代文化史、科技史的重要参考书。

本书有上海大同书局石印本[①]，江苏广陵古籍刻印社1989年影印本。另有新兴书局有限公司1971年版，商务印书馆1972年版，上海古籍出版社1992年版。

《补农书》：我国农史上的一部重要著作。

《沈氏农书》大约是明崇祯末年（1640年前后）浙江归安（今浙江吴兴县）佚名的沈氏所撰，有“逐月事宜”“运田地法”“蚕务（六畜附）”和“家常日用”4个部分。“逐月事宜”是农家月令提纲，按月列举重要农事、工具和用品置备等；“运田地法”主要记载水稻和桑树栽培；“蚕务”除养蚕外，还包括丝织和六畜饲养；“家常日用”讲述农副产品的加工和贮藏知识。书中对水稻及蚕桑记述较详，又强调养猪积肥。

张履祥（1611—1674），字考夫，桐乡杨园村人，学者称杨园先生。明亡后，隐居家乡讲授理学并兼务农业。他对《沈氏农书》极为欣赏，以其有益于农事，因重为校定，但尚感有不足，又根据本人经验和从老农那里得到的知识，约在清顺治十五年（1658）写成《补农书》。包括“补农书后”“总论”和“附录”3个部分，主要论述有关种植业、养殖业的生产和集约经营等知识，记载了桐乡一带较重要的经济作物如梅豆、大麻、甘菊和芋艿等栽培技术，内容相当广泛，且切实可行。乾隆年间，朱坤编辑《杨园全集》时，把《沈氏农书》与《补农书》合为一本，分上下两卷，统称为《补农书》，故后世刊本多用此书名。

该书反映了明末清初浙江嘉湖地区农业生产的实际情况，是我国农史上的重要著作。《补农书》有光绪二十三年（1897）然藜阁刊本、中华书局1956年版、农业出版社1959年版及1983年校释本。

---

① 徐国仟.目录学[M].北京:中国医药科技出版社,1994:183-184.

《少广补遗》：我国高阶等差级数研究重大突破之作。

陈世仁（1676—1722），字元之，号焕吾，海宁人。康熙五十四年（1715）进士，入翰林院。后辞官返还故里侍奉老母。其叔父陈订（1650—1722），贡生，曾任浙江省淳安县学教谕，著有《勾股引蒙》5卷和《勾股述》2卷（附《开方发明》1卷）等数学入门著作。陈订之子陈世佶也是一位数学家，著有《弧矢割圆》1卷，《少广补遗发明》1卷、《勾股演段》1卷和《开方捷法》1卷等书。受家族环境影响，陈世仁余暇研究数学，对"垛积术"有独到见解。陈世仁《少广补遗》是关于垛积方面的专著，其术来源于我国古代算书中的高阶等差级数求和问题。在《少广补遗》中，他叙述了有限项数求和公式三十七个。有些抽掉奇数各项或抽掉偶数各项之后再来求和的公式，是宋元人未曾讨论的，其中抽掉偶数项之后的各种求和公式，尤具创造性。陈世仁的这些独到之外，连康熙以前传入的西方数学也没有丝毫涉及。陈世仁的研究，是继元代朱世杰的垛积招差之后四百余年间才取得的重大突破，对我国高阶等差级数研究做出了重要贡献。

该书成书在康熙五十九年（1720）左右，没有刊本，尚有几个抄本分别藏于南京图书馆和广东中山图书馆，李俨的抄本现藏于中国科学院自然科学史研究所图书馆。南京图书馆藏本影印收入《中国科学技术典籍通汇·数学卷》第4册。

《周易玩辞集解》：清代《易》学著作中特为可取之书。

《周易玩辞集解》10卷，清查慎行著。首为《河图说》两篇。一篇论《河图》之数圣人非因以作《易》，而是因以用蓍，故汉唐以下没有列于经文之前的；一篇论《河图》出于谶纬，而附朱熹亦用《河图》生蓍之证；第三卷为《横图、圆图、方图说》，论其顺递、加减、奇偶相错之理；第四卷论变卦说，以变卦说为朱熹之《易》，而不是孔子之《易》；第五卷为《天根月窟考》，列六家之说，以老庄双修性命之学与《易》无关；第六卷论八卦相错，以相错是对待，而不是流行，相错的只有八卦，而不是六十四卦；第七卷为辟卦说二，一论十二月自然之序，一卦说二，一论十二月自然之序，一论阴阳升降不外乾坤；第八卷为中爻说，肯定孔颖达用二、五之说；第九卷为中爻互体说，以正体则二、五居中，互体则三、四居中，三、四之中由变而成；第十卷为广八卦说，以《说卦》取象不尽可解，应阙其所疑。所论明白笃实，足破外学附会之疑，是清代《易》学著作中特为可取之书[①]。

《金匮要略论注》：《金匮要略》学习和研究的重要参考书。

《金匮要略论注》，清徐彬撰。徐彬，一作肇彬，字忠可，明清间秀水县人，清康熙年间名医。该书成书于清康熙十年（1671）。本书是《金匮要略》诸注释本中一

① 黄开国.经学辞典[M].成都：四川人民出版社，1993：387.

部注本较早而价值较高的著作。全书以深刻平正著称，其论严谨精当，论述简明，辨疑剖析，引经析义，切于临床，为学习和研究《金匮要略》的重要参考书目之一。全书共24卷，即按《金匮要略》篇序排列，每卷各列病证1篇（将食禁2篇合为1卷）。每卷开首即先示明本卷共列论若干，脉证若干条，方若干首，提纲挈领，使人开卷了然。作者按明代徐镕本之次序进行注释，将正义疏释纳为注，将剩义及总括诸症不可专属者纳为论。更有经义可借以发本文所未见的，别具上方。文中有论、有注。其注有依据，论有渊源，对《金匮要略》脉、因、证、方之奥义，多有深刻的阐发和剖析。徐彬于条文的解释中，不但详细通达，且结合自己的多年临床经验又有所发挥，对临床颇有指导意义。此外对相似病症的鉴别都有精辟论述，分析清晰，义理详明，故此书深得后世赞赏，被后世研究《金匮要略》者所推崇。如《郑堂读书记》云“忠可始创为注，以发明蕴奥，注后间缀以论，故曰《论注》”，“大多浅显易晓，以便人人能解，故足以表彰前人，启牖未学矣”，所论甚为中肯①。

现存版本有清康熙十年（1671）初刻本、清乾隆间刻本、清光绪五年（1879）校经山房刻本、上海校经山房1914年石印本，另有人民卫生出版社1993年点校本。

《成方切用》：方剂临床与教学的重要参考书。

清吴仪洛著。吴仪洛（生卒年不详），字遵程，海盐人。清代医药家，行医40年，名噪乡里。吴仪洛鉴于《医方考》虽“海内盛行，但搜采不无阙略”，《医方集解》虽“硕论名言，采搜甚富，然不能无承讹袭愆之说，且于新方，总未采录”，于是综两书内容，根据“方有宜古不宜今者”和“医贵通变，药在合宜”的原则，进行删改补充，收集古今成方1 180余首。所录“皆切于时用之方，而尤期用方者之切于病情也”，取书名《成方切用》。全书13卷，成书于清乾隆二十六年（1761）。除卷首为方剂总义及《内经》方，每卷又分上下，根据方剂性类的不同，分为治气、治血、补养、涩固、表散、涌吐、攻下、消导、和解、表里、祛风、祛寒、消暑、燥湿、润燥、泻火、除痰、杀虫、经带、胎产、婴孩、痈疡、眼目、救急24门。卷末附“勿药元诠”，以及养生家言。每方先述适应证候，次为组成药物及加减法，再次为方义及附方②。

本书辑方之广，包揽了内、外，妇，儿、五官临床各科。另外，阐述方论，说理清晰，词旨明朗，注释引证详明，使读者既知规范，又审时宜，以求适用变通，而无拘泥之弊。书中所辑古方、时方皆为临床实用之方，是研究方剂学及临床教学的重要参考书籍。常见版本有清乾隆二十六年（1761）硖川利济堂刊本、上海科技出版社1958年铅印本、科学技术文献出版社1996铅印本，天津科学技术出版社1999

① 王云凯.中国名医名著名方[M].石家庄:河北科学技术出版社,1993:291-292.

② 傅维康.中国医学史[M].上海:上海中医学院出版社,1990:408.

年点校本。

《唐音癸签》：唐诗诗学汇编与评论专著。

《唐音癸签》是一部汇集唐诗和唐诗诗话的书，是《唐音统签》10签中最后一签，作者是明代的胡震亨。胡震亨（1569—1645），字孝辕，号遁叟、赤城山人，海盐武原镇人。胡震亨家中藏书甚富，他本人也长于诗文资料收集，近人张元济称震亨为海盐第一读书种子。胡震亨倾毕生精力编撰成的巨卷《唐音统签》，搜罗丰富，奠定了他在明代研究唐诗学者中的巨擘地位。该书以天干为纪，共分10签，甲至壬签辑录唐诗，间加评论，癸签则是其研究唐诗心得的结晶。该书体大思精，内容广博，为清代纂修《全唐诗》之蓝本，书稿现藏北京故宫博物院。《唐音癸签》为诗话集，辑录有关唐诗的研究资料，既有前人诗话，也有自己的诗歌评语。此书33卷，资料丰富，论断精到，对唐诗的源流与变革、体制的形成、风格流派的异同、作家品评的高下以及有关知人论世材料都做了较系统的论述，对唐诗常用词汇的解释和考证，唐诗别集、总集，金石著录，以及唐诗评论的综合目录等，均予以分门别类考订。书中各家诗人小传、遗闻佚事等记载都有较高的学术价值。在纲目架构的安排上，可以说是精心策划，不仅层次分明、井然有序，而且进一步将其对唐诗的诗歌理论与诗歌批评的看法蕴涵在其中，初步总结了明代研究唐诗学的成果，也奠定了中国诗歌批评史上成立“唐诗学”的创举。

此书有明双与堂刻本、清顺治十五年（1658）金陵刊本、清康熙江阴坊刻本，上海古典文学出版社1957年标点排印本、中华书局上海编辑所1959年订正标点本、1981年上海古籍出版社排印本、台湾商务印书馆1986年出版本。

诸如以上在各领域的名人名著不胜枚举，由此也可以显现出古代嘉兴籍学人辈出，著述如林，他们以其聪明才智充实着我国的文化宝库，在我国文化的诸多领域贡献突出，其众多著述以其重要的经世、学术价值已成为中华民族文化遗产的重要组成部分。

三、嘉兴人著述的地域分布

从嘉兴地区的历史沿革看，明宣德五年（1430）后四五百年内，嘉兴基本上保持着一府七县的体制，即嘉兴府辖区内置设嘉兴、秀水、嘉善、海盐、平湖、桐乡、崇德七县，后崇德县改为桐乡崇福镇、秀水县并入嘉兴、海宁县由杭州府转入，逐渐形成了如今的嘉兴市五县二区（南湖区、秀洲区）的行政区划格局。按照现在的嘉兴区域划分，《四库全书总目》载录的嘉兴人著述分布参见表3-8。

可以看出，嘉兴各县均有著述被《四库全书总目》载录。从数量上看，嘉兴著述与著者相对较多，其次为海宁与海盐。作为明清时期嘉兴府治所在地，嘉兴著述多，反映了其地人才、文化教育比之非治所之地相对发达，治所地作为某一地域的政治中心，在教育、人才、接受学术新风等方面有很大的优势。正如吴宣德所言“府驻地、省级政府驻地、京府在各地教育发展上的优势地位，表明了地区政治地位的高低在多数情况下与该地教育发展的水平成正比。”[①]正所谓一府或一直隶州之内，凡府或州治所在地著述相对较多。

表3-8 嘉兴人著述的地域分布

地区	嘉兴	海宁	桐乡	平湖	嘉善	海盐	合计
著述数量（种）	210	82	32	48	45	77	494
著者数量（人）	136	48	24	27	27	44	306

有关专家曾指出：人类文化的创造活动，始终是在同地理环境诸要素间物质与能量的代谢、转化和信息交流的过程中进行的，文化既是人与自然万盾斗争的对立统一物，亦是人与自然相互联系的中介。同时，文化的成长和取向，又决定着人地关系的调适状态和发展联系的广泛程度。嘉兴、海宁与海盐的著述数量远超其他地区，与这三地古代的经济发展与文化传统息息相关。

（一）经济发达

两汉、三国、六朝时嘉兴盛产盐粮，“嘉禾之区”，名扬四方。后来由于北方经常战乱，大批居民南迁，将北方生产技术带至南方，促进了南方经济文化的发展。大规模居民南迁主要有魏晋、唐末、南宋等时期，北方居民南迁为南方经济注入了活力，促进了南力经济的迅速发展。唐、五代境内大规模开发水土，嘉兴农业在全国居于举足轻重的地位，港口逐渐兴起，商贸远通外洋。南宋时为京师外围，繁荣兴盛。元明清历朝嘉兴一直是浙北重镇，为“国家财赋”之区，以粮食丝绸集中产地蜚声中外。明清时嘉兴府衙高悬“浙西首藩”的匾额，正是嘉兴历史地位的真实表述。

嘉兴城自三国后即是嘉兴地域的政治、军事、经济、文化中心。城池传建于吴黄龙年间，迄今已有1750多年。唐、五代以后，成为浙北重镇，宋代已是两浙名城，“环城皆濠，有七十五桥三十五坊，舟车财货丰阜”。明代园林罗布，市肆兴隆，宣德年间被列为全国三十三个主要城市之一，称为“江东一大都会”。17世纪

① 吴宣德.中国区域教育发展概论[M].武汉:湖北教育出版社,2003:186.

时俄罗斯使臣米列斯库著《中国游记》，称嘉兴为浙江第二大城市。

海宁地处江南，古称盐官，历史上长期隶属吴郡或余杭府，清代属杭州郡。海宁肥沃的土地，温暖的气候，适和农作物生长。唐宋以来，海宁就经济富足，清代已成为经济发达之地。

海盐县是崧泽文化发祥地之一，距今五千多年前县境就有先民从事农牧渔猎活动。秦王嬴政二十五年（前222）置县。因“海滨广斥，盐田相望”而得名。

（二）学风兴旺

嘉兴地区境内古代教育发达，学风兴旺，官学、书院、私塾众多，尤其是嘉兴、海宁、海盐三地。唐开元二十七年（739），嘉兴县在天星湖前孔庙后设置学室；宋太平兴国二年（977），在孔庙右侧建立州学；宋庆元元年（1195），州学改为府学。宋太平兴国后，所辖各县县学相继建立。境内古代教育，官学与书院并重，书院几乎与官学同时产生，成为振兴古代教育的两根支柱。宋代，书院兴起。宋、元时，嘉兴的书院大多由地方官参与兴办。明清之际，嘉兴书院进一步发展，多由官员首创，士绅捐资兴建，嘉兴府所辖各县及海宁共有书院38所。清乾隆之前，嘉兴著名的书院有宣公书院、鸳湖书院、东湖书院、江南书院等；海宁较为著名的有张文忠公书院、黄冈书院、东山书院等；海盐历史上的著名书院有靖献书院、南村书院、彭城书院等。书院的建立营造了浓郁的学风，康熙朝礼部尚书海宁人许汝霖致仕后，召集邑人能文之士在东山书院讲学，传授课艺时文；康熙十五年（1676），著名学者、思想家黄宗羲应海宁知县许三礼之请，来海宁书院讲学，历时达五年之久，对当地学风产生了极大之推动作用。明清之际各种义塾、私塾兴起，儿童的启蒙教育备受重视。

官学、书院、私塾等为嘉兴府内各地子弟求学打开了一扇方便之门，同时也为他们开辟了一条通达的取仕之途。嘉兴市境内学子中榜者众多，科举出身的士人车载斗量，自唐至清末共出状元13人；自宋至清末，海宁共考取进士266人。明清两代嘉兴市境内共有魏科（状元、榜眼、探花、传胪）人物27人，共考中进士730余人，进士居全省前列。在全国魏科人物（包括会元、状元、榜眼、探花和传胪）最多的26个城市中嘉兴县名列其中。

（三）藏书盛行

今嘉兴市境的藏书事业始于宋代，自宋至清私家藏书代有相承，藏书家众多，而嘉兴、海宁、海盐三地尤盛。宋元时期就出现了一些著名的藏书家与藏书楼，如北宋嘉兴赵究的赵公园藏书万卷，熙宁（1068—1077）年间海盐卫公佐藏书数千卷，南宋时藏书家有嘉兴闻人茂德、岳珂与海盐许棐，元代藏书家有海宁马宣教。明清两代今嘉兴市境的藏书家数量众多，据吴晗编著的《两浙藏书家史略》记载，达110家之多。按叶昌炽《藏书纪事诗》及顾志兴《浙江藏书家藏书楼》资料统计，嘉兴地区各县的藏书家，在明代以嘉兴、海盐为多，海宁、平湖次之；清代以海宁、嘉兴为多，桐乡、海盐次之。嘉兴项元汴的“天籁阁”、项笃寿的“万卷楼”，海盐胡震亨的“好古堂”以及嘉兴高承埏的“稽古堂”，在国内均负盛名。项元汴的“天籁阁”与宁波“天一阁”媲美，被后代藏书家同称为“巨擘”。清代，浙江的藏书家和藏书楼达到鼎盛时期，嘉兴地区也十分繁荣。清初，嘉兴著名的藏书楼有曹溶的“静惕堂”、朱彝尊的“曝书亭”及海盐张维赤的“涉园”；清中叶，海宁吴骞的“拜经楼”、陈鳣的“向山阁”；晚清，有海宁蒋光煦的“别下斋”、蒋光焴的“衍芬草堂”，均蜚声四方。藏书楼为当地的文人子弟提供了良好的读书环境。

（四）文化世家众多

自三国两晋至南北朝，中国的学术文化有一个明显的特征，即“学在家族”。江南家门士族的发展壮大，促进了本区学术文化的繁荣。正如陈寅恪先生所言：“盖自汉代学校制度废弛，博士传授之风气止息后，学术中心移于家族，而家族复限于地域，故魏、晋、南北朝之学术、宗教皆与家族地域两点不可分离。”[①]而“学在家族”在海宁的历史上表现得尤为突出。

海宁不是历代兵家必争之地，较偏远安逸，且土地肥沃，雨水充沛，物产丰富，灾情较少，民风淳朴，是理想的寓居之地。明清时期便是东南文化的重镇，科甲鼎盛，人文荟萃，其文化望族亦簇拥迭现，自明以来，有祝氏、许氏、董氏、陈氏、杨氏、沈氏等。其中陈氏官宦世家闻名于世，明清两代共出进士31名、举人107名、秀才42名，官列九品以上者共192人，清前期更因“一门三宰相，六部五尚书”而名噪海内。海宁查氏，明清以来，便是“文宦之家”，代代书香。明代，查家中进士6人、举人17人，其中还有祖孙三代连中进士的盛事。清代，查氏家族考中进士15人，举人59人。至康熙年间（1662—1722），查家科甲继起，有“一门十进士，叔侄五翰林”的佳话。而历史上嘉兴的项氏、朱氏，海盐的郑氏、钱氏等均是当地文化望族。

海宁、嘉兴、海盐等地优越的自然环境也形成了浓郁的地域文化环境，诗书经史的文化积累、人才迭出的激励和感召、联世官宦的政治渊源，地域自然气质与人文积淀营造出一种浓郁的乡邦文化，孕育了众多有影响力的文化望族。而这些家族用自己的文化传承和发扬了当地的历史传统、文化内蕴、民族精神与地域品格。

---

① 陈寅恪.隋唐制度渊源略论稿[M].石家庄:河北教育出版社,2002:17.

第三节　嘉兴人著述提要辨正

被收录或存目的书籍，四库馆臣在此之前都做了程度不同的考订工作，并写成提要，后来辑成《四库全书总目》200卷。《四库全书总目》乃我国古代目录学集大成之作，“考镜源流，辨章学术”成为封建时代文化工程的里程碑，具有极高的学术价值。周中孚评论：“自汉以后，簿录之书，无论官撰、私著，凡卷第之繁富，考证之精审，议论之公平，莫有过于是编。”[①]余嘉锡曾褒奖其：“叙作者之爵里，详典籍之源流，别白是非，旁通曲证，使瑕不掩瑜，淄渑以别，持比向歆，殆无多让。至于剖析条流，斟酌古今，辨章学术，高揖群言，尤非王尧臣、晁公武所能望其项背。……《提要》之作，前所未有，足为读书之门径，学者舍此，莫由问津。”[②]

但《四库全书》的编辑，在清皇朝有其政治上的目的，主持工作者又有学术上的门户之见，因此，对古籍的处理并不都是很客观公正的。同时，四库馆搜访遗书，规模虽然很大，但有很多书籍版本并没有彻底地摸清，有些书则根本没有见到。再加上编辑工程浩大，四库馆臣疏于考证，错误难免，特别是对撰者或姓名、或字号、或籍里、或仕履等常识性乖错违失颇多，甚至张冠李戴。因此，《四库全书》中收录及《四库全书总目》中存目的书籍，好多已非本来面目或其真实情况。所幸，自乾嘉以来，历代学者对其存在的错误，已做出了大量的辨正、订误工作，为后人更好的利用它们提供了种种方便。仅就辨正《四库全书总目》错误的专著就有《四库全书总目提要补正》《四库提要辨证》《四库提要订误》和《四库全书总目辨误》等。另外，胡露的《〈四库全书总目〉子部存目补正》考证和订补《四库全书总目》子部存目。各文献补正《四库全书总目》提要条目数参见表3-9。

表3-9　部分著述《四库全书总目》提要辨正条数

书名或篇名	补正条目数
《四库全书总目提要补正》	2 300
《四库提要辨证》	490
《四库全书总目辨误》	680
《四库提要订误》	274
《四库全书总目》子部存目补正	250

① 周中孚.郑堂读书记:卷三二[M].上海:上海古籍出版社,2002:369.

② 余嘉锡.四库提要辨证:叙录[M].北京:中华书局,2007:48-51.

关于《四库全书总目》提要存在的问题，大致分三个方面：书名卷数版本有误，著者信息有误，内容评介有误。现按这几个方面将嘉兴人著述提要的辨正分述于下。

一、书名卷数门目有误

1.门目有误

《枣林杂俎》无卷数

国朝谈迁撰。迁有《海昌外志》，已著录。是书分类记载，凡十二门：曰科牍、曰艺篑、曰名胜、曰器用、曰荣植、曰赜动、曰幽冥、曰从赘、曰形管、曰空元、曰炯鉴、曰纬候。多纪载明代轶事，而语多支蔓，其名胜一门杂引志乘及里巷齐东之语，漫无考证，艺篑亦多疏舛，其余大抵冗琐少绪，亦不分卷，疑杂录未成之本也。(《总目》卷一二八子部三十八杂家类存目五)

考：据《浙江采集遗书总录》丁集《枣林杂俎》五册，写本，“迁曾撰《国榷》一百卷，复以纪述所不尽者，为此，凡十三门。”跟《四库全书总目》相较，多“营建”“逸典”二门，少“纬候”一门。《浙江采集遗书总录》著录之本，即《总目》据以著录之本，是原本起码有十四门，《总目》遗漏二门。[1]

2.卷数有误

《四书讲义》无卷数

明郑晓撰。晓有《禹贡图说》，已著录。是编乃其为南京太常寺卿时所作，以授其子履准，万历己酉其孙心材始刊之。(《总目》卷三十七经部三十七四书类)

考：《四库采进书目·浙江省第四次汪启淑家呈送书目》载“《四书讲义》六卷，明郑晓著，七本”。《浙江采集遗书总录》亦作“六卷，刊本”[2]。《总目》即据以著录，当为六卷。

3.篇数有误

《伤寒分经》十卷

国朝吴仪洛撰。此书为其《医学述》之第五种。取喻嘉言所撰《尚论篇》重

① 崔富章.四库提要补正[M].杭州:杭州大学出版社,1990:400.

② 崔富章.四库提要补正[M].杭州:杭州大学出版社,1990:247.

为订正。凡太阳经三篇、阳明经三篇、太阴经一篇、少阴经二篇、厥阴经一篇、春温三篇、夏热一篇、脉法二篇、诸方一篇、补卒病论一篇、秋燥一篇，共十有九篇。(《总目》卷一百五子部十五医家类存目)

考：《四库存目丛书》影印此集，阳明经上、中、下三篇后，太阴经一篇前，尚有少阳经一篇，法共二十一条，附合病九条、并病五条、坏病三条、痰病三条。合《总目》所列举之十九篇，实共二十篇。①

4.篇名有误

《十可篇》十卷

明马嘉松编。嘉松字曼生，平湖人。万历末诸生。是书摘录子史及诸家小说，分为十篇：曰可景、可味、可快、可鄙、可泯、可坦、可远、可谐、可嘉、可删。(《总目》卷一百三十二子部四十二杂家类存目九)

考："可删"，殿本《总目》作"可册"。《四库存目丛书》影印中国科学院图书馆藏明崇祯刻本此集，卷十卷首、版心皆作"可册"。前有序，云："宇宙大矣！书史伙矣！纵心思无穷，目力有限，人品不齐，破坏狼藉，盈屋充栋，非指触如新，则尘凝如故，赵季仁谓罗景纶曰：某平生有三愿，一愿识尽世间好人，二愿读尽世间好书，三愿看尽世间好山水，罗曰：尽则安能？但身到处莫放过耳。集《可册》。"②可册者，可以编为一册也。作"可删"，则不可解矣。

二、著者信息有误

1.著者不全

《晚唐诗抄》二十六卷

国朝查克宏编。克宏，海宁人。(《总目》卷一百九十四集部四十七总集类存目四)

考：《四库全书存目丛书》所收《晚唐诗抄》为康熙四十二年(1703)查克弘刻本。卷前有凌绍乾之序，言及选定之事。次有查克弘序云："与研友凌子子健衡宇相望，遂出《晚唐戊签》读之，相与选订，编为二十六卷。"又有杨兆璘序云："余素不知诗，年来与查子可亭、凌子子健游，……因读《戊签》，取其丽以则者，编次二

① 胡露.《四库全书总目》子部存目补正[D].南京师范大学，2007：15.

② 胡露.《四库全书总目》子部存目补正[D].南京师范大学，2007：36.

十六卷。”各卷卷下皆题作“海宁查克弘可亭、钱塘凌绍乾子健同选，杨兆璘友三校”。则可知，此编实由查克弘（宏）、凌绍乾共同编成，杨兆璘亦参与其事[①]。《总目》只题克弘之名，未免掩盖凌氏与杨氏之功。

2.人名有误

《蚓庵琐语》一卷

国朝李王逋撰。王逋，字肱枕，嘉兴人。（《总目》卷一百四十四子部五十四小说家类存目二）

考：康熙刻《说铃》本，题“古檇李王逋肱枕甫著”[②]。檇李，地名，嘉兴之别称。王逋，作者姓名。《总目》以“李王逋”为作者姓名，误。

《闻钟集》无卷数

国朝劳大舆撰。大舆有《瓯江逸志》，已著录。（《总目》卷一百三十三子部四十三杂家类存目十）

考：“劳大舆”系“劳大與”之误。检《总目》卷七十七《瓯江逸志》条，“国朝劳大與撰。大與字宜斋，石门人。顺治辛卯举人，官永嘉县教谕。”北京大学图书馆藏清康熙刻本《闻钟集》、北京师范大学图书馆藏清康熙刻《说铃》本《瓯江逸志》，《四库全书存目丛书》均有影印本，检此二书，皆题“劳大與”撰。[③]《总目》“與”因形近误为“舆”。

3.著者字号不全

《续小学》六卷

国朝叶钤编。钤，号潜夫，嘉善人。（《总目》卷九十八子部八儒家类存目）

考：《总目》未言叶钤其字。考清江峰青修、顾福仁纂光绪二十年（1894）刻本《重修嘉善县志》卷二十四“文苑”，有“叶钤，字重君，号潜夫，继美孙……著有《孝经注疏大全》《明纪编遗》《小学衍义》《续小学》《果山志》《人谱大全》”[④]。此可补《总目》之阙。

《闲窗括异志》一卷

---

① 徐大军.《四库全书总目》总集类存目补正[J].图书馆杂志，2005(10):73-77.

② 杜泽逊.《四库全书总目》考辨[J].新世纪图书馆，2014(1):81-83.

③ 王爱亭.《四库全书总目》校补[J].图书情报知识，2014(3):76-79.

④ 胡露.《四库全书总目》子部存目补正[D].南京师范大学，2007:13.

宋鲁应龙撰。自署东湖，盖嘉兴人。书中称“淳祐甲申馆于沈氏”，则理宗时也。(《总目》卷一百四十四子部五十四小说家类存目二)

考：《续文献通考》卷一百八十著录有鲁应龙《闲窗括异志》一卷，云：“应龙字子谦。海盐人，宋末布衣。”《宋诗纪事》卷六十九录其《题飞星石》诗一首，云：“应龙字子谦，嘉禾人，有《闲窗括异志》”。则可知，应龙字子谦[①]。

《十处士传》一卷

明支立撰。立字中夫，嘉兴人。天顺中官翰林院孔目。(《总目》卷一百四十四子部五十四小说家类存目二)

考：《浙江通志》卷一百三十五《选举十三・明举人》，正统九年甲子科有支立，云：“嘉兴人，翰林孔目”。同书卷一百七十五有其传，云：“支立，万历《嘉善县志》：字可与。”明张宁撰《方洲集》卷二十五有《翰林院孔目支中夫墓志铭》，云：“中夫讳立，初字可与，后更中夫，号蘧庵。”[②]可补著者科第字号。

4. 籍贯有误

《药镜》四卷

明蒋仪撰。仪，嘉兴人，正德甲戌进士，历官未详。(《总目》卷一百五子部十五)

考：《中医人名辞典》引陆以湉《冷庐医话》云蒋仪“明清间浙江嘉善魏塘镇北村人……顺治二年，魏塘百姓死于兵祸……仪恻然心伤，竭其力疗救，全活甚多”[③]。则蒋仪顺治二年（1645）尚在世。陆以湉《冷庐医话》云：“仪字仪用，余得刊本四卷，乃与王宇泰《医镜》四卷合刻者，前有仪用之弟云章彦文氏顺治丁亥序，及仪用康熙二年自序，各卷首刊‘嘉善蒋仪纂定，常醴参订’。彦文之序谓‘仪用负弘济苍生之愿，出入场屋，见别执事，郁郁不得志。’”[④]《四库全书存目丛书》据崇祯十四年（1641）刻本影印该书，卷端题作“嘉善蒋仪撰”。清代嘉善县隶属嘉兴府，馆臣以府著录蒋仪籍贯，这与《四库全书总目》以县著录的常例不符，当以“嘉善”著录为当。

又《明清进士题名碑录索引》有载：“明正德甲戌（1514）进士之蒋仪为南直隶

---

① 胡露.《四库全书总目》子部存目补正[D].南京师范大学,2007:52.

② 胡露.《四库全书总目》子部存目补正[D].南京师范大学,2007:54.

③ 李云.中医人名辞典[M].北京:国际文化出版公司,1988:848.

④ 李茂如,胡天福,李若钧.历代史志书目著录医籍汇考[M].北京:人民卫生出版社,1994:667.

昆山人，占军籍直隶天津右卫。”[①]此蒋仪不可能在近一百五十年后的清康熙二年（1663）为《药镜》作序。所以，应有二蒋仪，一为明正德甲戌中进士者，一为顺治康熙间尚在世、“出入场屋，见别执事，郁郁不得志”、撰写《药镜》者。四库馆臣将二蒋仪混淆，张冠李戴其科第。

《方洲杂言》一卷

明张宁撰。宁字靖之，方洲其号也，海盐人。景泰甲戌进士，官至给事中。事迹具《明史》本传。是书所述皆见闻琐屑之事，于登第梦兆，记之尤详，颇近猥杂。又二十余则，篇幅寥寥，疑非足本也。(《总目》卷一百四十三子部五十三小说家类存目一)

考：田汝成撰《西湖游览志余》卷十三记载：“张靖之宁，海宁人，号方洲。景泰、天顺间，为给事中，有名。奉使朝鲜国，朝鲜之人雅重之，集所著作，为刻《皇华录》。成化初，忤权要，出为汀州知府，无何，引疾归田。雅好山水，岁率一再至杭州，至辄携亲朋出游西湖，访孤山，吊岳坟，登天竺，彩舟蜡屐，随意所之。兴至呼笔，大篇短章，顷刻立就。又善丹青。所著有《方洲集》。”[②]另据钱谦益《列朝诗集小传》“张汀州宁”条云：“宁，字静之，海宁人。景泰五年进士，授礼科给事中。成化中，奉使朝鲜。”[③]籍贯误，张宁应为海宁人。

5.仕履有误

《纪闻类编》四卷

明窦文照撰。文照字子明，秀水人。万历中官光禄寺典簿。(《总目》卷一百二十五子部三十五杂家类存目二)

考：《广东通志》卷二十七《职官志二·明》，惠州府通判有窦文照，云：“浙江秀水人，监生，(万历)二十八年任”。考《明史卷》七四《职官志三》，光禄寺典簿为从七品，《明史》卷七五《职官志四》，通判为正六品。按照《总目》撰写原则，著者官职应列最高职位，则其履历应为惠州府通判[④]。

---

① 江曦.《四库全书总目》条辨[J].图书馆工作与研究,2010(9):69-71.

② 田汝成.西湖游览志余[M].杭州:浙江人民出版社,1980:221-222.

③ 钱谦益.列朝诗集小传[M].北京:中华书局,2008:188.

④ 胡露.《四库全书总目》子部存目补正[D].南京师范大学,2007:24.

《沈氏学弢》十六卷

明沈尧中撰。尧中字执甫，嘉兴人。万历庚辰进士，官至刑部尚书。（《总目》卷一百三十二子部四十二杂家类存目九）

考：《浙江通志》卷一百三十三《选举十一·明进士》，万历八年庚辰科张懋修榜有沈尧中，云："嘉兴人，刑部郎中。"卷一百七十九有其传，云："沈尧中，《槜李诗系》：字执甫，嘉兴人，万历庚辰进士，起家县令，历升南刑曹。博学嗜古，明于典故，纂修郡志。著有《沈司寇集》《治统纪略》《边筹七略》《高士汇林》等书。"亦未言其"官至刑部尚书"也，《总目》以其著有《沈司寇集》，即以其官至刑部尚书，大误[①]。

6.科第有误

《彝斋文编》四卷

宋赵孟坚撰。……孟坚以宗室子登宝庆三年进士。（《总目》卷一百六十四集部十七别集类）

考：是集卷四《从伯故丽水丞赵公墓铭》曰："孟珫以绍定五年月日奉襄事乞铭于余，以丙戌进士同登，有是请也。"丙戌为宝庆二年（1226），孟坚自记此年中进士。考《宋史》卷四十一《理宗本纪》，宝庆三年中，唯二年有登科之举，榜首为王会龙，《总目》作"三年"，误[②]。

7.生平缺失

《禹贡通解》一卷

旧本题"槜李邵璜撰"，不著时代。（《总目》卷十四经部十四）

考：朱彝尊《经义考》谓："陆莱曰：璜字鲁重，秀水新塍里人，中崇祯壬午（十五年）乡试，知大姚县事。"[③]宋慈抱《两浙著述考》云：璜为"明嘉兴人，字鲁重，本性薛，崇祯五年举人，官云南大姚知县"[④]。槜李即嘉兴之别称，明代析嘉兴县置秀水县，清因之，属浙江嘉兴府治，故邵氏籍贯当在嘉兴府辖内。康熙《嘉兴府志》选举门著录邵璜为嘉兴县人，崇祯壬午（十五年）举人[⑤]。所以邵璜当为明末

① 胡露.《四库全书总目》子部存目补正[D].南京师范大学,2007:35-36.

② 李裕民.四库提要订误[M].北京:书目文献出版社,1990:251.

③ 朱彝尊.经义考[M].北京:中华书局,1998:514.

④ 宋慈抱.两浙著述考[M].杭州:浙江人民出版社,1988:216.

⑤ 江曦.四库全书总目条辨[J].图书馆工作与研究,2010(9):69-71.

嘉兴县人，崇祯十五年举人，曾官云南大姚知县，可补《总目》阙疑。

《学易居笔录》一卷

元俞镇撰。镇字伯贞，崇德人。(《总目》卷一百二十七子部三十七杂家类存目)

考：《明一统志》卷三十九有其传云“俞镇，崇德人，博览经史，乡举第一，累官建德县尹，所著有《修辞稿》。”《浙江通志》卷一百七十九有传，云：“俞镇，正德《崇德县志》：字伯贞，……延祐丁巳领乡荐第一，由教授历典湖广、江西、江浙文衡，官至建德路知事。……”可知俞镇为延祐丁巳举人，官至建德县尹[①]。

《正蒙释》四卷

旧本题明高攀龙集注，徐必达发明。攀龙有《周易易简说》，必达有《南京都察院志》，均已著录。(《总目》卷九十五子部五儒家类存目一)

考：《总目》卷八十著录有《南京都察院志》四十卷，云：“明施沛撰。沛始末未详，其修此书时则为南京国子监生，时董其事者为操江副都御史徐必达。亦天启初因修两朝实录而作也。”虽云徐必达董其事，然不题徐必达撰，亦未交代徐必达生平。而此处《正蒙释》又以《南京都察院志》已著录，徐必达本事必已交代，故例从略，致徐氏始末不明。

《明史》卷二百九十二有：“徐世淳，字中明，秀水人。父必达，字德夫，万历二十年进士。知溧水县，筑石臼湖堤，奏除齐泰姻戚子孙军籍二十六家。累迁吏部考功郎中，与吏科给事中储纯臣同领察事。纯臣受贼吏赇，当大计日，必达进状请黜纯臣，面揖之退，一座大惊。迁光禄丞，陈白粮利弊十一事，悉允行。进少卿，巡漕御史孙居相以船坏不治，请雇民船济运，必达争止之。天启初，以右佥都御史督操江军。白莲贼将窥徐州，必达募锐卒会山东兵击破之。迁兵部右侍郎，以拾遗罢归，卒。”又《槜李诗系》卷十六言其著有“《南州草》《南州诗说》”[②]，可补《总目》之阙。

三、内容考据有误

1.地名考据之误

① 胡露.《四库全书总目》子部存目补正[D].南京师范大学,2007:28.

② 胡露.《四库全书总目》子部存目补正[D].南京师范大学,2007:6.

《果山修道居志》二卷

国朝叶钤撰。……果山在嘉兴,钤卜居其地,创修道居。此其所自为志也。(《总目》卷一百四十七子部道家类存目)

考:光绪《嘉善县志》卷二十四《文苑》叶钤传云:"拂衣返里,筑茅屋数椽,垒土成阜,曰果山,黄冠布衲以终。"[①]则果山乃叶钤自垒而成之假山,非本有其山,钤因卜居其地也。又考《浙江通志》卷十二《山川四·湖州府·德清县》有果山,云:"《名胜志》:在新市镇之南。宋淳祐间,宰相游似尝爱其山水,及谢事遂占籍居焉。似,蜀人也。以蜀有果山,因垒石作山以拟之,山前有桃源洞。"[②]彼果山亦垒石而成。

《海昌外志》无卷数

国朝谈迁撰。迁,字孺木,一字仲木,海宁人。是志题目"海昌",以海宁为吴海昌郡,从古名也。(《总目》卷七十四史部三十地理类存目三)

考:谈迁,初名以训,号射父,继字孺木,号观若。性喜博综,肆力于子史百家言,熟悉古今典要,著有《国榷》等书十一种(以上据《海昌艺文志》卷五、《海宁州志稿》卷二十)。《海昌外志》纂辑于崇祯二年以前,补订于崇祯八、九年间,其自序题丁亥七月,则为明永历元年,即清顺治四年,乃其最后定本也。沈约《宋书·州郡志》引《吴地记》云:"盐官本属嘉兴,吴立为海昌都尉治,此后改为县。"陈寿《三国志·吴志·陆逊传》:"逊年二十一始仕幕府,历东西令史,出为海昌屯田都尉,并领县事。"是海昌县立于吴之初兴之证也。裴松之注引《陆氏祠堂像赞》:"海昌:今盐官也。"是海昌后改名盐官之证也。至扩置为海宁郡(其治所即在盐官),则陈永定二年(558)事(见《陈书·高祖本纪》)。《四库全书总目》"以海宁为吴海昌郡"之说不确。后代又有盐官州、海宁州等名,要皆分并古海昌地之所建置,故谈氏取以名其书[③]。

2.著者时代考据之误

《嘉禾百咏》一卷

宋张尧同撰。尧同,秀水人,仕履未详。诗中所咏会景亭,为潘师旦所筑,赵老园为赵衮归隐之处。核其时代,盖宁宗以后人也。(《总目》卷一百六十五集

---

① 顾福仁,等.嘉善县志[M].台北:成文出版社,1970:464.

② 嵇曾筠,李卫,沈翼机,等.浙江通志[M].上海:商务印书馆,1934:439.

③ 崔富章.四库提要补正[M].杭州:杭州大学出版社,1990:298.

部十八别集类十八）

考：赵衮，北宋人，字希甫，宋哲宗（1085—1100）元祐二年（1087）时知广安军，十一月，罢官，后退隐嘉禾，不可据此推定张尧同为宋宁宗（1194—1224）以后人。关于潘师旦，《宋会要辑稿》后妃二之一七云："淳熙十年（1183）十二月二十二日，潘师尹、潘师旦并特与转遥郡刺史。"①据此，可推测张尧同此书当作于宋孝宗淳熙（1174—1189）末年或以后。

3.著作真伪考据之误

《十六国春秋》一百卷

旧本题魏崔鸿撰，实则明嘉兴屠乔孙、项琳之伪本也。鸿作《十六国春秋》一百二卷，亡于北宋。万历以后，此本忽出，莫知其所自来。论者或疑鸿身仕北朝，而仍用晋宋年号。今考刘知几《史通˙探赜篇》曰："鸿书之纪纲，皆以晋为主。"乔孙等正巧附斯义以售其欺。《史通˙表历篇》称："晋氏播迁，南据扬、越；魏宗勃起，北雄燕、代。其间诸伪十有六家，不附正朔，自相君长，崔鸿著表，颇有甄明。"而此本无表，是则检阅偶疏，失于弥缝耳。"（《总目》卷六十六史部二十二载记类）

考：馆臣认为，明屠乔孙、项琳之二人以己之伪作，署崔鸿之名，欺于世人。今观清初抄本［据万历三十七年（1609）屠乔孙刻本影抄，郑州图书馆庋藏］屠、项之序，二氏绝无欺人之嫌。所以题"崔鸿撰"者，用现在的话说，遵守学术规范，维护崔鸿的知识产权。项琳之《十六国春秋序》："魏崔彦鸾旧有《十六国春秋》一百卷，世远言湮，全帙废坠，卒不获，予与迁之窃相悯焉，用是多方采拾编次。遗忘上下二百余年，更历数十余世，如指诸掌，宛在目前。虽蓍蔡不逮前修，而刍荛可备逸史，故略还其梗概如此。"屠乔孙《刻十六国春秋序》："崔散骑十六国之录，迹其披两晋遗事，稽列国掌故，成一家言，俾十余僭国百余年行寔不致声销影绝而无传。至于今，残缺沦亡，学士罕得睹其全，余窃痛之。顷以读礼余闲，共中表项君，博采赜探，诠次补葺。爰经日月，渐克成编，虽当年载笔之旧不无阙遗乎。"另，《十六国春秋》最早的版本即万历间屠乔孙刻本，此本各卷卷端题"魏散骑常侍崔鸿撰"，此不湮崔氏撰著之功；各卷卷末镌"屠乔孙、项琳之同订"，此令人知书之所出。所以，四库馆臣以为屠、项刻意作伪，或误；且以屠、项辑本无表，是因"检阅偶疏"于《史通·表历篇》"崔鸿著表，颇有甄明"句，亦不实之词。屠氏《序》别云："崔氏百卷外又别作《序例》一卷，《年志》一卷，今已无可

① 李裕民.四库提要订误:增订本[M].北京:中华书局,2005:406.

得而睹。”此年志即谓年表也，辑本无表，是因为“已无可得而睹”[①]。

4.衍字之误

《宋诗钞》一百六卷

国朝吴之振编。……近时曹廷栋病其未备，因又有《宋人百家诗存》之刻，以补其阙。(《总目》卷一百九十集部四十三总集类五)

考：吴之振序称“余与晚村、自牧所选”，晚村即吕留良（1629—1683），字庄生，石门县（今桐乡）人，所著书多民族思想，为曾静文字狱所连，毁墓戮尸，著作被禁毁。故清刊《宋诗钞》均不署其名，上引序文被妄改为“余与家弟自牧所选”，其实自牧乃之振之侄，之振《黄叶村庄诗集》有《夏日口占四绝寄晚村兼示自牧侄》可证。自牧“天资过人”，吕留良“与吴自牧先生始以文章艺术交，既而进以道义，晚岁甚相依傍”[②]，康熙十七年（1678）卒。此书，康熙二年（1663），之振叔侄与晚村开始选刻，是年，晚村三十五岁，之振二十四岁，高旦中、黄宗羲亦参与搜讨考订。康熙十年（1671）仲秋编定，原定收录宋诗一百家，缺刻十六家。清曹庭栋自称忧虑宋人诗集传世者日渐沦灭，并认为吴之振等《宋诗钞》漏略尚多，且刊刻未竟，往往有录无书，因此搜采遗佚，编选《宋百家诗存》28卷，非馆臣所言《宋人百家诗存》，“人”字衍。其后管庭芳、蒋光煦编《宋诗钞补》，补原缺十六家，还补选了已入选的六十九家之诗[③]。

5.著作成书过程考据不全

《澉水志》八卷

宋常棠撰。棠，字召仲，号竹窗，海盐人，仕履未详……宋绍定三年，监澉浦镇税修职郎罗叔韶使棠为志。(《总目》卷六十八史部二十四地理类一)

考：据本书碑记门《澉浦镇题名记》，知常棠即为澉浦镇人。考其自序云：“绍定三年，镇尹罗仪甫属余撰《澉水志》，虽一时编集大略，而仪甫满去，竟弗暇问。逾七、八政，粤岁既久，订正尤详。”可知宋绍定三年（1230）所作《澉水志》为初稿，其后又大加增补。本书水门记至淳祐十一年（1251），廨舍门记至绍定六年（1233），坊场门记至淳祐八年（1248），军寨门记至淳祐间，亭堂门记至淳祐九年（1249），寺庙门记至淳祐五年（1245）。碑记门收常棠于宝祐二年（1254）二月所撰

① 李正辉.《四库全书总目》商榷[J].图书馆杂志,2014(5):110-113.

② 包赉.清吕晚村先生留良年谱[M].台北:台湾商务印书馆,1978:165.

③ 李裕民.四库提要订误[M].北京:书目文献出版社,1990:266-267.

的《澉浦镇题名记》，可证增补之时应在宝祐二年（1254）或稍晚，增补者即本书作者常棠。至宋末，李兴宗又稍作增补，在常棠《澉浦镇题名记》“张焯”之后，补入其后任五人，最末一人为李兴宗，下记：“迪功郎，咸淳六年（1270）八月二十到任。”[①]未记卸任年月，则李氏之增补应在咸淳六年至八年间，而内容仅限于此题名。

① 李裕民.四库提要订误[M].北京:书目文献出版社,1990:70.

第四章　著述禁毁　文化浩劫

《四库全书》的编纂保存了大量古籍，是古代文化的一次总结，对于弘扬民族文化、传播古代文化作出了重要贡献。在古籍整理的方法上，尤其是在辑佚、校勘、目录学、汇刻丛书等方面给后人留下许多有益的启示。国学大师季羡林认为《四库全书》"嘉惠学林，功在千秋"；著名学者张岱年认为《四库全书》是"传世藏书，华夏国宝"。但是《四库全书》的功德再大也不能磨灭乾隆寓禁于征带来的文化浩劫，书籍的毁灭、士人的打击、文化的禁锢，使得《四库全书》的功过论甚嚣尘上。吴金华先生认为："四库学进入了二十一世纪，有关'禁毁书'资料的发掘与研究不仅是文献学的课题，也是政治史、思想史、文化史的课题。"[①]在乾隆掀起的禁书活动中，许多嘉兴人著述也难以幸免，特别是因吕留良文字狱而禁毁的书籍尤其多。本章以《纂修四库全书档案》所载史料为主要考察点，兼及《四库禁毁书丛刊》与其他禁书书目中收录的嘉兴人著述，分析嘉兴人著述在《四库全书》编纂期间的禁毁情况及后世存留情况，探讨有关《四库全书》编纂过程中的禁书标准，为后人全面了解嘉兴古代文人著述情况略作借鉴。

第一节　寓禁于征与文字狱

一、乾隆的寓禁于征

在统治阶级的思想占统治地位的阶级社会中，统治阶级为了维护自己的政权，往往运用强制性的手段来控制思想、排斥异端，而对书籍的禁毁是统治阶级的惯用手段。清代以少数民族入主中原后，虽建立了大清帝国，但并未颠覆千百年来形成

① 司马朝军.四库全书总目编纂考[M].武汉:武汉大学出版社,2005:561.

的华夏正统思想，明末清初时期的大量著述充斥着汉族知识分子强烈的民族思想和反清意识，清朝政权视其为严重的潜在威胁。《四库全书》编纂期间全国范围搜访到的图书，特别是一些民间流传的书籍，集中到了四库馆。在各省搜访进呈的图书中，不免包括一些不利于清统治者的文字记载，尤其是明末清初的野史稗乘，颇多诋毁之词，这自然引起了乾隆的高度关注。乾隆三十九年（1774）八月初五日，乾隆见各省搜访征集图书的工作已大体完成，遂公开下达禁书谕令，全文如下：

> 前曾谕令各督抚采访遗书，汇登册府，下诏数月，应者寥寥。彼时恐有司等因遗编中或有违背忌讳字面，惧涉干碍，而藏书家因而窥其意指，一切秘而不宣。因复明切宣谕，即或字义触碍，乃前人偏见，与近时无涉，不必过于畏首畏尾，朕断不肯因访求遗籍，于书中寻摘瑕疵，罪及收藏之人。若仍前疑畏，不肯尽出所藏，将来或别露违碍之书，则是有意收存，其取戾转大。所降谕旨甚明。并寄谕江浙督抚，以书中或有忌讳诞妄字句，不应留以贻惑后学者，进到时亦不过将书毁弃，转谕其家不必收存，与藏书之人并无干涉。至督抚等经手汇送，更无关碍。朕办事光明正大，各督抚皆所深知，岂尚不能见信于天下？该督抚等接奉前旨，自应将可备采择之书，开单送馆。其或字义触碍者，亦当分别查出奏明，或封固进呈，请旨销毁，或在外焚弃，将书名奏明，方为实力办理。乃各省进到书籍，不下万余种，并不见奏及稍有忌讳之书。岂有裒集如许遗书，竟无一违碍字迹之理？况明季末造野史者甚多，其间毁誉任意，传闻异词，必有诋触本朝之语，正当及此一番查办，尽营销毁，杜遏邪言，以正人心而厚风俗，断不宜置之不办。此等笔墨妄议之事，大率江浙两省居多，其江西、闽粤、湖广，亦或不免，岂可不细加查核？高晋、萨载、三宝、海成、钟音、德保皆系满洲大臣，而李侍尧、陈辉祖、裴宗锡等亦俱系世臣，若见有诋毁本朝之书，或系稗官私载，或系诗文专集，应无不共知切齿，岂有尚听其潜匿流传，贻惑后世？不知各该督抚等查缴遗书，于此等作何办理者，着即行据实具奏。
>
> 至各省已经进到之书，现交四库全书处检查，如有关碍者，即行撤出销毁。其各省缴到之书，督抚等或见其书有忌讳，撤留不解，亦未可知，或有竟未交一关碍之书，则恐其仍系匿而不献。着传谕该督抚等，于已缴藏书之家，再令诚妥之员前往，前去明白传谕，如有不应存留之书，即速交出，与收藏之人，并无干碍。朕凡事开诚布公，即经明白宣谕，岂肯复事吹求。若此次传谕之后，复有隐讳存留，则是有心藏匿伪妄之书，日后别经发觉，其罪转不能逭，承办之督抚等亦难辞咎。但各督抚必须选派妥员，善为经理，毋得照常通行交地方官，办理不

善，致不肖吏役藉端滋扰。（详见《寄谕各督抚查办违碍书籍即行具奏》）[①]

乾隆认为“明季末造野史者甚多，其间毁誉任意，传闻异词，必有诋触本朝之语”，对于这些诋毁清朝统治者的书籍，应“尽营销毁，杜遏邪言，以正人心而厚风俗”，这表明乾隆征书活动的目的已经不再是“稽古右文、崇儒立道、聿资治理、垂范方来”，而是变成了“假右文稽古之名，行铲除嫌忌之实”[②]。然而乾隆这一谕旨并未产生多大效果，当年九月八日，浙江巡抚三宝均上奏，称其：“谆谆嘱令，凡有不经之书，均饬送核，复不时到局，亲加检阅，从未见有荒诞不经，语涉抵触，应行销毁之书，擅敢撤留不解者力。”[③]其他各地官员上奏内容相差无几。

随后，乾隆抓住广东查出屈大均著作一事，大做文章，于三十九年（1774）十一月九日、十日连下两谕，明言“今李侍尧等既从粤省查出屈大均诗文，不应江浙等省转无明末国初存留触碍书籍”，严厉责问江浙等省督抚：“办事不及李侍尧等之实力乎？抑江浙各藏书之家尚不能深喻朕意乎？”再次申饬各督抚实力查缴，藏书家“印速呈献”，否则将“治以有心藏匿之罪，必不姑宽，并于该督抚等是问”[④]。

在乾隆的一再严令督责之下，各省查缴违碍书籍的活动逐渐展开，全国范围内开展的查办“违碍”“悖逆”书籍的工作，直至乾隆五十八年（1793）方告结束，高潮持续8年（1775—1782）。随着禁书活动的大规模展开，各地查获的禁书名目日益增多，为便于查缴，一些省份陆续将这些禁书书目汇辑刊行，作为查缴的依据。乾隆四十二年（1777）后，江苏、浙江、河南、安徽等省陆续编制了禁书书目，一时各种禁书书目通行天下，成为各地督抚查缴的得力工具。违碍书籍主要来源于四库馆对原进呈书籍的检查和地方督抚的大量查缴。由于各地书籍查缴力度、标准不一，四库馆又正式制定《查办违碍书籍条款》，除申明“字句狂谬，词语刺讥，必应销毁，及明季国初人诗文集内有触悖者，其全书即不应存留外”，着重开列了“应行分别办理”各条，基本改变了地方滥查滥缴的状况。

查禁违碍书籍的年代从宋、元、明至当代间八百年的有关著作均被列入其中。查禁书籍的目的及内容主要有：一是消除清入关以前汉满关系以及清初史实中对清统治者不利的内容；二是遏止汉族人民的反清观念，所有记述和宣传反抗外族杀掠，能够诱发汉族人民民族意识的著作，也都被列入查禁之列，并将时限从明末上溯至宋元；三是一些前明降清“贰臣”的著作，如钱谦益、吕留良、金堡、屈大均

① 中国一历史档案馆.纂修四库全书档案[M].上海：上海古籍出版社，1997：239.

② 黄云眉.史学杂稿订存[M].济南：齐鲁书社，1980：228.

③《宫中档乾隆朝奏折》，乾隆三十九年九月八日浙江巡抚三宝奏折。

④ 黄爱平.《四库全书》纂修研究[M].北京：中国人民大学出版社，1989：44.

等人著述，以及其他被认为眷恋前明、诋毁新朝内容的书籍。当时禁毁图书有几种方式，即全毁（把认为有违碍内容的书烧掉，连复本也不留），抽毁（把书中的部分章节撕掉，使之成为残书），毁板（烧掉书板，从根本上毁掉这部书），改板（删改书板上的原有内容），填匣（《四库全书》成书之后，其中又发现有禁书，将书抽去后用衬纸填充书匣）[①]。

据黄爱平统计，在乾隆禁书的近二十年中，共禁毁书籍3 100多种、151 000多部，销毁板片总数8 000块以上。删改、挖补书无法统计，无目可考的各类板书不少于数百种，民间因惧怕干犯厉禁而自行销毁的图书更是无法计算，另外，因文字狱杀害士人和其他无辜者以及惩办亲属难以计数。因此，清代编修《四库全书》既是中国文化史上的一次空前壮举，也是中国文化史上的一次空前浩劫。在整个全国范围的禁书过程中，浙江共查缴禁书14 630部，排全国各省第3位[②]。尽管乾隆疯狂地禁书，大量有价值的著作从此绝迹，但是仍有许多优秀的典籍通过各种途径被保存下来。这是一些有识之士历尽千辛万苦，甚至冒着被杀头的危险有意藏匿的结果。

清代禁毁书中有大量珍贵史料，是中华民族优秀的文化遗产。经过禁毁的浩劫和其后多年的兵火动乱，这些书中得以保存至今的已不及一半，每种书存世的数量都很少，且绝大多数是善本，甚至是孤本，它们都处在濒临灭绝的状态。清末以来，有不少学者就开始着手清代禁毁书的搜集、整理与研究工作，给后世研究和搜集禁毁书留下了宝贵线索。如清姚觐元的《清代禁毁书目》、清孙殿起的《清代禁书知见录》、清雷梦辰的《清代各省禁书汇考》、陈乃乾的《索引禁书总录》《四库禁毁书丛刊》等。

二、吕留良的文字狱

文字狱，乃极权统治者为了防止和镇压人民的反抗，对知识分子在文字上苛求挑剔、吹毛求疵所构成的冤狱。清系以少数民族入主中原，为了巩固自身政权，树立君主尊制威权，因而对汉人猜忌不已，严加防范，凡诗文、著作、奏章、言论认为有谋反、大逆之处，即行治罪，诸如逮捕、审问、抄家、坐牢、充军、斩首、凌迟处死，甚至剖棺戮尸，而且一人得罪，株连极广。

乾隆查缴禁书期间，大大小小文字狱曾不出穷。仅据《清代文字狱档》《文献丛编》《掌故丛编》《纂修四库全书档案史料》等书的不完全统计，比较重要的案件已

① 肖卫津.对清乾隆时期禁书行为的认知与思考[J].图书馆工作与研究,2000(6):16-18.

② 黄爱平.《四库全书》纂修研究[M].北京:中国人民大学出版社,1989:78.

不下四十余起，占整个乾隆年间文字狱的一半左右[①]。很多嘉兴人著述因与这些文字狱被禁毁或篡改，而对嘉兴而言，影响最大、波及最广的却是案件肇始于雍正、书籍禁毁于乾隆的吕留良文字狱。

吕留良（1629—1683），浙江崇德（今桐乡市崇福镇）人，字庄生，号东庄，又名光轮，字用晦，号晚村，别号耻翁、东海夫子、南阳布衣、吕医山人等，暮年为僧，名耐可，字不昧，号何求老人。崇祯二年（1629）年出生于明朝世代为官的书香门第。当甲申年（1644）明清易代时，其一家人多投入抗清斗争：其三兄吕愿良随史可法镇守扬州，吕留良与侄吕宣忠也投笔从戎，组织义勇，抗击清军。抗清斗争失败后，其侄宣忠以“号众为叛”的罪名被清廷处死。故国沦亡与自家的遭遇，使吕留良有深厚的反清思想基础。清朝建立后，为免遭陷害，顺治十年（1653）吕留良二十五岁时始参加科举，中秀才，此后连年周旋于科场，心迹相违，苦闷已极。顺治十七年（1660）、十八年（1661）吕留良又先后结识了黄宗炎、黄宗羲兄弟等浙东名士，通过他们又相交宁波隐士高斗魁等，并很快成为知交。这些人都曾参加抗清斗争，失事后又都不仕清廷，以明遗民自居，吕留良与他们为挚友，思想上自然会受影响，愈加坚定了不与清廷合作的决心。他在《耦耕诗》中回顾这段经历，认识到“谁教失脚下渔矶，心胁年年处处违”“八年倦容违心做，九日寒花满意开”[②]。康熙五年（1666），他拒绝应试，被革去秀才。康熙十七年（1678），清举博学鸿词，他被列名推荐，曾以死相拒。次年，清廷又举“山林隐逸”，地方官又推荐其出仕，他索性剃发为僧。吕留良卒于康熙二十二年（1683）八月十三日。

吕留良是明末清初杰出的学者、思想家、诗人和时文评论家、出版家，在有清一代学术史颇具影响。吕留良归隐山泉后，转而专心致力于研究和传播程朱之学，宣传“华夷之防大于君臣之义”的民族思想，从事“治乱之源”的探讨。自顺治十二年（1655），吕氏与好友陆文若一起以“天盖楼”为名刻选时文，著述授徒，特别把明末抗清志士的作品选做时文加以评点。天盖楼评选的八股文流布极广，“风行海内，远而且久”[③]，天下士子，倍崇其人，自此吕留良名声大噪。正如其子吕葆中为之所作的《行略》中所说：“其议论无所发泄，以寄之于时文评语，大声疾呼，不顾世所忌讳，穷乡晚进有志之士，闻而起者甚众。”[④]且吕留良又于复兴朱子之学用力尤多，时人有评价言“二十余年以来，家诵程朱之书，人知伪体之辨，实自吕氏倡

① 黄爱平.《四库全书》纂修研究[M].北京：中国人民大学出版社，1989：81.

② 吕留良.吕留良诗文集[M].徐正等点校.杭州：浙江古籍出版社，2011：358.

③ 王应奎.柳南续笔：卷二[M].叶廷管校.刻本.清借月山房，1824(道光四年).

④ 吕葆中.行略[M]//包赉.清吕晚村先生留良年谱.台北：台湾商务印书馆，1978：68.

之”[①]。更兼其提倡宋诗，纂修明史，研究诗文书法等皆在当时产生了广泛影响。顾炎武曾将吕留良与黄宗羲齐名并举，谓“梨洲、晚村，一代豪杰之胤，朽人不敢比也”[②]。阎若璩则称吕留良为清初“十二圣人”之一[③]。与其同时代的学者王宏撰认为“近时崇正学，尊先儒，有功于世道人心者，吕晚村也。”[④]近人邓之诚评价：“以诗文论，诚宗羲劲敌，唯史学不如。”[⑤]

吕留良文字狱源于曾静谋反案。曾静是湖南郴州永兴县人，曾应科举考中过秀才，反屡试不第，以教书授徒糊口，由于家乡连年灾荒，甚为贫寒，对清朝的统治现状不满，萌生反清意识；又曾在应试过程中，读过吕留良的《时文评选》，书中的“夷夏之防大于君臣之义”及“井田封建”等内容，反清意识进一步发展；后又读过吕氏的《钱墓松歌》《题如此江山图》等具有强烈反清思想的诗文，反清思想愈益坚定。当时，他们又听到一些有关雍正矫诏篡位的传说，还听说川陕总督岳钟琪是岳飞之后，已受到雍正的猜疑，正欲夺其兵权，若上书劝其反清，很可能成功。因此，雍正六年（1728）九月，曾静（化名夏靓）便派其学生张熙（化名张倬），千里迢迢上书于岳钟琪，策动其起兵反清，后被岳钟琪用计使张熙将事件原委和盘托出，并上报了雍正[⑥]。

曾静、张熙等在交代自身谋反思想时，言其思想根源盖因“吕留良之毒深，所以不察其非，而狂悖发论至此”[⑦]，因而受此株连，雍正于十年（1732）十二月下谕旨：“……吕留良父子之罪，罄竹难书，律已大逆不道，实为至当，并无一人有异间者，普天率土之公论如此，则国法岂容宽贷。吕留良、吕葆中俱著戮尸枭示，吕毅中着改斩立决，其孙辈俱应即正典刑，朕以人数众多，心有不忍，着从宽免死，发遣宁古塔与披甲人为奴。”[⑧]与此案有关的吕留良的学生严鸿逵也被戮尸枭示，沈在宽予凌迟处死，他们的嫡属也照律株连治罪。吕留良的私淑门人黄补庵，刊刻吕著的车鼎丰、车鼎贲，与吕“往来契厚”或“刊藏禁书”的孙克用、周敬舆等，也或斩立决、或斩监候，妻妾子女也给功臣家为奴。另有各种多少有牵连的人，更是无

① 戴名世.九科大题文序[M]//戴名世.戴名世集.北京:中华书局,1986:102.

② 顾炎武.答李子德[M]//顾炎武.顾亭林诗文集.北京:中华书局,1959:78.

③ 阎若璩《潜邱札记》卷五《与戴唐器》:“十二圣人者:钱牧斋、冯定远、黄南雷、吕晚村、魏叔子、汪苕文、朱锡鬯、顾梁汾、顾宁人、杜于皇、程子上、郑汝器。”(张舜徽.清人笔记条辨:卷一[M].北京:中华书局,1986:10.)

④ 陆珑其.祭晚村先生文[M]//陆珑其.三鱼堂文集:卷十二.石印本.上海:扫叶山房,1925.

⑤ 邓之诚.清诗纪事初编[M].上海:上海古籍出版社,2013:244.

⑥ 王俊义.雍正对曾静、吕留良案的“出奇料理”与吕留良研究——兼论文字狱对清代思想文化发展之影响[J].中国社会科学院研究生院学报,2001(2):64-75.

⑦ 雍正.大义觉迷录:卷二[M]//吕留良.吕留良诗文集:下册.杭州:浙江古籍出版社,2011:256.

⑧ 徐宇宏.吕留良[M].昆明:云南教育出版社,2009:139.

计其数，或被革生员，杖一百，流三千里；或被革教谕、举人、监生、生员，杖一百，徒三年，等等①。此案牵涉之广，影响之大，处置之严之酷，为清代二百六十七年间所罕见。

对吕留良著述思想，雍正更是亲撰《大义觉迷录》大张挞伐，指出吕氏乃“著邪书，立逆说，丧心病狂，肆无忌惮”，“其所著诗文及《日记》等类，或镌板流传，或珍藏秘密，皆世人耳目所未经，竟想所未到者，朕翻阅之余，不胜惶骇震悼。盖其悖逆狂噬之词，非惟不可枚举，抑且凡为臣子者所不忍寓之于目，不忍出之于口，不忍述之于笔者也”②。不过值得一提的是，就吕留良的诗文著述存留问题，尽管在当时曾有朝臣奏请禁毁，但雍正并未立即作出最后决定，命令将所议行文直省学政，遍行询问各学生监等，听取意见和反映，试探士民的态度。事隔一年，即雍正九年（1731）十二月，帝谕内阁，“毁书之议，概未允行”。他认为：“毁之未必能尽，即毁之绝无遗留，天下后世更何所据以辨其道学之真伪乎？”故而又令“吕留良之诗文书籍不必销毁”。③

然而，雍正却对为吕留良著述正名辩护的士子学者极尽打压。会稽唐孙镐曾欲向湖广总督投递《讨诸葛际盛檄》，为通山知县井浚拘禁，文中为吕氏著述辩护如下：“《讲义》一书，阐扬圣道，至精且详。海内之人，莫不宗之。圣人复起，不易其言。惜乎皇上日理万机，无暇翻阅此书，而左右近臣，又因盛怒未解不敢冒昧进呈，致使留良家藏之戏笔，日暴日彰，传世之嘉言，日隐日没。而谗谄之小人，遂乘间而肆其讪谤矣！……其生平著作，若《讲义》、若《语录》，与夫评选两朝制艺，反覆辩论，义理透彻。直能窥圣贤之堂奥，兼可启后世之颛蒙，此其功也。……天威之震怒，耳目未周也；臣工之缄默，顾惜身家也。”④雍正在通过奏报得知后，竟批“可将此论密密消灭，不要说曾奏闻，不可令人知有此事。可将伊设法，或杖毙，或令他法处死，暗暗外结可也”⑤。

至雍正九年（1731）十二月，朱轼、吴襄等奏报摘驳吕留良《四书讲义》《语录》诸书，钞录成帙，雍正同意刊刻，颁布学官，翌年《驳吕留良四书讲义》刊行。再加上之前颁行的《大义觉迷录》，可以想见，凡此种种举措于时人对吕留良著述的涉及包括保存传播，以及后人对其的认知，无疑起到了直接或间接导向甚至震

① 王俊义.雍正对曾静、吕留良案的“出奇料理”与吕留良研究——兼论文字狱对清代思想文化发展之影响[J].中国社会科学院研究生院学报，2001(2)：64-75.

② 雍正.大义觉迷录：卷四[M].//吕留良.吕留良诗文集：下册.杭州：浙江古籍出版社，2011：351-352.

③ 徐宇宏.吕留良[M].昆明：云南教育出版社，2009：141.

④ 卞僧慧.吕留良年谱长编[M].北京：中华书局，2003：386-387.

⑤ 卞僧慧.吕留良年谱长编[M].北京：中华书局，2003：388.

慑作用。

在纂修《四库全书》的过程中，乾隆曾多次下令禁毁违碍书籍，四库馆臣奉旨拟定了《查办违碍书籍条规》，其中明确规定吕留良“狂悖已极”，其著作“应逐细查明，概行毁弃”，“其散见他部者断不容稍有存留”，因此“除其自著之书，具应销毁外，若各书内有载入其议论，选及其诗词者”，也必须“将书内所引各条，签明抽毁，于原板内铲除”[①]。与此同时，当时的士大夫群体，如全祖望、徐大椿、袁枚、纪昀等人，或考史迹、或辨医理、或谈神怪，无不群起攻之，朝野上下，相互呼应，訾议诋毁之声甚夥。受此影响，直至清末，吕氏著述即以残帙流布者也一直未得公开流传，几乎消匿[②]。以《四库禁毁书丛刊》为例，该丛刊经部所辑的十六种禁书中，便有十二种或是因为吕留良撰辑，或是因收录吕氏言论而遭禁毁，同时情出同缘而见于其他各部者亦有相当数量。从现有文献看，《四库全书》编修之际，因吕留良文字狱而禁毁的著述大致分为三类：吕氏个人著述、吕氏选评之书、收录吕氏言论之书。曹辛汉《吕晚村文集跋》指出吕留良著述列入清代禁毁书的有33种[③]；李裕民考得吕留良个人著述17部、选评之书35部、间收吕氏言论之书18部[④]；穆衡伯《古籍杂谈》列出的清代文字狱所毁吕留良著作书目10部[⑤]；游帅则在此基础上考得吕氏个人著述26部、选评之书29部、间收吕氏言论之书28部[⑥]。

辛亥革命后，吕留良冤案昭雪。浙督汤寿潜改西湖彭公祠崇祀三贤，列留良为三贤之一。知县及地方绅耆，为建新墓，筑纪念亭于孔庙后，蔡元培为之书额及联，立碑以垂不朽。今桐乡县境有留良、晚村两乡，用其名号命名，并于崇福镇筑吕园以为纪念[⑦]。

---

① 乾隆四十三年，《四库馆查办违碍书籍条款》(王俊义，黄爱平．清代学术与文化[M]．沈阳：辽宁教育出版社，1993：216.)

② 游帅．吕留良著述考论[D]．河北大学，2014：4.

③《晚村文集》《晚村续集》《天盖楼遗稿》《吕留良尺牍》《宝诰堂遗稿》《晚村古文》《晚村时文》《惭书》《家训》《论文汇钞》《评语正编》《易经详解》《诗经详解》《四书题说》《易经汇纂》《诗经汇纂》《四书讲义》《四书语类》《天盖楼四书语录》《四书文》《吕氏医贯评》《评陈子龙稿》《评钱吉士稿》《评金正希文稿》《评黄淳耀稿》《评归震川集》《评艾于子稿》《天崇文读本》《评时文》《选章大力稿》《选陆际泰时文》《选罗文止稿》《选杨维节稿》。(中国人民政治协商会议浙江省桐乡县委员会文史资料工作委员会．桐乡文史资料：第3辑．桐乡县历史名人史料(1)[M].1986：81-82.)

④ 李裕民．吕留良著作考[J]．浙江学刊，1993(4)：97-100.

⑤《宝诰堂遗稿》《晚村续集》《吕留良尺牍》《天盖楼各种文选》《晚村古文时文》《易经详解》《论文汇钞》《评语正编》《医贯》。(穆衡伯．古籍杂谈[M]．南京：凤凰出版社，2010：212.)

⑥ 游帅．吕留良著述考论[D]．河北大学，2014.

⑦ 佚名．桐乡名人[OL].[2016-12-14].http://g2c.tx.gov.cn/art/2013/4/17/art_15_639.html.

第二节　嘉兴禁毁书籍考

一、嘉兴[①]人禁毁著述

（一）沈国元

沈国元，生卒年不详，字仲飞，后改名为沈常，字存仲。浙江秀水（今嘉兴）人，明代诸生。博综百家，益肆力于史学，好搜集史料，强调存信缺疑、是非就正、达观平论。著作有《两朝从信录》《皇明从信录》《流寇陷巢记》《甲申大事记》等。

《甲申大事记》

史著，该书是沈国元记述发生在明崇祯甲申年（1644）三月至七月之间的史实。乾隆年间，军机处第一次奏进全毁书目中奏称："此书记崇祯十七年（1644）闻贼入京，及福王称号南京之事。俱采邸抄塘报，凑集成书。其中事迹，除已见正史者，余皆传闻失实，且多悖犯字句。应请销毁。"[②]查《纂修四库全书档案》，乾隆四十年（1775）五月二十二日浙江巡抚三宝奏解缴续收应毁书籍"《甲申大事记》一部。刊本。是书明沈国元著，秀水人。记崇祯甲申年事，自三月至七月止，计六卷"[③]。乾隆四十四年（1781）四月二十日山东巡抚国泰奏缴"《甲申大事纪》。是书系明秀水沈国元著。今查出一本"[④]。

《皇明从信录》

是书为明陈建撰、沈国元续。陈建，字廷肇，号清澜，东莞人，嘉靖举人，官阳信县令，著述颇丰。该书共四十卷，一卷至二十七卷，系陈建辑、沈国元订，纪明洪武迄正德朝事迹；二十八卷至四十卷，系沈国元辑，纪嘉靖、万历两朝事迹。

浙江巡抚三宝乾隆四十年（1775）五月二十二日奏缴"《皇明从信录》十部。是书系明沈国元辑，秀水人。今续查出十部，内六部全，又一部原缺卷一至卷十一、卷十五至卷十七、卷二十至卷二十四、卷三十八、卷三十九，又一部原缺卷十二、卷十三，又一部原缺卷四至卷六、卷三十五、卷三十六，又一部原缺卷四、卷

① 此处含清代嘉兴县、秀水县。

② 王彬.清代禁书总述[M].北京:中国书店,1999:219.

③ 中国第一历史档案馆.纂修四库全书档案[M].上海:上海古籍出版社,1997:396-399.

④ 中国第一历史档案馆.纂修四库全书档案[M].上海:上海古籍出版社,1997:1 038.

十九至卷二十八、卷三十三至卷三十六”[①]。乾隆四十年（1775）六月十一日江苏巡抚萨载奏缴“《皇明从信录》一部，十六本。明秀水沈国元述……有谬妄及违碍语句，应请销毁”[②]。

此书有明万历四十八年（1620）刻本，清华大学、人民大学、厦门大学、北京师范大学、南京大学、南开大学图书馆均有馆藏；中山大学图书馆藏有明天启七年（1627）刻本。《四库禁毁书丛刊》收录明末刻本。另有上海古籍出版社1996年本。

《两朝从信录》

是书为沈国元记述明朝泰昌、天启两朝的史事。此书见于四库全书全毁书目。

查《纂修四库全书档案》，浙江巡抚三宝乾隆四十年（1775）三月十九日奏缴“《两朝从信录》六部。明沈国元辑，秀水人。刊本。是书纪明泰昌、天启两朝事迹”[③]；乾隆四十年（1775）五月二十二日奏缴“《两朝从信录》七部。是书系明沈国元辑，秀水人。今续查出七部，内六部全，又一部原缺卷十八至卷三十五”[④]。江苏巡抚萨载乾隆四十年（1775）二月二十二日奏缴“《两朝从信录》一部二十四本，明崇祯浙江秀水沈国元述”[⑤]。

台湾京华书局1968年出版《中华文史丛书》收录此书，《四库禁毁书丛刊》据明末刻本影印。华东师范大学图书馆有明万历四十八年（1620）刻本二十六卷，北京师范大学、吉林大学、北京大学、中山大学图书馆有明崇祯年间刻本三十五卷。

《皇明通纪辑录》

据浙江巡抚三宝乾隆四十年（1775）三月十九日奏陈：《皇明通纪辑录》共二十七卷。是书一卷至十五卷，纪明洪武迄正德各朝事迹，系陈建所撰；十六卷至二十四卷，纪嘉靖迄天启二年事迹，系陈龙可所撰；二十五卷至二十七卷，纪天启三年以后事迹，系节删沈国元所撰《从信录》。参合三书，汇为一编。

（二）叶绍泰

叶绍泰，生卒年不详，明浙江嘉兴人。其禁毁著述有：

《名文宝符》

查《纂修四库全书档案》：浙江巡抚三宝乾隆四十年（1775）五月二十二日奏缴《名文宝符》六部，并称“是书系明叶绍泰辑，嘉兴人。今续查出六部，内三部全，

① 中国第一历史档案馆.纂修四库全书档案[M].上海：上海古籍出版社，1997：401.

② 中国第一历史档案馆.纂修四库全书档案[M].上海：上海古籍出版社，1997：412-414.

③ 中国第一历史档案馆.纂修四库全书档案[M].上海：上海古籍出版社，1997：364.

④ 中国第一历史档案馆.纂修四库全书档案[M].上海：上海古籍出版社，1997：396.

⑤ 中国第一历史档案馆.纂修四库全书档案[M].上海：上海古籍出版社，1997：340.

又一部原缺卷四、卷十二至卷二十，又一部原缺卷一、卷二，又一部原缺卷二十”①；江苏巡抚萨载乾隆四十年（1775）六月十一日奏缴“《名文宝符》一部，十六本。明嘉兴叶绍泰选。有谬妄及违碍语句，应请销毁”②。

《四库禁毁书丛刊》据明香谷山房刻清印本影印，存卷二至卷二十。

（三）黄洪宪

黄洪宪（1541—1600），明嘉靖间浙江秀水人。字懋中，号葵阳，自称碧山学士。隆庆元年浙江乡试第一，隆庆五年（1571）辛未科二甲第十三名进士，授翰林院编修。参修《大明会典》，书成，升右春坊右庶子兼侍读。官至少詹事。有《朝鲜国记》《玉堂日钞》《碧山学士集》等。黄洪宪为吕留良外祖父，其书籍禁毁也与吕留良有关。

《碧山学士集》

黄洪宪万历二十六年（1598）刻印过自撰《碧山学士集》二十一卷《别集》四卷。后吕留良搜集黄氏文稿，重新编次，并撰写《识碧山学士传稿后》于书后。此文从《碧山学士集》文稿之搜集谈起，概述黄洪宪为文“三变”之经历，详述其入翰林院之政绩，及其重视名节之为人，值得后人敬重。因吕留良案，《碧山学士集》被列为禁毁书籍。

查《纂修四库全书档案》，湖广总督三宝乾隆四十三年（1778）十月初四日奏缴《碧山学士稿》二部。浙江巡抚李质颖乾隆四十五年（1780）九月初八日奏查缴《碧山学士集》一部，不全。闽浙总督陈辉祖乾隆四十七年（1782）八月二十八日奏缴《碧山学士集》一部。闽浙总督三宝奏缴乾隆四十四年（1779）九月初六日奏缴《碧山学士集》一部

此书最早有明万历二十五年（1597）陶望龄刻本。今天津图书馆藏有《碧山学士集》二十一卷《别集》四卷，明万历刻本，收入《四库禁毁书丛刊》集部第三十册；另北京大学图书馆有清顺治六年（1629）刻本，二十卷。

（四）项德桢　项鼎铉

项德桢（1555—1605），字庭坚，号元池，明秀水人，万历十四年（1586）年进士。项鼎铉（1575—1619），项德祯长子，字孟璜，初字稚玉，号扈虚。

《名臣宁攘要编》

浙江巡抚三宝乾隆四十年（1779）五月二十二日奏缴《名臣宁攘要编》三部，

① 中国第一历史档案馆.纂修四库全书档案[M].上海:上海古籍出版社,1997:396.

② 中国第一历史档案馆.纂修四库全书档案[M].上海:上海古籍出版社,1997:411.

“是书系明项德桢辑，项鼎铉补，秀水人。原目列三十篇。今续查出三部，内二部全，又一部原缺八篇”[①]。

《四库禁毁书丛刊补编》据明刊本影印。

（五）李日华

李日华（1565—1635），字君实，号竹懒，又号九疑，浙江嘉兴人。万历二十年（1592）进士。官至太仆少卿。性淡泊，与人无忤，工书画，精善鉴赏，世称博物君子。著作宏富，有《礼白岳记》一卷、《梅墟先生别录》二卷、《玺召录》一卷、《官制备考》二卷、《姓氏谱纂》七卷、《时物典汇》二卷、《竹懒画媵》一卷《续画媵》一卷、《紫桃轩杂缀》三卷《又缀》三卷、《六研斋笔记》四卷《二笔》四卷《三笔》四卷、《恬志堂诗话》三卷均《四库总目》并行于世，另有《恬致堂集》四十卷、《明史艺文志》《檇李丛谈书画》《想象录》等书。编修《四库全书》时，李氏禁毁书有：

《恬致堂集》

《恬致堂集》四十卷，收录了李日华简牍铭赞题跋等散文二百余篇、诗作一千一百余首以及若干科场文字、杂记。查《纂修四库全书档案》闽浙总督陈辉祖乾隆四十七年（1779）八月二十八日奏缴《恬致堂集》一部。

北京大学图书馆有明崇祯十三年（1640）年刻本，《四库禁毁书丛刊》集部影印收录。

《四六类编》

是书为李日华骈文选本，书前题：“嘉禾李日华君实辑著，钱江鲁重民孔式补订，古临钱蔚起黼明校定。”卷端有李景濂《四六全书序》，称：“嘉禾李君实先生所集《四六类编》，佐以《官制》《舆图》《姓氏》《时物》诸考。而武林孔式、黼明二子，复为增补订定焉。”[②]

四库馆臣虽认为此书“多系应酬之作，不足采录”，但因“内有干碍字面”，即难逃销毁之灾。卷十二武职篇文中有言及边事记载，如成于思《送将锦衣北上》有“灭虏擒胡之功，登坛烈士之绩，端有日矣，请拭目焉。”查《纂修四库全书档案》，山东巡抚国泰乾隆四十四年（1779）四月二十日奏缴《四六类编》一部，二本。浙江巡抚琅玕乾隆五十四年（1789）十月奏缴《四六类编》五本。

今北京师范大学、华东师范大学、北京大学、厦门大学图书馆藏有《四六类

---

① 中国第一历史档案馆.纂修四库全书档案[M].上海:上海古籍出版社,1997:396.

② ’93中国古代小说国际研讨会学术委员会.’93中国古代小说国际研讨会论文集[G].北京:开明出版社,1996:182.

编》明崇祯十三年（1640）刻本。

（六）李稻塍　李集

李稻塍，清朝文人。字耕麓，号蜕庵，浙江嘉兴人。庠生，著有《寸碧山房集》。李集，为李稻塍之族弟。禁毁书有二人合编的《梅会诗选二集》。

《梅会诗选二集》

关于该书的编选缘由，李稻塍在该书前有言："吾里稻诗，必并举朱、李，盖秋锦徵士与竹垞太史同里、同举制科。予家居无事，爰与族弟敬堂仿《渔洋精华录》之意，厘为十二卷，庶与渔洋一编并传不朽。独念梅会多诗人，匪独朱、李二公，自前明以迄国初，名流辈出，因复广为搜罗，依其辈次，编纂两编。乾隆三十二年□月，蜕庵居士李稻塍书。"[①]由此可知，该书是为李稻塍、李集选编的曾祖父李良年、同里朱彝尊及其他诗人的诗词作品。

《纂修四库全书档案》有载，乾隆五十五年（1790）五月初七日浙江巡抚琅玕奏缴违碍书籍《梅会诗选二集》二本。

《四库禁毁书丛刊》集部收录清乾隆三十二年（1777）寸碧山堂刻本《梅会诗选》十二卷、《二集》十六卷、《三集》四卷、《附刻》一卷。

（七）姚佺

姚佺（？—1662），字仙期，一字山期。号辱菴，亦号口山贞逸。浙江秀水人。明末复社成员，入清隐居。

《诗源初集》

诗总集。不分卷。姚佺于清初顺治年间编选评点清代初期诗人五百六十九家诗作。仿《诗经·国风》体例，所收诗家分省排列，凡吴、越、豫章、楚、闽、蜀、粤东、滇、黔、豫、齐鲁、晋、秦、燕、释家及列女十六类。全书以诗存人，以人存诗，较多地保存了清代初期诗人诗作的资料[②]。姚佺秉持遗民的政治视角，选入和评点了大量的表彰抗清志士、抨击新朝暴政的时人之作。选集中的作者，多为姚佺友人。

此书有清康熙间刊本。《四库禁毁书丛刊》集部有《诗源初集》十七卷，据中国科学院图书馆清初抱经楼刻本影印。

① 翁方纲.翁方纲纂四库提要稿[M].上海：上海科学技术文献出版社，2005：1 150.

② 钱仲联，傅璇琮，王运熙，等.中国文学大辞典[M].上海：上海辞书出版社，1997：1 320.

(八)释智舷

释智舷（1556—1603），字苇如，号秋潭，浙江秀水人。十七岁始居秀水金明寺，晚居黄叶庵，晚年自称黄叶老人、黄叶头陀。李日华《恬致堂集》有所透露：“黄叶老人能诗工书，书力主颜，行稍涉双井风义，成就如霜后擘柑，香味俱绝。”[①]著述有《黄叶庵集》。其禁毁书为：

《黄叶庵诗草》

查《纂修四库全书档案》，闽浙总督陈辉祖乾隆四十七年（1782）八月二十八日奏缴《黄叶庵诗》五部，“刊本。是书释智舷著。一部全，四部不全”。

智舷《黄叶庵诗草》残卷现存上海图书馆。《四库禁毁书丛刊》集部收《黄叶庵诗草》一卷，据明钞本影印。

(九)项声国

项声国（生卒年不详），初名鼎爰，字仲展，更名声国，字敉公。项笃寿孙，项德桢子，项鼎铉弟，朱国祚长婿。明崇祯庚午顺天中式，崇祯七年（1634）科进士，授雅州知府。其禁毁书有：

《后场隽永》

查《纂修四库全书档案》，江苏巡抚杨魁乾隆四十四年（1779）四月初八日奏缴应毁书籍《后场隽永》一部，“明末嘉兴项声国辑”。

《中国禁书大观》《清代禁书总述》等均载有此书书目。

(十)沈鸿举

沈鸿举（生卒年不详），清秀水人。

《性理大全标题汇纂》

查《纂修四库全书档案》，乾隆四十六年(1781)二月三十日山东巡抚国泰奏缴“《性理大全标题汇纂》一部，六本。系秀水沈鸿举纂辑。《先正编集》姓氏内有钱谦益序，应营销毁”[②]。六月二十九日奏准禁毁，“姓氏均有钱谦益姓名，应铲除，其书仍行世，毋庸销毁”[③]。

《清代禁书总述》收此书书目。

① 邵永儒.草书研习与欣赏[M].北京:京华出版社,2010:149.

② 中国第一历史档案馆.纂修四库全书档案[M].上海:上海古籍出版社,1997:1 298.

③ 雷梦辰.清代各省禁书汇考[M].北京:书目文献出版社,1989:2.

（十一）徐石麒

徐石麒（1577—1645），初名文治，字宝摩，号虞求，秀水人。明天启二年（1622）进士。授工部营膳司主事，后因忤魏忠贤而被削籍。崇祯初起补南京礼部主事，累官吏部尚书，后坐罪落职闲住。福王时召拜吏部尚书，为权奸所扼，乞归。清兵入浙，守嘉兴孤城，城破，朝服自缢于可经堂，谥忠襄，《明史》卷二百七十五有传。徐石麒为人刚方清介，著有《可经堂集》，存词十一首。

《可经堂集》

《翁方纲纂四库提要稿》载，《可经堂集》为全毁书。前三卷皆奏疏，四卷、五卷诗，六卷文，卷七以下书牍。《明史艺文志》载其《可经堂集》十二卷①。

查《纂修四库全书档案》，江苏巡抚闵鹗元乾隆四十六年（1781）三月二十九日奏缴“《可经堂疏辑》二本。明嘉禾徐石麒著”。《可经堂疏辑》与《可经堂集》为同书异名。

《可经堂集》为徐石麟可经堂自刊，现北京大学、华东师范大学图书馆等存清顺治间可经堂刻本。《四库全书禁毁丛刊本》集部据此收录《可经堂集》十二卷。

（十二）张廷鹭

张廷鹭（生卒年不详），明代嘉兴人。其遭禁毁的书有：

《广古今议论参》

文选。明吴中龙、张廷鹭辑。此书凡三十卷，辑录前人议论并加评语。内容有天文、地理、典章制度、九边形势、民族问题、六书经籍等。此书乃供当朝统治之鉴。书中有“奴酋不死，中国之祸未艾也”之句，故遭禁毁。

查《纂修四库全书档案》，浙江巡抚三宝乾隆四十二年（1777）五月二十日奏缴“《广古今议论参》七部，刊本。是书明张廷鹭辑，槜李人。三十卷。分天官、舆地等六门，内有边防等篇指斥时事。内五部全，一部原缺卷一，卷二，又一部原缺卷一至卷十五”②。乾隆四十二年（1777）十一月初二日奏准禁毁。

今北京大学图书馆有明崇祯十五年（1642）刻本《广古今议论参》三十卷。

（十三）陈懿典

陈懿典（1554—1638），字孟常，号如刚，明浙江秀水人。万历七年（1579）举人，二十年进士，选庶吉士。万历二十二年（1594）九月，授编修，任正史纂修

① 翁方纲.翁方纲纂四库提要稿[M].上海：上海科学技术文献出版社，2005：962.

② 中国第一历史档案馆.纂修四库全书档案[M].上海：上海古籍出版社，1997：397.

官，参加了陈于陛主持的官修纪传体本朝史书的活动，尝转任中允、谕德，受命册封鲁藩，因患眼疾请假归里。后受叶向高的推荐起南翰林学士，不赴崇祯时晋少詹，益坚初志里居凡三十余年，年八十五。

《陈学士先生初集》

此书又名《陈孟常学士初集》《吏隐斋集》，共三十六卷，有明万历四十八年（1620）曹宪来刊本，北京大学图书馆有藏。《四库禁毁书丛刊》集部据此本影印，名《陈学士先生初集》三十六卷。

（十四）沈德符

沈德符（1578—1642），字景倩、虎臣。明代文学家，浙江秀水人。万历四十六年（1618）举人。精通音律，熟谙掌故。著《万历野获编》《飞凫语略》《敝帚轩剩话》《秦玺始末》《顾曲杂言》《清权堂集》等。

《万历野获编》

此书前二十卷首次编成于明朝万历三十四、三十五年间，书名寓“野之所获”之意。万历四十七年（1619）沈德符礼部会试落第，中年南返，操笔续录，编成续编十卷，正续编前后间隔十二年。沈德符仿欧阳修《归田录》之体例，记明万历前朝章典故、里巷琐语及仕人故事，尤其是世宗、神宗两朝的掌故，极为详备，是研究明代史的重要参考书。清代编修明史，有不少传中所载的事实，来源于该书。

《万历野获篇》被列入全毁书目，盖因作者以大汉族的心态自居，将其他民族和周边国家称之为蛮夷，在某些方面触及清统治者的忌讳之处。如《万历野获编》卷三十“夷人市瓷器”条云：“余于京师，见北馆伴□、馆夫装车，其高至三丈余，皆鞑靼、女真诸虏及天方诸国贡夷归装所载。他物不论，即瓷器一项，多至数十车。”[①]其中称女真为虏。又如卷二十五“靖康景泰二论”条载“靖康金人再入犯，道君欲自出陕西招兵，为李纲所遏不得行，以故城破入金军时，见钦宗曰‘早听老夫之言，无今日之祸。’钦宗无以应也。又粘罕初围城时，蔡京求入见，陈退兵策，盖欲决河灌敌营，使马匹不返，而攻者四起，不许入国门，遂贬潭州。”[②]其中称金军之营为“敌营”亦犯忌讳。且《万历野获编》之《补遗》由钱谦益为之作跋，他对《万历野获编》的评价较高，但乾隆间钱谦益被打入《贰臣传》，其著述皆在禁毁之列，自然也会影响到《万历野获编》。

现北京师范大学、辽宁大学、北京大学图书馆存清道光七年（1827）钱塘人姚祖恩扶荔山房刻本，《四库禁毁书丛刊》史部据此本影印；另有1959年中华书局铅

① 沈德符.万历野获编[M].北京:中华书局,1959:780.

② 沈德符.万历野获编[M].北京:中华书局,1959:629.

印标点本。

(十五)朱彝尊

《曝书亭集》

此书在《四库全书》编修过程中遭抽毁。乾隆四十六年(1781)十月初六日两江总督萨载奏续缴应禁书籍《曝书亭集》一部,十二本。乾隆四十七年(1782)五月初二日山西巡抚农起奏缴朱彝尊《曝书亭集》一部,刻本。乾隆五十四年(1789)十月浙江巡抚琅玕奏缴《曝书亭集》一本,“朱彝尊撰。内有屈大均等诗,应抽毁”①。乾隆五十二年(1787)十月初三日军机大臣奏遵旨阅看纪昀奏毁各书并缮清单进呈折中提到,“朱彝尊《曝书亭集》,并无违碍。惟纪昀指出《谭贞良墓表》内所称‘贞良百折不回,卒保其发肤首领,从君父于地下’等语,似有语病,应一律抽毁”②。

三、嘉善人禁毁著述

(一)陈龙正

陈龙正(?—1634),初名龙致,字惕龙,号几亭,嘉善人。明崇祯七年(1634)进士及第,崇祯十年(1637)授中书舍人。清军陷落南京时,龙正身已有疾,南明弘光元年(1645)六月绝药而卒。龙正为人忠爱至诚,操履冰洁,厚施乐赈,学者称其为几亭先生,门人私谥其“文法”。著作有《政书》七卷、《学言》二十卷、《文录》二十卷、《朱子经说》十四卷、《秘垣疏草》四卷、《皇明儒统》八卷、《高子遗书》十二卷、《阳明要书》八卷、《救荒策会》七卷、《外书》四卷、《程子评本》二十卷、《陶诗衍》等,是嘉善历史上著作最多的作家之一。其中《救荒策会》收《四库全书》史部政书类存目、《程子评本》收《四库全书》子部儒家类存目。《四库全书》编纂期间,陈龙正被禁毁的著述如下:

《几亭全书》

内分《学言》三卷,《学言详记》十七卷,《政书》二十卷,《文录》二十卷,《因述》二卷,《家传》二卷,共六十四卷。因“其《文录》《家传》各卷内,间有触碍字句”,而遭抽毁,且书板相关字句遭铲去③。

---

① 中国第一历史档案馆.纂修四库全书档案[M].上海:上海古籍出版社,1997:2 168.

② 中国第一历史档案馆.纂修四库全书档案[M].上海:上海古籍出版社,1997:2 066.

③ 中国第一历史档案馆.纂修四库全书档案[M].上海:上海古籍出版社,1997:398.

查《纂修四库全书档案》,浙江巡抚三宝乾隆四十年（1775）五月二十二日奏缴《几亭全书》八部、板片一副计八百九十一块，同年九月二十五日奏缴一部，乾隆四十二年（1777）八月初四日又奏缴十五部；直隶总督袁守侗乾隆四十六年（1781）六月初十日奏缴《几亭全书》一部，十四本；闽浙总督陈辉祖乾隆四十七年（1782）二月三十日奏缴《几亭全书》三部，同年八月二十八日又奏缴九部。

现存《几亭全书》清康熙三年（1664）刻本，北京大学图书馆有藏；清康熙四年（1665）云书阁刻本，国家图书馆、浙江图书馆、复旦大学图书馆有藏，《四库禁毁书丛刊》集部收有《几亭全书》六十四卷，据此刻本影印。

《几亭集》

乾隆四十年（1775）九月十二日江西巡抚海成奏缴陈龙正《几亭集》二部，内不全一部；同年六月十一日江苏巡抚萨载奏违碍书籍《陈几亭文集》三部，一部二十本，一部十本，一部六本；江苏巡抚杨魁乾隆四十一年（1776）十月初四日奏缴违碍书籍《陈几亭文集》一部，四本。

现浙江图书馆藏明崇祯刻本，其中《几亭初集》四种二十二卷、《几亭再集》四种二十二卷。

《几亭外书》

浙江巡抚三宝乾隆四十二年（1777）八月初四日奏缴《几亭外书》五部；闽浙总督陈辉祖乾隆四十七年（1782）二月三十日奏缴《几亭外书》一部，不全；闽浙总督陈辉祖乾隆四十七年（1782）八月二十八日奏缴《几亭外书》九部，俱不全。

今存清光绪四年（1878）秀水孙氏望云仙馆刻本《几亭外书》二卷，为《槜李遗书》所收，浙江图书馆、北京大学图书馆、河南大学图书馆有藏；另明崇祯四年（1631）刻本《几亭外书》九卷，北京大学图书馆、人民大学图书馆、浙江图书馆有藏；浙江图书馆还有《几亭外书》三卷。《几亭外书》为《续修四库全书》收录。

《文录》

浙江巡抚三宝乾隆四十二年（1777）八月初四日奏缴《几亭文录》六部；闽浙总督陈辉祖乾隆四十七年（1782）二月三十日《几亭文录》一部，又《续文录》三部，俱全；闽浙总督陈辉祖乾隆四十七年（1782）八月二十八日奏缴《几亭文录》四部，三部全，一部不全。

今浙江图书馆藏有明崇祯刻本陈龙正《文录》四卷，北京大学图书馆、浙江图书馆有清康熙四年（1665）云书阁刻本陈龙正《文录》二十卷。

（二）袁黄

袁黄（1533—1606），字坤仪，初号学海，后改号了凡。浙江嘉善人。万历十四年（1586）进士。官至兵部职方司主事。曾佐宋应昌援朝御倭。精通天文、术数、医学、水利。著有《历法新书》《皇都水利》《群书备考》《立命编》《评注八代文宗》《袁了凡纲鉴》等。

《群书备考》

此书为袁黄于万历间编纂的一部类书，后沈昌世增补。此书共四卷，卷一为圣制、圣学、文章、诗赋；卷二为象纬、历数、水利；卷三为刑律、赋税、户口、盐法；卷四为科举、兵制等。龚五在书前序中言此书“规天条地论，道经帮饯赋军戎……以事配词，以词括义”，读此书不啻“得异书于帐中，受阴符于圯上，即匡时佐运，其底蕴具是矣”。王重民先生曾论及此书，以为“是书文词尔雅，注解详实”①。

是书第四卷“九边”文中，多有记载边事及各民族与明朝关系变化之事，言辞激烈。如《蓟州考》载“弘治中，守臣因烧荒，掩杀无辜，边衅遂起”。又如《榆林考》载“国初筑东胜等城……家散而小户不能耕，河套遂失”，等等，是故被军机处奏准入全毁书目。湖广总督三宝奏缴此书：“抽去九边图，行世。”《禁毁书目·补遗一》载：“查《群书备考》原本题明袁黄撰。皆短仃剿袭之语，盖坊间所托名，第四卷内语极狂悖，应请销毁”②。乾隆四十二年(1777)十二月二十二日奏准禁毁。

查《纂修四库全书档案》，浙江巡抚三宝乾隆四十年（1775）九月二十五日奏缴《群书备考》三部，“是书明袁黄著，嘉善人。内分四卷，末附《九边图考》。今查出书三部，内二部全，又一部原缺卷一、卷二”③。浙江巡抚琅玕乾隆五十四年（1789）十月奏缴《群书备考》十九本。

此书现存明刻本，《中国善本书提要》著录。北京师范大学图书馆有清双桂书屋抄本《抄撮袁坤仪群书备考》不分卷；宁夏大学图书馆有明崇祯江介孚刻本《群书备考》四卷；北京大学图书馆有明刻本《群书备考》六卷；人民大学图书馆有《群书备考》六卷、《续二三场群书备考》三卷，其中《群书备考》是袁黄撰、袁俨注释，《续二三场群书备考》是袁俨撰并注释；清华大学图书馆有明崇祯五年（1632）、十五年（1642）大观堂刻本《群书备考》六卷；北京师范大学、河南大学、南京师范大学、北京大学、清华大学图书馆具有《续二三场群书备考》四卷；中山大学图书馆有清康熙二年（1663）吴门鸣凤堂重订袁了凡注释《群书备考》八卷。

《了凡纲鉴补》

是书乃袁黄采录朱熹《通鉴纲目》编纂而成，为当时普及性历史读物。原名

① 王彬.清代禁书总述[M].北京:中国书店,1999:352.

② 白撞雨.翕居读书录[M].北京:石油工业出版社,2009:326.

③ 中国第一历史档案馆.纂修四库全书档案[M].上海:上海古籍出版社,1997:440.

《鼎锲赵田了凡袁先生编纂古本历史大方纲鉴补》，简称为《了凡纲鉴补》，包括《历史纲鉴》三十九卷首一卷。明袁黄撰、王凤洲（王世贞）加批增补。《历史纲鉴》以纪年形式，纪自三皇五帝至元顺帝之史实。

《了凡纲鉴补》因“其记载明末唐、桂诸王，多用其年号；且中多触悖语句，应请销毁”[①]。查《纂修四库全书档案》，浙江巡抚琅玕乾隆五十四年（1789）十月奏缴《了凡纲鉴》八本。

《四库禁毁书丛刊》史部据明万历三十八年（1610）双峰堂余氏刻本影印收录《鼎锲赵田了凡袁先生编纂古本历史大方纲鉴补》三十九卷首一卷。北京大学图书馆有清末刻本《鼎锲赵田了凡袁先生编纂古本历史大方纲》三十九卷、清光绪二十五年（1899）上海著易堂石印本《御批增补了凡纲鉴》三十九卷、清末民初石印本上海文瑞楼《王凤洲袁了凡纲鉴汇纂》三十九卷首一卷、民国二年（1913）上海锦章书局石印本《增批袁王纲鉴合编》三十九卷首一卷；人民大学图书馆有清光绪二十八年（1902）汉读楼书局铅印本《御批增补了凡纲鉴》四十卷首一卷、清光绪三十年（1904）上海同文升记书局铅印本《御批增补了凡纲鉴》四十卷首一卷；清华大学图书馆有清光绪二十五年（1899）石印本《御批增补了凡纲鉴》四十四卷；浙江师范大学图书馆有清末民初上海文瑞楼石印本《增评加批历史纲鉴补》三十九卷首一卷附《资治明纪纲目》二十卷附《福唐桂三王本末》一卷。

（三）钱士升

钱士升（1574—1652），字抑之，号御冷，晚号塞庵，明嘉善魏塘镇人。明万历四十四年（1616）状元，明末浙东学术的代表人物，著作颇丰，有《表忠记》《易揆》《逊国逸书》《增削南宋书》《论扉奏章》《赐馀堂集》《五子近思录》《庄子四篇诠》《楞严外解》等。清《嘉善县志》收录其《定人心消乱萌疏》《敬抒积悃疏》等文十篇。

《赐余堂集》附《年谱》

是书为钱士升死后其门人许重熙将其文集编撰而成。乾隆五十四年（1789）十月浙江巡抚琅玕奏缴禁书书单有《赐余堂集》八本。

《四库禁毁书丛刊》集部影印收录清乾隆四年（1739）钱佳刻本《赐余堂集》十卷又《年谱》一卷。

（四）丁宾

丁宾（生卒年不详），嘉善人，字敬宇，又字礼原，号改亭，明隆庆五年

① 黄裳.当代学者文史丛谈：书林一枝[M].太原：山西古籍出版社，1998：170.

(1571) 进士。任句容知县，后任御史。万历十九年 (1591) 起复故官，迁南京右佥都御史兼提督操江、南京工部尚书，后累加至太子太保。卒谥清惠，有《丁清惠公遗集》八卷传世。

《丁清惠公遗集》

此书因“中有诋毁字面”，于乾隆年间为军机处奏准列入全毁书目。乾隆四十三年 (1778) 六月十六日江苏巡抚杨魁奏缴违碍书籍单中有《丁清惠遗集》一部，八本；乾隆五十四年 (1789) 十月浙江巡抚琅玕奏缴禁书清单中有《丁清惠集》十六本。

《四库禁毁书丛刊》集部据明崇祯间刻本影印收录《丁清惠公遗集》八卷。

(五)魏大中

魏大中 (1575—1625)，字孔时，号廓园。嘉善人。谥忠节。为骨鲠之臣，而颇留心风雅。魏大中师从东林党魁高攀龙授业，明万历四十四年 (1616) 进士，历任行人司行人 (掌传旨、册封筹事的官员)，工、礼、户、吏各科给事中，都给事中等职，著有《藏密斋集》二十四卷，《明史》有传。

《藏密斋集》

诗文别集，二十五卷 (别本二十四卷)。卷首有钱士升、瞿式耜、陈梁等序。自谱一卷、奏疏八卷、诗一卷、杂著三卷、书牍十卷、启一卷，每类前冠有自序一篇。诗成就不如其文，文中以书信较有特色。此书因“诗文、奏疏、杂著内叙论辽事，语多触碍”为两江总督萨载奏缴，乾隆年间奏准禁毁。乾隆五十四年 (1789) 十月浙江巡抚琅玕奏缴禁书清单中亦有《藏密斋集》十五本。

现吉林大学存有明崇祯年间刻本《藏密斋集》二十四卷；北京大学图书馆有明崇祯元年 (1628) 藏密斋刻本《藏密斋集》二十四卷；人民大学图书馆有清道光二十八年 (1848) 刻同治五年 (1866) 补刻《藏密斋集》七卷。《四库禁毁书丛刊》集部据明崇祯间刻清嘉庆补刻本影印收录《藏密斋集》二十四卷。

(六)魏学洢

魏学洢 (1596—1625)，字子敬，嘉善人，明末散文作家。诸生，魏大中长子。天启五年 (1625)，魏大中因弹劾魏忠贤被捕并死于狱中，魏学洢入浙江监狱后逝世。崇祯初年，诏旌为孝子。一生未仕，好学善文，著有《茅檐集》等。

《魏子敬遗集》

又名《魏孝子集》。江苏巡抚闵鹗元乾隆四十六年 (1781) 三月二十九日奏查缴应禁书单中有《魏子敬遗集》二本。乾隆四十六年四月二十五日准奏禁毁。

此书国家图书馆有明崇祯元年（1628）钱菜刻本。《四库禁毁书丛刊补编》影印收录此刻本《魏子敬遗集》八卷。

（七）俞长仁

俞长仁（生卒年不详），浙江嘉善人。

《咏物诗选》

清雍正年间俞长仁编辑，“集分八卷，诗逾千篇”。此书为江西巡抚郝硕奏缴：“内有钱谦益、吴伟业诗。应铲除，余书仍行世。”[①]乾隆四十四年（1779）四月初五日准奏禁毁。乾隆五十一年（1786）四月十三日安徽巡抚书麟奏缴应禁书籍单中有“《咏物诗选》一部，四本，全。嘉善俞长仁辑”[②]。

三、平湖人禁毁著述

（一）赵维寰

赵维寰（1563—1643），字若无，号无声，明平湖人。光绪《嘉兴府志》载赵维寰为明万历二十八年（1600）解元，署海宁教谕，历任南京国子监丞，刑部郎中。为官过于刚直，所至不肯依阿。在太子监，与大司成不合，便欲挂冠，司成谢罪，乃解。在刑部，上疏弹劾抚宁侯朱国弼，罢之；又与尚书甄淑相互上奏指责，终被罢职。归家后，闭门著书以终。著作有《尚书蠡》《读史快编》《宁志备考》《迂略》《雪庐焚余稿》《雪庐焚续稿》《皇明快编》《快史拾遗》等。

《雪庐焚余稿》《焚余续》

乾隆四十年（1775）五月二十二日浙江巡抚三宝奏解缴应毁书籍单中有“《雪庐焚余稿》三部，刊本。是书系明赵维寰著，平湖人。今续查出三部，内二部全，又一部原缺卷二至卷十”[③]。乾隆五十四年（1789）十月浙江巡抚琅玕奏缴禁书清单中有“《焚余续》二本。明赵维寰撰”[④]。

曾有崇祯二年(1629)家刊本。据《平湖经籍志》云：《焚余稿》有杭州王氏九峰旧庐藏本，《续稿》未见。《四库禁毁书丛刊》集部影印收录明崇祯间刻本《雪庐焚余稿》十卷，《续草》二卷，附《客问》一卷。

① 王彬.清代禁书总述[M].北京：中国书店，1999：522.

② 中国第一历史档案馆.纂修四库全书档案[M].上海：上海古籍出版社，1997：1 934.

③ 中国第一历史档案馆.纂修四库全书档案[M].上海：上海古籍出版社，1997：396.

④ 中国第一历史档案馆.纂修四库全书档案[M].上海：上海古籍出版社，1997：2 165.

（二）沈懋孝

沈懋孝（1537—1612），字幼真，号晴峰，平湖人。明隆庆二年（1568）进士，授编修，迁南司业，中蜚语谪两淮通判，投牒不赴，退居淇林之上，授徒讲学。拥书万卷，日丹黄其间，寒暑不辍。室名“滴露轩”“贲园”。所著有《滴露轩藏稿》一卷、《洛诵编》二卷、《石林蕡草》二卷、《四余编》二卷、《贲园草》四卷、《水云绪编》三卷、《淇林雅咏》十卷。

《长水先生文钞》

文集。此书几十卷，各卷自为起讫，自有序跋，分六集，《长水文钞》一卷、《洛诵编》一卷、《石林蕡草》一卷、《四余编》一卷、《水云绪编》三卷、《赍园草》三卷。因书中《合射议》《与张嵋崃书》《防胡策》等文，触犯清人忌讳，被列入四库馆奏准全毁书目。

今北京图书馆藏《长水先生文钞》十卷、十册，为明万历间刻本。《四库禁毁书丛刊》集部据此影印收录。

（三）陆启浤

陆启浤（生卒年不详），字叔度，浙江平湖人。生活于明末清初。据光绪平湖县志载，其有著作《贲趾山房诗文集》一百卷、《读史》十部四十卷、《经世谱》八卷、《太元测》一卷等。

《客燕杂记》

乾隆四十四年（1779）四月初八日江苏巡抚杨魁奏缴应毁书籍中有“《客燕杂记》一部，一本。抄本。明末平湖陆启浤著”，并称中“有谬妄违碍语句，应请销毁”[①]。

现上海图书馆存有手抄本，全书共有三卷。

（四）过庭训

过庭训（1578—1629），字尔韬，号成山，平湖人。明万历三十二年（1604）进士，历任湖广江陵知县、云南道监察御史、湖广参政、福建按察使等。著作有《圣学嫡派》《本朝京省人物考》《性理翼明》《名臣类编》等。

《明人物考》

查《纂修四库全书档案》，乾隆四十年（1775）九月二十二日闽浙总督钟音奏查缴不应存留书集中有“《明人物考》一部，六十四本。黏签三十条。过庭训著，浙

---

① 中国第一历史档案馆.纂修四库全书档案[M].上海:上海古籍出版社,1997:1 019.

江平湖人"[①]。福建巡抚余文仪奏缴也曾奏缴此书，乾隆四十年（1775）闰十月十六日奏准为抽毁书目。乾隆四十三年（1778）十月初四日湖广总督三宝奏查获应毁各书，"《明人物考》一部，刊本。是书过庭训纂。计四十一本，内缺十八卷、十九卷、三十八卷、三十九卷、四十四卷、四十五卷、五十二卷、五十三卷、九十一卷至九十八卷、一百十卷、一百十一卷。内论仕辽人物，语有违碍"[②]。

此书有明天启二年（1622）过庭训自刻本，《四库禁毁书丛刊》2000年影印本收录《本朝京省人物考》；《续修四库全书》第533 036册影明天启刻本过庭训著《本朝分省人物考》。吉林大学图书馆有明天启刻本《本朝京省人物考》一百一十五卷，北京大学图书馆有明天启刻本《明朝分省人物考》一百一十五卷，盖同书异名。

四、海盐人禁毁著述

（一）郑晓

郑晓（1499—1566），字窒甫，号淡泉，浙江海盐人。明嘉靖二年（1523）进士，授兵部职方主事，调吏部考功郎中，后历任南京太常卿、刑部右侍郎、兵部右侍郎兼副都御史、总督漕、刑部尚书。郑晓博览群书，精通经学、术数、国史掌故，通晓地理、用兵之法，著有《郑端简公文集》《郑端简公奏议》《吾学编》《征吾录》《古言》《今言》《史论》《策学》《禹贡图说》《直文渊阁表》等。

《吾学编》

六十九卷。本书略仿正史之体，记明洪武以迄嘉靖各朝事迹。分记、传、表、述、考，共十四篇，计有大政记、建文逊国记、同姓诸王表、传、异姓诸侯表、传、直文渊阁诸臣表、两京典诠尚书表、名臣记、逊国臣记、天文述、地理述、三礼述、百官述、四夷考、北虏考等。由于随写随刻，断限殊不一致，或止于正德，或止于嘉靖，甚至有续编至万历者。但从统记一代史实来说，在当时颇称简当。

关于《吾学编》的查缴情况，浙江巡抚三宝在乾隆四十年（1775）三月十九日的奏折提到，"江苏抚臣萨载咨查故明郑晓所著《吾学编》书版"，三宝查出郑晓为浙江海盐县人，并派府县率同原委教职，"传其后裔郑炳衡，起出《吾学编》书版一副七百六十一块。按其书页较对，原版内缺少三十七页。讯据郑炳衡供称：原系先人所刻，堆贮年久，其遗失实不知其原委等语。并缴出《吾学编》原书一部"[③]。另

① 中国第一历史档案馆.纂修四库全书档案[M].上海：上海古籍出版社，1997：437.

② 中国第一历史档案馆.纂修四库全书档案[M].上海：上海古籍出版社，1997：907.

③ 中国第一历史档案馆.纂修四库全书档案[M].上海：上海古籍出版社，1997：364.

于别处又查获《吾学编》七部，内有完全者三部，核与郑炳衡所缴之书相符。关于《吾学编》的内容，三宝言“纪明代朝章政令及诸人事迹，自洪武迄嘉靖年间止，仿照正史体例，分十四类”[①]。此次，三宝共奏缴《吾学编》板片一副并书八部，内四部全。又一部原缺《逊国记》一卷、《异姓诸侯表传》三卷、《直阁诸臣表》一卷、《两京典铨表》一卷。又一部原缺《同姓诸王传》一卷、《北虏考》一卷。又一部原缺《天文述》一卷、《地理述》二卷、《四夷考》一卷。又一部原缺《名臣记》四卷、《逊国臣记》四卷、《四夷考》一卷、《北虏考》一卷[②]。关于此书禁毁的原因，山东巡抚国泰乾隆四十四年（1779）四月二十日奏缴《吾学编余》一本，并称“内《兵略篇》语句触碍，现奉查禁，应一体销毁”[③]。

北京师范大学图书馆、北京大学图书馆、武汉大学图书馆藏有明万历二十七年（1599）郑心材刻本六十九卷二十六册，《四库禁毁书丛刊》史部据此刻本影印；北京大学图书馆、清华大学图书馆、南京大学图书馆、北京师范大学图书馆、北京图书馆藏有明隆庆元年（1567）郑履淳刻本六十九卷，《续修四库全书》史部杂史类据此刻本影印。

《吾学编余》

是书为郑晓时事、时政之札记残稿。于诸事多能据笔直书，可补作者《吾学编》之未备。有明刊《盐邑志林》本。乾隆四十四年（1779）四月二十日山东巡抚国泰奏违碍书籍中有《吾学编余》一本。

今北京大学图书馆藏有明天启三年（1623）刻本、民国二十六年（1937）上海涵芬楼影印本《吾学编余》一卷；《四库禁毁书丛刊》史部影印收录明钞本《吾学编余》一卷。

（二）彭孙贻

彭孙贻（1615—1673），字仲谋，一字羿仁，号茗斋，浙江海盐人，明太常寺卿彭期生子。崇祯十六年（1643）拔贡生。彭期生以抗清殉难赣州，彭孙贻终身不仕，卒后私谥“孝介先生”，著有《茗斋集》《茗斋诗余》等。

《平寇志》

亦名《流寇志》，原题管葛山人著，十二卷。记载明末民变史事，起崇祯元年（1628）迄顺治十八年（1661），编年记载，卷一至卷八记崇祯元年至十七年（1628—1644）农民军起事陕北至推翻明朝统治，卷八至卷十二记清顺治元年至十八

① 中国第一历史档案馆.纂修四库全书档案[M].上海：上海古籍出版社，1997：365.

② 中国第一历史档案馆.纂修四库全书档案[M].上海：上海古籍出版社，1997：366.

③ 中国第一历史档案馆.纂修四库全书档案[M].上海：上海古籍出版社，1997：1 033.

年（1644—1661）农民军联明抗清始末，间附案语。

乾隆四十六年（1781）五月二十四日江西巡抚郝硕奏缴《平寇志》三本，“海盐彭孙贻著。语句多有触犯违碍，应请全毁”[①]。乾隆四十六年（1781）闰五月初七日奏准禁毁。

此书吉林大学图书馆藏有清康熙刻本；北京师范大学、复旦大学、吉林大学、内蒙古大学、南京大学、人民大学、四川大学、清华大学、中山大学、郑州大学图书馆等有民国二十年（1931）北平图书馆铅印本；另有民国二十四年（1935）赵永厚堂铅印本。

（三）徐从治

徐从治(1572—1632)，字仲华，海盐人。明万历三十五年（1607)进士。历官济南知府、兖东副使、山东巡抚。曾因被推荐为治行卓异者升官。又曾献直捣敌军中坚之策，有进剿徐鸿儒功。驻莱州，孔有德反，围莱城日久，援绝，中炮死。赠兵部尚书，建“忠烈”祠。

《徐忠烈公遗集》

乾隆四十八年（1783）九月二十五日军机大臣奏“《徐忠烈公遗集》，一本。系明海盐徐从治撰。因篇首有钱谦益墓志铭，应毁”[②]。此书有清康熙三十四年（1769）刊及光绪十三年裔孙圆成重刊本，见《涉园书目》。

（四）陈梁

陈梁（生卒年不详），字则梁，自称散木予，又号仑者山翁，亦称浣公，海盐人，明亡后为僧，称个亭和尚，善画工诗。有《苋园》《仑者凿》《浣笔池》《个亭》诸集。

《仑者凿》

查《纂修四库全书档案》，江苏巡抚杨魁乾隆四十一年（1776）十月初四日违碍书籍单中有“《仑者凿》一本。明末盐官陈梁著……有谬妄违碍语句，兼有狂悖之处，应请销毁”[③]。乾隆四十二年（1777）五月二十日浙江巡抚三宝奏呈续获应毁书籍折中有“《仑者凿》一部，刊本。是书明陈梁著，海盐人。不分卷。系古文杂体。内有《东事略序》等篇”[④]。

① 中国第一历史档案馆.纂修四库全书档案[M].上海:上海古籍出版社,1997:1 355.

② 中国第一历史档案馆.纂修四库全书档案[M].上海:上海古籍出版社,1997:1 739.

③ 中国第一历史档案馆.纂修四库全书档案[M].上海:上海古籍出版社,1997:542.

④ 中国第一历史档案馆.纂修四库全书档案[M].上海:上海古籍出版社,1997:607.

（五）朱琰

朱琰(生卒年不详)，字桐川，别号笠亭。海盐人。清乾隆三十一年（1766）进士。是年至三十四年为江西巡抚幕僚，后授直隶阜平县知县。琰工诗擅文，一生著作甚丰，有《金华诗录》《明人诗钞》《唐诗律笺》《笠亭诗钞》《金粟山人遗事》等。还擅画山水，精鉴赏。主张“学而求其实用，有裨于国计民生者”,客居江西时，留心瓷业，通过参考经史子集中有关文献与访问老艺人，考察当代窑器烧制方法和成品，撰《陶说》一书，记述中国陶瓷的制作技术及其发展历程，是我国第一部著名陶瓷史，在国内外有一定影响。

《明人诗钞》

此书正集十四卷，续集十四卷，朱琰从乾隆二十三年（1758）至二十五年（1760）历时两年多完成此选，卷首有编选乾隆二十五年（1760）的序。此书《正集》撮录钱谦益《列朝诗集》、朱彝尊《明诗综》中大家、名家六十五人。《续集》共收四百三十二家，作为大家、名家的羽翼。每家各附小传，如作者逸事可备一代典故者尽行列入，有关诗本事和诗话评骘也博采广收，间附编者评语[①]。

查《纂修四库全书档案》，乾隆四十二年（1777）五月二十日两江总督高晋奏违碍应毁书籍中有《明人诗钞正集》一部。同年五月三十日奏准禁毁。乾隆四十二年（1777）八月二十二日两江总督高晋奏缴《明人诗钞》二十四部，共六十五本。乾隆四十三年（1778）六月十六日江苏巡抚杨魁奏缴违碍书籍《明人诗钞》七十八部。江苏巡抚杨魁乾隆四十四年（1779）四月初八日奏缴应毁书籍《明人诗钞》五十八部。两江总督萨载乾隆四十四年（1779）七月初九日奏解违碍书籍《明人诗钞》三十九部，共一百十六本。

此书今有乾隆二十五年（1760）樊桐山房刻本，复旦大学、辽宁大学、南京大学、北京大学、人民大学、吉林大学、苏州大学、清华大学图书馆有藏。《四库禁毁书丛刊》集部据清乾隆刻本影印收录《明人诗钞》正集十四卷续集十四卷。

（六）吴麟征

吴麟征（1593—1644），字圣生，海盐人。明天启二年（1622）进士。历任建昌府推官、兴化府推官、吏科给事中、刑科给事中、太常少卿，多建树，有直声，李自成入京师，自杀。死后追赠为兵部右侍郎，谥忠节。清赐谥贞肃。

《吴忠节遗集》

是书为明吴麟征撰、清吴繁昌编。此书一名《蜕园孤吟》，见光绪《嘉兴府

① 傅璇琮，许逸民，王学泰，等. 中国诗学大辞典[M]. 杭州：浙江教育出版社，1999：776.

志》，有清康熙五十五年（1716）曾孙正心刊本，见《涉园书目》，今存。

《纂修四库全书档案》载，乾隆四十四年（1779）十二月初三日江苏巡抚杨魁奏苏州书局续缴应毁书籍《吴忠节遗集》一部，二本。

《四库禁毁书丛刊》集部影印收录明弘光刻本《吴忠节公遗集》四卷，附《年谱》一卷。

五、海宁人禁毁著述

（一）查志隆

查志隆（生卒年不详），字鸣志。浙江海宁人。明嘉靖三十八年（1559）进士，历任保定知府、山东按察副使、山东布政司参议等职。著有《岱史》《山东盐法志》等。

《岱史》

明万历十四年（1586），查志隆任山东转运盐使司同知时，山东监察御史谭耀"有感于前志之浸废"，嘱其重加编订，查志隆广泛收集资料，"躬自历涉"，或"仍旧志，或采碑匾，或采诸家集"[①]，进行编录整理，著成《岱史》十八卷，成为明《泰山志》之后的又一部大型泰山志书，内容丰富，流传广泛。清乾隆编修《四库全书》时，此书因"语多狂悖"而被禁毁。浙江巡抚琅玕乾隆五十四年（1789）十月奏缴禁书清单中有《岱史》七本。

今存康熙三十八年（1699）刻本，北京大学、郑州大学图书馆有藏；清顺治十一年（1654）傅应星刻本，北京师范大学图书馆有藏；明万历十五年（1587）戴相尧刻本（修补本），北京大学、复旦大学、华东师范大学图书馆有藏；明万历三十五年（1607）内府刻本，四川大学图书馆有藏；清荆门戴氏刻本，清华大学图书馆有藏。《四库禁毁书丛刊》史部影印收录明万历间刻本。

（二）吴本泰

吴本泰（1574—？），字美子，号药师，自号梅里居士、西溪种梅道者。海宁人。明崇祯六年（1633）癸酉举人，七年（1634）甲戌联捷成进士，礼部郎中，迁尚宝司卿。甲申后，隐居不出，卜居西溪蒹葭里，与僧智一、寂瑞、道援往还参叩。深于经术，亦工诗文，有《海粟堂诗钞》《吴吏部诗文集》《西溪梵隐志》。

《吴吏部集》

① 中国旅游指南编委会.泰山[M].北京：中华书局，2000：12.

《纂修四库全书档案》有载，乾隆五十四年（1789）十月浙江巡抚琅玕奏缴违禁书清单中有《吴吏部集》二本。

该书曾有明崇祯十七年（1644）刻本，今存清顺治十年（1653）刻本，《四库禁毁书丛刊》集部影印收录《吴吏部集》九卷。

（三）祝以豳

祝以豳（1551—1632），字耳刘，号惺存，又号灵苑山人。浙江海宁人。明官员、藏书家。万历十四年（1586）进士。知随州，入为兵部员外郎。后居乡16年，复起为江西按察使，擢应天府尹，进工部佐侍郎致仕。家富藏书，有藏书楼名“万古楼”，藏书万卷，后不幸遇火。《人海记》记为“藏书之厄，如祝侍郎耳刘之‘万古楼’，武原骆侍郎骎曾，非流散则灰烬”①。著有《诒美堂集》《天人合脉》《五篁约》等。

《诒美堂集》

北京图书馆藏有明天启间刻本，《四库禁毁书丛刊》集部据此影印收录《诒美堂集》二十四卷。

（四）程道生

程道生（生卒年不详），明代学者。字可生，海宁人。撰有《遁甲演义》《射义新书》《握机经辑注图仪》《武经》《舆地图考》《九边图考》等。

《舆地图考》

此书六卷，入《禁书全毁书目》，《海昌备志·艺文志》著录，不记卷数。民国八年（1919）武进庄炎曾将此书中之《九边图》摘抄印行。庄氏序文云：“《九边图考》者，明天启时海昌程道生所撰《舆地图考》六卷中之第四卷也。其书述北直、南直及诸行省、府、县、卫所，与《明史》无大出入，而叙九边事特详备曲尽。盖皆《明史》所未曾言。但以《建夷考》一篇丑词痛诋，为人子孙臣仆所不忍闻，故清时置其全书于禁毁之列，敢有收藏者，辄罪之，以是传布益稀。炎夙昔得之于粤东，兹摘抄付印，以广其传。”②由是知此书成于天启间，传本今当存世。

《四库禁毁书丛刊》史部影印收录明天启间刻本《舆地图考》六卷。

（五）陈与郊

陈与郊（1544—1611），明代戏曲家。原姓高，字广野，号禺阳，又作隅阳、虞

---

① 李玉安，陈传艺．中国藏书家辞典[M]．武汉：湖北教育出版社，1989：149.

② 赵中亚．王庸文存[M]．南京：江苏人民出版社，2014：221.

阳，别署玉阳仙史，或署任诞轩。浙江海宁人。万历进士，历官河间推官、吏科给事中、太常寺少卿、提督四夷馆。工诗文，擅词曲，所著传奇《麒麟罽》《鹦鹉洲》《灵宝刀》《樱桃梦》四种，总名《诊痴符》。自以缙绅大夫，不屑以词曲名于时，乃托名高漫卿。著有《乐府古题考》《隅园集》《蘋川集》《黄门集》等。所作杂剧五种，今存《文姬入塞》《昭君出塞》《袁氏义犬》三种。刻有《古名家杂剧》《续古名家杂剧》。

《蘋川集》

此书八卷，“蘋川”二字取自楚辞《招隐士》“青莎杂树兮蘋草霍靡”之句。书收录陈与郊与故旧交游之尺牍。卷一、卷二刻于万历四十六年（1618），余卷刻于天启初年。此书因有与王锡爵、王怀棘之书信，均提及“东虏”“降虏”之类词语，又有指斥字面，故被列入军机处全毁书目。乾隆四十五年(1780)九月初八日浙江巡抚李质颖奏查缴违碍书籍清单中有“《蘋川集》一册。刊本。是书陈与郊撰。不全”[①]。但查《四库全书总目》，其集部别集类存目六仍著录《隅园集》十八卷《蘋川集》八卷。

六、桐乡人禁毁著述

（一）吕留良

根据《纂修四库全书档案》《清代各省禁毁书目》等书及前人研究成果，考得遭禁毁的与吕留良有关的著述如下：

《天盖楼四书语录》

此书为吕留良撰、周在延辑。周在延为吕留良门人，此书乃周氏编次其师吕留良“评选历科时艺，其论辩经义，阐明章句”之语。篇中发明经旨，大率以朱子集注为主，力辟俗学异学，多体现吕氏“尊朱辟王”思想。

乾隆编修《四库全书》之际，此书屡遭禁毁，按《纂修四库全书档案》所载，此书浙江、云南、贵州、湖广、山西、陕西、湖北、福建等地查缴至少15次、共163部又67本。分别为：乾隆四十三年（1778），云贵总督李侍尧二月初三日奏缴十本、湖广总督三宝四月初十日奏缴二十部、云贵总督裴宗锡五月十一日奏缴三十部、贵州巡抚图思德五月二十二日奏缴五部、山西巡抚巴延三闰六月十二日奏缴五部、湖广总督三宝十月初四日奏缴四十二部；乾隆四十四年（1779），闽浙总督三宝九月初六日奏缴一部；乾隆四十五年（1780），陕西巡抚尚安六月十五日奏缴七部、

① 中国第一历史档案馆.纂修四库全书档案[M].上海：上海古籍出版社，1997：1 205.

浙江巡抚李质颖九月初八日奏缴二十四部；乾隆四十六年（1781），直隶总督袁守侗六月初十日奏缴二十部；乾隆四十七年（1782），闽浙总督陈辉祖二月三十日奏缴四部、湖北巡抚姚成烈十月初七日奏缴三部、闽浙总督陈辉祖八月二十八日奏缴二部；乾隆五十四年（1789），浙江巡抚琅玕十月奏缴十六本；乾隆五十五年（1790），浙江巡抚琅玕五月初七日奏缴四十一本。

故此书流传至今，甚不易得。王重民《中国善本书提要》《清代禁毁书目》《四库禁毁书丛刊》均著录。《四库禁毁书丛刊》据中科院图书馆藏清康熙二十三年（1684）金陵玉堂刻本影印，该版有康熙二十三年钱陆灿序、江浦王登三序。国家图书馆藏清康熙二十三年（1684）金陵玉堂刻本四十六卷；嘉兴市图书馆存康熙二十三年（1684）天盖楼刻本二十五卷（五至八、二十一至四十一），被列入第一批国家珍贵古籍名录（01388号）；浙江省图书馆藏有清康熙二十三年（1684）刻本二十册。

《吕晚村先生四书讲义》

吕留良撰、陈鈲编。陈鈲为吕留良门人。此书四十三卷，其中大学三卷、论语二十卷、中庸六卷、孟子十四卷。据陈鈲《吕晚村先生四书讲义识语》："鈲自甲寅岁受业于先生之门，于先生之书，寻绎盖亦有年，而未有以得其要领。自先生之亡，尝欲掇其大要，编为一书，俾夫穷乡晚进有志之士，便于观览而未之敢也。"[①]盖先是坊间有《四书语录》之刻，鈲以为中多混杂，且有妄意增删之处，因与同学蔡大章、严鸿逵、董采及留良子葆中更互商酌，而成是书。

据《纂修四库全书档案》所载，此书流传较广，多地缴奏。乾隆四十三年（1778），云贵总督李侍尧二月初三日奏缴十本、湖广总督三宝四月初十日奏缴四十四部、云贵总督裴宗锡五月十一日奏缴五十一部、山西巡抚巴延三闰六月十二日奏缴十一部又九本、湖广总督三宝十月初四日奏缴八十六部；乾隆四十四年（1779），山东巡抚国泰四月二十日奏缴七十二部；乾隆四十五年（1780）六月十五日，陕西巡抚尚安奏缴八部；乾隆四十六年（1781）六月初十日，直隶总督袁守侗奏缴四十一部；乾隆四十七年（1782），贵州巡抚李本正月初四日奏缴五本、闽浙总督陈辉祖二月三十日奏缴十部、闽浙总督陈辉祖八月二十八日奏缴五部；乾隆五十三年（1788）六月初六日，江西巡抚何裕城奏缴六本；乾隆五十四年（1789）十月，浙江巡抚琅玕奏缴二十七本；乾隆五十五年（1790）五月初七日，浙江巡抚琅玕奏缴九十七本。另贵州巡抚图思德乾隆四十三年（1778）五月二十二日奏缴《天盖楼四书讲义》七部、浙江巡抚李质颖乾隆四十五年（1780）九月初八日奏缴《天盖楼四书讲义》八十二部，《天盖楼四书讲义》与《四书讲义》盖同书异名也。

① 卞僧慧.吕留良年谱长编[M].北京:中华书局,2003:318.

在乾隆严酷的禁书活动中，《四书讲义》曾被一些胆大的文人秘藏下来，他们将“吕晚村”改成“古博学”或“前明遗老”,使此书得以逃脱禁毁仍在世上秘密流传。此书现有清康熙二十五年（1686）天盖楼刻本，被列入第一批国家珍贵古籍名录，北京大学、南京大学、杭州大学、河南大学图书馆，国家图书馆亦藏有此书；《续修四库全书》《四库禁毁书丛刊》均有收录。

《四书语类》

查《办理四库全书档案》，直隶总督袁守侗乾隆四十六年（1781）六月初十日奏缴“《四书语类》一部，十本，全。吕留良著”①；闽浙总督陈辉祖乾隆四十七年（1782）二月三十日奏缴《四书语类》三部，“是书吕留良著。二部全，一部不全。”②

《四书朱子语类》

清张履祥、吕留良合辑，共三十八卷。康熙八年（1669）张履祥应聘吕家力行堂设馆授徒，教留良子侄读书。吕、张皆推崇程朱理学，二人志趣相投。张履祥于康熙十三年（1674）、吕留良于康熙二十二年（1683）先后谢世，《四书朱子语类》由留良长子公忠康熙四十年（1701）南阳讲习堂校刊行于世，旌德汪乘六缮写，刘子礼镌。目录下有长子公忠跋及《凡例》十二条。江西巡抚郝硕乾隆四十三年（1778）九月十八日奏缴有《四书语类摘抄》，吕留良、张履祥同编，系摘抄集成；浙江巡抚琅玕乾隆五十五年（1790）五月初七日奏缴有《四书语类抄》二十五本，盖同书异名。

现有清康熙四十年（1701）南阳讲习堂刻本，国家图书馆有藏，《四库禁毁书丛刊》据中科院藏本影印收入此书。

《吕子评语正编》

吕留良撰、车鼎丰辑。《晚村吕子评语正编》四十二卷，首一卷，内附《惭书》三十首，后附严鸿逵《亲炙录》一卷，《余编》八卷，首一卷，附刻《亲炙录》一卷。此书为吕留良时文评论总结之著，卷首纂录《文集》三十条，卷一至卷四、卷五至卷二十三、卷二十四至卷三十七、卷三十八至卷四十二依次全录吕氏《大学》《论语》《孟子》《中庸》评语，《余编》系摘录吕氏时文评语章节而成。

查《纂修四库全书档案》，浙江巡抚李质颖乾隆四十五年（1780）九月初八日奏缴《吕子评语》九部、闽浙总督陈辉祖乾隆四十七年（1782）二月三十日奏缴《吕子评语》一部。

今存清康熙五十五年（1716）金陵顾麟趾晚闻轩刻本，国家图书馆、天津图书

① 中国第一历史档案馆.纂修四库全书档案[M].上海:上海古籍出版社,1997:1 368.

② 中国第一历史档案馆.纂修四库全书档案[M].上海:上海古籍出版社,1997:1 522.

馆有藏，《续修四库全书》《四库禁毁书丛刊》均收录此书。

《晚村惭书》

顺治十七年（1660）吕留良自选八股文三十篇汇集成册自刊，所谓“惭”者，盖指其出应清廷之试。《贩书偶记》卷十八云“顺治间精刻，首有谢彬绘晚村小象”，黄周星、陆文霦为之作序。

查《纂修四库全书档案》，此书流传较广、查缴数量较多。乾隆四十二年（1777），浙江巡抚三宝五月二十日奏缴吕留良《惭书》板一副及书籍二十六部、八月初四日奏缴十部、九月初三日奏缴一十六部，两江总督高晋八月二十二日奏缴十一部；乾隆四十三年（1778），云贵总督李侍尧二月初三日奏缴一本、湖广总督三宝四月初十日奏缴四部、云贵总督裴宗锡五月十一日奏缴二部、江苏巡抚杨魁六月十六日奏缴十部、山西巡抚巴延三闰六月十二日奏缴二部、湖广总督三宝十月初四日奏缴四部；乾隆四十四年（1779）四月二十日，山东巡抚国泰奏缴二部；乾隆四十五年（1780）九月初八日，浙江巡抚李质颖奏缴十一部；乾隆四十六年（1781），山东巡抚国泰二月三十日奏缴一本、直隶总督袁守侗六月初十日奏缴七部。

今国家图书馆、北京图书馆有《晚村惭书》清顺治间刻本，中科院文献中心藏《晚村惭书》钞本，《四库禁毁书丛刊》收录此书。

《吕晚村先生家训》

是书系吕无党、员赓载二人收掇吕晚村生前手迹汇编影刻而成。

查《纂修四库全书档案》，浙江巡抚三宝乾隆四十年（1775）五月二十二日奏缴《吕晚村家训》一册，并称“是书系吕留良真草信札笔迹，其子吕葆中摹刻”，同时查缴《吕晚村家训》板片一副，共计六十块。江苏巡抚萨载乾隆四十一年（1776）四月二十日奏缴《吕晚村家训》一部；两江总督高晋乾隆四十二年（1777）八月二十二日奏缴《晚村家训》五部，浙江巡抚三宝同年五月二十日奏缴《家训信札》七部、九月初三日奏缴《晚村家训》刊本二部；贵州巡抚图思德乾隆四十三年（1778）五月二十二日奏缴《家训》一部、江苏巡抚杨魁同年六月十六日奏缴《吕留良家训》三部、山西巡抚巴延三同年闰六月十二日奏缴吕留良《家训》二部；江苏巡抚杨魁乾隆四十四年（1779）四月初八日奏缴《吕留良家训》四部；浙江巡抚李质颖乾隆四十五年（1780）九月初八日奏缴《晚村家训信札》刊本十一部。

此书最早为康熙四十二年（1703）吕葆中明农草堂刻本，4册，《续修四库全书》及《四库禁毁书丛刊》皆据以影印收录此书。浙江图书馆藏有清光绪三十四年（1908）国学保存会铅印本《吕晚村手书家训》五卷、石印本《晚村先生家训真迹》四卷。

《吕晚村先生文集》《续集》

吕留良书信、论文、序跋及其他杂文的汇编，雍正三年（1725）由其曾孙吕为景刊刻。《文集》全书八卷，附《行略》一卷。《文集》卷一至卷四为晚村与友人往来信札，卷五为序、论文，卷六论辨、记、题，卷七墓志铭、祭文，卷八杂著。附录《行略》一卷为留良之子吕葆中所作。《续集》卷一、二为《宋诗钞》列传，是吕留良为《宋诗钞初集》入选诗人所作的小传记文；卷三是《质亡集》小序，收集了吕氏为已故的友朋所写的小传；卷四为吕留良代人草拟的《保甲事宜》。

浙江巡抚三宝乾隆四十二年（1777）五月二十日奏缴《吕晚村文集》并《续集》九部、八月初四日奏缴《晚村文集》三部、九月初三日奏缴《晚村续集》一部；湖广总督三宝乾隆四十三年（1778）十月初四日奏缴《晚村文集》二部；山东巡抚国泰乾隆四十四年（1779）四月二十日奏缴二部；浙江巡抚李质颖乾隆四十五年（1780）九月初八日奏缴《晚村文集》六部；闽浙总督陈辉祖乾隆四十七年（1782）二月三十日奏缴《晚村文集》一部；浙江巡抚琅玕乾隆五十五年（1790）五月初七日奏缴《晚村文集》三本。

该书最早有雍正三年（1725）吕氏天盖楼刻本，国家图书馆、北京大学图书馆、复旦大学图书馆、南京大学图书馆等多家图书馆均有馆藏，《贩书偶记》卷14著录有高丽旧抄本。《续修四库全书》据复旦大学馆藏雍正三年本将该文集影印辑录，《中华再造善本》据国图藏雍正三年本又予影印，《四库禁毁书丛刊》亦据清雍正三年天盖楼刻本以影印，皆已增入《续集》。另有光绪三十四年（1908）国学保存会排印《吕用晦文集》本，收入《国粹丛书》第一集。民国钱振鍠木活字本，无刊刻年月，仅八卷，又《正误》一页，附录《行略》一篇，无《续集》。

《吕晚村先生古文》

桐城孙学颜辑，学颜字用克，号周冕。是书系孙氏辑录十余年访求所得吕留良遗文与其友江皴谷所得汇而成编。上卷为吕留良与人往来书札，下卷收录则为题序、志铭等各类文章数十篇。

查《纂修四库全书档案》，湖广总督三宝乾隆四十三年（1778）十月初四日奏缴《晚村古文》一部、二本，闽浙总督陈辉祖乾隆四十七年（1782）二月三十日奏缴《晚村古文》一部。《贩书偶记续编》著录有康熙五十九年（1720）孙学颜小濂溪山房刻本。国家图书馆、浙江图书馆、北京师范大学图书馆均有馆藏，《四库禁毁书丛刊》据此本影印。

《吕晚村稿》

又称《吕晚村文稿》，清俞长城选评。

查《纂修四库全书档案》，乾隆四十二年（1777）五月二十日，两江总督高晋奏缴《晚村文稿》五十九部，板十四块；乾隆四十六年（1781）二月三十日，山东巡抚国泰奏缴《吕晚村稿》一部一本。

今有乾隆三年（1738）文盛堂与怀德堂合印刻本，藏于国家图书馆。

《诗经详解》

又称《三元堂诗经汇纂详解》《诗经汇纂详解》，八卷。查《纂修四库全书档案》，云贵总督裴宗锡乾隆四十三年（1778）五月十一日奏缴《诗经详解》二部，共十一本，并称“吕留良《诗经详解》，从前查禁时遗漏未入，皆不应使之复行于世”①；贵州巡抚图思德乾隆四十三年（1778）五月二十二日奏缴《诗经详解》十八部，是书为康熙年间吕氏家塾刻本；湖广总督三宝乾隆四十三年（1778）十月初四日奏缴《晚村诗经详解》二部，“是书吕留良纂。一部计六本，又一部计十本，俱全”②；闽浙总督三宝乾隆四十四年（1779）九月初六日奏缴《诗经详解》一部，计八卷；云南巡抚刘秉恬乾隆四十六年（1781）九月二十八日奏缴《诗经详解》一部，二本；贵州巡抚李本乾隆四十七年（1782）正月初四日奏缴《诗经详解》七十二本；闽浙总督陈辉祖乾隆四十七年（1782）八月二十八日奏缴《诗经详解》一部。

《易经详解》

辽宁图书馆藏有康熙年间吕氏家塾刻本，目录下题“御儿（桐乡古名）晚村吕留良汇纂”“太史沧柱仇兆鳌先生鉴定”“男无党葆中恭订”。六卷，附《周易上下篇义》一卷、《读易二十四辨》一卷、《筮仪》一卷、《图说》一卷、《卦歌》一卷。

据《清代各省禁书汇考》与《纂修四库全书档案》，云贵总督裴宗锡乾隆四十三年（1778）五月十一日奏缴吕留良《易经详解》一部，五本，并称“此亦逆犯吕留良手著，不容片纸流传，应请查禁”③，并于乾隆四十三年（1778）六月十三日再次奏缴《吕留良易经详解》；江西巡抚郝硕乾隆四十三年（1778）九月十八日奏缴《晚村易经详解》；直隶总督袁守侗乾隆四十六年（1781）六月初十日奏缴《易经详解》一部，五本，不全；云南巡抚刘秉恬乾隆四十六年（1781）九月二十八日奏缴《吕留良易经详解》，三部，共十四本；贵州巡抚李本乾隆四十七年（1782）正月初四日奏缴吕留良《易经详解》六本；闽浙总督陈辉祖乾隆四十七年（1782）二月三十日奏缴《易经详解》二部。

《论文汇钞》

曹镛、吕程先合辑，是书汇录吕氏各著作中论文言论，相对全面而系统地收录

① 中国第一历史档案馆.纂修四库全书档案[M].上海：上海古籍出版社，1997：821.

② 中国第一历史档案馆.纂修四库全书档案[M].上海：上海古籍出版社，1997：895.

③ 中国第一历史档案馆.纂修四库全书档案[M].上海：上海古籍出版社，1997：828.

了吕留良关于文学理论及文学批评方面的文章论述，共计三百零二条。内容包括两方面，一为概论文章作法，二为评论汉唐以来作家，于研究吕留良文学思想颇有价值。

查《办理四库全书档案》，闽浙总督陈辉祖乾隆四十七年（1782）二月三十日奏缴《论文汇钞》一部，不全。

今有康熙五十三年（1714）吕氏家塾刻本，国家图书馆有藏，《四库禁毁书丛刊》据此本影印。另《贩书偶记》卷二十著录有《吕晚村先生论文偶评》，亦为康熙五十三年刊，二者当属同书异名。

《宝诰堂遗稿》

吕留良著，宝诰堂为吕氏室名。《宝诰堂遗稿》见军机处编禁书总目，不著卷数。据《清代各省禁书汇考》与《办理四库全书档案》，乾隆四十三年（1778）十月初四日、四十四年（1779）十一月初一日奏准，湖广总督三宝两次奏缴有《宝诰堂遗稿》，均注“吕留良著”。

《礼记题说》

卷数不详，据《清代各省禁书汇考》与《办理四库全书档案》，湖广总督舒常乾隆四十五年（1780）十一月初一日奏缴《礼记题说》，“吕留良著”；云贵总督李侍尧乾隆四十三年（1778）九月二十四日上奏称“吕留良《礼记题说》《医贯》《质亡集》等书，皆系逆犯字迹，片纸不容存留”[①]。

《吕氏医贯》

又称《吕氏医贯评》，为吕留良评价明赵献可学术思想。献可，字养葵，自号医无闾子，浙江鄞县人。《贩书偶记续编》著录：“《医贯》六卷，明医无闾子撰，御儿吕留良评，无刊刻年月，约顺治间刊。”[②]卷首注“天盖楼藏板”，目录下注“医无闾子著，吕医山人评”，无序。《续修四库全书》据天津图书馆藏本影印收入此书。

查《办理四库全书档案》，乾隆四十三年（1778）三月初三日贵州巡抚图思德奏查获应禁奉禁各书情形折称：“《天盖楼批评》《医贯》《诗经汇纂详解》《四书文》俱系逆犯吕留良所著，该犯为罪大恶极之人，岂容片纸只字留行于世，应一并解京销毁，务使乖谬之书尽绝靡遗，以期仰副圣主整饬人心风俗至意。”[③]浙江巡抚琅玕乾隆五十四年（1789）十月、乾隆五十五年（1790）五月初七日分别奏缴《吕氏医贯》六本、七本；湖广总督三宝乾隆四十三年（1778）十月初四日、十二月二十八日各奏缴《吕氏医贯》二部。乾隆五十七年（1792）二月三十日，军机大臣奏遵旨

① 中国第一历史档案馆.纂修四库全书档案[M].上海:上海古籍出版社,1997:888.

② 王毓.《医贯》的作者是谁?[J].河南中医,1987(2):27-28.

③ 中国第一历史档案馆.纂修四库全书档案[M].上海:上海古籍出版社,1997:793.

将阅看应毁各种违碍书籍黏签进呈折中将《吕氏医贯》七本列入全毁书单。

《四书题说》

卷数不详，黄殿友辑。查《纂修四库全书档案》，云贵总督裴宗锡乾隆四十三年（1778）五月十一日奏缴“吕留良《四书题说》三部，共三十六本”[①]。湖广总督三宝乾隆四十三年（1778）十月初四日“《四书题说》六部，刊本。是书吕留良著。前已缴过。今续查获二部各八本，俱全；又一部计七本，内缺《中庸》一卷；又一部计六本，内缺《孟子》一卷；又一部计五本，内缺《孟子》一卷；又一部计二本，内缺《学》《庸》二卷”[②]。山东巡抚国泰乾隆四十四年（1779）四月二十日奏缴《四书题说》一部，四本。乾隆四十四年（1779）九月初六日，闽浙总督三宝奏缴“《吕留良四书题说》一部，刊本，是书黄殿友辑，计四本”[③]。乾隆四十五年（1780）六月十五日，陕西巡抚尚安奏缴“吕留良《四书题说》一部，又十本，又七本”[④]。

《天盖楼偶评》

《天盖楼偶评》是吕留良的一部时文评选类巨著。此书选录当时代表性的数百位名家之作且作评注，充分反映了吕留良的文学思想，也表现了他“同流合污非所能，绝人逃世从兹始”的倔强性格。该书6卷、文章802篇，都是向儒家弟子灌输的传统八股文，分别是《论语上》4册载文160篇，《论语下》4册载文156篇，《大学》2册载文61篇，《中庸》2册载文83篇，《孟子上》4册载文173篇，《孟子下》4册载文169篇。

查《纂修四库全书档案》，云贵总督李侍尧乾隆四十三年（1778）二月初三日奏缴吕留良选《天盖楼偶评时文》八本，“查系考卷时艺，既为逆犯所选，不宜使之传世行远，应请查禁”[⑤]。贵州巡抚图思德乾隆四十三年（1778）五月二十二日奏缴吕留良《天盖楼偶评》十二部。闽浙总督三宝乾隆四十四年（1779）九月初六日奏缴《天盖楼偶评》八部，“是书吕留良评。今续查出八部。内四部全；一部原缺《学庸》文，又一部原缺《上论》文，又一部零星杂订只存七本，又一部残缺失次只存七本，俱不全”[⑥]。陕西巡抚尚安乾隆四十五年（1780）六月十五日奏缴《天盖楼偶评》三本。安徽巡抚书麟乾隆五十一年（1786）四月十三日奏缴《天盖楼偶评》三本。浙江巡抚琅玕乾隆五十四年（1789）十月奏缴《天盖楼偶评》九十五本、乾隆

① 中国第一历史档案馆.纂修四库全书档案[M].上海:上海古籍出版社,1997:821.

② 中国第一历史档案馆.纂修四库全书档案[M].上海:上海古籍出版社,1997:911.

③ 雷梦辰.清代各省禁书汇考[M].北京:书目文献出版社,1989:196.

④ 中国第一历史档案馆.纂修四库全书档案[M].上海:上海古籍出版社,1997:1 175.

⑤ 中国第一历史档案馆.纂修四库全书档案[M].上海:上海古籍出版社,1997:775.

⑥ 雷梦辰.清代各省禁书汇考[M].北京:书目文献出版社,1989:200.

五十五年（1790）五月初七日奏缴《天盖楼偶评》一百八十九本。

现存清康熙十二年（1673）天盖楼刻本，卷前有吕留良子公忠长序，末题“旌德汤国调燮公纹缮写督镌”，版心下印“程墨观略”，嘉兴市图书馆藏有此版本，该书还被列入《第一批国家古籍保护名录》（01390号），《四库禁毁书丛刊》据中山大学图书馆藏本影印。该书有康熙十四年（1675）天盖楼刻本，书首有陈钬、吴之振、吴自牧序，自牧又为作《凡例》七条；另有康熙十七年（1678）刻本，五函四十八册，内收顺治三年（1646）至康熙十二年（1673）间偶评十二科，山东大学图书馆有藏。

《天盖楼述评》

卷数不详，吕葆中选。查《纂修四库全书档案》，乾隆四十六年（1781）六月初十日，直隶总督袁守侗奏缴《天盖楼述评》一部，五本，不全；湖南巡抚刘墉乾隆四十六年（1781）九月二十五日奏缴《天盖楼述评》十本。又据《清代各省禁书汇考》，乾隆四十六年（1781）十一月初七日湖南巡抚刘墉奏缴《天盖楼述评》，“吕葆中选，系吕留良之子，节述吕留良之评，应销毁，计十本”[①]。

《评语正编》

又名《吕子评语正编》，见军机处编禁书总目，不著卷数。乾隆五十五年（1790）五月初七日浙江巡抚琅玕奏呈违碍书籍《评语正编》十本，吕留良著。

邵阳人车鼎丰、车鼎贲兄弟于清康熙五十五年（1716）在金陵刊刻吕留良《吕子评语》正编四十二卷首一卷附刻《亲炙录》一卷余编八卷，因有车氏晚闻轩金陵刻本，复旦大学图书馆藏；清华大学图书馆有清康熙五十五年（1716）吕氏天盖楼刻本；天津图书馆藏藏有清康熙五十五年（1716）顾麟趾刻本，《四库禁毁书丛刊》《续修四库全书》均影印收录《吕子评语》正编四十二卷首一卷、附刻《亲炙录》一卷《余编》八卷。

《学庸语录》

卷数不详，据《清代各省禁书汇考》，乾隆四十六年（1781）六月十六日奏准，陕甘总督李侍尧奏缴有《学庸语录》，“吕留良著”。疑此书或为《天盖楼四书语录》前十二卷即《大学》《中庸》部分重新编次之册。

《晚村语录》

乾隆四十二年（1777）七月十三日奏准禁毁。浙江巡抚三宝乾隆四十二年（1777）八月初四日奏缴《晚村语录》四十四部。山东巡抚国泰乾隆四十四年（1779）四月二十日奏缴《晚村语录》二十六部，三百六十九本；乾隆四十六年

① 雷梦辰.清代各省禁书汇考[M].北京：书目文献出版社，1989：38.

(1781)二月三十日奏缴《晚村语录》十一部，一百零六本。又二部，不全，十五本。

《天盖楼遗稿》

《天盖楼遗稿》列入军机处第九次奏进全毁书目，“查天盖楼遗稿，系逆贼吕留良时文，应请销毁”[①]，不著卷数。江巡抚琅玕乾隆五十五年（1790）五月初七日奏呈违碍书籍单中有《天盖楼遗稿》一本。

《四书文》

又名《天盖楼四书文》《吕晚村四书文》。乾隆四十三年（1778）三月初三日贵州巡抚图思德奏查获应禁奉禁各书情形折中提到“《天盖楼批评》《医贯》《诗经汇纂详解》《四书文》俱系逆犯吕留良所著，该犯为罪大恶极之人，岂容片纸只字留行于世，应一并解京销毁，务使乖谬之书尽绝靡遗，以期仰副圣主整饬人心风俗至意”[②]。乾隆四十三年（1778）五月二十二日贵州巡抚图思德奏缴犯吕留良《四书文》一部；乾隆四十四年（1779）四月二十日山东巡抚国泰奏缴《天盖楼四书文》一部，二十一本；乾隆四十四年（1779）九月初六日闽浙总督三宝奏缴《吕晚村四书文》四部，刊本。

《四库禁毁书丛刊补编》影印收录《吕晚村先生评选四书文》不分卷。

《天盖楼庭训遗稿》

湖广总督三宝乾隆四十三年（1778）十月初四日奏缴《天盖楼庭训遗稿》二部，“刊本。是书吕留良著。前已缴过。今续查获二部各一本”[③]；乾隆四十三年（1778）十二月二十八日奏缴《天盖楼庭训遗稿》一部，“刊本。是书吕留良著。计一本”[④]。

《八家古文精选》

又称《古文精选》《八家文选》《八家古文》《八大家精选》《八大家古文精选》等，共八卷。是书为吕留良晚年选定的唐宋八大家集，内收韩愈、柳宗元、欧阳修、曾巩、苏洵、苏轼、苏辙、王安石的名作85篇，由其子吕葆中点勘，以付家塾。前有康熙甲申年吕葆中序、凡例。吕葆中《晚村先生八家古文精选序》有载：“先君子晚岁选定古文，其于唐之韩、柳，宋之欧、曾、王、苏诸家，则又撮其精腴若干篇，以付家塾，而命葆中曰：‘汝试为点勘，以授学者。毋繁冗，毋穿凿。但分段落，于一篇要害处稍为提出，粗示学者以行文之法。至精妙处，则在学者熟复深

① 王彬.清代禁书总述[M].北京:中国书店,1999:422.

② 中国第一历史档案馆.纂修四库全书档案[M].上海:上海古籍出版社,1997:793.

③ 中国第一历史档案馆.纂修四库全书档案[M].上海:上海古籍出版社,1997:907.

④ 中国第一历史档案馆.纂修四库全书档案[M].上海:上海古籍出版社,1997,974.

思自得之耳。'……康熙甲申长至后三日御儿吕葆中谨识。"[①]现存此书落款及序言、书口处出现的吕氏姓名均被墨笔涂去，得以幸免禁毁。

查《纂修四库全书档案》，云贵总督李侍尧乾隆四十三年（1778）二月初三日奏折称："逆犯吕留良父子罪大恶极，其选刊《八家古文》，弁以序言，定以凡例……居然尚为士子诵习。此等獍獍之徒，岂可令只字复行于世。"[②]湖广总督三宝乾隆四十三年（1778）十月初四日奏缴《八家文选》十七部。闽浙总督三宝乾隆四十四年（1779）九月初六日奏缴《八家文》一部。山东巡抚国泰乾隆四十六年（1781）二月三十日奏缴《八家古文精选》二部。直隶总督袁守侗乾隆四十六年（1781）六月初十日奏缴有《八大家精选》十四部共九十九本。云南巡抚刘秉恬乾隆四十六年（1781）九月二十八日《吕留良评古文八家》，四部。闽浙总督陈辉祖乾隆四十七年（1782）二月三十日奏缴《八大家古文精选》三十八部、八月二十八日奏缴《吕选八大家古文》二十四部。浙江巡抚琅玕乾隆五十四年（1789）十月奏缴吕留良选《八家古文》十七本、乾隆五十五年（1790）五月初七日奏缴吕留良编《八家古文精选》十四本。

现存清康熙四十三年（1704）吕氏家塾刻本，《四库禁毁书丛刊》据北京大学图书馆藏本影印，另国家图书馆有藏。

《北书楼诗文集》

卷数不详，陈祖则撰。据《纂修四库全书档案》，乾隆四十三年（1778）十月初四日，湖广总督三宝、湖北巡抚陈辉祖奏缴有《北书楼诗文集》一部，下注"刊本。是书陈祖则著，计二本，系吕留良评定"[③]。

《今文得》《明文得》

据《清代各省禁书汇考》《纂修四库全书档案》，乾隆四十四年（1779）九月二十五日，湖南巡抚李湖奏缴有《今文得》，下注"芦江孙维祺选，吕留良评选制艺"[④]。乾隆四十六年（1781）六月初十日直隶总督袁守侗奏缴《今文得》一部，六本，不全，吕留良评。

查《纂修四库全书档案》，乾隆四十六年（1781）六月初十日，直隶总督袁守侗奏缴有《明文得》；又据《清代各省禁书汇考》，乾隆四十六年（1781）闰五月初七日奏准，江西巡抚郝硕奏缴有《明文得》一本，下注"山左孙维祺选，系前明时

① 卞僧慧.吕留良年谱长编[M].北京:中华书局,2003:348.

② 中国第一历史档案馆.纂修四库全书档案[M].上海:上海古籍出版社,1997:775.

③ 中国第一历史档案馆.纂修四库全书档案[M].上海:上海古籍出版社,1997:897.

④ 雷梦辰.清代各省禁书汇考[M].北京:书目文献出版社,1989:32.

文。内有钱谦益、吕留良评语。不应存”[①]。查《明文得》卷首序言：“取有明二百余年之文而分之为初盛中晚……某以今文为一册，以明文为二册”[②]，盖《今文得》实析自《明文得》也。《明文得》系取有明二百余年制艺辑成，分初（洪武—天顺）、盛（成化—嘉靖）、中（隆庆、万历）、晚（天启、崇祯）四部，每部前各有一篇小论，谈及相应时段文章风格法度。采文之中多附诸家评语，其中尤以晚明部分“吕云”字样出现频次为多。

《明文得》现有康熙四十七年（1708）金陵两衡堂刻本，《四库禁毁书丛刊》据北师大图书馆藏本影印收入此书。

《唐荆川文稿》

又名《唐顺之稿》。明代唐顺之撰，吕留良点评。唐顺之，字应德，一字义修，号荆川，武进（今江苏常州）人。唐氏之学初时根底于程朱，后转修良知之说，然其制义犹守于程朱，未窜入异旨。唐氏熟于史，其文甚精卓，此书共收其文163篇，乃集吕氏家藏90余篇与他出所得70余篇，又从虞山钱湘灵处得旧刻大字本订正3篇而成编。

据《清代各省禁书汇考》《纂修四库全书档案》，乾隆四十五年（1780）十一月奏准，湖广总督舒常奏缴有《唐荆川稿》，吕晚村评；乾隆四十六年（1781）六月十六日奏准，陕甘总督李侍尧奏缴有《唐荆川稿》，吕留良评选；乾隆四十六年（1781）九月二十五日，湖南巡抚刘墉奏缴《唐顺之稿》十五本，逆犯吕留良评；乾隆四十七年（1782）二月三十日，闽浙总督陈辉祖奏缴《唐荆川稿》十二部，“唐荆川有专集，不藉此以传，应销毁”[③]；乾隆四十七年（1782）五月初二日，山西巡抚农起奏缴吕留良选《唐荆川稿》七部，刻本；乾隆五十四年（1789）十月，浙江巡抚琅玕奏缴吕留良评《唐荆川稿》二本。

是书有康熙年间吕氏天盖楼刻本，国家图书馆有藏。《四库禁毁书丛刊补编》据以影印收录。

《天崇文读本》

又名《吕晚村评天崇文读本》，军机处奏准全毁书目列有此书。乾隆四十六年（1781）六月初十日，直隶总督袁守侗奏缴吕留良评《天崇文读本》一部，三本，不全。

《天盖楼各种文选》

闽浙总督陈辉祖乾隆四十七年（1782）二月三十日奏缴“《天盖楼各种文选》

① 雷梦辰.清代各省禁书汇考[M].北京：书目文献出版社，1989：109.

② 游帅.吕留良著述考论[D].河北大学，2014：36.

③ 中国第一历史档案馆.纂修四库全书档案[M].上海：上海古籍出版社，1997：1 526.

二十五部，刊本。是书俱吕留良选。俱全”[①]；乾隆四十七年（1782）八月二十八日奏缴“《天盖楼各种文选》一百九十一部，刊本。是书吕留良选。一百八十四部全，七部不全”[②]。

《天盖楼五家文》

又名《江右五家文稿》《江西五家合稿》，含明艾南英（字千子）撰《艾千子先生全稿》、明章世纯（大力）撰《章大力先生全稿》、明罗万藻（字文止）撰《罗文止先生全稿》、明陈际泰（字大士）撰《陈大士先生稿》、明杨以任（字维节）撰《杨维节先生全稿》。康熙二十一年（1682）十一月，吕留良刻成《江西五家稿》，收入上述五家制艺文章。艾、章、罗、陈四人以时文著称，同结“豫章社”，本即江右硕彦，此四人文多有易世之思，经世传心之意，尤以艾氏影响最大。杨以任“以文品相近，且生同时产同地，故并及之”[③]。

据《清代各省禁书汇考》，乾隆四十三年（1778）十月初四日奏准，湖广总督三宝奏缴有《江西五家合稿》，吕留良评选；乾隆四十四年（1779）十一月初一日奏准，湖广总督图恩德奏缴有《江西五家合稿》。乾隆四十四年（1779）九月初六日奏准，闽浙总督三宝奏缴有题《天盖楼五家文》者，下注“一部，刊本。内缺艾南英《学庸》一本，陈际泰《下论》一本”[④]。

查《纂修四库全书档案》，各省奏缴亦多以单家零册行奏，如乾隆四十五年（1780）六月十五日，护陕西巡抚尚安奏缴有吕留良《评点陈大士稿》一部；乾隆四十六年（1781）六月十日，直隶总督袁守侗奏缴有《章大力时文》“一部，二本，不全。吕留良评”，《杨维节时文》“一部，一本，不全。吕留良评”，《艾千子稿》“一部，三本，不全。吕留良评”[⑤]。

是书有康熙二十一年（1682）吕氏天盖楼刻本，卷首有题吕葆中所识《记言》一篇。《四库禁毁书丛刊》据北京大学图书馆藏本影印收入杨、艾、章三家。

《天盖楼三家文》

吕留良评选。据《清代各省禁书汇考》《纂修四库全书档案》，乾隆四十四年（1779）九月初六日奏准，闽浙总督三宝奏缴有《天盖楼三家文》一部，下注“刊本。是书，吕留良评选，计七本”[⑥]。

① 中国第一历史档案馆.纂修四库全书档案[M].上海:上海古籍出版社,1997:1 527.

② 中国第一历史档案馆.纂修四库全书档案[M].上海:上海古籍出版社,1997:1 633.

③ 吕留良.刻江西五家稿记言[M]//吕留良.吕晚村评点江西五家稿:卷首.刻本.天盖楼.1682(康熙二十一年).

④ 雷梦辰.清代各省禁书汇考[M].北京:书目文献出版社,1989:196.

⑤ 中国第一历史档案馆.纂修四库全书档案[M].上海:上海古籍出版社,1997:1 365.

⑥ 雷梦辰.清代各省禁书汇考[M].北京:书目文献出版社,1989:196.

《质亡集》

吕留良评辑。是书系吕留良精选辑评诸家时文，借以悼亡其故去友人，《吕晚村先生续集》卷三载有《质亡集小序》49篇，乃吕氏对该集中所涉各家之评传。据《清代各省禁书汇考》，乾隆四十五年（1780）五月十二日奏准，陕甘总督勒尔谨奏缴有《质亡集》，下注“吕留良评辑”。查《纂修四库全书档案》，乾隆四十三年（1778）十月初四日湖广总督三宝奏缴《质亡集》二部，“是书吕留良评辑”；乾隆四十四年（1779）九月初六日闽浙总督三宝奏缴毁《质亡集》一部，下注“是书吕留良评选”；乾隆四十六年（1781）二月三十日山东巡抚国泰奏缴《质亡集》一部，“系吕留良评辑”；同年九月二十八日云南巡抚刘秉恬奏缴《质亡集》二部；闽浙总督陈辉祖乾隆四十七年（1782）二月三十日奏缴《质亡集》二十五部，下注“是书亦系吕留良评选各旧友时文，无足采录，均应销毁”[①]；乾隆四十七年（1782）八月二十八日奏缴《质亡集》三十四部；乾隆五十四年（1789）十月浙江巡抚琅玕奏缴《质亡集》十七本。

此书今见最早为康熙刻本，北京大学图书馆有藏，《四库禁毁书丛刊补编》据以影印收录。

《陈大樽文稿》

又名《陈子龙稿》。明陈子龙撰，吕留良评。陈子龙，初名介，字卧子，号大樽，南直隶松江华亭（今上海松江）人，《明史》有传。吕留良评其“明季之文莫盛于云间，云间之文莫著于陈大樽”[②]。

查《纂修四库全书档案》，乾隆四十六年（1781）六月初十日，直隶总督袁守侗奏缴有《陈子龙稿》一部，二本，不全，吕留良评；乾隆五十三年（1788）六月初六日，江西巡抚何裕城奏缴吕留良评《陈大樽文稿》二十二本。

据瞿冕良《中国古籍版刻辞典》，该书曾有康熙年间石门吕留良宝诰堂刻本。

《归震川文稿》

又名《归震川时文》《归震川时文稿》，为吕留良评选归有光时文。归有光，字熙甫，又字开甫，别号震川，又号项脊生，江苏昆山人。

查《纂修四库全书档案》，乾隆四十三年（1778）五月二十二日贵州巡抚图思德奏缴逆犯吕留良《评归震川文稿》一部；乾隆四十六年（1781）二月三十日山东巡抚国泰奏缴《归震川文稿》，系吕留良选；乾隆五十三年（1788）六月初六日江西巡抚何裕城奏缴吕留良评《归震川文稿》十四本。

① 中国第一历史档案馆.纂修四库全书档案[M].上海:上海古籍出版社,1997:1 524.

② 吕留良.吕晚村先生论文汇钞[M]//吕留良.吕留良诗文集:上册.杭州:浙江古籍出版社,2011:474.

《金正希先生全稿》[①]

又名《金正希稿》《金正希时文》，为吕留良评选明金声时文。金声，一名子骏，字正希，号赤壁，徽州休宁瓯山人（今休宁县万安镇徽光乡瓯山），《明史》有传。

查《纂修四库全书档案》，乾隆四十三年（1778）五月二十二日贵州巡抚图思德奏缴逆犯吕留良《评金正希文稿》七本；乾隆四十三年（1778）十月初四日湖广总督三宝奏缴吕留良评辑《金正希时文》五部；乾隆四十四年（1779）九月初六日闽浙总督三宝奏缴《金正希时文》八部；安徽巡抚书麟乾隆五十一年（1786）四月十三日奏缴《金正希稿》一卷；乾隆四十六（1781）年六月初十日直隶总督袁守侗奏缴《金正希稿》十九部。

《寒松庵佚稿》

陈祖肇撰，祖肇，蕙水人。

据《纂修四库全书档案》，乾隆四十三年（1778）十月初四日，湖广总督三宝、湖北巡抚陈辉祖奏缴有《寒松庵佚稿》一部，下注“刊本。是书陈祖肇著，计二本全，系吕留良评定”[②]。

《黄淳耀文稿》

又名《黄陶庵稿》《黄陶庵文》《黄陶庵时文》。明黄淳耀撰，吕留良点评。黄淳耀，初名金耀，字蕴生，一字松厓，号陶庵，又号水镜居士，南直隶苏州府嘉定（今属上海）人。

查《纂修四库全书档案》，乾隆四十四年（1779）九月初六日，闽浙总督三宝奏缴吕留良评《黄陶庵时文》一部。乾隆四十六年（1781）二月三十日，山东巡抚国泰奏缴吕留良选《黄陶庵稿》二部，五本。乾隆四十六年（1781）六月初十日，直隶总督袁守侗奏缴《黄陶庵稿》一部，五本，全；十四部，共十八本，不全。乾隆四十七年（1782）正月初四，贵州巡抚李本奏缴有《吕留良评黄淳耀文》九本。

据《销毁抽毁书目》，乾隆四十四年（1779）二月十四日奏准，云贵总督李侍尧奏缴有《吕选明文》，下注“明人黄淳耀稿，吕留良评，钱谦益序”[③]。又乾隆四十

① 按：查《纂修四库全书档案》，《陈大樽文稿》《归震川文稿》《金正希先生全稿》三种书各省奏缴该书时或以三家文合集，或以两家文合集。其中以三家文合集奏缴的有：乾隆四十六年(1781)六月初十日，直隶总督袁守侗奏缴《吕留良评归金陈稿》一部，十四本，不全。以两家文合集奏缴的有：乾隆四十三年(1778)五月二十二日贵州巡抚图思德奏缴逆犯吕留良《评金陈合稿》五部，又不全者五本；乾隆四十六年(1781)六月初十日直隶总督袁守侗奏缴《吕留良评归金陈稿》一部，十四本，不全；乾隆四十七年(1782)正月初四日贵州巡抚李本奏缴《吕留良评金陈合稿》十本。

② 中国第一历史档案馆.纂修四库全书档案[M].上海：上海古籍出版社，1997：897.

③ 英廉，等.书目五编：销毁抽毁书目[M].台北：广文书局，1972：211.

三年（1778）五月二十九日奏准，贵州巡抚图恩德奏缴有《黄陶庵文》，下注内有钱谦益序文。盖二者乃同一书也。

该书今存清康熙刻本，一函四册，缺《上孟》一册，每册上均钤有傅山“傅鼎臣”白文印鉴，为海内孤本。

《黄葵阳稿》

黄洪宪撰，吕留良评选。黄洪宪，字懋中，号葵阳，浙江秀水人。《吕晚村先生文集》卷六：“右先外大父学士葵阳先生文稿，年远散佚。据陈百史五十大家本，仅三十余首，后四世孙相如从友人处得十许首，又从桐乡钱苍城得其妇翁姚北若所藏本十许首。最后四世孙奇出旧刻宦稿订定数首，共五十八首，而诸改墨为程者不与焉。”①吕氏当据此稿重予编定。

乾隆四十七年（1782）二月三十日闽浙总督陈辉祖奏缴《黄葵阳稿》十六部；乾隆四十七年（1782）八月二十八日闽浙总督陈辉祖奏缴“《吕评黄葵阳稿》十部，刊本。是书吕留良选。七部全，三部不全”②。

《明文录》

吕留良评。据《纂修四库全书档案》，乾隆四十七年（1782）十月初七日，湖北巡抚姚成烈奏缴有吕留良评《明文录》一部，刊本，计五篇。

《墨卷质疑》

吕留良评。据《纂修四库全书档案》，乾隆四十七年（1782）正月初四日，贵州巡抚李本奏缴有《吕留良评墨卷质疑》二本。

《渔村全稿》

吕留良评。据《纂修四库全书档案》，乾隆四十六年（1781）六月初十日，直隶总督袁守侗奏缴有吕留良评《渔村全稿》一部，二本，全。

《钱吉士先生全稿》

明钱禧撰，吕留良辑评。钱禧，字吉士，苏州人，明天启五年（1625）进士。

查《清代各省禁书汇考》与《纂修四库全书档案》，乾隆四十三年（1778）十二月二十八日，湖广总督三宝奏缴“《钱吉士文稿》二部。刊本。是书钱禧著，吕留良评。一部计二本，又一部计四本”③；乾隆四十四年（1779）九月二十五日奏准，湖南巡抚李湖奏缴有《钱禧时文》，下注“吕留良评选制艺”；乾隆四十六年（1781）六月初十日，直隶总督袁守侗奏缴《钱吉士稿》三部，九本，不全；乾隆四十七年（1782）八月二十八日，闽浙总督陈辉祖奏缴《吕评钱吉士稿》三十五部；

① 吕留良.吕留良诗文集:上册[M].杭州:浙江古籍出版社,2011:159.

② 中国第一历史档案馆.纂修四库全书档案[M].上海:上海古籍出版社,1997:1 631.

③ 中国第一历史档案馆.纂修四库全书档案[M].上海:上海古籍出版社,1997:974.

乾隆五十四年（1789）十月，浙江巡抚琅玕奏缴吕留良评钱吉士稿七本。

《四库禁毁书丛刊》据国家图书馆藏清康熙二十年（1681）天盖楼刻本影印收入此书。

《古处斋诗文集》

清陈祖法撰，吕留良评定。据《纂修四库全书档案》，乾隆四十年（1775）五月二十二日浙江巡抚三宝奏缴"《古处斋诗文集》书一部、板片一副计二百块。卷首有吕留良序一篇"[①]。湖广总督三宝乾隆四十三年（1778）十月初四日奏缴"《古处斋诗文集》一部，刊本。是书陈祖法著。计四本，全。系吕留良评定"[②]。

除了以上吕留良个人著述或评选的著述被禁毁外，《四库全书》编修之际，还有一些载有吕留良言论或评价吕留良的著述被禁毁，这些著述的作者或编者均不是嘉兴人，参见表4-1。

（二）周拱辰

周拱辰（生卒年不详），字孟侯，顺治间贡生，浙江桐乡人。著有《庄子影史》《离骚草木史》《圣雨斋诗文集》。《明史》《清史稿》中均无传，主要生活于明末清初。

《圣雨斋集》

包括《圣雨斋诗集》五卷、《诗余》二卷、《赋》二卷、《古文》四卷。有明崇祯年间黄道周序文、清顺治年间张瑁序文、李际期序文及周拱辰自序。列入四库全书馆全毁书目。

现有道光三年（1823）圣雨斋重刊本及光绪元年（1875）补刊本传世，此书载于《清代禁书知见录》。《四库禁毁书丛刊》集部影印收录清初刻本《圣雨斋诗集》五卷《诗余》二卷《赋集》二卷《文集》四卷。

表4-1 禁毁载有吕留良言论或评价吕留良的著述[③]

序号	名称	责任者	禁毁原因	查缴情况
1	《朱子异同条辨》	清李沛霖、李祯订	书中每条采拾先儒论说之后，附以吕留良讲义，应销毁	乾隆四十七年八月二十八日闽浙总督陈辉祖奏缴二部

① 中国第一历史档案馆.纂修四库全书档案[M].上海：上海古籍出版社，1997：396.

② 中国第一历史档案馆.纂修四库全书档案[M].上海：上海古籍出版社，1997：895.

③ 表中著述查缴情况均来自《纂修四库全书档案》所载。

续表

序号	名称	责任者	禁毁原因	查缴情况
2	《行厨集》	清西陵李之淜辑	内有钱谦益、吕留良等尺牍	乾隆四十二年八月二十二日两江总督高晋奏缴一部
3	《四书会意解》		讲章多吕留良语	乾隆五十五年五月初七日浙江巡抚琅玕奏缴一本
4	《四书讲义录》	清黄瑞订	内有引用吕留良语	乾隆四十四年九月初六日闽浙总督三宝奏缴一部
5	《四书讲意攀龙集》	清陈美发集	讲题多引吕留良解说	乾隆四十四年四月二十日山东巡抚国泰奏一部十本
6	《四书难题问答》	清王鸣昌评定	内载吕留良讲义	乾隆四十三年十月初四日湖广总督三宝奏缴二部
7	《四书绎注》	清柘城王锬辑	内多引吕留良评品时文之语	乾隆四十四年四月二十日山东巡抚国泰奏缴一部三本，乾隆四十七年二月三十日闽浙总督陈辉祖奏缴二部
8	《四书尊注会意解》	清张庸德补	内多吕留良说	乾隆四十四年九月初六日闽浙总督三宝奏缴一部
9	《孔惟叙文集》	清新城孔毓功著	内有吕留良之言，不应存，摘毁	乾隆四十六年五月二十四日江西巡抚郝硕奏缴二本
10	《历科房书选》	清韩菼评	内有吕留良评语，应请摘毁	乾隆四十六年九月二十八日云南巡抚刘秉恬奏缴一部十三本
11	《历科墨选》	评选失名	内有吕留良评语	乾隆四十四年九月初六日闽浙总督三宝奏缴一部
12	《历科小题文选》	清吴士玉选	内有吕留良评语	乾隆四十四年九月初六日闽浙总督三宝奏缴一部
13	《岭云编》		系明人制艺。内有吕留良评语，应请摘毁	乾隆四十六年九月二十八日云南巡抚刘秉恬奏缴九本
14	《群言沥液》	清梁显祖编	末卷窜入吕留良语数十条，乖舛失伦	乾隆四十二年九月初三日浙江巡抚三宝奏二部
15	《代言集》	清李　著	内有讲义推吕留良处	乾隆四十四年九月初六日闽浙总督三宝奏缴一部

第三节 著述禁毁对清代嘉兴的影响

一、禁毁书籍的类别

清代的禁书活动，康熙、雍正时已有过多次，但那时是遇到可禁之书才禁，还没有有意去寻找和发掘禁书。而乾隆皇帝的禁书活动是在《四库全书》的书源有了基本保证之后开始的，长达20年之久，查缴的除了书籍，还包括书板、碑刻等文献，禁书时间之长，范围之广，规模之大，都是历史上空前的。以上所列37位嘉兴人禁毁著述共90种，均是《纂修四库全书档案》等文献有查缴记载的书。从《纂修四库全书档案》等文献，可以知晓这些嘉兴人著作被禁毁的大致分类。

其一，前明抗清人士或“贰臣”的著作。如明朝因抵抗清兵入侵战败而自尽的徐石麒，其《可经堂集》被列入全毁书目；入清隐居的明末复社成员姚佺，其《诗源初集》从遗民的政治视角，选入和评点了大量的表彰抗清志士、抨击新朝暴政的时人之作，被列为全毁书目；而被曾静案件累及的吕留良，其著述禁毁最多、程度最为严厉，上节所列就有44种，仅《天盖楼四书语录》一书至少查缴163部又67本，且吕氏个人所有书籍均为全毁书目予以焚书毁板。

其二，载有民族思想方面的文字，关涉明清史实之书。吴哲夫先生为之举例五种，颇为精当。一是关于夷夏之防及论忠奸之例，二是关于鼓舞起兵反夷复汉之例，三是极称明太祖恢复汉家天下之例，四是非议辽金元三朝文字之例，五是关于故国之思及愤慈文辞之例①。如沈国元著《甲申大事记》记述明崇祯甲申年（1644）三月至七月之间的史实，《两朝从信录》记述了明朝史实，均被列入全毁书；袁黄的《群书备考》多有记载边事及各民族与明朝关系变化之事，被列为全毁书目；彭孙贻《平寇志》记载明末民变史事，卷八至卷十二记清顺治元年至十八年（1644—1661）农民军联明抗清始末，被列入全毁。

其三，诋毁清人、书中有“语句违碍”之书。所谓“语句违碍”，即指书中字面上或者意思上犯了清朝政府的忌讳，也称为有“悖犯语句”等。只要书中出现了“虏”“胡”“夷狄”“建酋”等字样或书中原版有挖空处，轻者遭抽毁，而往往则被全毁。如陈与郊《蘋川集》一书因与王锡爵、王怀棘之书信均提及“东虏”“降虏”之类词语，又有指斥字面，故被列入军机处全毁书目；张廷鹭《广古今议论参》中

① 吴哲夫.四库全书纂修之研究[M].台北：台湾故宫博物院，1990：1.

有“奴酋不死，中国之祸未艾也”之句，故遭禁毁；沈德符《万历野获编》将其他民族和周边国家称之为蛮夷，称女真为虏、称金军之营为“敌营”亦犯忌讳；叶绍泰著《名文宝符》有谬妄及违碍语句被销毁；李日华《四六类编》内有干碍字面被禁毁；袁黄《了凡纲鉴补》记载明末唐、桂诸王，多用其年号，且中多触悖语句，被禁毁；丁宾《丁清惠公遗集》因有诋毁字面列入全毁书目；陈龙正《几亭全书》因“其《文录》《家传》各卷内，间有触碍字句”，而遭抽毁，且书板相关字句遭铲去；沈懋孝《长水先生文钞》因书中《合射议》《与张嵋崍书》《防胡策》等文，触犯清人忌讳，被列入四库馆奏准全毁书目；陆启浤《客燕杂记》有谬妄违碍语句被禁毁；过庭训《明人物考》内论仕辽人物，语有违碍被禁毁。

其四，收录了钱谦益、吕留良、屈大均、金堡等人的诗文著作，往往被列入“抽毁”，甚至“全毁”。虽然乾隆皇帝于四十三年（1788）下谕旨表示收录这些违禁人物诗文的著作将相关诗文铲除即可，但此前经办官员则一般抱着“宁滥勿缺”的作法，书籍中凡是出现钱谦益、吕留良、屈大均、金堡等人的诗文、序文或与他们酬答的篇章，则一律被销毁。如黄洪宪《碧山学士集》因为吕留良编选而被禁毁；沈鸿举《性理大全标题汇纂》姓氏内有钱谦益序，被铲除；沈德符《万历野获编》之《补遗》由钱谦益为之作跋被列入全毁书目；俞长仁《咏物诗选》内有钱谦益、吴伟业诗，被抽毁；朱琰《明人诗钞》撮录钱谦益《列朝诗集》被禁毁；徐从治《徐忠烈公遗集》因篇首有钱谦益墓志铭，被禁毁。甚至评价这些违禁人物的著作也难逃厄运，如李夃的《代言集》仅仅是因为“内有讲义推吕留良处”而被禁毁。

二、嘉兴文献的毁坏

《四库全书》的寓禁于征使得许多嘉兴人著述遭到了灭顶之灾，但是《四库全书》编修期间嘉兴人著述到底禁毁了多少，很难说清楚，现已知的数量只能是据现有的文献统计的相对数字。除了官方的查缴书籍，很多民间藏书人为了避祸私自销毁书籍的数量更是难以计算。如康熙年间，嗜古爱书的朱彝尊，曾于旅途中买书五箱，后往永嘉，适值发生庄廷龙《明史》案，便将涉及明代史事之书，一并焚毁，及还家后一无所存[①]。在禁书活动尚不严厉的康熙朝，嗜古爱书的藏书家尚且如此对待违禁书籍，可以想象在乾隆年间全国性的搜罗禁书时，藏书家们又会如何舍弃书籍以避祸自保。

被列入全毁书目的书籍不仅被焚毁，书板也遭毁灭，导致了很多文献的丧失。根据清人姚觐元编的《清代禁毁书目》及近人孙殿起所辑的《清代禁书知见录》的

① 金性尧.都是文字惹的祸:清代文字狱[M].北京:故宫出版社,2012:262.

记录，乾隆所禁之书，有相当大一部分今天已经失传了。所幸的是，一些胆大的文人千方百计将一些禁毁之书秘藏了下来，在清末之际将其刊行于世，使得今人得以一窥这些文献真面目。

除了全毁书之外，还有抽毁书，这部分书虽然还得以保存，但已失去了其本来面目，失去了应有的价值。除删除违碍文字外，为了使古籍不留天窗，文字连贯，奉旨编纂的人员不得不填补一些字句，结果使收入的古籍文字混乱，史实不清，造成无法弥补的损失。如对于书中出现的违碍字句，乾隆多次颁谕说明编纂方法，凡有关君臣名分、华夷大义处，一字一句都不能有差错。在编修过程中，馆臣们按照这样的编修原则大肆修改，如书中的夷、狄、虏改为彝、敌、卤，使一些著作失去原来的面貌。

如，朱彝尊的《曝书亭集》虽收入《四库全书》，但删改严重。因屈大均是朱彝尊好友，两人交往颇多，常有倡和之作，所以诗题中直接出现“屈大均”人名的较多，四库馆臣们便通过抽删、篡改的方式处理书中相关内容。在四库本《曝书亭集》中，四库馆臣抽删涉及“屈大均”的整首诗或整篇文章有8条，将诗题中“屈五”（屈大均排行第五，故又称屈五）改作“友人”的有5条，将诗题或文中“屈大均（字翁山）”删改的有6条，将“翁山”（屈大均的字）改作“萧山”的有1条[①]。如今，从四库本《曝书亭集》再也看不到朱彝尊与屈大均的丝毫关系。

又如，收入《四库全书》集部的《宋诗钞》是吕留良与吴之振、吴自牧叔侄合作选编，而四库本该书《序言》却为“余与家弟自牧所选”；陆陇其受吕留良思想影响最深，他有多篇文字记述吕对他的影响，但今四库本《三鱼堂集》中，却见不到这些有关的文字。

书籍的禁毁与删改导致文献的毁坏，造成明清之际许多研究文献的空白，特别是违禁人物个人著作被禁毁，与之有关的著述也被改头换面，为研究相关历史人物带来缺乏资料的困难。如吕留良著述的禁毁，使得其文献难以获得，清末刊印的《吕晚村文集》序中就说：“先生文集极难得”，“求之书贾，竟得一部不载刊刻岁月”，“先生之书厄于天人者三百年矣”[②]。说明吕氏的著作直到清末还只能在民间秘密流传。文献的缺乏使得有些与吕留良有关的研究成果难以深入，有时甚至会得出与实际情况不符的结论，出现歪曲历史真相的情况。如梁启超在其《中国近三百年学术史》中说，吕留良“因身罹大祸，著作什九被烧毁，我们无从见其真相”[③]。

---

① 杨丽霞.从《曝书亭集》看四库馆臣对“违禁”人物的处理[J].图书馆研究与工作，2009(3)：56-58.

② 吕留良.吕晚村文集：上册[M].台北：台湾商务印书馆，1977：1-4.

③ 梁启超.中国近三百年学术史[M].上海：上海古籍出版社，2014：176.

乾隆借修书之名推行极端的文化专制主义，大量地删改销毁书籍，给我国的文化典籍带来了一场空前的浩劫。对于乾隆期间对书籍的禁毁、抽毁与篡改，学者任松如在《四库全书答问》序言中云：“删改之横，制作之滥，挑剔之刻，拨弄之毒，诱惑之巧，搜索之严，焚毁之繁多，为所欲为。诛戮之惨酷，铲毁凿补之殆遍，摧残文献，皆振古所绝无。”①鲁迅先生曾言：“文字狱的血迹已经消失，满洲人的凶焰已经缓和，愚民政策早已集了大成，剩下的就只有‘功德’了。那时的禁书，我想他都未必看见。现在不说别的，单看雍正乾隆两朝的对于中国人著作的手段，就足够令人惊心动魄。全毁，抽毁，剜去之类也且不说，最阴险的是删改了古书的内容。乾隆朝的纂修《四库全书》，是许多人颂为一代之盛业的，但他们却不但捣乱了古书的格式，还修改了古人的文章；不但藏之内廷，还颁之文风较盛之处，使天下士子阅读，永不会觉得我们中国的作者里面，也曾经有过很有些骨气的人。”②

三、嘉兴文化的禁锢

清雍正、乾隆两朝大兴文字狱主要针对汉族士人和官吏，而罹祸的以江南进士为多，而嘉兴尤为严重。

嘉兴大的文字狱主要发生在清雍正年间。如嘉兴海宁“查嗣庭案”、嘉兴石门“吕留良案”③等。海宁“查嗣庭案”发生于雍正四年（1726）。是年九月，内阁学士兼礼部侍郎查嗣庭主持江西乡试，出题中有《易经》次题“正大而天地之情可见矣”，三题“其旨远其辞文”；《诗经》四题“百室盈止，妇子宁止”。雍正帝把三个题目联系起来，说“今查嗣庭所出经题，前用正字，后有止字，‘正’字有一止之象”④，又罗织其他试题及查的日记文字有悖逆之词，共42款，定为“大逆不道，怨诽诅咒”罪，查下狱，病死后戮尸另示，籍没家产，子查沄处斩，秋后处决。胞兄查嗣傈、胞侄查基“从宽免死”流放三千里。族人或流放或与功臣为奴。只有其兄著名诗人查慎行父子“从宽免罪”释放。对查嗣庭案，雍正帝下谕旨十几道，宣示查的“罪行”。当年，他派出浙江观风俗使，到浙江检查监视，加强思想统治，十一月间下旨：“浙江士习敝坏，工为怀挟，停其乡会试”⑤，对浙江知识分子仇视，并加以惩罚。

乾隆的禁书活动就是席卷全国的赤裸裸的文字狱，严厉的禁书活动则是在乾隆

① 任松如.四库全书答问[M].上海:上海书店出版社,1992:1.

② 鲁迅.病后杂谈之余[M]//林贤治.无声的中国:鲁迅散文.广州:花城出版社,2013:89.

③ 前文已对吕留良案做了介绍,在此不再赘述。

④ 王新龙.大清王朝:1[M].北京:中国戏剧出版社,2009:6.

⑤ 赵尔巽,等.清史稿[M].乌鲁木齐:新疆青少年出版社,1999:52.

修《四库全书》期间。如只是让书籍禁毁也就罢了，而这些文字狱将文化发达地区称作“士风轻薄”之地，动辄捕风捉影，以文字罗织罪名，轻者发配、夺官，重者杀头灭族。嘉兴曾被誉为“人文渊薮”，原指人才集中、学术昌明的文化重镇，在大兴文字狱之际这里成了文网的边缘、罪恶的窟穴。

文字狱是以文字之故，陷人以罪，竟至杀身灭族。而摇弄笔杆，与文字打交道的，当然多是读书人。所以，文字狱杀害的对象自然也大都是读书人。两次严酷的文字狱让嘉兴以科举为目标的士林，遭到致命性的打击，特别是耳闻目睹了吕留良案惨绝人寰的血腥一幕后，士人在心理上从此蒙上了挥抹不去的阴影，对读书产生了一种恐惧感，读书不再是前途无量、光明灿烂，不再是晋升官爵的阶梯和敲门砖，读书除了要忍受十年寒窗的凄苦和“三更灯火五更鸡”的艰辛外，竟然还要冒杀头和株连九族的危险。“学而优则仕”的读书动力不在，富绅子弟转而从艺从商，嘉兴士人科举数量急剧减少。

根据嘉兴历代进士名录整理出清朝嘉兴科举进士人数情况①（参见表4-2），可以看出顺治与康熙年间，是嘉兴科举命中率最高的时期，嘉兴进士开科平均命中人数分别为13.8与9.8人，嘉兴进士占浙江进士的比例均在36%以上，而且嘉兴共取1位状元、6位榜眼、3位探花。雍正、乾隆年间盛行文字狱，对嘉兴士人影响巨大的“查嗣廷案”与“吕留良案”就发生在这两朝，不管是嘉兴进士开科平均命中人数，还是嘉兴进士占浙江进士的比例，在这两朝均明显下降。嘉庆后，嘉兴的科举情况每况愈下，甚至在光绪九年（1883）癸未科考试中，嘉兴进士空缺，无人考中。虽然某地的科举情况与当地的社会经济等紧密相连，但却不能忽视书籍禁毁与文字狱对士人科举的影响。残忍酷毒的文字狱，不能不使读书的士人望而生畏。龚自珍曾生动地描绘过“一人为刚，万夫为柔”的封建专制主义，如何“震荡摧锄天下之廉耻”；而为专制独裁服务的文字狱，恰恰摧锄了广大士人的“能忧心，能愤心，能思虑心，能作为心，能有廉耻心，而无渣滓心”②，士子们在文字狱的威胁下，终日如临深渊，如履薄冰，诸如一些文集所说，人们“见猫以为虎，见鳝以为蛇”，“避席畏闻文字狱，著书都为稻粱谋”③，都是在文字狱淫威之下士人的心态写照。另外，学人的治学之风大变。明末清初注重现实社会问题，强调经世致用的学风消失殆尽，知识界的学术潮流逐渐转向脱离实际，逃避现实的考证一途，学者大都钻进故纸堆中，沉溺于文字、音韵、训诂、校勘的研究，而缺乏思想上的创造发明，他们读书撰文，不敢独立思考，不想触及现实，也较少关注现实的国计民生。所以吕留

① 丁辉，陈心蓉．嘉兴历代进士研究[M]．黄山：黄山书社，2012.

② 马骏骐．贵州文化六百年[M]．贵阳：贵州人民出版社，2014:237.

③ 沈大明．《大清律例》与清代的社会控制[M]．上海：上海人民出版社，2007:177.

良以后近两百年，嘉兴竟再也没有出现一个能与朱彝尊、查慎行和吕留良等人齐名的有分量的学者。这种状况，直接导致了整个学术思想界的停滞、沉闷乃至封闭。

表4–2 清代嘉兴进士情况

清帝王	在位时间	开科次数（次）	浙江进士数（人）	嘉兴进士数（人）	嘉兴进士开科平均命中人数	嘉兴进士占浙江进士的比率
顺治	1643—1661	8	301	110	13.8	36.54%
康熙	1662—1722	21	567	206	9.8	36.33%
雍正	1723—1735	5	183	42	8.4	22.95%
乾隆	1736—1795	27	697	169	6.3	24.25%
嘉庆	1796—1820	12	263	57	4.8	21.67%
道光	1821—1850	15	300	56	3.7	18.67%
咸丰	1851—1861	5	87	10	2.0	11.49%
同治	1862—1874	6	108	14	2.3	12.96%
光绪	1875—1908	13	302	50	3.8	16.56%
合计		112	2 808	714	6.4	25.43%

与学风相联系，文字狱也使得士风卑下。正如梁诗正对文字狱的感叹：“总之笔墨招非，人心难测，凡在仕途者遇有一切字迹必须时刻留心，免贻后患”①，他自己就深恐由文字惹祸，“我在内廷时惟与刘统勋二人从不以文字与人交往，即偶有无用稿纸亦必焚毁”②。可见，他已被文字狱彻底吓怕了。这种心态，使多数士大夫都以明哲保身为要，正如道光时的三朝元老曹振庸在谈自己的为官之道时所说：“无他，但多磕头少说话耳”③。

乾隆时期尤其是禁书期间的文字狱，给当时的中国社会造成了极为恶劣的影响。当历史进入十八世纪，西方各国已经先后挣脱封建制度的锁链，走上资本主义道路，政治、经济、科学、技术、文化都在迅猛发展，中国封建社会也已步入晚期，在东南沿海一些经济较发达的地区，新的经济力量和政治力量曾经一度崛起并有所发展，上层建筑领域也出现了“异端”思想的闪光。然而，由于中国封建社会特殊的历史进程，由于历史和现实的种种原因，清统治者不但顽固地关闭了与西方交流的大门，而且蛮横地推行文化专制主义政策，利用文字狱的极端手段，消灭异

① 陈秉才，王锦贵．中国历史书籍目录学［M］．北京：书目文献出版社，1984：125．

② 陈秉才，王锦贵．中国历史书籍目录学［M］．北京：书目文献出版社，1984：125．

③ 本书编写小组．中国近代史简要读本［M］．北京：清华大学出版社，1981：10．

端，禁锢思想，钳制言论，显示专制帝王生杀予夺的权威，维护封建王朝的统治，却导致中国资本主义萌芽的枯萎，社会仍然在封建主义的改朝换代中盘旋，最终对中国社会的进步和发展起到了阻碍作用。

第五章　著述未收　全书不全

乾隆三十七年（1772），六十三岁高龄的乾隆皇帝诏令修纂《四库全书》。四库馆臣为了在乾隆有生之年完成这项浩大的工程，在全国范围内开始征书，征书活动持续七年时间[即乾隆三十七至四十三年（1772—1778）]。显然，七年的征书活动与中华大地上留存了近两千多年的文化史籍相比，未免太仓促了些，不可能汇集全国典籍之所有。在《四库全书》竣工不久，全国即陆续发现一些当年未能征集到的历代典籍。阮元、孙殿起等在《四库全书》编修之后致力于四库未收书的整理，嘉兴人士的诸多著述亦在其中。这些未收的嘉兴人著述与四库已收著述一样，是嘉兴古代文献的重要部分。本章将对这些著作的著者、著述内容、版本存世等情况作粗略研究。

第一节　嘉兴人未收著述数量

清嘉庆初年，浙江巡抚阮元利用职务之便，在江南采购符合《四库全书》收书标准却未收之书。阮元（1764—1849），字伯元，号芸台，江苏仪征人。他博学淹通，曾奉旨编纂过《石渠宝笈》，主持纂修有《十三经注疏校勘记》《经籍纂诂》等数十种经史书籍。嘉庆亲政后，江浙地区稳定，经济发达，学术繁荣，学者藏书风气盛行，图书出版事业也非常发达。其时文网不如以前那么严密，禁书逐渐复出。嘉庆四年（1799），阮元出任浙江巡抚，发现有不少珍本秘籍为《四库全书》所未收，于是要搜辑《四库全书》阙书。他利用职务之便，广泛搜求图书，“或借自江南旧家，或购之苏州番舶，或得之书坊，或钞自友人”①。他选取珍本影钞，并照《四库全书》提要体例，写成各书提要，汇成《四库未收书提要》一编，上呈朝廷。此事历时十余年，至嘉庆中叶，进呈之书有175种。嘉庆帝令仿《四库全书》之式排

① 丁申.武林藏书录[M].上海:上海古典文学出版社,1957:25.

比装潢，钤盖“嘉庆御览之宝”朱文方印，赐名《宛委别藏》，藏于宫中[①]。对此，沈初的儿子曾在《四库未收书提要》序言中提到沈初收集四库未收书的情形：

> 家大人凡在浙时，曾购得四库未收古书，进呈内府，每进一书，必仿四库提要之式，奏进提要一篇。凡所考论，皆从采访之处先查此书原委。继而又属鲍（廷博）何（元锡）诸君参互审订，家大人亲加改定，纂写而后奏之，十数年久，进书一百数十部。[②]

孙殿起（1894—1958）字耀卿，别字贸翁。河北冀州人。版本目录学家、藏书家。根据多年经手及见知古旧书籍，详记各书书名、著者及版刻事项，积万余条，并略考各书传授情况和内容差异，撰成《贩书偶记》20卷，收古籍善本1万余种。《贩书偶记》主要收录清代著作间及1911—1935年的有关古代文化的著作，是清以来兼辛亥革命前后有关古代文化的著述总目。在著录时凡见于《四库全书总目》者概不收录，录者必版本卷数不同，因此它就成为补充《四库全书总目》的一部版本目录学专著。

1997年12月由北京出版社影印出版的《四库未收书辑刊》，主要根据二十世纪二十年代末三十余位国学大师编订的《四库未收书分类目录》所收录的清乾隆四库馆臣未见和清乾隆以降至清末问世的书，几乎网罗了当时存世《四库全书》以外的优秀书籍，共收录典籍近2 000种。

我们从以上三种书目中搜辑出乾隆四十四年（1779）之前已经刊出，而《四库全书》未著录或存目的88位嘉兴人著述107种。从著者籍贯来看，107种著述中嘉兴籍人（包括秀水）著述38种、桐乡人著述15种、海宁人著述21种、海盐人著述14种、平湖人著述10种、嘉善人著述8种；从朝代分布看，元代著述1种、明代著述26种、清代著述80种；从部类种看，经部8种、史部13种、子部10种、集部76种。参见表5-1。

表5-1 《四库全书》未收嘉兴人著述目录[③]

著作名称	著者姓名	著者籍贯	著者朝代	版本	著录来源	部类
《五服图解》一卷	龚端礼	嘉兴	元	元刻本	《四库未收书提要》	经部

① 张升．明清宫廷藏书研究[M]．北京：商务印书馆，2006：165.

② 永瑢，纪昀，等．四库全书总目提要[M]海口：海南出版社，1999：1103.

③ 本表所列之书指在乾隆四十四年前已出现但《四库全书》未收的书目．

续表

著作名称	著者姓名	著者籍贯	著者朝代	版本	著录来源	部类
《天盖楼四书语录》四十六卷	吕留良	桐乡	清	清康熙二十三年刻本	《贩书偶记》	经部
《四书讲义》四十三卷	吕留良	桐乡	清	清康熙二十五年天盖楼刻本	《贩书偶记》	经部
《尚书释天》六卷	盛百二	秀水	清	清乾隆十八年秀水李氏刻本	《贩书偶记》	经部
《毛诗明辨录》十卷	沈青崖	秀水	清	清乾隆十五年刻本	《四库未收书辑刊》《贩书偶记》	经部
《尔雅补注》四卷	周春	海宁	清	清乾隆间刻本	《贩书偶记》	经部
《春秋左传释》附二十七卷	黄洪宪	秀水	明	明刻本	《四库未收书辑刊》	经部
《春秋繁露求雨止雨篇汇考》无卷数	李友洙	海宁	清	清乾隆四十三年刻本	《贩书偶记》	经部
《拙政篇》一卷	盛万年	秀水	明	清雍正九年宝纶堂刻本	《贩书偶记》	史部
《浙江采辑遗书总录》十一卷《闰集》一卷	沈初	平湖	清	清乾隆三十九年刻本	《贩书偶记》	史部
《小学人物考》十二卷附《县志列传录》十篇	钱景朗	海盐	清	清康熙间刻本	《贩书偶记》	史部
《吴忠节公年谱》一卷	吴麟征	海盐	明	清顺治间刻本	《贩书偶记》	史部
《问水漫录》四卷	盛百二	秀水	清	清乾隆四十三年刻本	《贩书偶记》	史部
《史记正讹》三卷	王元启	嘉兴	清	清乾隆四十年刻本	《贩书偶记》	史部
《汉书正讹》二卷	王元启	嘉兴	清	清乾隆四十年刻本	《贩书偶记》	史部

续表

著作名称	著者姓名	著者籍贯	著者朝代	版本	著录来源	部类
《日下旧闻》四十二卷附《补遗》	朱彝尊	秀水	清	清康熙二十六年至二十七年六峰阁刻本	《贩书偶记》	史部
《龙井见闻录》十卷附《宋僧元净外传》二卷	汪孟鋗	桐乡	清	清乾隆间刻本	《四库未收书辑刊》	史部
《两朝从信录》三十五卷	沈国元	秀水	明	明崇祯间刻本	《贩书偶记》	史部
《金石契》不分卷	张燕昌	海盐	清	清乾隆四十三年刻嘉庆增修本	《四库未收书辑刊》《贩书偶记》	史部
《皇明异姓诸侯传》二卷表一卷	郑晓	海盐	明	明嘉靖间刻本	未收书辑刊	史部
《关帝事迹征信编》三十卷《补遗》一卷	周广业	海宁	清	清乾隆三十八年参和堂刻本	《贩书偶记》	史部
《玉堂校传如岗陈先生二经精解全编》九卷	陈懿典	秀水	明	明万历二十二年熊云滨刻本	《四库未收书辑刊》	子部
《柚堂笔谈》四卷	盛百二	秀水	清	清乾隆三十四年刻本	《贩书偶记》	子部
《医征》三十八卷	沈明宗	嘉兴	清	清康熙间以宁堂刻本	《贩书偶记》	子部
《冯氏锦囊秘录杂症大小合参》二十卷首二卷《痘疹全集》十五卷《杂症痘疹药性主治合参》十二卷首一卷	冯兆张	海盐	清	清康熙四十一年刻本	《四库未收书辑刊》	子部
《女科经论》八卷	萧埙	嘉兴	清	清康熙间刻本	《贩书偶记》	子部
《无幻禅师语录》二卷	释性冲	秀水	明	明万历间宝梦堂刻本	《贩书偶记》	子部
《宝持总禅师语录》二卷	释玄总	嘉兴	清	清康熙十六年刻本	《贩书偶记》	子部

续表

著作名称	著者姓名	著者籍贯	著者朝代	版本	著录来源	部类
《吕晚村家训真迹》五卷	吕留良	桐乡	清	清康熙四十二年刻本	《贩书偶记》	子部
《地理述》八卷《发明》一卷附《赠贵阳县城移向说》一卷	陈诜	海宁	清	清乾隆间信学斋刻本	《四库未收书辑刊》、《贩书偶记》	子部
《存几希斋印存》无卷数	陈克恕	海宁	清	乾隆间刻本	《贩书偶记》	子部
《紫薇山人诗钞》八卷	沈维基	海宁	清	清乾隆间刻本	《四库未收书辑刊》、《贩书偶记》	集部
《脩浦诗钞》二卷	马世荣	海盐	清	清乾隆三年其孙男维翰刻本	《贩书偶记》	集部
《张侍轩遗集》十二卷	张次仲	海宁	明	清康熙三十五年其孙讱刻本	《贩书偶记》	集部
《鸳鸯湖棹歌》四卷	朱芳衡	海盐	清	清乾隆四十年刻本	《贩书偶记》	集部
《玉亭集》十四卷	吴高增	嘉兴	清	清乾隆间刻本	《四库未收书辑刊》	集部
《敬斋文集》十二卷《补编》一卷	吴高增	嘉兴	清	清乾隆沈仪庭等刻本	《四库未收书辑刊》	集部
《与袁堂诗集》五卷	陈殿湗	海宁	清	清康熙四十六年陈元龙刻本	《贩书偶记》	集部
《俞宁世文集》四卷	俞长城	桐乡	清	清康熙间刻本	《四库未收书辑刊》	集部
《永宇溪庄识略》六卷《首》一卷《续识略》一卷	曹庭栋	嘉善	清	清乾隆三十年刻本	《四库未收书辑刊》《贩书偶记》	集部
《鹦鹉洲》二卷附图	陈与郊	海宁	明	明万历间刻本	《贩书偶记》	集部
《樱桃梦》二卷	陈与郊	海宁	明	明万历间刻本	《贩书偶记》	集部
《荧虚大师遗集》三卷	释明中	桐乡	清	清乾隆间刻本	《四库未收书辑刊》	集部

续表

著作名称	著者姓名	著者籍贯	著者朝代	版本	著录来源	部类
《亦山小草》六卷	陈寅	海盐	清	清乾隆三十六年刻本	《贩书偶记》	集部
《蒉庵遗集》二卷	沈擎	秀水	清	清雍正十一年刻本	《贩书偶记》	集部
《砚北诗草一卷《半稼词》一卷	查学	海宁	清	清乾隆五年刻本	《贩书偶记》	集部
《研宝斋遗稿》十二卷	刘世教	海盐	明	明天启六年刘祖铎等刻本	《四库未收书辑刊》	集部
《雅坪词谱》三卷	陆棻	平湖	清	清康熙年间刻本	《贩书偶记》	集部
《雪庄渔唱》一卷	许承祖	海宁	清	清乾隆丙寅刻本	《贩书偶记》	集部
《徐忠烈公集》四卷	徐从治	海盐	明	清乾隆二十二年五世孙超刻本	《贩书偶记》	集部
《小丹丘词》一卷《撷影词》一卷	柯煜	嘉善	清	清乾隆年间刻本	《贩书偶记》	集部
《萧林初集》八卷	钱棻	嘉善	明	明崇祯间刻本	《四库未收书辑刊》	集部
《香树斋诗集》十八卷《续集》十六卷	钱陈群	秀水	清	清乾隆十六年至二十四刻本	《四库未收书辑刊》《贩书偶记》	集部
《香山诗评》一卷	周文在	海宁	清	清乾隆三十一年刻本	《贩书偶记》	集部
《梧冈余稿》四卷《文钞》一卷	金集	桐乡	清	清康熙五十九半亭书屋刻本	《贩书偶记》	集部
《为可堂初集》十卷	朱一是	海宁	清	清顺治十一年刻本	《四库未收书辑刊》《贩书偶记》	集部
《梅里词》三卷	朱一是	海宁	清	清康熙清远堂刻本	《贩书偶记》	集部
《恬致堂集》四十卷	李日华	秀水	明	清顺治间刻本	《贩书偶记》	集部

续表

著作名称	著者姓名	著者籍贯	著者朝代	版本	著录来源	部类
《腾笑集》八卷	朱彝尊	秀水	清	清康熙间刻本	《贩书偶记》	集部
《逃莽诗草》十卷	徐豫贞	海盐	清	清康熙杨昆思诚堂刻本	《四库未收书辑刊》《贩书偶记》	集部
《四六类编》十三卷	李日华	秀水	明	明崇祯十三年刻本	《贩书偶记》	集部
《诗法火传》十六卷	马上巘	嘉兴	清	清顺治十七年至十八年刻本	《贩书偶记》	集部
《蜃园诗前集》五卷《后集》五卷《续集》二卷	李确	平湖	清	清雍正十一年刻本	《贩书偶记》	集部
《龙湫集》五卷	李确	平湖	清	清乾隆三十七年十二蕉亭刻本	《贩书偶记》	集部
《秋间词》一卷	王庭	嘉兴	清	清康熙二十二年刻本	《贩书偶记》	集部
《清风堂文集》二十三卷	曾王孙	秀水	清	清康熙四十五年曾安世刻本	《四库未收书辑刊》《贩书偶记》	集部
《勤思堂诗集》五卷	胡弈勋	平湖	清	清乾隆二十四年刻本	《贩书偶记》	集部
《强恕斋文钞》五卷《诗钞》四卷	张庚	秀水	清	清乾隆二十一年至二十二年刻本	《贩书偶记》	集部
《谦谷集》六卷	汪筠	秀水	清	清乾隆八年刻本	《贩书偶记》	集部
《曝书亭诗笺注》十二卷	江浩然	嘉兴	清	清乾隆二十四年刻本	《贩书偶记》	集部
《北田诗臆》一卷《江湖客词》一卷《北田文略》一卷《业残小语》一卷《弱笑闲谈》一卷	江浩然	嘉兴	清	清乾隆二十七年刻本	《贩书偶记》	集部
《蓬蒿园诗集》八卷《附录》一卷	吴晋画	海盐	明	明崇祯间刻本	《贩书偶记》	集部

续表

著作名称	著者姓名	著者籍贯	著者朝代	版本	著录来源	部类
《拟寒山诗》一卷	张守约	秀水	明	明刻本	《四库未收书辑刊》	集部
《南疑集》九卷	沈季友	平湖	清	清康熙十六年刻本	《贩书偶记》	集部
《茗斋百花诗》二卷	彭孙贻	海盐	清	清康熙彭骞曾刻本	《四库未收书辑刊》	集部
《梅里诗钞》二十卷	李光基	嘉兴	清	清康熙年间刻本	《贩书偶记》	集部
《吕晚村文集》八卷《附行略》一卷《续集》四卷	吕留良	桐乡	清	清雍正三年南阳讲习堂刻本	《贩书偶记》	集部
《吕晚村诗集》二卷《文集》八卷附《行略》一卷	吕留良	桐乡	清	高丽人旧抄本	《贩书偶记》	集部
《丽事馆余氏辨林》五卷附《字学辨略》一卷	余楙学	海宁	明	明万历四十一年刻本	《贩书偶记》	集部
《乐志堂诗集》四卷	李明嶅	嘉兴	清	清康熙李宗渭刻本	《四库未收书辑刊》	集部
《兰玉堂文集》二十卷《诗集》十二卷《续诗集》十一卷	张云锦	平湖	清	清乾隆三十年刻本	《贩书偶记》	集部
《柯庭余习》十二卷	汪文柏	桐乡	清	清康熙间刻本	《四库未收书辑刊》	集部
《敬业堂诗续集》六卷	查慎行	海宁	清	清乾隆查学等刻本	《四库未收书辑刊》《贩书偶记》	集部
《静观堂诗集》三十卷	劳之辨	桐乡	清	清康熙四十一年刻本	《贩书偶记》	集部
《金华诗录》六十卷《外集》六卷《别集》四卷《书后》一卷	朱琰	海盐	清	清乾隆三十八年金华府学刻本	《贩书偶记》	集部
《㻋斋文存》一卷《试律》一卷《诗余》一卷	查元偁	海宁	清	清稿本	《四库未收书辑刊》	集部
《几亭文录》三卷《续文录》八卷	陈龙正	嘉善	明	明崇祯间刻本	《贩书偶记》	集部

续表

著作名称	著者姓名	著者籍贯	著者朝代	版本	著录来源	部类
《几亭外书》九卷	陈龙正	嘉善	明	明崇祯间刻本	《贩书偶记》	集部
《几亭全书》六十四卷	陈龙正	嘉善	明	清康熙间云书阁刻本	《贩书偶记》	集部
《藿园集》八卷	李应征	嘉兴	明	明万历间刻本	《贩书偶记》	集部
《浣桐诗钞》六卷	朱一蜚	嘉善	清	清乾隆间刻本	《贩书偶记》	集部
《话山诗稿》十二卷《文稿》十七卷《别录》七卷	陆洽原	平湖	清	清康熙四十一年志远堂刻本	《贩书偶记》	集部
《虹映堂诗集》十四卷	郭浚	海宁	明	清顺治间刻本	《四库未收书辑刊》	集部
《鹤洲残稿诗》一卷《词》一卷	朱彝爵	秀水	清	乾隆十三年修汲堂刻本	《贩书偶记》	集部
《耘业斋诗稿一卷	朱麟应	嘉兴	清	清乾隆九年刻本	《贩书偶记》	集部
《樊南文集详注》八卷《玉溪生诗详注》三卷附《年谱》	冯浩	桐乡	清	清乾隆三十二年德聚堂刻本	《贩书偶记》	集部
《杜陵绮语》一卷	蒋光祖	嘉善	清	清康熙年间刻本	《贩书偶记》	集部
《丁辛老屋集》二十卷	王又曾	秀水	清	清乾隆四十年新安曹氏刻本	《贩书偶记》	集部
《翠羽词》一卷	曹士勋	桐乡	清	清康熙五十八年刻本	《贩书偶记》	集部
《春蔼堂集》十八卷	陈奕禧	海宁	清	清康熙四十六年吴门刻本	《贩书偶记》	集部
《楚辞疏》十九卷《读楚辞语》一卷《杂论》一卷	陆时雍	桐乡	明	清康熙四十四年有文堂刻本	《贩书偶记》	集部
《楚辞榷》八卷	陆时雍	桐乡	明	明天启间刻本	《贩书偶记》	集部

续表

著作名称	著者姓名	著者籍贯	著者朝代	版本	著录来源	部类
《樗庄文稿》十卷《尺牍》一卷《诗稿》二卷	沈维材	海宁	清	清乾隆十四年刻本	《四库未收书辑刊》	集部
《陈孟常学士初集》三十六卷	陈懿典	秀水	明	明万历四十八年刻本	《贩书偶记》	集部
《查浦诗钞》十二卷	查嗣瑮	海宁	清	清刻本	《四库未收书辑刊》《贩书偶记》	集部
《白蕉词》四卷	陆培	平湖	清	清雍正六年刻本	《贩书偶记》	集部
《八代诗揆》五卷《补遗》一卷	陆奎勋	平湖	清	清雍正小瀛山阁刻本	《贩书偶记》	集部

第二节　嘉兴人未收著述分类考

一、未收经部著述考略

《五服图解》一卷

明龚端礼撰。龚端礼（生卒年不详），字仁夫，嘉兴人。元至治间学者。

“五服”制度是中国礼治中为死去的亲属服丧的制度，它规定，血缘关系亲疏不同的亲属间，服丧的服制不同，据此把亲属分为五等，由亲至疏依次是：斩衰、齐衰、大功、小功、缌麻。龚端礼承其祖龚颐正家学，费十年参考而成《五服图解》一卷并刊印。元泰定元年（1324）嘉兴路呈《五服图解》于浙江行省，移咨中书省。

龚端礼在元至治二年（1322）自刊《五服图解》一卷。该版本十四行二十五字，版匡高八寸弱，宽六寸一分强，白口，左右双阑。前有至治壬戌（1322）龚端礼行书序，后有槜李龚氏仁父墨图记。在该书前自序中，龚端礼称自己“不辞衰老，细字夜书，厥始厥终，皆出一笔，用倒羞囊之余，以资锓梓之费”①，刻《五服图解》于浙江嘉兴。清初江苏著名藏书家钱曾藏书处述古堂旧藏为海内孤本。

《五服图解》一卷，现有元泰定元年（1324）杭州路儒学刻本，每半叶十四行二

① 王东，钟苏．浙江印刷史［M］．杭州：杭州出版社，2013：200.

十五字，中国国家图书馆藏。中华书局1980年影印，上海古籍出版社1996影印，北京图书馆出版社2004年《中华再造善本丛书》影印。

《尚书释天》六卷

清盛百二撰。盛百二（1720—?），字秦川，号柚堂，浙江秀水（今嘉兴）人。清乾隆二十一年（1756）举人。官山东淄博知县，晚年主讲藁城书院。盛百二幼即颖悟，精研六经，汉宋兼综，凡勾股、律吕、河渠之学，靡不研究，而尤致力于天文学。著有《柚堂文存》四卷、《皆山楼吟稿》四卷、《尚书释天》六卷、《柚堂笔谈》四卷、《柚堂续笔谈》八卷、《观录》四卷、《问水漫录》四卷、《增订教稼书》二卷、《淄川砚铭谱》二卷、《古文意宗》三十卷、《李播大象赋注》一卷、《唐诗式》十六卷、《御制律历渊源》等。

《尚书释天》对中国古籍《尚书》的《尧典》《舜典》《胤征》《洪范》诸篇中凡有关天文历象部分，逐条考订即疏通文字，解释术语，并以当时的数学天文学知识，对有关天文内容进行了解释阐述。现存清乾隆十八年(1753)秀水李氏序刻本，北京大学图书馆、云南大学图书馆、南开大学图书馆、辽宁大学图书馆、华东师范大学图书馆、日本东京大学东洋文化研究所有藏；清乾隆三十九年（1774）济宁任城书院刻本，四川师范大学图书馆、清华大学图书馆、中国科学院图书馆、日本国会图书馆藏；清乾隆三十九年（1774）广东李大翰刻本，两册，人民大学图书馆、吉林大学图书馆有藏；清道光九年（1829）广东学海堂刻本，北京大学图书馆、浙江师范大学图书馆、河南大学图书馆有藏；清咸丰十年（1860）广东学海堂刻本，辽宁大学图书馆有藏。

《毛诗明辨录》十卷

清沈青崖撰。沈青崖（生卒年不详），字艮思，号愚舟，秀水人。清雍正十一年（1733）以西安粮监道管军需库务驻肃州，乾隆元年（1736）改授延绥道。其博学多识，以史地学者名世。

该书现有清乾隆十三年（1748）古吴毛德基刻本，北京大学图书馆、复旦大学图书馆有藏；清乾隆十四年（1749）序刊本，日本内阁文库有藏；清乾隆十五年（1750）刊本，《重修浙江通志稿》著录。

《尔雅补》四卷

清周春撰。周春（1729—1815），浙江海宁人，字芚兮，号松霭，晚号黍谷居士，又号内乐村叟，海宁盐官人。清乾隆十九年（1754）进士，授广西岑溪知县。学识渊博，有著作数十种，范围广泛。博学好古，精通韵学。音韵学方面有《十三经音略》《杜诗双声叠韵谱话》《小学余论》，合称《音学三书》。经学有《古文尚书》《尔雅补注》《续经籍题跋》等。史学有《西夏书》《代北姓谱》《辽金元姓谱》《辽诗话》等。地方掌故有《海昌胜览》《海昌拾遗》《海潮说》。其他还有《松靄吟稿》《松靄诗话》《选材录》《类说》《恶县奥论》《佛尔雅》等。周春还是最早研究《红楼梦》的学者之一。早在清乾隆五十九年（1794），就写出了我国第一部红学专著《阅〈红楼梦〉随笔》。

《尔雅补注》一书取郑樵之说，旁搜广采近人之见，补注前人对《尔雅》改订中的差误。有乾隆间（1736—1795）周氏省吾庐刻本；清光绪二十八年（1902）长沙叶氏刻本，四川大学图书馆、清华大学图书馆有藏；清光绪三十四年（1908）长沙叶氏观古堂刻本，日本内藤文库有藏；民国二十四年（1935）长沙中国古书刊印社汇印本，四川大学图书馆、武汉大学图书馆有藏。

《春秋左传释附》二十七卷

明黄洪宪撰。黄洪宪，字懋中，号葵阳，浙江秀水（今嘉兴）人。明隆庆元年（1567）浙江乡试第一，五年会试第二，廷试二甲十三名，授翰林院编修。升至詹事府少詹事，兼翰林院侍读学士，掌院事。后为人所忌，告归乡里。著有《春秋左传释附》二十七卷、《碧山学士集》二十一卷。黄氏为隆庆、万历间时文名家，与黄汝亨并称浙中“二黄”，有《黄葵阳稿》。

《春秋左传释附》二十七卷，《明史艺文志》《千顷堂书目》均有载。现存有明刻本，十二册两函，中国科学院图书馆藏；明万历二十七年（1599）刊本，日本内阁文库有藏。

《春秋繁露求雨止雨篇汇考》无卷数

清李友洙撰。李友洙（生卒年不详），副贡，浙江海宁人。清乾隆二十八年（1763）任平陆知县，三十七年（1772）擢升解州知州，四十二年（1767）升知府。与清张成德修《直隶绛州志》。

《春秋繁露》中《求雨》《止雨》两篇详细记载了求雨、止雨的仪式，相传为董仲舒所作。《春秋繁露求雨止雨篇汇考》在汇集前人的考释基础上，修订前人之所未完备，有清乾隆四十三年（1758）刻本。

二、史部未收著述考略

《拙政篇》一卷

明盛万年撰。盛万年（1559—1632），字恭伯，一作伯恭，一字叔永，号若华，秀水人，居梅家荡中李圩。少从同郡袁黄学，明万历十一年(1583)癸未科进士，授刑部四川司主事，历都水主事、虞衡员外、屯田郎中、广东参政分寿岭西，万历庚子乡试巡按御史，福建按察副使，广东、贵州、广西按察使，云南布政使。著有《拙政篇》《曼寄轩集》《岑西水陆兵纪》等[①]。

该书曾有清雍正九年（1731）宝纶堂刊本。

《浙江采辑遗书总录》十一卷《闰集》一卷

清沈初主编。本书录参考史志目录和《文献通考·经籍考》《都斋读书志》《直斋书录解题》等体例，分经、史、子、集四部46卷与若干子目编排。复以天干为10集：甲乙丙三集纪经部，丁戊二集纪史部，己庚二集纪子部，辛壬癸三集纪集部，除癸集分上、下2卷外，其他均为1卷。另有续补作《闰集》一卷。共收录图书4 523种，56 955卷，另不分卷者92册，每书录书名、卷数、作者、内容提要，还辑录序跋，详记刻书年月和版本流传情况[②]。该书收录著述标准："凡颁立学官暨敕撰诸书并内府刊播以及海内流传盛行之本，概弗敢登，唯上之有裨于经世，下之有切日用，其书一时未见流传，即不拘时代远近，亦不拘本省、外省、甄录之以副阐扬之意。"[③]

该书现有清乾隆三十九年（1774）杭州刊本，华东大学图书馆有藏；另山西大学图书馆藏有清乾隆间木刻本。

《小学人物考》十二卷附《县志列传录》十篇

清钱景朗撰。钱景朗，海盐人。该书现有清康熙三十七年（1698）刻本，《重修浙江通志稿》著录，清华大学图书馆藏。

《问水漫录》四卷

清盛百二编。盛百二（生卒年不详），字秦川，号柚堂。浙江秀水（今嘉兴）人。乾隆二十一年（1756）举人，官山东淄川知县。晚居齐鲁间，主讲山枣、稿城书院十数年，多所造就。精研经学，工诗。

关于该书的写作来历，盛百二在该书自序中有所表述，"余在任城（今济宁），诸生有以水道来问者，因取问时所存古文，意宗外编数首付之，别为《问水漫录》"[④]，因此《问水漫录》一书应为盛百二掌教任城书院时所编。《问水漫录》共四卷二十四篇。此书大多内容系辑录汉代以后有关河渠的文章、奏疏，每篇篇末又附以作者小传，并有按语，皆为引各家成说。书末有《河源考》《沛沛辨》两篇系盛氏自著。

今有乾隆四十三年（1778）刊本；清乾隆四十九年（1784）柚堂自刻本，复旦大学图书馆有藏。

① 丁辉，陈心蓉．嘉兴历代进士研究[M]．合肥：黄山书社，2012：132.

② 唐贵荣，赵国良．中国书目检索辞典[M]．郑州：中州古籍出版社，1997：323.

③ 来新夏．清代目录提要[M]．济南：齐鲁书社，1997：88.

④ 王云，李泉，等．中国运河文献书目提要[M]．北京：人民出版社，2012：253.

《史记正讹》三卷

清王元启撰。王元启（1714—1786），字宋贤，号惺斋，浙江嘉兴人。乾隆十六年（1751）辛未进士，授福建将乐县知县。到任后，采取抑制垄断市场和哄抬物价的措施，触犯了富商大户的利益，受到非议，三个月即被罢官。自此，绝意仕途，专事讲学，迭主书院讲席，施教于福建、河南、山东和浙江，先后达三十年。元启博极群书，勤考证，工文词，精历算。其论学以程朱为宗，于文则法韩、欧诸大家。著有《祗平居士文集》《惺斋论文》《惺斋杂著》《读韩记疑》《周易四书讲义》《历法记疑》《角度衍》《九章杂论》等。

《史记正讹》分为《律书》《历书》《天官书》各一卷。现有清乾隆间刊本，中国国家图书馆有藏；清光绪十四年（1888）广雅书局刻史学丛书本，北京大学图书馆有藏；清光绪十六年（1890）广雅书局刊本，清华大学图书馆、复旦大学图书馆、北京师范大学图书馆、南开大学图书馆、苏州大学图书馆、辽宁大学图书馆、宁夏大学图书馆、湖北大学图书馆、中山大学图书馆有藏；民国九年（1920）番禺徐氏重印本，四川大学图书馆、河南大学图书馆有藏。

《汉书正讹》二卷

清王元启撰。《史记正讹》《汉书正讹》收入《惺斋杂著》。《汉书正讹》分为《律历志》上下二卷。有清乾隆四十年（1775）刊本，中国国家图书馆有藏。

《日下旧闻》四十二卷附《补遗》

清朱彝尊撰。《日下旧闻》为地理著作，记载北京掌故史迹，上至远古，下至明末。内容分星土、世纪、形胜、宫室、城市、郊坰、京畿、侨治、边障、户版、风俗、物产、杂缀等十三门，而以石鼓考列后。皆征引前人著作，逐条排比。所引经、史、小说、文集、金石文字等凡1 649种。采辑渊博，记载详备，其子朱昆田撰《补遗》。《日下旧闻》四十二卷清康熙二十六年（1687）辑成，尚书徐乾学捐资付雕并为序，冯溥、陈廷敬、徐元文、张鹏、高士奇、姜宸英等皆为序。是年冬，开始刻印。清康熙二十七年（1688）九月，《日下旧闻》刻印竣工。清乾隆三十八年（1773年），清高宗又命大臣窦光鼐、朱筠等增续，别成《日下旧闻考》，《四库全书》著录。

该书现存清康熙二十六年（1687）至二十七年（1688）朱彝尊潜采堂刻本，浙江图书馆、南京图书馆、香港大学图书馆、香港图书馆、香港中山大学图书馆有藏。

《龙井见闻录》十卷附《宋僧元净外传》二卷

清汪孟鋗纂。汪孟鋗（1721—1770），字康古，号厚石，浙江桐乡人。清乾隆十五年（1750）举于乡，三十一年（1766）中进士，曾官吏部主事。能诗文，兼通术数，著有《厚石斋诗集》《龙井见闻录》《考证金石文》等。孟铜为桐乡世家子弟，藏书处裘杼楼第四代传人。其子汪如藻为修纂《四库全书》四库馆臣。

《龙井见闻录》十卷首一卷末一卷，附《宋龙井僧元净外传》二卷，是汪氏所撰有关龙井茶的见闻轶事。有清乾隆二十七年（1762）自抄进呈本，故宫博物院、北京大学图书馆、吉林大学图书馆有藏；清光绪十年（1884）钱塘丁氏嘉惠堂刻本，香港大学图书馆、北京师范大学图书馆、北京大学图书馆、人民大学图书馆、山东大学图书馆、苏州大学图书馆、厦门大学图书馆、南京大学图书馆、辽宁大学图书馆有藏；1983年扬州江苏广陵古籍刻印社刻本，河南大学图书馆有藏；另有海南出版社2001年影印本，扬州广陵书社2006年《中国佛寺志丛刊》收录影印本。

《金石契》不分卷

清张燕昌撰。张燕昌（约1769—1839），字芑堂，号文渔、金粟山人，浙江海盐人。嘉庆时举孝廉方正。善书画，精篆刻。造诣较深，名重江浙。有金石目《金石契》不分卷，其他著作有《芑堂印存》《续鸳鸯湖棹歌》《金粟山人逸事》。

《金石契》不分卷，清乾隆三十六年（1771）自刻、四十三年（1778）重定本，4册1函，10行16字，小字笺行同，白口，四周罩遗，罩黑焦尾，有刻工，封面题：乾隆戊戌夏日，山东省图书馆、南京图书馆、四川大学图书馆有藏；《金石契》不分卷，清乾隆四十三年（1778）刻嘉庆增修本，四册一函，中国科学院图书馆、武汉大学图书馆有藏；《重订金石契》不分卷，四册，清嘉庆八年（1803）张氏刻红印本，香港中文大学图书馆有藏；《重订金石契》不分卷，清光绪二十二年（1896）贵池刘氏聚学轩刻本，香港中文大学图书馆、香港大学图书馆、河北省图书馆、浙江师范大学图书馆有藏。

《皇明异姓诸侯传》二卷《表》一卷

明郑晓撰。郑晓（1499—1566），字窒甫，号淡泉，浙江海盐县人。嘉靖二年（1523）进士，授职方主事。喜披阅旧文牍，尽知天下扼塞和兵马虚实强弱。经通经术，著作颇多。《四库总目》收有《吾学编》《征吾录》《古言》《今言》《郑端简公奏议》《史论》《策学》《禹贡图说》《四书讲意》等。

《皇明异姓诸侯传》二卷为郑晓为明初至正德嘉靖封诸侯所做传记。现有《皇明异姓诸侯传》二卷明万历刻本，四川大学图书馆有藏；《皇明异姓诸侯传》二卷《表》一卷明嘉靖刻本，六册一函，中国科学院图书馆、北京师范大学图书馆有藏；《皇明异姓诸侯传》明嘉靖四十三年（1564）刻本，四册，十行、十九字、白口、左右双边，北京大学图书馆、中山大学图书馆有藏。

《关帝事迹征信编》三十卷《补遗》一卷

清周广业、崔应榴同撰。周广业（1730—1798），字勤补，号耕崖，浙江海宁人。清乾隆四十八年（1783）举人。治学范围广博精深，擅长目录校勘工作。著作有《蓬庐诗文集》《孟子四考》《读相台五经随笔》《关帝事迹征信编》《六安直隶州志》《广德州志》《东林三君子传》《季汉官爵考》等。崔应榴（1754—1815），浙江海盐人，字星洲、秋谷，号藤花村农。诸生。究心经史子集，老而弥笃，其说多精审可读。著有《吾亦庐稿》《广孝编》《广慈编》《诗文集》等。

该书有清乾隆三十八年（1773）参和堂刻本；清道光四年（1824）刊本，人民大学图书馆、台湾研究院史语所藏；清光绪八年（1882）武清侯邦典刻本，北京大学图书馆、北京师范大学有藏。

三、子部未收著述考略

《玉堂校传如岗陈先生二经精解全编》九卷

明陈懿典撰。陈懿典（1554—1638），字孟常，号如刚，浙江秀水人，明万历二十年（1592）进士，选庶吉士，二十二年（1594）九月，授编修，任正史纂修官。有《读左漫笔》，被《四库全书总目》收入经部春秋类存目。

《玉堂校传如岗陈先生二经精解全编》内收道家名篇，如《老子道德经》《庄子南华经》等，有前人朱墨笔批校。著录《中国古籍善本总目》子部第1 134页。据《涉园书目》，有万历间刊本，列诸道家类。

现有明万历二十二年（1594）熊云滨刻本，四册一函，北京师范大学图书馆、人民大学图书馆、四川大学图书馆、武汉大学图书馆有藏；清康熙三十四年（1695）燕诒堂刊本，六册，焦竑考定，日本八木文库有藏。

《柚堂笔谈》四卷

清盛百二撰。《柚堂笔谈》多考证书史疑义，亦记见闻杂事。该书有乾隆三十四年（1769）潘莲庚刻本《柚堂笔谈》四卷附录一卷，前有潘莲庚序，一册一函，北京大学图书馆、山东省图书馆藏；清乾隆三十四年（1769）秀水盛氏刻本，二册一函，北京大学图书馆、中国科学院图书馆有藏；1964年上海古籍书店复制本，辽宁大学图书馆有藏；1980年上海古籍书店复制本，河南大学图书馆有藏。

《医征》三十八卷

清沈明宗撰。沈明宗（生卒年不详），字目南，号秋湄，浙江嘉兴人。少攻举子业，旋即潜心禅宗，旁通及医典，为清初名医石楷之高弟。少失偶，不复娶，客游燕都，后至邗江（今属江苏），姻缘缔合，遂止禅心，专攻医术，颇有声名，抱病求治者踵接。暇则与其弟子专论医宗，凡20余年。精研仲景之学，著有《伤寒六经辨证治法》，刊行于世。

《医征》三十八卷，为医学综合性著作，刊于清康熙三十二年（1693），本丛书包括《金匮要略编注》二十四卷、《温热病论》二卷、《伤寒六经纂注》八卷、《虚劳内伤》二卷、《女科附翼》一卷、《客窗偶谈》一卷。现有清康熙三十二年癸酉（1693）以宁堂刻本，中国科学院图书馆有藏。

《冯氏锦囊秘录杂症大小合参》二十卷首二卷《痘疹全集》十五卷《杂症痘疹药性主治合参》十二卷首一卷

清冯兆张撰。冯兆张（生卒年不详），字楚瞻，浙江海盐人。清代医学家，长于儿科。冯兆张十三岁习医，从师访道十载，以医名于两浙等地。博采诸家精论，精研中医理论，其行医经验丰富，尤重医德，常怀好生济人之心。在学术思想上，主张大小合参，强调命门的重要性，重视元阴元阳，崇尚温补。

冯兆张历时三十载，汇选各家精要，结合己见，于清康熙三十三年（1694）撰成《锦囊秘录》，该书包括内、外、妇、儿、药物、脉诊等许多方面，搜集有许多民间单方、验方，强调辨证论治，内容丰富，为学医的人所爱读。《冯氏锦囊秘录》刊行后传至越南、日本等国，越南名医黎有卓将此书视为重要医籍，十分推崇，在其所撰写之《海上医宗心领》一书中，对该书颇多引述，冯兆张因之被尊为越南所供奉的名医中之上位。

《杂证大小合参》十四卷，清康熙三十三年（1694）辑入《冯氏锦囊秘录》。本书主要论述内科杂证，诸如心脾病、腹胀、中风、血证、痨瘵、痰饮、消渴、痢疾等，以及伤寒、温病的脉证治疗，并对小儿风寒暑湿燥火及咳喘等症的辨证论治亦有论述。书中体现了冯氏崇尚温补，注重辨证论治，主张医道不可不深究的学术思想；《痘疹全集》十五卷，成书于清康熙四十一年（1702），全书共载与痘疹有关的医论近300条；《杂证痘疹药性主治合参》十二卷，成书于清康熙三十三年（1694）。现存清刻本及石印本等。

《冯氏锦囊秘录》初刊于清康熙四十一年（1702），复旦大学图书馆、中山大学图书馆有藏，北京出版社2000年的《四库未收书辑刊》据清康熙四十一年（1702）刻本影印；另存清康熙六十一年（1722）刻本及嘉庆、道光、咸丰年间刻本，民国上海昌文书局铅印本、千顷堂石印本等版本。近现代，又出现了一些点校本，如：五洲出版社1987年出版的《痘诊全集：冯氏锦囊秘录》；北京中国中医药出版社1996年版田思胜等校注的《冯氏锦囊秘录》，2010年版《明清中医名著丛刊冯氏锦囊秘录》，2011年版《中医非物质文化遗产临床经典名著冯氏锦囊秘录》；人民卫生出版社1998年出版王新华点校的《冯氏锦囊秘录》。

《女科经论》八卷

清萧埙撰。萧埙（生卒年不详），字赓六，号慎斋，浙江嘉兴人。少习举子业，后弃儒从医。潜心研究《灵枢》《素问》及历代名医著作。长于治虚损、痨瘵等内科杂症。撰《医学经论》一百三十四卷，以经说为主，详加阐发，条理清晰。另撰《女科经论》，萧埙谓："妇女病四诊难尽，而妇女之病，莫重于月经、胎产、崩淋、带下等症。凡因病而经不调者，病祛则经自调；先经不调而后病者，调其经则病自愈。"[①]其论为妇科医家所推崇。该书所记与女科有关的杂证一百六十三条，采撷名贤之说七千多条。

该书成书于清康熙二十三年（1684），目前常见版本有上海卫生出版社1957年铅印本、锦章书局1957年铅印本、上海科学技术出版社1959年铅印本等。

《无幻禅师语录》二卷

明释性冲撰，门人慧广编集。性冲，号古湛，秀水张氏子，杭州径山僧。

《无幻禅师语录》二卷，无刻书年月，约万历间宝梦堂刊，收入《径山藏版明版·嘉兴大藏经第二十五册》。

《宝持总禅师语录》二卷

清释玄总撰，释明英、释文穆编。释玄总，嘉兴人。

该书二卷，上卷收录序、住嘉兴妙湛禅院语、任海盐南询禅院语录，下卷收录机缘、颂古、真赞、书问，收入《径山藏版明版·嘉兴大藏经第三十五册》，曾有康熙十六年（1677）刻本。

《地理述》八卷《发明》一卷附《赠贵阳县城移向说》一卷

清陈诜撰。陈诜（1643—1722），字叔大，号实斋，谥"清恪"。海昌（今海宁）人。清康熙十一年（1672）举人，历官中书舍人、吏部给事中、刑部掌印给事中，贵州、湖广巡抚，仕致礼部尚书。曾从黄宗羲游，学有渊源。著有《四书述》《易经述》《律述》《资治通鉴述》《地理述》《四书题旨》《三江彭蠡辨疑》《义学训规》《研北斋偶刻》《读律述》《易卦玩辞述》等。

该书为堪舆著作，大部分内容以注释、集辑前人著作为主。《地理述》八卷中卷一至卷三天玉经解内传，卷四评注青囊注、评注青囊奥语，卷五辟缪二十四则，卷六至卷七地理要指，卷八罗经简要。现有清乾隆十四年（1747）信学斋刻、清乾隆五十年（1785）与清嘉庆十年（1805）增修的德馨堂印本；民国九年（1920）贵阳文通书局铅印本。

《存几希斋印存》无卷数

① 李经纬，余瀛鳌，蔡景峰．中医名词术语精华辞典[M]．天津：天津科学技术出版社，1996：903.

清陈克恕撰。陈克恕（1741—1809），篆刻家。字体行，号目耕，又号吟香、健清、妙果山人等，浙江海宁人。善篆隶书、篆刻学。其篆刻颇为工稳，惜较板滞，缺少变化，流传作品不多。清乾隆四十三年（1778）辑自刻印成《存几希斋印存》四册，此书载《海宁州志》，有翁方纲、查莹、周广业序，中国国家图书馆有藏。

四、集部未收著述考略

《紫薇山人诗钞》八卷

沈维基（1716—?），字抑恭，号心斋，浙江海宁人。清雍正十年（1732）副贡生，与父廷荐同榜。官湖南永兴、福建延平知县，终山东泰安知府。有《紫薇山人诗钞》八卷，此集乾隆间刻，清华大学图书馆藏。前有清乾隆四十年(1775)叶观国序，序称："郡伯心斋沈公，浙西老宿，工诗文，善书法，夙负盛名"；其诗"诸篇皆蔼如仁义之言，与高、白诸公复今古同辙，至其气苍格老，力追唐响，不涉宋元以后蹊径，又可得诸快吟洛诵之余。信乎，诗之可传者已"[①]。又有清乾隆四十三年（1778）刻本，四册一函，中国科学院图书馆有藏。

《倘浦诗钞》二卷

清马世荣撰。马世荣，字焕如，海盐人。该书有清乾隆三年（1738）其孙维翰刻本，《重修浙江通志稿》著录。

《张待轩遗集》十二卷

明张次仲撰。张次仲（1589—1676），初名允昌，字孺文，号待轩、钝庵。浙江海宁人。明天启元年（1621）举人。少时就以热心公益而著称，明亡后隐居乡里，潜心研究经学，自号浙汜遗农。清顺治年间，举贤良方正，以病辞。穷经好道，著作丰富，《周易玩辞》《困学记》《待轩诗记》，四库已著录。他的诗大都反映民间疾苦，同情劳动人民。黄宗羲曾为之作墓志。

《张待轩遗集》为清康熙三十五年（1696）其孙订校刊。

《鸳鸯湖棹歌》四卷

清朱芳衡编校。朱芳衡，海盐人。工楷法，清乾隆四十年（1775）年手写朱彝尊、陆以诚、张燕昌鸳鸯湖棹歌付梓。朱芳衡写刻本《鸳鸯湖棹歌》，有梁同书的序和朱芳衡的题咏，中国国家图书馆、厦门大学图书馆有藏。

《玉亭集》十四卷

清吴高增撰。吴高增（1706—?），字敬斋，一字继长，号玉亭，浙江嘉兴人。清乾隆十七年（1752）贡生。官邯郸知县。曾从钱塘桑调元游。作宰唐地时，兴修

① 叶观国.紫薇山人诗钞序[M]//沈维基.紫薇山人诗钞,乾隆刻本:1.

水利，劝种红薯。又刊《捕蝗》《祷雨》诸说教其民。亦能诗。《两浙輶轩录补遗》选其《寄怀朱稼翁》一诗。著有《敬斋集》《玉亭集》《车中吟》。《玉亭集》十四卷，今存清乾隆二十八年（1763）刻本，八册，中国科学院图书馆、嘉兴市图书馆、郑州大学图书馆有藏；南京图书馆有乾隆间刻本《玉亭集》三卷；上海图书馆有乾隆间刻本《玉亭集》十六卷。

《敬斋文集》十二卷《补编》一卷

清吴高增撰。今存清乾隆间沈仪庭等刻本《敬斋文集》十二卷，四册一函，首都师范大学图书馆、中国科学院图书馆、北京图书馆、南京图书馆有藏。山东图书馆有乾隆凝秀堂刻本《敬斋文集》十二卷《补编》一卷。

《与袁堂诗集》五卷

清陈殿桂撰。陈殿桂（1615—1666），一作殿湝，字长生，号岱清，海宁人。明崇祯十六年（1643）癸未科进士，官南京兵部主事。入清后为交州推官。《重修浙江通志稿》所记：陈殿桂著有《与袁堂诗集》十卷、《与袁堂文集》四卷，见《海宁志》，有其从子元龙清康熙四十六年（1707）刻本。《贩书偶记》所著《与袁堂诗集》五卷，无总目，应不全。山东省图书馆有清康熙间刻本《与袁堂诗集》十卷，上海图书馆藏有《与袁堂诗集钞》一卷。

《俞宁世文集》四卷

清俞长城撰。俞长城，字桐川、宁世、硕园，浙江桐乡人。清康熙二十八年（1685）乙丑科进士，官至翰林院编修。工古文，好藏书，藏书处曰可仪堂。著有《俞宁世文集》（又名《可仪堂集》）《四书便蒙》《先正程墨》《国朝程墨》等。

该书今存康熙间刻本，二册一函，中国科学院图书馆、复旦大学图书馆藏。日本江户木活字印本，四册一函，北京大学图书馆、华东师范大学图书馆、辽宁图书馆、湖北图书馆有藏。又有二卷本，乾隆间刻入《艺海珠尘》，南京图书馆、南开大学图书馆有藏。

《永宇溪庄识略》六卷《首》一卷《续识略》一卷

清曹庭栋撰。曹庭栋（1699—1785），初名廷栋，字楷人，又字六吉，号六圃，别号慈山居士、慈山先生、漱秋居士，浙江嘉善人。著名书画家曹鉴伦之孙。乾隆初举孝廉方正，后隐居不仕。平生最爱贺铸诗，所为诗“大似北宋人”。专主性情，晚作尤佳，尝谓“诗真岂在分唐宋，语妙何曾露雕刻”。所著《宋百家诗存》《琴学内篇、外篇》《昏礼通考》《易准》《逸语》《孝经通释》《产鹤亭诗集》《老老恒言》八本宏作被《四库全书》收入或存目。

清乾隆三十年（1765）曹庭栋作《永宇溪庄识略序》，曰：“岁庚辰，余年六十有二，欲为寿藏计，于北郭熙宁门外之永宇圩卜得隙地。永宇之义颇与寿藏合，遂名‘永宇溪庄’……去冬之仲月，乐其既竣，洒扫列几案，于兹小憩。偶忆数年来工筑之役与诗文之作，随笔汇抄，居然成帙。因附记闲居著述及生平阅历梗概，厘为六卷。更绘图冠于首，题曰《永宇溪庄识略》……抄既毕，爰命梓。"《续识略引言》曰，"自岁乙酉撰《溪庄识略》付梓后，每岁阅历事迹于每岁终汇录，随命刻工续人。……迄今戊戌又阅十四年，余年届八旬，就所未及者续为之‘识’，而仍其旧名曰‘略’。"卷六《识阅历》记事讫乾隆四十四年己亥。是为"乾隆三十年刻增修本"。①

《永宇溪庄识略》六卷《首》一卷《续识略》一卷今存清乾隆三十年（1765）曹庭栋二六书堂刻本，国家图书馆有藏；另有清乾隆五十年（1785）嘉善曹氏刻本，四册一函，北京大学图书馆有藏。

《鹦鹉洲》二卷附图

明陈与郊撰。陈与郊（1544—1611），字广野，号隅阳、禺阳、虞阳，别署玉阳仙史，亦署高漫卿、任诞轩等，海宁盐官人。明戏曲作家、刻书家、藏书家。明万历二年（1574）甲戌科进士。官太常寺少卿提督四夷馆。明万历二十四年（1596），上疏乞归乡里，隐居盐官隅园，以刻书、藏书、著述为乐，藏书甚富，其书室为赐绯堂。著有传奇剧本《鹦鹉洲》《樱桃梦》《麒麟厨》《灵宝刀》等。

《鹦鹉洲》情节离奇复杂，写唐名臣韦皋与玉箫、元稹、薛涛间故事。韦皋赴汉阳访友姜荆宝，名妓又是诗人的薛涛受元稹（洛阳人）之邀往洛阳。二人路上邂逅，韦称他日发达，当以女校书酬薛。韦至汉阳，与荆宝义妹玉箫赠环订婚，被召为官，分别时，许七年后来迎娶。玉箫苦等，相思成疾而亡，葬于鹦鹉洲头，魂灵投生至卢家为女，亦名玉箫。时薛涛闻元稹与歌伎相好，愤而出家为尼。玉箫长至13岁时，卢家请薛涛教其文墨。时韦皋六十寿诞，卢送玉箫与韦完婚。元稹前来传旨，进韦为中书令，始逢薛涛，二人团聚②。

该书现存明万历四十八年（1620）陈与郊赐绯堂刻本，《浙江省出版志》著录，南京大学图书馆有藏；另有上海商务印书馆1955年影印本。

《樱桃梦》二卷

明陈与郊撰。《樱桃梦》据唐传奇《樱桃青衣》改编。剧本通过卢生梦中经历宦海浮沉，享尽荣华富贵，尝遍世态炎凉，说明人生如梦，功名亦一梦，从而否定一切，以访道求仙为最终归宿。此剧亦作者愤世嫉俗之作，作品对现实社会中科举制

① 崔建英.崔建英版本目录学文集[M].南京:凤凰出版社,2012:338-339.

② 孙新科,杜茂功.九都洛阳历史文化丛书:九都典籍[M].北京:中国科学文化出版社,2001:313.

度的腐败，世态人情的险恶，其揭露与抨击是尖锐的。该书现存明万历四十四年（1616）陈与郊赐绯堂刻本，浙江图书馆、南京图书馆有藏；另有上海商务印书馆1955年影印本。

《烎虚大师遗集》三卷

清释明中撰。释明中（1717—1767），俗姓施，初名演中，字大恒，号烎虚。浙江桐乡人。七岁出家于嘉兴楞严寺为僧，晚年主杭州圣因寺，兼摄天竺讲席，移住净慈寺。乾隆南巡赐紫衣三次。性好画，尝谓结习未能除。寄意篆刻，画山水得黄公望之缜密、倪瓒之疏秀。兼善写生，亦工写照。尤长于诗，与厉鹗、杭世骏、丁敬等结吟社。道力坚凝，文采丰赡，有《烎虚大师遗集》。

此《烎虚大师遗集》三卷，梁同书删定，杭世骏为之序，存诗二百七十七首，清乾隆三十四年（1769）刻，中国国家图书馆、中国科学院图书馆、复旦大学图书馆有藏。南京图书馆藏钞本，仅二卷。

《亦山小草》六卷

清陈寅撰。陈寅（1740—1814），字亦山，号心田、沁斋。浙江海盐人。清乾隆三十六年（1771）辛卯科举人，官英德知县。著有《亦山小草》六卷、《向日堂诗集》十六卷。该书曾有清乾隆三十六年（1771）刻本。

《蒉庵遗集》二卷

清沈擎撰。沈擎（生卒年不详），原名麋，字天鹿（陆），号蒉庵。浙江秀水人。生于明万历年间，卒年不详。钱陈群曰："蒉庵先生明末肥遁，以道绳己，陶然自得。诗笔冲淡，如其为人。尤工于词，著有《籁阁词笺》《琴啸轩乐府》《游天台罗浮诗》等集。"[①]《蒉庵遗集》，名《沈隐士集》，现有清雍正十一年（1733）嘉兴沈青崖刻本，中国国家图书馆藏。

《砚北诗草》一卷《半稼词》一卷

清查学撰。查学（1712—1785），字七伦，号砚北，浙江海宁人。监生。查学因清雍正四年（1726）的查嗣庭案随父入京师大狱，年十五岁，次年便随戍陕西。《砚北诗草》大半作于流戍蓝田之时，皆按时间编次，刊刻于清乾隆五年（1740），存诗一百四十首，并收查羲之作三首。此集前有沈心、沈德潜序，后《半稼词》一卷，附其父《查浦诗钞》后，中国国家图书馆藏清乾隆五年（1740）刻本。

《研宝斋遗稿》十二卷

明刘世教撰。刘世教（生卒年不详），字少彝，明万历间海盐人，万历二十八年进士，曾任闽清令。藏书家、学者，工诗擅书。有《研宝斋集》《救荒著略》。刻印

① 浙江省通志馆，浙江省地方志编纂委员会.重修浙江通志稿：标点本第八册著述考·艺术考[M].北京：方志出版社，2010：4 928.

过自编《杜工部分体全集》六十六卷《目录》二卷，唐李白《李翰林集》四十二卷《年谱》一卷。

该书现存明天启六年（1626）刘祖铎等刻本，二册一函，中国科学院图书馆、南开大学图书馆有藏。

《雅坪词谱》三卷

清陆棻撰。陆棻（1630—1699），原名世枋，字次友，号义山，一号宜山，又号雅坪，浙江平湖人。清康熙六年（1667）进士，十八年（1679）荐举博学鸿儒，授翰林院编修，分纂《明史》，历官詹事府左春坊左赞善、福建乡试正考官、顺天武乡试副考官、内阁学士、礼部侍郎衔总裁诸书局。著有《雅坪文稿》十卷、《雅坪诗稿》四十卷、《雅坪词谱》三卷，又编《历朝赋格》十五卷。

陆棻为浙西派重要词人之一，词风凄清慷慨，以不空疏、树风骨在浙派中别出手眼。《雅坪词谱》有清康熙间（1662—1722）陆氏刻本，民国《重修浙江通志稿》著录，中国国家图书馆有藏。

《雪庄渔唱》一卷

清许承祖撰。许承祖（1717—1762），字绳武，号复斋，别号雪庄居士，海宁人。清乾隆十五年（1750）副贡。性嗜山水。著有《雪庄渔唱》七卷，清乾隆二十四年（1759）初刻本前有沈德潜、彭启丰、裘曰修、厉鹗、查岐昌五序及自序，侄道基跋，光绪癸未重刊入《武林掌故丛编》。《杭郡诗辑》云："许子构别业于两湖中子峰下，颜曰'雪庄'，有师白堂、镜湖楼、宝雪精舍、竹笑轩、待月廊、雪舫诸胜。移家居此两湖三竺，探讨靡遗。暇时泛舟行步，穷深极幽，作即景缀诗七言绝句三百六十五篇，篇各有题，题各有注。乾隆丁丑年（1757），皇帝下江南时，手录进呈，皇帝特赐文绮两端，为希遇者也。"[①]该书有清乾隆二十四年（1759）刻本，现存于中国国家图书馆、复旦大学图书馆。

《徐忠烈公集》四卷

明徐从治撰。徐从治，字仲华，海盐人。明万历三十五年（1607）进士，除桐城知县。历官济南知府、兖东副使、山东巡抚。曾因被推荐为治行卓异者升官。又曾献直捣敌军中坚之策，有进剿徐鸿儒功。驻莱州，孔有德反，围莱城日久，援绝，中炮死。赠兵部尚书，建"忠烈"祠。

徐从治幼子徐复贞清康熙三十四年（1695）刊刻其父著作《徐忠烈公集》，后徐从治孙徐拔慧亦刊刻。北京图书馆藏该书明崇祯间刻、清康熙乾隆递修本。

《小丹丘词》一卷《撷影词》一卷

① 海宁市政协文教卫体与文史委员会.海宁世家：上[M].北京：人民日报出版社，2012：164.

清柯煜撰。柯煜（1666—1736），字南陔，号丹丘生，浙江嘉善人。师事朱彝尊。清康熙六十年（1721）进士，以磨勘黜名。清雍正元年（1723）复成进士，官宜都（今属湖北）知县，改衢州（今属浙江）府学教授。清雍正十三年（1735）荐举博学鸿词，未及试，卒。柯煜出身诗词名家，叔父柯崇朴、柯维桢皆以词名，且助朱彝尊编辑《词综》。柯煜亦好词学，尝刻《绝妙好词》。自作词有《石庵樵唱》《月中箫谱》《小丹丘词》。叶燮在《小丹丘词序》中评价柯煜的词："其风雅、其寄托，真能上追三闾而伯仲元亮、义山者也，区区南北宋词家，不足言矣。"[①]

《萧林初集》八卷

明钱棻撰。钱棻（生卒年不详），棻一作芬，字仲芳，号涤山，别号八还道人，浙江嘉善人。明崇祯十五年（1642）举人。与方以智交，从学于魏大中，仕至文渊阁大学士。善画山水，博通经史，有《读易绪言》。刻印过大中子学洢《魏子敬遗集》八卷。

《萧林初集》前有胡守恒、黄端伯，李雯序，卷一赋、卷二乐府、卷三近体诗、卷四序、卷五论、卷六策对、卷七杂著，卷八偶笔。今存明崇祯间刻本，四册一函，七行十五字，白口，四周单边，无鱼尾，无直格，版心不相连，上右镌书名及卷次，中国科学院图书馆有藏。

《香树斋诗集》十八卷《续集》三十六卷《文集》二十八卷《文集续钞》五卷

清钱陈群撰。钱陈群（1686—1774），字主敬，号香树、集斋，浙江秀水（今嘉兴）人。诗人。清康熙六十年（1721）进士，改庶吉士。授编修。雍正时任陕西宣谕化导使，后任侍读学士，入值南书房，充经筵讲官，为乾隆近臣。乾隆初年擢右通政使，仍督顺天学政，后官至刑部左侍郎，加尚书衔。为政平和。谥文端。钱陈群深通诗法，书法苍劲，处事谨慎，清廉自持，深为乾隆所赏识。二人之间除君臣之谊，又是文字知己，乾隆称钱陈群为"故人"，钱陈群每有诗作进呈，乾隆必亲笔题诗回赠，与南通沈德潜两人被乾隆称为"江南二老"。著有《香树斋诗集》《香树斋文集》等。

《香树斋诗集》十八卷有清乾隆十六年（1751）刻本，《续集》三十六卷有清乾隆十九年（1754）刻增修本，《文集》二十八卷《文集续钞》五卷清乾隆二十九年（1764）刻成，皆自定，十行十九字，集中应制之作多至千篇。复旦大学图书馆、北京大学图书馆、人民大学图书馆、中山大学图书馆、四川大学图书馆、华东师范大学图书馆、浙江图书馆、中国科学院图书馆有藏。中国国家图书馆藏清同治九年（1870）补修原刊本，首都图书馆、郑州大学图书馆藏清光绪十一年（1885）重刻

① 孙克强，杨传庆，裴喆．清人词话：中[M]．天津：南开大学出版社，2012：719．

本，复旦大学图书馆藏有清嘉庆十五年（1810）补刻印本。

《香树斋诗集》十八卷《续集》三十六卷《文集》二十八卷《文集续钞》五卷，乾隆间刻本，十行十九字，小字双行同，白门，单鱼尾，左右双边；收藏有“臣泰享印”白文方印、“璃庵”朱文方印、“溪幸杨氏饮雪轩珍藏”朱文方印、“齐鲁大学图书馆藏书”朱文方印，山东大学图书馆有藏。

《香山诗评》一卷

清周文在撰。周文在，字振之，号了间。浙江海宁人。监生。癖嗜书史，尝手抄秘籍逾千卷，毁于祝融，惋恨而卒。能诗文。工篆刻，辑有印谱。著有《香山诗评》《长庆集选》等。

《香山诗评》为周文在子周春编。《重修浙江通志稿》云，“此书载《海宁志》，据云有张樊川祭酒为序，未见”[①]。曾有清乾隆三十一年（1766）精刻本。中国国家图书馆有藏清刻本。

《梧冈余稿》四卷《文钞》一卷

清金集撰。金集，字风坡，桐乡人。康熙时人，仕履不详，与查弘道补《赵虞选注杜律》，自著有《梧冈余稿》等。

《梧冈余稿》分为《初学吟》《川上吟》《练江吟》《海东吟》四集。有清康熙五十九年（1720）庚子车亭书屋刊本，民国《重修浙江通志稿》著录，中国国家图书馆藏。另有清乾隆六十年（1795）金集孙金以城刊本。

《为可堂初集》十卷

清朱一是撰。朱一是（1610—1671），字近修，敬修。后又名恒海，字以养，晚号欠斋，别号林居士，海宁人。明亡避居秀水梅里，书室名曰为可堂。崇祯十五年（1642）举孝廉。曾从吴伟业游，与仁和陆圻主办登楼社，在海宁与范骧等创办观社，又参加海宁濮溪社、临云社。诗文雄视一世。著有《为可堂集》《续集》一百卷、《史论》十卷《外集》二卷《集选》十卷、《梅里词》三卷。

《重修浙江通志》载：朱一是撰有《为可堂初集文》十卷《诗》十六卷，清顺治十一年（1654）刊，又一部四十二卷，清康熙六年（1667）刊[②]。清顺治十一年（1654）刻本《为可堂初集》十卷，二册一函，中国科学院图书馆、山西大学图书馆有藏，《中国古籍善本书目》著录。中山大学图书馆有清钞本《为可堂初集》九卷。

《梅里词》三卷

---

① 浙江省通志馆，浙江省地方志编纂委员会.重修浙江通志稿：标点本　第六册　著述考[M].北京：方志出版社，2010：3 600.

② 浙江省通志馆，浙江省地方志编纂委员会.重修浙江通志稿：标点本　第五册　著述考[M].北京：方志出版社，2010：2 722.

清朱一是撰。《梅里词》三卷乃朱一是明亡避居秀水梅里后，辑录梅里文人词作，存词一百七十一首，按小令、中调、长调编次，各一卷。陆嘉淑、孙默、陈景行、朱美涵参评。该书有清顺治康熙间清远堂朱愿愚、朱愿为等刻本，中国国家图书馆、上海图书馆、南京图书馆有藏。

《腾笑集》八卷

清朱彝尊撰。朱彝尊（1629—1709），浙江秀水（今嘉兴）人。《腾笑集》书名取孔稚圭《北山移文》"南岳献嘲，北陇腾笑；列壑争讥，攒峰竦诮"[①]语意，所收主要为仕清时期的作品。该集卷首，刊有查慎行（原名嗣琏）序、朱彝尊自叙各一篇。

该书现有清康熙二十五年（1686）朱彝尊曝书亭自刻本，中国国家图书馆、北京大学图书馆、天津图书馆、南京大学图书馆、南京图书馆、苏州图书馆有藏，《中国古籍善本书目》著录；其中一部清道光十六年（1836）朱彝尊七世从孙朱应槐题名，现藏厦门大学图书馆。

《逃莽诗草》十卷

清徐豫贞撰。徐豫贞（生卒年不详），字德宣，号沧浮，又号逃莽，浙江海盐人。清顺治间监生。嗜学工诗，著有《沧浮子诗》《逃莽集》《怡老余编》等。光绪《嘉兴府志·孝义》有传。

此书有清康熙间杨昆思诚堂刊本，四册，载《涉园书目》，浙江图书馆有藏。

《诗法火传》十六卷

清马上巘撰。马上巘（生卒年不详），字雪俩，号传经堂主人，浙江嘉兴人。诸生。敦行通经，善说《春秋》，兼工诗。有诗文集二十卷。

《诗法火传》书前有清顺治十七年（1660）金式玉序、袁株序及清顺治十八年（1661）邵延龄跋。据书中《辑志》"两易裘葛，三易稿本，务其博采，以备览观"诸语，编成当在此前[②]。作者仿唐顺之读史以左编纪事、右编记言之法，亦分左右两编，右编录诗，以"精确必读"为入选标准，属于选本；左编则辑话，以辨体为旨。十六卷分古歌谣（卷一）、乐府（卷二至卷一二）、古体（卷一三）、近体（卷一四）、杂体（卷一五）五大类，末附"诗家总论"一卷。

本书有顺治十八年（1661）槜李马氏古香斋刊本，北京大学图书馆、吉林大学图书馆、清华大学图书馆、山西大学图书馆有藏；顺治十八年（1661）服古堂刊本，北京大学图书馆、西华师范大学有藏。

《蜃园诗前集》五卷《后集》五卷《续集》二卷

① 朱则杰.清诗考证：下[M].北京：人民文学出版社，2012：955.

② 张寅彭.新订清人诗学书目[M].上海：上海古籍出版社，2003：2.

清李确撰。李确（1590—1672），初名天植，字因仲，浙江平湖人，居乍浦之蜃园，因自号蜃园。明崇祯六年（1633）举人，三试进士不第。十六年（1643），其子卒，乃绝意仕进，改名确，字潜夫。入清，委家产于嗣子及女，削发别妻入山中，足不入城市。遁迹龙湫山，自号龙湫山人。李确居陈山十年，课山中童子自给，自署曰学究老头陀。陈山寺僧开堂，聚听者甚众。为避喧嚣，李确返回蜃园，复与妻居，卖文为生，不足者与妻制棕鞋、竹器，售之以佐，最后穷饿而死。死前预知死日，赋诗偃饿乃终。乡人私谥介节先生。李确能诗文，入清后所作，多吊为明殉节者，每年三月二十九日必作诗吊明之亡。曾与宋溅等结忘机吟社相唱和。所著有《蜃园文集》四卷《补遗》一卷《诗前集》一卷《后集》一卷《续集》一卷《七言杂咏》一卷、《梅花百咏》一卷附《梅花集句》十首、《九山游草》一卷，俱入罗振玉辑《明季三孝廉集》。

中国科学院图书馆藏《蜃园诗前集》五卷《后集》五卷，清康熙十年（1671）陆樵刻本，《续集》二卷，清康熙十二年（1673）陆樵刻本；吉林大学图书馆有《蜃园诗前集》五卷，清道光十六年（1836）盛氏拜石山房刻本；武汉大学图书馆有《蜃园诗前集》，民国铅印本。中国国家图书馆有《蜃园诗前集》五卷《后集》五卷，清雍正十一年（1733）刊，《续集》二卷，清嘉庆十七年（1812）补刊。

《龙湫集》五卷

清李确撰。有清乾隆十七年（1752）宋景濂十二蕉亭刻本，中国国家图书馆、华东师范大学图书馆有藏。清嘉兴宋景关辑、乾隆二十二年（1757）刊《乍川文献》中收录《龙湫集》六卷，中国科学院图书馆藏。

《秋间词》一卷

清王庭撰。王庭，嘉兴人。清顺治六年（1649）进士，官至山西布政使。有《秋间词》一卷。该书有清康熙二十二年（1683）绿荫堂刻本，中国国家图书馆藏。

《清风堂文集》二十三卷

清曾王孙撰。曾王孙（1624—1699），字道扶，秀水人。本姓孙，入继外祖曾氏为嗣。清顺治十五年（1658）进士，官至四川提学道佥事。曾王孙年少时，有名于诸生间，入仕后，一意史学，不与名士征逐。著有《汉川集》《清风堂文集》等。曾王孙还热心词学，清康熙二十三年（1684）前后与聂先合纂《百名家词钞》行世。是书选录清初一百一十人词，人各一集，集前有目，集后附同时名家评语。保留清初词籍，功不可没。

《清风堂文集》二十三卷，内诗二卷、文四卷、尺牍六卷、汉中录三卷、都昌录五卷、四川录二卷、杂记一卷。汉中、都昌、四川三录，皆公牍文移，多地方政治、经济资料。

今存清康熙四十五年（1706）曾世安刻本，八册一函，北京大学图书馆、中国国家图书馆、中国科学院图书馆有藏。上海古籍出版社2010年版的《清代诗文集汇编》亦收录《清风堂文集》。

《勤思堂诗集》五卷

清胡奕勋撰。胡奕勋，字烈唐，号鹤巢，平湖人，清乾隆三十年（1765）举人。书室曰勤思堂。著有《勤思堂集》《莼莱词》。

该书有清乾隆二十四年（1759）刻本。

《强恕斋文钞》五卷《诗钞》四卷

清张庚撰。张庚（1685—1760），字浦山，号瓜田逸史，晚又号弥伽居士，秀水（嘉兴）人，布衣。著有《五经臆》《通鉴纲目释地纠缪补注》《画征录续录》《蜀南纪行略》《短檠琐记》《强恕斋诗文集》《瓜田词》。

《强恕斋文钞》五卷《诗钞》四卷，四库存目缺《诗钞》。该书有清乾隆二十一年（1756）至二十二年（1757）刻本，中国国家图书馆、山西大学图书馆有藏。另《诗钞》四卷有清乾隆十七年（1752）刻本。

《谦谷集》六卷

清汪筠撰。汪筠（1715—?），字珊立，秀水人。清乾隆八年（1743），汪筠搜罗旧作交付其侄汪璐编成《谦谷集》一书，收古今体诗四百六十首，分为六卷，编年著录其自清雍正十年（1733）十八岁迄于乾隆七年（1742）二十八岁之作。复旦大学图书馆藏有该书清乾隆八年（1743）汪璐刻本。

《曝书亭诗笺注》十二卷

清江浩然注。江浩然（1690—1750），字万原，号孟亭，先世山东清阳人，后籍浙江嘉兴。诸生。弃举业，客幕府多年。与沈补愚等结诗社，以作《冷香谱》及注《曝书亭诗》闻名于时。

江浩然喜读朱彝尊诗，于是旁搜旧闻，博征载籍，为之笺疏。全书依朱彝尊《曝书亭集》编年，列为十二卷，所录诗作仅占朱诗的三分之一，笺疏也多有讹误，故不为世重。

《曝书亭诗录笺注》十二卷，据沈廷芳序可知在乾隆二十四年（1759）已成书，但一直没有刻印，不久江浩然去世，其子江埙便加以整理，在乾隆二十七年（1762）编成定本，清乾隆三十年（1765）由惇裕堂精刻问世，北京大学图书馆有藏。另成都市图书馆有清乾隆三十年（1765）惇裕堂刻本四册（存一至八卷）。

《北田诗臆》一卷《江湖客词》一卷《北田文略》一卷《业残小语》一卷《弱笑

闲谈》一卷

清江浩然撰。清乾隆十九年（1758）惇裕堂先刻其《北田诗臆》一卷，有李渭序，中国国家图书馆藏。后《北田诗臆》《江湖客词》《北田文略》《业残小语》《弱笑闲谈》各一卷，汇为一编，题《北田集》。集前有陆嘉颖、郑方坤、王令远、李渭、边继祖序，又有周守一所撰墓志铭。《北田集》有清乾隆二十七年（1762）嘉兴刻本，中国国家图书馆有藏。复旦大学图书馆藏有此集批本。

《蓬蒿园诗集》八卷《附录》一卷

明吴晋画撰。吴晋画（生卒年不详），字接候，海盐人。明崇祯九年（1636）举人。工诗文，尤精书法。惜卒年二十七，海内诗人俱挽之。著有《蓬蒿园诗集》。明崇祯十五年（1642）刻自撰《蓬蒿园诗集》八卷《附录》一卷，《南州同社挽诗》一卷，中国国家图书馆有藏。

《拟寒山诗》一卷

明张守约撰。张守约（生卒年不详），明代佛教居士，号梅村居士，秀水人。贫而好施，广印佛书千余种。晚年尽谢世事，一蔬一饭，日诵佛名，益以净土为归。

“寒山诗”原指唐代僧人、诗人号寒山子所作的诗。世传贞观年间台州刺史闾丘胤所作《寒山子诗集序》。寒山诗被称为通俗诗、白话诗，但由于寒山诗表达上的特殊性，并非浅显易懂；或看似明白如话，实际上另有奥旨。寒山诗是中国古代诗国中的一枝奇葩，长期流传于禅宗丛林，号称“寒山体”。张守约认为，“寒山诗，非诗也。无意于诗而似诗，故谓之寒山诗”。张守约拟寒山诗若干首，意在“警醒世迷，发明大道，声响意写，无非似寒山者”。其寒山诗“以无意于寒山，故能似寒山”，“若歌若箫，摹写人物情态，爽豁痛快，读之令人鼓掌顿足，心神为开，而毛发为竖，有味乎言之也”[①]。从拟作的相似性和意义阐发的深入性来看，张守约的《拟寒山诗》达到了一个新的艺术高度。

该书今存明刻本，北京出版社2000年出版的《四库未刊书辑刊》第6辑影印收录；清稿本，人民大学图书馆有藏；民国二十八年（1939）上海佛学书局铅印本，一册一函，复旦大学图书馆有藏。

《南疑集》九卷

清沈季友撰。沈季友（1651—1698），字客子，号南疑。平湖人。副贡生。有《学古堂诗集》，见《四库全书存目》，又有《槜李诗系》亦著录。

《南疑集》九卷有清康熙十六年（1677）刻本一册，中国国家图书馆、北京图书馆、中国社科院文学所藏。

① 秋爽，姚炎祥．寒山寺文化论坛论文集：2008［G］．上海：上海古籍出版社，2009：101.

《茗斋百花诗》二卷

清彭孙贻撰。彭孙贻(1615—1673),字仲谋，号羿仁、茗斋。浙江海盐人。明拔贡生。明末曾与邑人吴蕃昌创“瞻社”，名流所重，时称武原二仲。明亡后，痛其父为国殉难，布衣蔬食二十余年，矢志不仕清，博览诸书，闭门著述。著有《茗斋集》《五言妙境》《明朝纪事本末补编》《平寇志》等。其中《平寇志》一书被四库馆臣列入禁毁书。

该书今存清康熙间（1662—1722）彭氏刻本，民国《重修浙江通志稿》著录；中国国家图书馆藏有清陈鱣跋钞本，北京出版社2000年影印收录《四库未收书辑刊》；北京大学图书馆藏有张元济跋清康熙间刻本。

《梅里诗钞》二十卷

清李光基辑。李光基（生卒年不详），号奕庵，一号弈庵，嘉兴人。

梅里即梅令里，指嘉兴县南三十六里之王店镇，因晋代达官王逵世居于此而成巨镇，又因傍梅溪而得此名。梅里自明末以来诗学发达，产生了朱彝尊等有全国影响之诗人。《梅里诗钞》辑录梅里诗人诗作2 000余首。此书据《涉园书目》，有清康熙二十一年（1682）承雅堂刊本。

《丽事馆余氏辨林》五卷附《字学辨略》一卷

明余懋学辑。清管庭芬、蒋学坚编《海昌艺文志》卷四谓：余懋学，字士雅，号敏公，海昌人。由廪生副榜官当涂县丞。归构不亩园，吟咏其中，与郭浚、葛征奇等结社号陶社。[①]民国《重修浙江通志稿》载：《丽事馆余氏辨林》五卷附《字学辨略》一卷，明海昌余懋学辑，有明万历四十一年（1613）嘉兴刊本[②]。

《乐志堂诗集》四卷

清李明嶅撰。李明嶅(1618—1682以后)，字山颜，号蓼园，嘉兴人。清顺治元年（1644）举人。少有才名，年十三以文得钱谦益知赏，十七从吴伟业游，入复社为眉目。官福建古田教论。受知于巡抚佟国鼐，延掌书记，屡有佐于治。后引疾归，著述以终。撰《乐志堂诗集》四卷。

今存清康熙三十七年（1698）刻本，复旦大学图书馆有藏，另有北京出版社1998年影印本。

《兰玉堂文集》二十卷《诗集》十二卷《诗续集》十一卷

清张云锦撰。张云锦（1704—?），字龙威，号铁珊，又号艺舫，浙江平湖人。国子监生。年少时学于舅氏陆奎勋，工诗词，后为洛如诗社领袖。撰有《兰玉堂

① 郭绍虞.照隅室古典文学论集[M].上海:上海古籍出版社,1983:573.

② 浙江省通志馆,浙江省地方志编纂委员会.重修浙江通志稿:标点本 第五册 著述考[M].北京:方志出版社,2010:2 717.

集》《艺舫咏物诗》《国朝诗话》《国朝词话》等。

该书有清乾隆三十年（1765）刻本。吉林大学图书馆藏有《兰玉堂文集》二十卷《诗续集》十一卷清乾隆刻本。

《柯庭余习》十二卷

清汪文柏撰。汪文柏（1659—?），字季青，号柯庭，一作柯亭，浙江桐乡人。康熙年间任北城兵马司正指挥。学问渊博，工于诗、画，以墨兰见长，精于鉴赏。家有藏书楼“古香楼”“拥书楼”等，收藏古书、法帖、名画极多。与朱彝尊等藏书家有交，朱彝尊论“结交皆老苍”，自作《柯庭余习·古香楼》。汪文柏著有《古香楼吟稿》《词稿》《柯庭文薮》《柯庭余习》等，均清康熙间所刊。

该书现存清康熙四十四年（1705）桐乡汪文柏古香楼刻本，朱彝尊序、郑之诚跋，二册一函，南京图书馆、吉林大学图书馆，中国科学院图书馆有藏，《续修四库全书》收录。

《敬业堂诗续集》六卷

清查慎行撰。查慎行（1650—1727），初名嗣琏，字夏重，号查田；后改名慎行，字悔余，号他山，赐号烟波钓徒，晚年居于初白庵，所以又称查初白。浙江海宁袁花人。清康熙四十二年（1703）进士；特授翰林院编修，入直内廷。五十二年（1713），乞休归里，家居10余年。清雍正四年（1726），因弟查嗣庭讪谤案，以家长失教获罪，被逮入京，次年放归，不久去世。查慎行诗学苏东坡、陆放翁，尝注苏诗。自朱彝尊去世后，为东南诗坛领袖。诗作多写行旅闻见感受与地方风土，长于素描，清新隽永，以字句稳惬见称。著有《敬业堂诗集》《敬业堂诗续集》《他山诗钞》等。

《敬业堂诗续集》六卷，包括《漫与集》《余生集》等五集，存诗726首，按年编排，收查慎行自清康熙五十七年（1718）五月至雍正五年（1727）七月之诗作。今有清乾隆间查学、查开刻本，二册一函，上海图书馆、北京大学图书馆、人民大学图书馆有藏；1936年收入上海中华书局铅印版《四部丛刊》集部；1986年上海古籍出版社有点校排印本，增入补遗，附陈敬璋所撰年谱等。

《静观堂诗集》三十卷

清劳之辨撰。劳之辨（1639—1714），字书升，号介岩。浙江石门（今桐乡）人。清康熙三年（1664）进士。官至左副都御史。有《静观堂诗集》。

清康熙四十年（1701）劳之辨自刻《静观堂诗集》三十卷，北京师范大学图书馆、复旦大学图书馆有藏；北京大学图书馆、复旦大学图书馆、山西大学图书馆有藏清康熙四十年（1701）劳氏自刻本《静观堂诗集》十九卷本。

《金华诗录》六十卷《外集》六卷《别集》四卷《书后》一卷

清朱琰撰。朱琰（生卒年不详），字桐川，别号笠亭，海盐人。清乾隆三十一年（1766）进士，官归班知县、直隶阜平县知县。曾历主金华、吴江诸书院。琰工诗擅文，一生著作甚丰，有《金华诗录》《明人诗钞》《唐诗律笺》《笠亭诗钞》《金粟山人遗事》等。

《金华诗录》编录从唐代到清初浙江金华籍诗人的作品，成书于清乾隆三十八年（1773）。该书有清乾隆三十八年（1773）金华府学刻本，人民大学图书馆、郑州大学图书馆有藏；清乾隆五十一年（1786）胡氏重刻本，北京大学图书馆有藏；清光绪九年（1883）金华退补斋重刻本，北京大学图书馆、中山大学图书馆、武汉大学图书馆有藏。

《藿园集》八卷

明李应征撰。李应征（生卒年不详），初名衷毅，字伯远，号雺岩。明万历元年（1573）举人。官临安教谕，升国子监博士。著有《澄远堂集》《青莲馆初稿》《偶寄轩稿》《藿园集》《寄茗集》《蓟易集》《河梁集》《两都社草》《讦漫游草》。

《藿园集》曾有明万历间（1573—1620）嘉兴刊本。

《浣桐诗钞》六卷

清朱一蜚撰。朱一蜚（1702—1755），字健冲，号浣桐。先世居松江，祖辈寄籍嘉善。清雍正六年（1728）入国子监。署任陕西高陵县、麟游县知县，又补缺韩城县知县，再调任临潼县知县。后升任山西布政使、山西藩司等，归田后应聘主持起文书院讲席。著作有《浣桐诗钞》六卷。

该书有乾隆二十四年（1759）朱锦昌刻本，四库征书时曾作为浙江采进书目，入《浙江第十次进呈送书目》。

《话山诗稿》十二卷《文稿》十七卷《别录》七卷

清陆洽原撰。陆洽原（1610—1689），字嗣开，号话山，平湖人。入清官四川汶川知县。清顺治十一年（1654）拔贡。

《话山诗稿》十二卷《文稿》十七卷《别录》七卷，又名《当湖陆话山先生诗文集》，有清康熙四十一年（1702）平湖陆氏志道堂刊本，前有朱彝尊序，中国国家图书馆藏。

《虹映堂诗集》十四卷

明郭浚撰。郭浚（1630年前后在世），字彦深（一说字彦生），号默庵，浙江海宁人。明崇祯三年（1630）庚午科举人。清顺治九年（1652）壬辰科进士，官行人。著有《虹映堂集》《诗筏》《北游诗》。

《虹映堂集》，雍正《浙江通志》著录仅二十卷，中国科学院图书馆所藏清顺治刻本为二十五卷，日本内阁文库所藏顺治清刻本则多至二十九卷。盖随时增刻，或系卷帙分合有异，故卷数不同。《虹映堂诗集》应为《虹映堂集》中的诗作部分，北京出版社2000年据中国科学院图书馆所藏的清顺治刻本影印。

《鹤洲残稿诗》一卷《词》一卷

清朱彝爵撰。朱彝爵（1668—1708），字宁臣，号鹤洲，浙江秀水人。朱彝尊从弟。年十四为诸生，困于场屋，以贡谒选，司训杭州。早殁。

《鹤洲残稿诗》一卷《词》一卷由钱塘桑调元选定，清乾隆十三年（1748）脩汲堂刊。

《耘业斋诗稿》一卷

清朱麟应撰。朱麟应（1702—1775），初名振鳞，字梁在、潜起，号梧巢，浙江秀水人，清乾隆十五年（1750）举人。品端而学优，工诗词，亦工隶书，完整而秀，得汉法。有《耘业斋诗稿》《耘业斋词稿》。

《耘业斋诗稿》一卷有清乾隆九年（1744）刻本，中国国家图书馆、北京图书馆、吉林大学图书馆有藏。

《樊南文集详注》八卷《玉溪生诗详注》三卷附《年谱》

清冯浩注。冯浩（1719—1801），字养吾，号孟亭，浙江桐乡人。清乾隆十三年（1748）进士，入翰林充国史馆纂修，参与修《续文献通考》，官至御史。有《孟亭诗文集》等。

明末清初后，随着宋学与考据学风的兴起，清人掀起了注释、笺评李商隐诗集的高潮，涌现出了一大批李商隐研究著作。《樊南文集详注》八卷《玉溪生诗详注》三卷附《年谱》即是其中的佼佼者。《樊南文集》曾由作者唐李商隐自编，后散佚。清代朱长孺从《文苑英华》《唐文粹》中加以辑录，又经过另一些人增补，后由徐树穀、徐炯笺注。冯浩在前人基础上将原注大量增删改订，又按文体重新分类，每类文章予以编年（不可编者附各体之末）整理，成为一个较好的本子。该书八卷，成于清乾隆三十年（1765），现有清乾隆四十五年（1780）德聚堂刻本，北京师范大学图书馆有藏；清同治七年（1868）醉六堂石印本，北京师范大学图书馆有藏；清同治七年（1868）补刘德聚堂刻本，浙江师范大学图书馆有藏。

《玉溪生诗》三卷亦是李商隐的诗作。冯浩采用征典为注，达意为笺的方法，大量引用文献资料对诗歌进行注解，对一些难懂的词语、句子的意义进行诠释。同时对李商隐诗歌全文进行串讲，对诗歌的艺术性作点评，遂成《玉溪生诗详注》三卷。该书于清乾隆二十八年（1763）由桐乡德聚堂首次刊行；清乾隆四十五年

（1780）德聚堂进行了改正增补重刻，复旦大学图书馆藏有此刻本；清嘉庆年间又出过重校本。1979年，上海古籍出版社以德聚堂清乾隆四十五年（1780）重刻本为底本，参照诸本加以校对，标点整理，出版了标点排印本。标点排印本对原书的次序作了调整，书的题目由《玉溪生诗详注》改成了《玉溪生诗集笺注》。

《杜陵绮语》一卷

清蒋光祖撰。蒋光祖（生卒年不详），字岵民，号玉峰。嘉善人。诸生。肆力于学，工书法。游北雍试辄冠军。著有《南巡进呈稿》《周易翼义》《杜陵绮语》等。

该书现有清康熙（1662—1722）刻本，中国国家图书馆有藏。

《丁辛老屋集》二十卷

清王又曾撰。王又曾（1706—1762），字受铭，号谷原，浙江秀水人。清乾隆十六年（1751）高宗南巡，召试赐举人，授内阁中书。十九年（1754）成进士，官刑部主事。

王又曾殁后，曹自鎏撰刊其诗，为《丁辛老屋集》二十卷，清乾隆四十年(1775)新安曹氏刊刻。前十七卷诗，附词三卷，金兆燕为之序。诗自清雍正十年(1732)迄清乾隆二十六年，共一千三百余首。该刻本现中国国家图书馆、华东师范大学图书馆有藏；

王又曾子复请同里钱载别为阅定，编成《丁辛老屋诗集》十二卷，前十卷诗，后二卷词，诗编年而不分体，录诗六百十四首。毕沅、吴泰来为之序，清乾隆五十二年（1787）鄢陵官舍刻。该刻本现复旦大学图书馆、北京师范大学图书馆、浙江图书馆有藏。

《翠羽词》一卷

清曹士勋撰。曹士勋(生卒年不详)，字名竹，号菊田，浙江桐乡人，祖籍嘉兴。清康熙诸生，困于场屋。家贫，以塾师为业。工诗词，著有《萍梗诗钞》一卷，《翠羽词》一卷。《翠羽词》曾有清康熙五十八年（1719）刻本。

《春蔼堂集》十八卷

清陈奕禧撰。陈奕禧（1648—1709），字子文，又字六谦，号香泉，浙江海宁人，由太学生官安邑县丞，后任户部主事、江西南安知府。

《春蔼堂集》，十二卷以前诗，十三至十八卷文，前有田雯序，清康熙四十六年（1707）自刻，次年刻《续集》二卷。《春蔼堂集》十八卷现存清康熙四十六年（1707）吴门刻本，中国国家图书馆、北京大学图书馆、复旦大学图书馆、山东图书馆、贵州图书馆有藏；《春蔼堂续集》二卷，清康熙四十七年（1708）刻本，中国国家图书馆有藏。

《楚辞疏》十九卷《读楚辞语》一卷《杂论》一卷

明陆时雍撰。陆时雍(1590？—1639至1644间)，字仲昭，又自署昭仲，号澹我，浙江桐乡人。明崇祯六年（1633）贡生，因推举未遇而以设馆教授为生。后为事牵连，死于狱中。生平著述主要有《陆昭仲诗集》《楚辞疏》《诗镜》等。

《楚辞疏》十九卷《读楚辞语》一卷《杂论》一卷，有明末缉柳斋刊本，中国国家图书馆、北京大学图书馆、北京师范大学图书馆、复旦大学图书馆、河南大学图书馆、吉林大学图书馆、辽宁大学图书馆、福建图书馆、湖南图书馆、华东师范大学图书馆、湖南社会科学图书馆有藏；明万历二十八年至清康熙三十八年（1600—1699）学山堂刊本，香港中山大学图书馆有藏；清康熙四十四年（1705）有文堂重刻本，清华大学图书馆、河南大学图书馆、武汉大学图书馆有藏；清光绪十四年（1888）上海鸿宝斋石印本，吉林大学图书馆有藏；上海图书馆有清管庭芬校本。

《楚辞榷》八卷

明陆时雍疏，金兆清参评。其中前七章为屈原作品，后一卷则包括淮南小山《招魂隐士》、扬雄《反离骚》、陆时雍《短招》，末附《读楚辞语》，合为八卷，实为《楚辞疏》的节略本。

该书有明天启刻本。九行二十字，小字双行同，白口，四周单边。中国科学院图书馆、陕西师范大学图书馆、中国国家图书馆、南京师范大学图书馆有藏。

《樗庄文稿》十卷《尺牍》一卷《诗稿》二卷

清沈维材撰。沈维材（生卒年不详），字楚堂，浙江海宁人。诸生。沈元沧从子，侨居海昌。年三十作幕客，代草章奏。晚辑所作，编为《嫁衣集》二十卷。诸集载《海宁州志》，均未见。

今存所著《樗庄文稿》十卷《尺牍》一卷《诗稿》二卷，清乾隆十四年（1749）刻本，六册一函，中国科学院图书馆、北京大学图书馆、清华大学图书馆有藏；另吉林大学图书馆藏清雍正间刻本。

《查浦诗钞》十二卷

清查嗣瑮撰。查嗣瑮（1652—1733），字德尹，号查浦，浙江海宁人。清康熙三十九年（1700）进士，选翰林院庶吉士，授编修，升至侍讲。幼警敏，数岁即解切韵谐音，生平游迹遍天下，其诗精妙，与兄查慎行齐名，时人比作宋代“二苏”。后因弟查嗣庭文字狱案受株连，谪遣陕西蓝田，卒于戍所。著有《查浦诗钞》《查浦诗余》《南北史识小录》《音韵通考》《唐人万首长律》等。

今存清康熙六十一年（1722）查慎行刻本，复旦大学图书馆、浙江图书馆、北京师范大学图书馆、南开大学图书馆、北京大学图书馆、中山大学图书馆、宁夏大学图书馆、四川大学图书馆有藏；另有清乾隆间刻本，中国国家图书馆有藏。

《白蕉词》四卷

清陆培撰。陆培（1686—1752），字巽风，号南香，一作南芗，又号白蕉，浙江平湖人。清雍正二年（1724）进士。授安徽东流知县，转署贵池。乾隆初年，“以不合上官意，拂袖归里”。晚年以授徒为业，尝主讲东台、当湖、九峰书院。善填词，其词“清丽闲婉”(厉鹗语)，为浙西词派中期重要作家①。著有《白蕉词》四卷。

《白蕉词》初刊于清康熙末年，厉鄂为之序。原刊今未见，清雍正八年(1730)，作者以原刊“应酬居多，芟存十之六七，益以箧中续定诸稿，厘为四卷”②，录清康熙五十年（1711）至清雍正八年间（1730）所作，以年序编次，词共二百首，附同人和作二十一首。张损持、俞兆晟、陆奎勋等三人序，范咸、金志章、叶之溶、沈修龄、张奕枢、徐焕然等人题跋。王昶于乾隆间辑刊《琴画楼词钞》卷三，录《白蕉词》五十七首为一卷，为陆培词今存之选本。今存清雍正八年（1730）刻本，中国国家图书馆有藏。

《八代诗揆》五卷《补遗》一卷

清陆奎勋辑。陆奎勋（1663—1738），字聚侯，号坡星，又号陆堂，平湖人。清康熙六十年（1721）进士，官检讨，充《明史》纂修官。病退后主持广西秀峰书院。研究经学，多新奇之论。著有《陆堂易学》《诗学》《尚书说》《戴礼绪言》《春秋义存录》《古乐发微》等。

《八代诗揆》五卷《补遗》一卷，有清康熙间五十一年（1712）陆奎勋小瀛山馆刻本，北京大学图书馆、清华大学图书馆、华东师范大学图书书馆、山东大学图书馆有藏；清嘉庆三年（1798）宜荼别画之轩重刻本，中国国家图书馆、吉林大学图书馆有藏。《八代诗揆》五卷另有清乾隆十八年（1753）年刻本，华东师范大学图书馆有藏。

第三节　书籍未收原因考

编修《四库全书》时，乾隆帝对采集遗书大体给出了一个标准：“除坊肆所售举业时文，及民间无用之族谱、尺牍、屏障、寿言等类，又其本人本无实学，不过嫁名驰骛，编刻酬倡诗文，琐碎无当者，均毋庸采取外，其历代流传旧书，有阐明性学治法，关系世道人心者，自当首先购觅。至若发挥传注，考辨典章，旁暨九流百

① 马兴荣，吴熊和，曹济平．中国词学大辞典[M]．杭州：浙江教育出版社，1996:215.

② 马兴荣，吴熊和，曹济平．中国词学大辞典[M]．杭州：浙江教育出版社，1996:373.

家之言，有裨实用者，亦应备为甄择。又如历代名人，洎本朝士林宿望，向有时文专集，及近时沈潜经史，原本风雅，如顾栋高、陈祖范、任启运、沈德潜辈，亦各有成编，并非剿说、卮言可比，均应概行查明。在坊肆者，或量为给价家藏者，或官为装印。其有未经镌刊，只系抄本存留，不妨缮录副本，原书给还。并严饬所属，一切善为经理，毋任吏胥藉端滋扰。”[①]

据此，四库馆臣定下了以下几个标准：一，历代流传旧书内有阐明性学治法，关于世道人心者可采；二，发挥传注考核典章，暨九流百家之言，有裨实用者可采；三，历代名人、与清初士林宿望、向有诗文专集及乾隆初年沉潜经史、原本风雅各著成编并非剿说卮言可比者可采；四，坊肆所售举业时文（八股）及民间无用之族谱、尺牍、屏障、寿言等类不采；五，其人本无实学，不过嫁名驰骛，编刻酬倡诗文，琐屑无当者不采；六，释道二教之经忏章咒，依声填词调、剧词小曲等亦不收[②]。此外，四库馆臣所著书亦不在收书之列，因而作为四库馆臣的沈初，所著《浙江采辑遗书总录》本是《四库全书》的副产品，故不会被收录。

上述所列的其他嘉兴人著述未收入四库还可能有以下几个方面的原因：

一是书籍未被发现征收。由于书籍搜罗的局限性，受当时社会条件的限制及藏书者们的藏书活动，当时民间的许多善本藏书并未被访征到。加上当时文字狱的严厉，导致一些书籍被匿藏未被发现，直到嘉庆年间，《四库全书》编修完毕，文字狱之风渐淡，书籍才陆续问世流通，导致一些书籍未被收录。

二是书籍进呈未被采用。如清朱一蜚撰《浣桐诗钞》六卷，曾入《浙江省第十次进呈书目》进呈。当然一些书籍在四库馆臣看来属于“琐屑无当者”，自然不会收录。

三是被列入禁毁书籍。通过查询禁毁书目，我们发现有14种著述被列为禁毁书目[③]，分别是：清末明初的吕留良所著《吕晚村家训真迹》五卷、《天盖楼四书语录》四十六卷、《四书讲义》四十三卷、《吕晚村文集》八卷附《行略》一卷《续集》四卷、《吕晚村诗集》二卷《文集》八卷附《行略》一卷；明沈国元所著《两朝从信录三十五卷》；明吴麟征所著《吴忠节公年谱一卷》；明李日华所著《恬致堂集》四十卷、《四六类编》十三卷；明陈懿典所著《陈孟常学士初集》三十六卷；明陈龙正所著《几亭文录》三卷《续文录》八卷、《几亭外书》九卷、《几亭全书》六十四卷；清查元偁所著《臶斋文存》一卷《试律》一卷《诗余》一卷。

嘉兴人诸多著述未被号称全书的《四库全书》收录，除了部分书籍的质量不

① 中国第一历史档案馆.纂修四库全书档案[M].上海：上海古籍出版社，1997：1.

② 任松如.四库全书答问[M].上海：上海书店出版社，1992：49-50.

③ 这些著述的禁毁情形与提要信息见本书“著述禁毁　文化浩劫”一章。

高，未能进入进呈或收录之列外，不排除未收之书中有稀罕者，如阮元认为《五服图解》符合《四库全书》收书标准且版本稀少，将其列为“四库未收书”进呈，如今,清初江苏著名藏书家钱曾藏书处述古堂旧藏元刻本《五服图解》已成为海内孤本；清冯兆张所撰《冯氏锦囊秘录杂症大小合参》如今被编入《明清名医全书大成》；清冯浩注《樊南文集详注》八卷《玉溪生诗详注》三卷被学者认为是当时注释李商隐诗文著作最好的本子。

第六章　经典著述　总目典范

《四库全书》编纂过程中形成的《四库全书总目》，是四库馆臣在考证众多书的基础上撰写的图书提要。清初嘉兴学者朱彝尊在诗、词、文等领域贡献杰出，著有《经义考》《词综》《曝书亭集》《静志居诗话》《明诗宗》等经典著作。考察《四库全书总目》，发现这些著作中大量的文献素材及考据成果被四库馆臣引用，朱氏的许多学术观点被借鉴，使朱氏著作成了《四库全书总目》重要的取资文献之一。另外，明末清初嘉兴的著名学者、藏书家、诗人曹溶，所辑丛书《学海类编》，也是四库馆臣参考较多的嘉兴人著述。四库馆臣多在考释嘉兴籍文人著述时，引用曹溶之说或为定论依据、或为考证依据、或为版本考辨依据。

第一节　《四库全书总目》的编纂过程

在《四库全书》编修的过程中，四库馆臣们对誊录入库的3 461种图书和抄存卷目的6 793种图书全部写出提要，后由总纂修官纪昀、陆锡熊据乾隆皇帝弘历的旨意加以修改，于乾隆四十六年（1781）汇辑成《四库全书总目提要》（或简称《四库全书总目》，以下简称《总目》）200卷。

据现存档案考证，《四库全书》征书之时，清高宗乾隆就提出了搜访之书需撰写简明目录的想法。清乾隆三十七年（1772）正月初四日，清高宗发布诏书，命令各省督抚学政加意购访古今著作，以彰稽古右文之盛，全国范围的征书活动拉开了序幕。为了保证征书的质量，清高宗在谕旨上明示：

各省搜辑之书，卷帙必多，若不加之鉴别，悉行呈送，烦复皆所不免。着该督抚等先将各书叙列目录，注系某朝某人所著，书中要旨何在，简明开载，具折奏闻。候汇齐后,令廷臣检核。[①]

清乾隆三十七年（1772）年十一月二十五日，安徽学政朱筠亦上书清高宗，倡议在每书卷首叙其得失与大意，以便于请皇帝阅览：

> 臣请皇上诏下儒臣,分任校书之选,或依《七略》,或准四部,每一书上,必校其得失,撮举大旨,叙于本书首卷,并以进呈,恭俟乙夜之披览。臣伏查武英殿原设总裁、纂修、校对诸员,即择其尤专长者,俾充斯选,则日有课,月有程,而著录集事矣。[②]

乾隆非常重视此建议，并着大臣商议。清乾隆三十八年（1773）二月初六日，大学士刘统勋、于敏中等人商议后上书，提出依经、史、子、集四部名目，分类汇列，另编目录一书：

> 查宋王尧臣等《崇文总目》、晁公武《读书志》,皆就所有之书,编次目录,另为一部,体裁最为简当,应即仿其例。俟各省所采书籍全行进呈时,请敕令廷臣详细校定,依经、史、子、集四部名目,分类汇列,另编目录一书,具载部分卷数,撰人姓名,垂示永久。[③]

清高宗最终要求，“俟移取各省购书全到时，即令承办各员将书中要旨隐括，总叙崖略，粘贴开卷副页右方，用便观览”[④]。可见收入《四库全书》各书的提要，原来本是附在书前以供皇帝审阅之用，最后才编成了独立的目录——《四库全书总目》一书。

《总目》的成书是分纂草创、总纂润色、总裁讨论、皇上钦定的过程，每一环节缺一不可[⑤]。需要指出的是，《总目》成书过程中，撰写者们在提要体例上总结了刘向以来历代官私目录提要的编纂传统，特别是唐宋以来元行冲、王尧臣、晁公武、陈振孙、马端临等人撰写提要的方法，确立了内容详备、体例完善的提要形式，包括叙述作者生平思想、书籍内容以及辨订版本异同等。在提要内容上，《总目》提要多注重评论，指陈得失，以寥寥数语指出图书的学术价值，并指点求书从学的方法，突破了单纯罗列图书的一般程式，从更高的研究角度展现了一幅学术与文化的

① 中国第一历史档案馆.纂修四库全书档案[M].上海:上海古籍出版社,1997:2.
② 中国第一历史档案馆.纂修四库全书档案[M].上海:上海古籍出版社,1997:21.
③ 中国第一历史档案馆.纂修四库全书档案[M].上海:上海古籍出版社,1997:54.
④ 中国第一历史档案馆.纂修四库全书档案[M].上海:上海古籍出版社,1997:55-56.
⑤ 司马朝军.《四库全书总目》研究[M].北京:社会科学文献出版社,2004:114-115.

概图，还以考据见长，汇聚了当时考据学的重要成果①。一言蔽之，《总目》是在继承前人学术成果的基础上不断开拓创新的结果。

《总目》一书对前人学术成果的借鉴，学术界多有论述。如张宗友曾统计出了《总目》对部分书籍的直接征引次数，从中可以看出四库馆臣在撰写提要时对前人学术成果的引用情况。参见表6-1。

表6-1 《总目》对部分书籍的直接征引次数一览②

引用典籍	引用次数	引用典籍	引用次数
《汉志》	200	《直斋书录解题》	635
《隋志》	306	《玉海》	110
《旧唐志》	35	《文献通考》	227
《新唐志》	214	《宋志》	495
《崇文总目》	101	《文渊阁书目》	61
《郡斋读书志》	325	《千顷堂书目》	193
《遂初堂书目》	27	《经义考》	309

作为广泛吸收前人成果的集体创作结晶，《四库全书总目》在目录编纂体例、文献分类、提要撰写和文献考订等方面均有独特成就，是中国古典书目的集大成之作，在中国目录学史上占有重要地位。它也为今人了解和查考中国古代典籍提供了方便，一些学者把阅读该书视为读书治学的门径。余嘉锡曾言："汉、唐目录书尽亡，《提要》（即《总目》）之作，前所未有，足为读书之门径，学者舍此，莫由问津。"③

清乾隆五十八（1793）年，武英殿首次刻版印行《总目》；乾隆六十年（1795），浙江地方官府又据杭州文澜阁所藏武英殿刻本翻刻，自此方得广泛流传；另有清同治七年（1868）广东刻本④。

第二节 《四库全书总目》征引朱彝尊著述考

朱彝尊（1629—1709），清代词人、学者、藏书家。字锡鬯，号竹垞，又号醧舫，晚号小长芦钓鱼师，又号金风亭长。秀水（今嘉兴市）人。清康熙十八年

① 李默.图说历史丰碑康乾盛世[M].广州：广东旅游出版社，2013：148.

② 张宗友.《经义考》研究[M].北京：中华书局，2009：339.

③ 余嘉锡.四库提要辨证：序录[M]北京：中华书局，1980：51.

④ 来新夏，柯平.目录学读本[M].上海：上海交通大学出版社，2014：148.

(1679）举博学鸿词科，除翰林院检讨。清康熙二十二年（1683）入直南书房。曾参加纂修《明史》。朱彝尊在经学、史学、文学等方面均有卓越建树，以“博综”著称。经学方面，勤于考辨，开其后乾嘉朴学之风，《经义考》一书堪称中国古代经学目录典范；史学方面，精于史地之学和金石考证；诗歌创作上，与王士禛并峙诗坛，世称“南朱北王”；词体写作独树一格，开创浙西词派，影响有清一代。著有《日下旧闻》《经义考》《曝书亭诗文集》《词综》等。前文曾介绍了其藏书情况、部分著述的学术价值，在此不再赘述。

后世学者对其推崇颇多，如顾炎武在《广师篇》中说：“文章尔雅，宅心和厚，吾不如朱锡鬯。”[①]虽有自谦之意，但可见其对朱彝尊之推重。又沈德潜《清诗别裁集》曰：“竹垞先生生平好古，自经史子集及金石碑版，下至竹木虫鱼诸类，无不一一考索。……顾宁人先生不肯多让人，亦以博雅许之。”[②]又张舜徽先生《清人文集别录》曰：“论者或谓当时王士禛工诗，汪琬工文，毛奇龄工考据，独彝尊兼有众长。余则以为彝尊之所以大过人者，在其学问功力深厚，不仅非王、汪所能望，即毛氏抑犹逊其笃实。盖奇龄才胜其学，而彝尊学副其才，斯又两家之辨也。至于根柢庞固，文辞渊雅，有学而能宣，能文而有本，又远出并世诸儒之上。”[③]

一、朱彝尊著述被征引次数考

《四库全书总目》著录其所著书籍共7种，其中四库收录4种（《曝书亭集》八十卷《附录》一卷、《词综》三十四卷、《明诗综》一百卷、《经义考》三百卷），存目3种（《洛如诗钞》六卷、《韵粹》一百七卷、《竹垞文类》二十六卷）；此外，还有乾隆中清高宗命窦光鼐、朱筠等据朱彝尊《日下旧闻》加以增补、考证而成的《日下旧闻考》一百二十卷。四库馆臣对其评价很高，认为“彝尊文章淹博，初在布衣之内，已与王士禛声价相齐。博识多闻，学有根柢，复与顾炎武、阎若璩颉颃上下。凡所撰述，具有本原”[④]。

而且，四库馆臣在撰写《总目》时，对朱彝尊著述内容大加征引，致使朱彝尊的著作成了《总目》重要的取资文献。四库馆臣的征引，有些是间接的，并未注明来自朱彝尊的著作，但可以看出对朱彝尊著作资料和观点的因袭；多数是直接的，明确说明来自朱彝尊的哪部著作。以下是笔者统计的《总目》对朱彝尊主要著作的

① 顾炎武.顾亭林诗笺释[M].王冀民笺释.北京:中华书局,1998:686.

② 沈德潜.清诗别裁集[M].北京:中华书局,1975:204.

③ 张舜徽.清人文集别录[M].武汉:华中师范大学出版社,2004:51-52.

④ 永瑢,纪昀,等.四库全书总目[M].北京:中华书局,1997:1 135.

直接征引情况，并通过对这些征引情况的分析，来考察清初官方对于朱彝尊学术观点的认同、接受以及由此所体现的四库馆臣的学术批评观念。参见表6-2。

表6-2 《总目》对朱彝尊著作直接征引的次数统计

著作名称	征引次数	有效引用	涉及提要条数
《经义考》	309	303	266
《明诗综》	75	74	73
《静志居诗话》	89	88	85
《词综》	10	9	8
《曝书亭集》	29	28	28
《日下旧闻》	18	14	13

（一）对《经义考》的评价与征引分布

朱彝尊鉴于当时治经者多拘泥墨守一家之况，致使历代经学著作多有亡佚，乃著《经义考》（初名《经义存亡考》）三百卷，通考自汉至明说经之书。每书先列作者姓氏、书名卷数量，注明存亡；次录原书序跋目录及诸儒评论；附列朱氏之考证和提要批评。此书曾两次献于朝廷，初为圣祖（康熙）南巡浙江之时，召见朱彝尊于行殿，朱氏乃进呈所著《经义考》，康熙览后，温谕褒奖，并赐御书“研经博物”扁额。可惜的是朱彝尊属稿未竟，即不幸过疾，校刻仅及一半，而已谢世。越数十年，其孙稻孙乃吁请卢见曾、马曰琯捐资刻板。而是时适逢四库开馆，诏求遗书，浙江巡抚三宝乃得全帙上献[①]。乾隆阅后，谕云：“朕阅四库全书馆所进钞本朱彝尊《经义考》，于历代说经诸书，广搜博考，存佚可征，实有裨于经学，朕因亲制诗篇，题识卷首。”[②]从此可知，《经义考》刊传不久，《四库全书》即加以采进。

《经义考》一书搜罗宏备，被称为最详博的私探经学目录学著作，是《四库全书》中收录卷帙最多的个人编著[③]。《经义考》虽囊括千古，却也得失互见。正如四库馆臣在该书的提要中所写：

> 惟序跋诸篇与本书无所发明者，连篇备录，未免少冗。又《隋志》著录，凡于全经之内专说一篇者，如《易》类之《系辞注》《乾坤义》，《书》类之《洪范五行传》《古文舜典》，《礼》类之《夏小正》《月令章句》《中庸传》等，皆与说全经者通叙先

① 庄清辉.《经义考》与《四库提要》之关系[G]//蒋秋华，林庆彰.朱彝尊《经义考》研究论集：下.台北：台湾研究院中国文哲研究所，2000：475-485.

② 见《四部备要》经部《经义考》，中华书局聚珍仿宋版印，卷首载《谕旨》。

③ 卢仁龙.《经义考》综论[J].社会科学战线，1990(2)：334-341.

后，俾条贯易明。彝尊是书，乃以专说一篇者附录全经之末，遂令时代参错，于例亦为未善。然上下二千年间，元元本本，使传经源委，一一可稽，亦可以云详赡矣。至所注佚、阙、未见，今以四库所录校之，往往其书具存。彝尊所言，不尽可据。然册府储藏之秘，非人间所得尽窥。又恭逢我皇上稽古右文，搜罗遗逸。嫏嬛异笈，宛委珍函，莫不乘时毕集。图书之富，旷古所无。儒生株守残编，目营掌录，穷一生之力，不能测学海之津涯，其势则然，固不足为彝尊病也。（《总目》卷八十五史部四十一目录类一）

故而四库馆臣在撰写提要时，对《经义考》一书大加辨正与采用，直接征引《经义考》的提要就有266条，参见表6-3。

表6-3 《总目》直接引用《经义考》的著述提要分布[①]

部	类	引用《经义考》提要数	部	类	引用《经义考》提要数
经	易	94	史	杂史	1
	书	28		传记	2
	诗	17		载记	1
	礼	18		目录	3
	春秋	41	子	儒家	3
	孝经	2		术数	14
	五经总义	8		谱录	1
	四书	18		杂家	2
	乐	1		类书	2
	小学	2		小说家	2
集	别集	7		释家	1
	总集	3		道家	1
	词曲	1	合计	266	

（二）对《明诗综》的评价与征引分布

《明诗综》，明代汉族诗歌总集，朱彝尊辑录，其友汪森、朱端、张大受等人分卷辑评。全书卷帙浩繁，共100卷，收录明初洪武直至明末崇祯历朝诗人以及明亡后遗民及殉节大臣共3 400余人的诗歌作品10 172首，附有作家小传及其友人汪森、朱端等人的分卷辑评，并附自著《静志居诗话》。《明诗综》成书于朱彝尊晚年，时间大约在康熙三十八年（1699）至康熙四十四年（1705）之间。无论是选入诗人数量，还是收录诗歌总数，在明清两代所编明诗总集中都是位列前茅的。四库馆臣对

① 张宗友.《经义考》研究[M].北京：中华书局，2009：301.

《明诗综》评价很高："至钱谦益《列朝诗集》出，以记丑言伪之才，济以党同伐异之见，逞其恩怨，颠倒是非，黑白混淆，无复公论。彝尊因众情之弗协，乃编纂此书，以纠其谬。每人皆略叙始末，不横牵他事，巧肆讥弹。里贯之下，各备载诸家评论，而以所作《静志居诗话》分附于后。虽隆、万以后，所收未免稍繁，然世远者篇章易佚，时近者部帙多存，当亦随所见闻，不尽出于标榜。其所评品，亦颇持平。于旧人私憎私爱之谈，往往多所匡正。六七十年以来，谦益之书已澌灭无遗，而彝尊此编，独为诗家所传诵。亦人心彝秉之公，有不知其然而然者矣。"[①]朱彝尊编纂此书，不仅仅只是为了补正钱谦益《列朝诗集》，更是为了"庶几成一代之书，窃取国史之义，俾览者可以明夫得失之故矣"[②]。《明诗综》着意收录万历以后的诗人诗作，大量的文献资料因此得以保存。

《四库全书总目》引用《明诗综》的提要达73条，其中"集部"中的明人别集、总集提要参考《明诗综》小传、诗话所涉诗人生平与诗集版本、诗作评价颇多，史、子部均有1条提要涉及《明诗综》。参见表6-4。

表6-4 《总目》引用《明诗综》的著述提要分布

著述所属部类	部	史	子	集		合计
	类	政书	杂家	别集	总集	
引用《明诗综》提要数		1	1	66	5	73

（三）对《静志居诗话》的评价与征引分布

朱彝尊在《明诗综》中诗人小传之后列出自己对诗人或诗作的评语，为了区分，朱氏在每卷首条标以"静志居诗话"字样，其余则简称为"诗话"。据考，清朝的姚祖恩、卢文弨、周中孚三人曾从《明诗综》中将朱彝尊的诗话内容辑出，编为《静志居诗话》一书，此后《静志居诗话》以单行本行世，影响很大[③]。且现通行的版本只有姚祖恩编的扶荔山房嘉庆二十四年（1819）本。鉴于《四库全书总目》中四库馆臣将《静志居诗话》与《明诗综》并提，所以笔者将其与《明诗综》分开进行统计。据笔者统计，《四库全书总目》直接引用《静志居诗话》的提要达85条。参见表6-5。

① 永瑢，纪昀，等. 四库全书总目[M]. 北京：中华书局，1997：2 662-2 663.

② 朱彝尊.《明诗综》序[M].//朱彝尊. 明诗综. 北京：中华书局，2007：序1.

③ 侯富芳.《静志居诗话》散论[J]. 图书馆杂志，2011(10)：94-96，112.

表6-5 《总目》引用《静志居诗话》的著述提要分布

著述所属部类	部	经	史		子			集		合计
	类	易	编年	别史	杂家	艺术	小说家	别集	总集	
引用《静志居诗话》提要数		1	1	1	2	3	1	69	7	85

(四)对《词综》的评价与征引分布

《词综》是朱彝尊辑录的一部词集，休宁汪森增定，历时八年而成。本书共36卷，所辑唐、五代、宋、金、元各代659家2 253首词。本书选辑精当广博，由于意在辑佚，所以辑选诸家常有日常所未经见的人和词，所收之词除选于各家专集及选本中所见到的以外，还有各种野史以及稗官小说等书中的片词只曲。本书考订详实，对于词中许多变调，凡属词句有所变异之处，辑者都一一予以指明，有时还有解说，即使是别的词集在这些地方有误，也都予以指明；对词的作者，凡属见于他书时姓名爵里或者有误，也能加以改正，使读者知其真象[①]。《词综》一书选词、考证俱佳，源于朱氏自身良好的词学造诣。正如四库馆臣在该书提要中所写：

> 于专集及诸选本外，凡稗官野纪中有片词足录者，辄为采掇。故多他选未见之作。其词名、句读为他选所淆舛，及姓氏爵里之误，皆详考而订正之。其去取亦具有鉴别。盖彝尊本工于填词，平日尝以姜夔为词家正宗，而张辑、卢祖皋、史达祖、吴文英、蒋捷、王沂孙、张炎、周密为之羽翼。谓自此以后，得其门者或寡。又谓小令当法汴京以前，慢词则取诸南渡。又谓论词必出于雅正，故曾慥录雅词，同阳居士辑复雅。又盛称《绝妙好词》甄录之当。其立说，大抵精确。故其所选能简择不苟如此。以视《花间》《草堂》诸编，胜之远矣。(《总目》卷一百九十九集部五十二词曲类二)

朱氏本工于填词，而且词家朋友胜多，加上有丰富的藏书支撑，故本书的立论之确、选择之精，实非《花间集》或《草堂词集》等书所可企及。四库馆臣在撰写《总目》词曲类著述提要时，也直接征引了《词综》一书，参见表6-6。

① 马子华，温功义. 读古指南：五百要籍简介[M]. 重庆：重庆出版社，1988：175.

表6-6 《总目》引用《词综》的著述提要分布

著述所属部类	部	集		合计
	类	诗文评	词曲	
引用《词综》提要数		1	7	8

（五）对《曝书亭集》的评价与征引分布

《曝书亭集》是诗文集，全书八十卷，此集凡赋一卷、诗二十二卷、词七卷、杂文五十卷，附录《叶儿乐府》小令一卷。是集乃朱彝尊晚年修筑藏书处曝书亭后所编。在该书的提要中，四库馆臣对朱彝尊不同年龄段的诗文风格进行了总结：

> 彝尊未入翰林时，尝编其行稿为《竹垞文类》。……然是时仅规杬王、孟，未尽所长。至其中岁以还，则学问愈博，风骨愈壮，长篇险韵，出奇无穷。……惟暮年老笔纵横，天真烂漫，惟意所造，颇乏翦裁。然晚景颓唐，杜陵不免，亦不能苛论彝尊矣。至所作古文，率皆渊雅。良由茹涵既富，故根柢盘深。（《总目》卷一百七十三集部二十六别集类二十六）

《曝书亭集》收录许多朱氏为其所见或所藏之书所做的序跋，四库馆臣认为朱氏"茹涵既富，故根柢盘深"，"其题跋诸作，订讹辨异，本本元元，实跨黄伯思、楼钥之上"，故而四库馆臣在撰写《总目》提要时，对《曝书亭集》中序跋的征引较多，有46条提要，其中征引序文的提要9条、征引跋文的提要32条、其他5条。参见表6-7。

表6-7 《总目》引用《曝书亭集》的著述提要分布

部	类	引用《曝书亭集》提要数	部	类	引用《曝书亭集》提要数
经	五经总义	1	史	目录	4
	杂家	1		编年	2
	易	2		地理	4
	小学	5		纪事本末	1
集	别集	7		总叙	1
	总集	2		杂史	1
	词曲	4		载记	2
	诗文评	1		职官	2
子	类书	1	合计		46
	术数	2			
	天文算法	2			

(六)对《日下旧闻》的评价与征引分布

《日下旧闻》凡42卷。日下的典故取自于王勃《滕王阁序》里有"望长安于日下，指吴会于云间"一句，后人将"日下"视为长安，再转借为首都之意，也就是当年的北京[①]。相传朱彝尊常在北京"天桥酒楼"上起稿，最后成书于曝书亭。这本书是第一次系统地整理关于北京的文献。清乾隆三十九年（1774），于敏中、英廉、窦光鼐、朱筠等人在康熙年间朱彝尊的《日下旧闻》的基础上加以考证和补充，撰成《钦定日下旧闻考》，篇幅较原书扩大三倍，为一百二十卷，收录于《四库全书》史部。从四库馆臣所撰提要可以看出《钦定日下旧闻考》一书对《日下旧闻》原书的考证、补充与评价情况：

> 因朱彝尊《日下旧闻》原本，删繁补阙，援古证今，一一详为考核，定为此本。……原本所列古迹，皆引据旧文，夸多务博，不能实验其有无，不免传闻讹舛，彼此互歧。亦皆一一履勘遗踪，订妄以存真，阙疑以传信。所引艺文，或益其所未备，或删其所可省，务使有关考证，不漏不支。至于列圣宸章、皇上御制，凡涉于神京风土者，悉案门恭载，尤足以昭垂典实，藻绘山川。古来志都京者，前莫善于《三辅黄图》，后莫善于《长安志》。彝尊原本搜罗详洽，已驾二书之上。今仰承睿鉴，为之正讹补漏，又驾彝尊原本而上之。千古舆图，当以此本为准绳矣。(《总目》卷六十八史部二十四)

四库馆臣认为朱彝尊所撰《日下旧闻》搜罗详洽，成就在《三辅黄图》《长安志》二书之上，《钦定日下旧闻考》对《日下旧闻》进行正讹补漏，故而是千古舆图的准绳。《总目》提要对《日下旧闻》的征引有13条，参见表6-8。

表6-8 《总目》引用《日下旧闻》的著述提要分布

著述所属部类	部	经	史			子	集		合计
	类	小学	纪事本末	传记	地理	杂家	别集	总集	
引用《日下旧闻》提要数		1	1	1	5	1	2	2	13

① 佚名.北京名称的由来[J].国学,2010(1):78-79.

二、朱氏著述被征引用途考

《四库全书总目》继承吸收了前人大量的目录学成果，清初学者朱彝尊的大量学术观点、考据成果即为《总目》所借鉴，对此早有学者探讨研究。如张宗友在《〈经义考〉研究》一书中就《经义考》一书对《四库全书总目》的影响做了比较细致的分析[①]；崔晓新探讨了《总目》对朱彝尊《曝书亭集》中序跋的借鉴情况[②]；史小军、潘林分析了《总目》别集类诗文考订对朱彝尊《静志居诗话》《明诗综》等著作的引用[③]；等等。在综合前人研究成果的基础上，笔者则从四库馆臣征引朱氏著述的意图出发，综合分析朱氏著述对《四库全书总目》的影响。通过对《总目》中相关文字的统计分析，我们认为四库馆臣对朱氏著述内容的引用或引以为论，即直接引用朱氏之语作为定论，或引以为据，即用朱氏之语作为论据来证实自己的观点，而引用的目的多用于考证著者、著作和对著作进行评价等方面。

（一）著者信息考证

四库馆臣在撰写提要时，对于著者的交代往往包括著者姓名（包括字、号）、籍贯，出生年代、履历、事迹等，当四库采用本以上信息不全或有误时，四库馆臣便参考其他著述加以考证，对朱氏著述的征引大致情况如下：

1.著者补录

四库采进本有时未注明著者，在撰写提要时，四库馆臣参考朱氏著述中对相关文献的考据成果，加以引用，从而补全了采进本的著者信息。

如，浙江巡抚采进本《元宫词》未著撰人名氏，四库馆臣以案语的方式引用朱彝尊在《静志居诗话》中对《元宫词》一书著者是周王橚的考证，并认为朱氏所考为允，对所收浙江巡抚采进本的著者信息进行了补录。

《元宫词》一卷浙江巡抚采进本

不著撰人名氏。……案朱彝尊《静志居诗话》曰："《元宫词》百首，宛平刘效

① 张宗友认为《四库全书总目》对《经义考》条目部分的引用表现在定书名、考作者、判卷数、辨存佚、究版本五个方面；《四库全书总目》对《经义考》提要部分的引用表现在据辨书名、作者、卷数、真伪，据以申发议论两个方面；《四库全书总目》对《经义考》按语部分的引用表现在信为明证、据以论断、另加申论三个方面；《四库全书总目》对《经义考》失误校正69处，另列举《四库全书总目》对《经义考》误引12处。（张宗友.《经义考》研究[M].北京：中华书局，2009：299-337.）

② 崔晓新.《四库提要》是怎样借鉴朱彝尊序跋的[J].图书馆工作与研究，2011(7)：75-78.

③ 史小军，潘林.《四库全书总目》别集类对朱彝尊学术成果的借鉴——以明代诗文集的考订问题为例[J].图书馆工作与研究，2013(10)：79-84.

祖序，称周恭王所撰。考定王以洪武十四年之国，洪熙元年薨。序题永乐四年，则为定王无疑矣。”定王名橚，太祖第五子也。《明史·周王橚传》用彝尊之说，盖以所考为允矣。（《总目》卷一百七十五集部二十八）

又如，《尚书直指》一书不著撰人名氏，四库馆臣引用朱说，据以断作者。《经义考》载是书徐文肃（徐善述，谥文肃）所著，而且朱氏曾见之曹溶家。四库馆臣据此推断此书乃徐善述（谥文肃）撰，对此书的著者信息进行了补正。

《尚书直指》六卷浙江范懋柱家天一阁藏本

不著撰人名氏。朱彝尊《经义考》曰：“是书徐文肃为东宫讲官时所进，未曾刊行，亦未署名。其后中珰钱能从宫中携出，遂锓板。于是时钱溥刘宣序之，童轩跋之，皆不知为文肃所著。予从曹侍郎溶家见之，因为标出。”云云。则此书乃徐善述撰也。（《总目》卷十三经部十三书类存目一）

又如，浙江范懋柱家天一阁藏本《诗义断法》五卷未著撰人名氏，四库馆臣引用《经义考》中对宋谢叔孙《诗义断法》无卷数、《诗义断法》一卷的载录，并从浙江范懋柱家天一阁藏本《诗义断法》的卷数是五卷，与《诗义断法》一卷的卷数不符，推断该书的著者可能是宋谢叔孙[①]。虽然四库馆臣未做肯定性的论断，但朱氏之载录为此书著者信息提供了有力的佐证。

《诗义断法》五卷浙江范懋柱家天一阁藏本

不著撰人名氏。卷首有“建安日新书堂刊行”字，又有“至正丙戌”字，盖元时所刻。朱彝尊《经义考》载宋谢叔孙《诗义断法》，不列卷数。注引《江西通志》曰：“叔孙，南城人，举进士，官翰林编修。”又载《诗义断法》一卷，不著名氏。注曰：“见《菉竹堂书目》。”并云已佚。此本五卷，与后一部一卷之数不符，其叔孙之书欤?（《总目》卷十七经部十七）

2.著者姓名考

《书义卓跃》一书著者旧本题庐陵陈雅言，四库馆臣引用《经义考》辑录文献邹缉所作《墓表》与彭岛所作《序》，考得著者地望为庐陵、字为雅言。

《书义卓跃》六卷浙江范懋柱家天一阁藏本

旧本题庐陵陈雅言撰。案《经义考》载邹缉所作《墓表》，称雅言永丰人。庐

① 朱彝尊《经义考》卷一百零八有谢升孙《诗义断法》，无卷数，佚；卷一百一十又有《诗义断法》一卷，佚，而无撰人。《四库总目》引作“谢叔孙”，则误“升”为“叔”。

陵盖举其郡名。又卷首彭岛《序》，称乡先生雅言陈公，似乎雅言其字也。(《总目》卷十三经部十三书类存目一)

四库馆臣对于采进本与《经义考》所载的著者姓名信息有出入的地方，也详加考证，指出原因。如《书经说意》一书，江西巡抚采进本所著明沈伟撰，而朱彝尊载有杜伟《尚书说意》一书，不过两书著者姓氏不一致。对此，四库馆臣加以考证，认为沈伟与杜伟实为一人，不过由于小时养育在沈溪家而姓沈，后归宗改为本姓杜。江西巡抚采进本为其归宗前的版本，而朱氏所载为其归宗后的版本。

《书经说意》十卷江西巡抚采进本

明沈伟撰。……朱彝尊《经义考》有杜氏(伟)《尚书说意》，不著卷数，注云："未见。"考伟本姓杜，少育于沈溪家，因冒其姓，后乃归宗。此书盖其未复姓时所作，故仍题沈姓，彝尊所载则据其后而言之也。(《总目》卷十三经部十三书类存目一)

3.著者真伪考

著者真伪考是四库馆臣在撰写提要时常见的考证内容，《总目》中著者标注为"旧本题"的均是四库馆臣认为著者有误的著述。如浙江吴玉墀家藏本《四书问目》一书旧题"云庄刘爚、睦堂刘炳述记"，四库馆臣据《经义考》所载，指出旧本所题作者之误，认为此书应"独出于炳，不应兼题爚名"。

《四书问目》无卷数浙江吴玉墀家藏本

旧本题曰"考亭朱元晦先生讲授，门人云庄刘爚、睦堂刘炳述记"……案朱彝尊《经义考》，刘爚有《四书集成》，刘炳有《四书问目》，并注"已佚"。则《问目》独出于炳，不应兼题爚名。(《总目》卷三十七经部三十七四书类存目)

又如，两江总督采进本《玉溪师传录》旧题宋童伯羽撰。四库馆臣据《朱子文集》《经义考》在载录童伯羽著述时，均未提及此书，断作者非为旧题之童伯羽。两淮盐政采进本《乙巳占略例》旧题唐李淳风撰，但四库馆臣据《乙巳占》书名，推出李淳风作此书为唐贞观十九年（645），而《乙巳占略例》一书内容涉及唐天宝九年（750），与此书名不符；另与《曝书亭集》所载《乙巳占》跋文相对照，此本分野皆参错不合。鉴于以上原因，四库馆臣认为《乙巳占略例》一书系托李淳风之名的作伪之书。

《玉溪师传录》一卷《附录》一卷两江总督采进本

旧本题宋童伯羽撰。……本名《晦庵语录》。明成化中，其九世孙训，以语类诸本参校补订，改题今名。……考《朱子文集》及续刊诸集，皆所未载，莫详所自。其称伯羽撰《四书集成》《孝经衍义》《群经训解》三书，《宋志》不著录。朱彝尊《经义考》亦惟载伯羽有《四书训解》，无此诸名。……疑即训捃拾《语类》附益之，非必果出伯羽也。(《总目》卷九十五经部三十九乐类存目)

《乙巳占略例》十五卷两淮盐政采进本

旧本题唐李淳风撰。按淳风有《乙巳占》十卷，盖以贞观十九年乙巳，在上元甲子中，书作于是时，故以为名。……考朱彝尊《曝书亭集》有《乙巳占》跋，是其书近时尚存，今特偶未之见耳。彝尊所论分野，以此本相较，皆参错不合。且所占至于天宝九载，其非淳风所作甚明。书中援引亦多庞杂无绪，疑后人取《开元占经》与《乙巳占》之文参互成书，而别题此名，托之淳风也。(《总目》卷一百十子部二十术数类存目一)

又如，浙闽总督采进本《六经奥论》，旧本题“宋郑樵撰”，四库馆臣引用朱彝尊《曝书亭集》所载跋文内容，赞同此书非樵所著审，进而分析书中多条文字条目加以论证，得出《六经奥论》为宋末人所作但并非郑樵的结论。

《六经奥论》六卷浙闽总督采进本

旧本题“宋郑樵撰”。朱彝尊《曝书亭集》有是书跋，曰：“成化中盱江危邦辅藏本，黎温序而行之，云是郑渔仲所著。荆川唐氏辑《稗编》从之。今观其书，议论与《通志》略不合。樵尝上书自述其著作，胪列名目甚悉，而是书曾未之及，非樵所著审矣。”后昆山徐氏刻《九经解》，仍题樵名。今检书中论《诗》，皆主毛、郑，已与所著《诗辨妄》相反。又“天文辨”一条引及樵说称夹漈先生，足证不出樵手。又论《诗》一条引晦菴说《诗》。考《宋史》樵本传，卒于绍兴三十二年。朱子《诗传》之成在淳熙四年，而晦菴之号则始于淳熙二年，皆与樵不相及。论《书》一条并引《朱子语录》，且称朱子之谥，则为宋末人所作，具有明验。不知顾湄校《九经解》时，何未一检也。第相传既久，所论亦颇有可采，故仍录存之，缀诸宋人之末而樵之名则从删焉。(《总目》卷三十三经部三十三五经总义类)

又如，浙江巡抚采进本《天启宫中词》的著者题为明陈悰，而《静志居诗话》中朱彝尊引用徐昂发之语，认为此书本为秦徵兰所撰，陈悰不过是助手；编修程晋芳家藏本《燕台笔录》的著者题为清项惟贞，而四库馆臣则根据该书内容断定该书实为朱彝尊《日下旧闻》中的一门，项惟贞参与书稿编辑。此二书均有著者作伪之嫌，然而四库馆臣对两者的评判有所不同。对于前者，四库馆臣只是引用朱氏之说，未下定语，属于疑而不论；对于后者，四库馆臣直接指出此乃作伪者伪标书名、著者。

《天启宫中词》一卷浙江巡抚采进本

明陈悰撰。悰字次杜，常熟人……朱彝尊尝录入《明诗综》。其《静志居诗话》述徐昂发之言，以为本秦征兰撰，悰攘而有之。征兰字楚芳，亦常熟人也。(《总目》卷一百八十集部三十三)

《燕台笔录》一卷编修程晋芳家藏本

此本载曹溶《学海类编》中，题国朝项惟贞撰。惟贞字端伯，秀水人。朱彝尊之门人也。然检核其文，实即朱彝尊《日下旧闻》内《风俗》一门。疑彝尊尝属之裒辑偶存残稿，作伪者遂别标此名也。(《总目》卷七十七史部三十三)

另外，两淮马裕家藏本《鲁诗世学》一书虽标注著者为明丰坊，但书中部分内容均托为他人所撰，如《正音》托之宋丰稷、《续音》托之丰庆、《补音》托之丰耘、《正说》托之丰熙、《续考》托之何昆，四库馆臣取用朱彝尊《经义考》中对此书辨伪之说[①]，信为明证，认为以上内容实为丰坊一人所撰。

《鲁诗世学》三十二卷两淮马裕家藏本

明丰坊撰。是编首列《子贡诗传》，诡云石本。次列《诗序》，而以《正音》托之宋丰稷，以《续音》托之丰庆，以《补音》托之丰耘，以《正说》托之丰熙，谲称祖父所传，而自为之考补，故曰“世学”。又附以门人何昆之《续考》，共为一书。实则坊一人所撰也。其书变乱经文，诋排旧说，极为妄诞。朱彝尊《经义考》辨之甚详。(《总目》卷十七经部十七诗类存目一)

两淮马裕家藏本《三礼考注》一书，朱彝尊《经义考》有载：“草庐先生诸经解各有《叙录》。余购得《周官礼》，乃先生孙当所补。其余《仪礼》则有《逸经》，《戴记》则有《纂言》。今所传《三礼考注》以验对先生之书，论议体例多有不合，其为晏氏伪托无疑。”[②]《四库总目》则在此基础上，递加证明，认为“是书之伪无庸疑似”。

《三礼考注》六十四卷两淮马裕家藏本

旧本题元吴澄撰。……虞集作澄《墓志》，宋濂《元史》澄本传，皆不言澄有此书。相传初藏庐陵康震家，后为郡人晏璧所得，遂掩为己作，经杨士奇等抄传

① 朱氏之语见《经义考》卷一百一十三《鲁诗世学》三十二卷条下。

② 见《经义考》卷一百六十四“吴氏(澄)《三礼考注》”条。

改正。然士奇《序》及成化中罗伦校刻《序》皆疑其为璧所作，则当时固有异论矣。士奇又言：“闻诸长老，澄晚年于此书不及考订，授意于其孙当，当尝为之而未就。”朱彝尊《经义考》言曾购得当所补《周官礼》，以验今书多不合。……然则是书之伪，可以无庸疑似矣。

4.著者籍贯考

在交代书籍著者信息时，四库馆臣均列出其籍贯，并通过籍贯信息来区别著者同名不同人的情况。如《杜诗会稡》一书著者是萧山人张远，并非《超然诗集》的著者侯官人张远，而且四库馆臣引用朱彝尊《曝书亭集》中所载《送远之桂林诗》加以佐证。

《杜诗会稡》二十四卷内府藏本

国朝张远撰。案康熙中有两张远。其一侯官人，有《超然诗集》，别著录。此张远字迩可，萧山人，由贡生官缙云县教谕。朱彝尊《曝书亭集》有《送远之桂林诗》，即其人也。(《总目》卷一百七十四集部二十七别集类存目一)

对于著者籍贯信息不一致的情况，四库馆臣也会加以考证。如，对于《雅乐发微》的著者明张敔，四库馆臣特别指出明朝有两个张敔，此书的著者为饶州人，而另一张敔为合肥人，事迹可见朱彝尊《经义考》。

《雅乐发微》八卷两淮马裕家藏本

明张敔撰。考明有两张敔。其一字伯起，合肥人。永乐中贡入太学，除广东道监察御史，官至陕西按察使佥事。所著有《京氏易考》，见朱彝尊《经义考》。此张敔饶州人。朱载堉《律吕精义》第五卷中载有其名。(《总目》卷三十九经部三十九乐类存目)

再如，对《童溪易传》的著者宋王宗传，四库馆臣认为其为宁德人，并引用朱彝尊《经义考》中所载宁德林焞序文称林焞与王宗传为同乡，以驳斥董真卿将王宗传称为临安人的错误。

《童溪易传》三十卷直隶总督采进本

宋王宗传撰。宗传字景孟，宁德人。淳熙八年进士，官韶州教授。董真卿以为临安人。朱彝尊《经义考》谓是书前有宁德林焞序，称与宗传生同方，学同学，同及辛丑第。则云临安人者，误矣。(《总目》卷三经部三易类三)

5. 著者时代考

《明诗综》载录了明朝诗人及诗作，常为四库馆臣考察著者时代所引据的重要文献。如《井观琐言》一书为闽南郑瑗所撰，旧本题郑瑗为宋人，四库馆臣据书中文字称明朝为国朝、弘治《八闽通志》著录有莆田人郑瑗、《明诗综》载录郑瑗及其所著《明省斋集》，判定郑瑗应为明朝之人、非宋人。《残本光岳英华》一书对著者明许中丽的里爵未作介绍，四库馆臣据《明诗综》有“明初操选政者有许中丽”的记载，推断其为明洪武中人。

《井观琐言》三卷浙江鲍士恭家藏本

旧本题宋闽南郑瑗撰。钟人杰《唐宋丛书》亦作宋人。而书中称明为国朝，所评论者多明初人物，决非宋人所为。考弘治《八闽通志》载有莆田人郑瑗，字仲璧，成化辛丑进士，官至南京礼部郎中。朱彝尊《明诗综》亦载有其人，所著有《明省斋集》。则此编当即明莆田郑瑗所作。题宋人者妄也。(《总目》卷一百二十二子部三十二杂家类六)

《残本光岳英华》十五卷浙江范懋柱家天一阁藏本

明许中丽编。中丽爵里未详。朱彝尊《明诗综》称明初操选政者有许中丽云云，则洪武中人也。(《总目》卷一百九十一集部四十四总集类存目一)

《明诗综》载录明代诗人诗作时，均按照诗人生活年代排序，因而根据某个诗人所在书中位置可以判断其生活的年代。四库馆臣就是据《明诗综》中诗人的排序推断《禹贡元珠》的著者俞鲲为明嘉靖、隆庆间人，《周易独坐谈》的著者洪化昭为明天启、崇祯间人，《礼记新义》的著者汤三才为明隆庆、万历间人。

《禹贡元珠》一卷两江总督采进本

明俞鲲撰。……是书朱彝尊《经义考》不著录，而别载其《百家尚书汇解》，列于申时行、袁仁之后，屠本峻、邓元锡之前，盖嘉、隆间人也。(《总目》卷十三经部十三)

《周易独坐谈》五卷两淮马裕家藏本

明洪化昭撰。化昭自号曰北居士，新都人。《经义考》列之马元调前，则启、祯间人也。(《总目》卷八经部八易类存目二)

《礼记新义》三十卷江西巡抚采进本

明汤三才撰。……朱彝尊《经义考》叙其书于王翼明、赵宦光之前，盖隆庆、万历间人也。(《总目》卷二十四经部二十四)

6.著者履历考

（1）仕履考

四库馆臣撰写提要时，著者信息中往往会交代著者所任最高官职。如《素园存稿》一书的著者方宏静，《明诗综》中记载其“官至南京户部右侍郎”，《江南通志》记载“其奉使入浙……中蜚语归”，两者不一致。对于此，四库馆臣则根据《素园存稿》书中“自抚浙待命凡十载，自留京归田经廿载”的记载，不仅肯定了朱彝尊考据信息的真实性，确定了方宏静的仕履情况，还纠正了《通志》所载信息之误。

《素园存稿》十八卷浙江巡抚采进本

明方宏静撰。朱彝尊《明诗综》载，其官至南京户部右侍郎，《千顷堂书目》亦同。《江南通志》则载其奉使入浙，击水寨寇，论功当叙，中蜚语归，卒赠工部尚书。据集内《山中稿小序》称，自抚浙待命凡十载，自留京归田经廿载。叶向高《序》亦云然。是宏静实自南京罢归，《通志》所记偶误也。（《总目》卷一百七十八集部三十一别集类存目五）

又如，四库馆臣根据朱氏《经义考》所引倪长玗语，断定《易窥》的著者明程玉润曾官部郎。

《易窥》无卷数浙江汪启淑家藏本

明程玉润撰。……据《经义考》所引倪长玗语，知其尝官部郎，始末则未能详也。（《总目》卷八经部八易类存目二）

著述有未被《明诗综》著录也会成为四库馆臣考证时参考的依据。如《一山文集》一书的著者元李继本，四库馆臣根据其所撰《祷雨文》中的时间，推断李继本在明初尚存。但对明人诗作搜罗最备的《明诗综》却未收录此书，四库馆臣认为这是因为李继本在明朝并未入仕之故。

《一山文集》九卷两淮马裕家藏本

元李继本撰。继本名延兴，以字行，东安人，占籍北平。登至正十七年进士。授太常奉礼，兼翰林检讨。考其代雄县知县所作《祷雨文》，内称“洪武二十七年”，则其人明初尚存矣。……朱彝尊《明诗综》搜罗最备，独未录是集。殆以未仕于明，故与杨维桢诸人一例不载。（《总目》卷一百六十八集部二十一别集类二十一）

（2）师承考

著者的学问渊源往往也是四库馆臣关注的一个方面。如四库馆臣在撰写《密庵集》八卷一书的提要时，引用朱彝尊《静志居诗话》中明谢肃谒贡师泰的记载，指出肃的学问渊源实出师泰。

《密庵集》八卷永乐大典本

明谢肃撰。……朱彝尊《静志居诗话》称肃“初谒贡师泰于吴山仰高亭，时贡方奉诏漕闽广粟，当泛舟大海，因与同载至海昌，留居州北，执经问难。凡一诗之出，一文之就，折衷论议，必当于理乃已”。是肃之学问渊源，实出师泰。（《总目》卷一百六十九集部二十二）

（3）事迹考

事迹介绍是全面考察著者最好的方式，往往能够反映其著作的风格与水平，因而四库馆臣在撰写提要时往往引述朱氏著述所载录相关人物的事迹与典故，或照搬其说、用作明证，或据以推断、形成论点。如，在考证《读春秋编》一书的著者宋陈深时，馆臣不但据朱彝尊《经义考》所引文字言其生平，还将朱氏所采文献予以指出。

《读春秋编》十二卷内府藏本

宋陈深撰。朱彝尊《经义考》引卢熊《苏州志》称：“深生于宋，宋亡，笃志古学，闭门著书。天历间，奎章阁臣以能书荐，潜匿不出。”案：《经义考》卷一百九十一陈深《清全斋读春秋编》条下无解说，而卷四十陈氏《清全斋读易编》条下引卢氏此说，但无“《苏州志》”字。（《总目》卷二十七经部二十七春秋类二）

又如，《思元集》一书的著者明桑悦，史书称其为人怪妄，四库馆臣引用朱彝尊《静志居诗话》所载桑悦在长沙著《庸言》时的狂妄言语，证明史书所言不虚。

《思元集》十六卷浙江汪启淑家藏本

明桑悦撰。……史称悦为人怪妄，敢为大言以欺人。朱彝尊《静志居诗话》称悦在长沙，著《庸言》，自诩穷究天人之际，非儒者所知，又自称其诗根于太极。则史所云怪妄，不虚也。（《总目》卷一百七十五集部二十八）

另，在介绍明赵宧光所编《寒山蔓草》时，四库馆臣引用朱彝尊《静志居诗话》中对其“名为隐居山麓、实则奔走天下”的生活记录，指出此书乃其山居赠答之作。

《寒山蔓草》十卷直隶总督采进本

明赵宧光编。……朱彝尊《静志居诗话》称“宧光饶于财，卜筑城西寒山之麓。淘汰泥沙，俾山骨毕露，高下泉流。凡游于吴者无不造庐谈宴，广为乐方”云云。盖宧光虽号隐居，而声气交通，实奔走天下。此集即其山居赠答之作也。(《总目》卷一百九十三集部四十六)

此类引用朱彝尊《静志居诗话》中对著者生平事迹的记载，还有很多。如明朱存理撰《珊瑚木难》八卷、明张宁撰《奉使录》二卷、明程观生撰《四易通义》六卷、明赵迪撰《鸣秋集》二卷的摘要文字，均引用了朱彝尊《静志居诗话》所载文献。

《珊瑚木难》八卷两淮盐政采进本

明朱存理撰。……朱彝尊《静志居诗话》曰：存理自少至老，未尝一日忘学问。人有异书，必从访求，以必得为志。所纂集凡数百卷，既老不厌。坐贫无以自资，其书旋亦散去。(《总目》卷一百十三子部二十三)

《奉使录》二卷两江总督采进本

明张宁撰。朱彝尊《静志居诗话》载宁两使朝鲜，水馆星邮，留题殆遍。馆伴朴元亨诗篇唱和，殊不相下。及偕登太平馆楼，宁成七律六十韵。元亨诵至“溪流残白春前雪，柳折新黄夜半风”之句，乃阁笔曰“不敢属和矣”。(《总目》卷一百七十五集部二十八)

《四易通义》六卷内府藏本

明程观生撰。观生字仲孚，歙县人。流寓嘉兴。崇祯中知天下将乱，即弃去诸生，以相地之术自给。朱彝尊《静志居诗话》载其事迹颇详。[①](《总目》卷八经部八易类存目二)

《鸣秋集》二卷两淮盐政采进本

明赵迪撰。迪字景哲，怀安人，自号白湖小隐。朱彝尊《静志居诗话》谓：余宪《百家诗》以迪为山人。徐庸《湖海耆英集》载其《元夕应制诗》。徐泰《明风雅》则云迪宜阳人，官吏部侍郎。然《鸣秋集》有景泰五年迪仲子壮《后序》，中云先人值时多故，投老林泉。而同时闽人均有《輓鸣秋山人诗》。则二徐所云，自是别一人矣。是集即其仲子壮所编。(《总目》卷一百七十五集部二十八)

---

①《静志居诗话》卷二十二“胡介”一条有“新安程观生仲孚，奇士也。好谈王霸之略，兼治青乌家言。其持论谓人家葬吉壤，出圣贤者第一，其次忠臣节士，又其次博学就征，以科甲为最下。尝坐事系狱当论辟，先君子力救获免，恒下榻寒家，学易于蒙难之后。平生最契合者，先君子之外，与彦远称硕交……”等语。

（二）著作信息考证

1.著作名考

四库馆臣在撰写提要时，往往借鉴朱氏著述所载文字，或交代著述名由来，或在同书异名时断定书名。如《占星堂集》的提要中，四库馆臣直接引用朱氏《静志居诗话》所辑录文字作为论据，交代《占星堂集》书名的由来。又如《九正易因》一书，四库馆臣直接引用朱彝尊《经义考》所载此书序文，指出此书名来自马经纶的“易必九正而后定”之语。

《占星堂集》十五卷浙江孙仰曾家藏本

明唐文献撰。朱彝尊《静志居诗话》载，文献未第时，曾见奎宿于堂上，故以“占星”名其堂，因以名集。（《总目》卷一百七十九集部三十二别集类存目六）

《九正易因》无卷数江苏周厚堉家藏本

明李贽撰。……朱彝尊《经义考》载其原序，述马经纶之言曰：“乐必九奏而后备，丹必九转而后成，易必九正而后定。”故有是名。（《总目》卷七经部七易类存目一）

在书籍的流传过程中，由于版本不同等原因导致一书出现多个书名，四库馆臣在考证时，往往将一书的异名一一列出，以备考异。如《洞麓堂集》一书，《明诗综》称《洞山集》；《观物篇解》一书，《经义考》称《皇极经世钤》；《尚书详解》一书，《经义考》称《初学尚书详解》；《蒙斋中庸讲义》一书，《经义考》称《中庸详说》；《易象钞》一书，《经义考》称《易通解》；《春秋辨疑》一书，《经义考》称《春秋经辨》。当然，从推断之语看，四库馆臣的态度还是比较谨慎的，有时用的是怀疑语气，如“或即是书之别名欤”等。以上这些著述，四库馆臣并未按照朱氏所载，而是坚持四库采进本所用书名。参见表6-9。

《洞麓堂集》十卷江西巡抚采进本

明尹台撰。《明诗综》称其有《洞山集》。此作《洞麓堂集》。考集首《邹元标序》，称“《洞麓堂稿》，大宗伯洞山尹公所撰，去公家里许，有奇洞，峰峦卓诡，遂以名堂，且名其稿”。然则“洞山”其号，“洞麓”则其堂名，实一集也。（《总目》卷一百七十二集部二十五别集类二十五）

表6-9 《总目》据《经义考》考得一书异名

著者	《总目》所载书名	《经义考》所载书名	四库馆臣推断之语
宋祝泌	《观物篇解》五卷	《皇极经世钤》十二卷	或一书两名。
宋胡士行	《尚书详解》十三卷	《初学尚书详解》	称名互异，其实一书也。
宋袁甫	《蒙斋中庸讲义》四卷	《中庸详说》二卷	或即是书之别名欤?
明胡居仁	《易象钞》四卷	《易通解》	岂此书一名《易通解》欤?
宋萧楚	《春秋辨疑》四卷	《春秋经辨》	或后来更定，史弗及详欤?

四库馆臣在定书名时，往往根据朱氏书名及附注。如《周礼补亡》一书的异名有《周礼注》《周礼冬官补亡》《周礼全书》等，而四库馆臣依据《经义考》的附注“一作《周礼补亡》”最终将此书定名为《周礼补亡》。《淙山读周易记》旧本题曰《读周易》，而四库馆臣根据朱彝尊《经义考》中所录条目《淙山读周易记》，推断旧本书名脱字。

《周礼补亡》六卷衍圣公孔昭焕家藏本

元邱葵撰。其书世有二本：其一分六卷，题曰《周礼注》；其一即此本，不分卷数，而题曰《周礼冬官补亡》。《经义考》又作《周礼全书》，而注曰：“一作《周礼补亡》。”（《总目》卷二十三经部二十三礼类存目一）

《淙山读周易记》二十一卷山东巡抚采进本

宋方实孙撰。此书旧本但题曰《读周易》。案：朱彝尊《经义考》作《淙山读周易记》，盖此本传写脱讹。（《总目》卷三经部三易类三）

又，元鲍恂撰《学易举隅》一书刊板时曾改名为《大易钩玄》。四库馆臣考察此书“粗陈崖略”，认为《经义考》所载《举隅》之名与此书内容更为适合，所以断从《经义考》，仍题此书名为《学易举隅》；明袁仁《尚书砭蔡编》一书，四库馆在比较《经义考》所题《尚书砭蔡编》与曹溶《学海类编》所题《尚书蔡注考误》时，根据此书序文亦称《砭蔡编》，断《经义考》所题书名为准。

《学易举隅》三卷浙江吴玉墀家藏本

元鲍恂撰。其书本名《学易举隅》，权为刊板，始更名《大易钩玄》。然朱彝尊《经义考》载之，仍曰《举隅》。考所言仅粗陈崖略，不足当“钩玄”之名，题曰《举隅》，于义为近，故今亦仍恂原目著录焉。（《总目》卷七经部七易类存目一）

《尚书砭蔡编》一卷浙江吴玉墀家藏本

明袁仁撰。朱彝尊《经义考》载此书，注曰："未见。"此本载曹溶《学海类编》中，题曰《尚书蔡注考误》。案：沈道原《序》亦称《砭蔡编》，则《经义考》所题为是。（《总目》卷十二经部十二书类二）

2.著作版本考

四库馆臣在编纂《四库全书》时，在众多书籍中甄别选择，许多书籍的版本源流得以理清，版本学成果多集结于《四库全书总目》。从《四库全书总目》书籍提要中，我们可以看到，四库馆臣不仅重视版本，还在参考《经义考》《明诗综》等朱彝尊著述条目著录的基础上，对部分书籍版本的内容、源流、分合、真伪、刊刻时间等作了充分的探讨。

四库馆臣常通过书籍的卷数判定版本。如《岘泉集》一书，朱彝尊《明诗综》称其集二十卷，江西巡抚采进本仅四卷，四库馆臣断采进本是掇拾重编之本。

《岘泉集》四卷江西巡抚采进本

明张宇初撰。朱彝尊《明诗综》称其集二十卷，诗居其半，王绅为之序。此本皆所作杂文，惟末附歌行数十首。卷首虽载《绅序》，而二十卷之旧已不复存，盖又掇拾重编之本矣。（《总目》卷一百七十集部二十三别集类二十三）

又如，明莫是龙撰《石秀斋集》一书，《明诗综》载有《莫廷韩遗稿》且不著卷数，而《明史艺文志》云莫是龙《石秀斋集》十卷、江苏巡抚采进本《石秀斋集》亦十卷，四库馆臣以卷数不同怀疑朱氏所见版本不同。

《石秀斋集》十卷江苏巡抚采进本

明莫是龙撰。《明诗综》载有《莫廷韩遗稿》，不著卷数。此本前有"传"一篇，于是龙平生事迹不甚详备，又无"序""跋"及目录，其末卷亦有阙佚。然《明史艺文志》云：莫是龙《石秀斋集》十卷，与此本合。岂彝尊所见又别一本欤？（《总目》卷一百八十集部三十三别集类存目七）

又如，《始丰稿》一书，朱彝尊《静志居诗话》中记载朱氏曾在王士祯家见过该书，且表示卷数比其家藏者倍之，但仍不是完本。据此，四库馆臣推断该书世行二版本，一本六卷，即朱彝尊家藏本；而浙江巡抚采进本有十四卷，是王士祯家藏本。

《始丰稿》十四卷浙江巡抚采进本

明徐一夔撰。朱彝尊《静志居诗话》曰："大章遗稿罕传，余于京师见之新城王贻上所。凡四册，比余家藏者倍之。然验其目无诗，犹未是足本。"案今行世凡二本。其一本六卷，当即朱彝尊家所藏。此本自一卷至三卷为前稿，自四卷至十四卷为后稿，皆杂文无诗，当即王士祯家所藏矣。(《总目》卷一百六十九集部二十二别集类二十二)

再如，《广易筌》一书，浙江巡抚采进本有《上经》《下经》《上系辞传》《下系辞传》四卷，而朱彝尊《经义考》作《易广筌》二卷，四库馆臣推断朱彝尊所载为未全之本。四库馆臣所见与朱氏载录的书籍卷数不一致的情况还有：《周易时论合编》二十三卷，《经义考》作十五卷；《春秋事义全考》十六卷，《经义考》载是书二十卷；《春秋属辞比事记》四卷，《经义考》惟载六卷（是书为奇龄门人所编，云本十卷）；等等。四库馆臣推断卷数少者均为未全之本。

《广易筌》四卷浙江巡抚采进本

明沈瑞锺撰。凡《上经》《下经》《系辞传》上下各为一卷，而《说卦》《杂卦》乃附诸《下系》之后。朱彝尊《经义考》作《易广筌》二卷，与此不合，殆仅见《上、下经》耶？(《总目》卷八经部八易类存目二)

书籍的页数也是四库馆臣判定书籍版本的依据之一。如《读易略记》一书，四库馆臣所见本即浙江郑大节家藏本为抄本，无卷数，朱彝尊《经义考》作一卷，四库馆臣根据所见本有二百五十一页，推断彝尊所见可能是不全之本。

《读易略记》(无卷数）浙江郑大节家藏本

明朱朝瑛撰。抄本不分卷数。朱彝尊《经义考》作一卷，然细字至二百五十一页，必非一卷。疑彝尊所见或不完之本耶？(《总目》卷八经部八易类存目二)

序、跋也是四库馆臣判定书籍版本的依据。《云林集》一书，四库馆臣根据朱彝尊《曝书亭集》所载此书跋文，从“发雕于后至元三年”，推断朱彝尊所见为元时旧版，而今浙江鲍士恭家藏本应是从原刻抄传本。《格斋四六》一书，四库馆臣根据朱彝尊《曝书亭集》所载此书跋文，从“抄得宋本《格斋四六》计一百二首”，推断浙江鲍士恭家藏本与彝尊所见之本同。此类还有《新定九域志》十卷、《桂林风土记》一卷，均是四库馆臣引用朱彝尊跋文来证实采进本与朱氏所见之版本同。

《云林集》二卷浙江鲍士恭家藏本

明危素撰。……朱彝尊《曝书亭集》有是书《跋》，称发雕于后至元三年。则彝尊所见，乃元时旧版。此本卷帙相符，盖犹从原刻抄传者。(《总目》卷一百六十九集部二十二别集类二十二)

《格斋四六》一卷浙江鲍士恭家藏本

朱彝尊《曝书亭集》有是书跋，称抄得宋本《格斋四六》计一百二首。今检勘其数，与所跋相同，当即彝尊所见之本。（《总目》卷一百五十九集部十二别集类十二）

在书籍整理的过程中，四库馆臣对照朱彝尊书籍载录信息，发现了一些书籍的别本（即同书同一来源之另一本子，亦称“副本”）。如《瞿塘日录》一书提要中，四库馆臣所见之本内篇中“读《易》悟言”部分有录无书，但注曰有别刻单行。而朱彝尊《经义考》载是书，四库馆臣推断朱彝尊所见为别本。

《瞿塘日录》十二卷浙江朱彝尊家曝书亭藏本

明来知德撰。……十五曰读《易》悟言，亦有录无书。但注于标目下曰：有易注别刻单行。朱彝尊《经义考》载是书，谓见日录中，或彝尊所见又别一本欤。（《总目》卷一百二十四子部三十四杂家类存目一）

书籍内容的不同也是四库馆臣判定版本的依据。如《别本熊峰集》一书，朱氏《明诗综》所收与馆臣所见之本，卷数篇数同，但名不同、收录诗作不同，馆臣推断其所见即浙江汪汝瑮家藏本为旧本，而朱氏所收为新本。

《别本熊峰集》四卷浙江汪汝瑮家藏本

明石珤撰。案朱彝尊《明诗综》，称珤所著名《恒阳集》。曲周令皇甫汸删定为四卷，诗仅一百九十余首。今此集题作《熊峰先生集》，前后无序跋，诗亦一百九十余首。而《诗综》所录惟《春日杂言》《秋莲曲》《会昌宫词》三首在集中，其《送邵国贤》《芟田行》《春渡滹沱》诸篇皆未之载。疑此为初刊别行之本，非汸所选，故集名亦各不同。（《总目》卷一百七十五集部二十八别集类存目二）

又如，《少室山房类稿》一书提要中所言，王世贞《石羊生传》、朱彝尊《明诗综》两书对胡应麟著作载录有所不同，故四库馆臣推测胡应麟诸集皆随作随刻，两人所见均为胡应麟文稿的单行别本。

《少室山房类稿》一百二十卷安徽巡抚采进本

明胡应麟撰。……是编前有王世贞所撰《石羊生传》，称应麟有《寓燕》《还越》《计偕》《岩栖》《卧游》《抱膝》《三洞》《两都》《兰阴》《畸园》诸集，凡二十余卷。朱彝尊《明诗综》所载，别有《邯郸》《华阳》《养疴》《娄江》《白榆》《湖上》《青霞》等集，而无《三洞》《畸园》之名。盖应麟在日，诸集皆随作随刻，别本单行。

世贞、彝尊各据所见，故名有异同。（《总目》卷一百七十二集部二十五别集类二十五）

书籍有无被朱氏载录也成为四库馆臣判定版本的依据。如《大易衍说》一书，四库馆臣以为此书内容与序文所记不一致，加上“朱彝尊《经义考》亦未载其名”，据此推断此书为“书肆伪托之本”。又如，《读易索隐》一书，朱彝尊有载是书，但注曰“未见”，四库馆臣根据今本纸墨尚新，判定今本刻于朱氏身后。而《春秋说》一书，朱彝尊《经义考》不载，四库馆臣指出今本为当时未及刊版，故朱氏不及载。

《大易衍说》（无卷数）　安徽巡抚采进本

旧本题“元李简撰”。简有《学易记》，已著录。是编即以《学易记序》冠于卷首，而书则绝不相同。核其文义，与今村塾讲章相类。朱彝尊《经义考》亦未载其名，盖书肆伪托之本也。（《总目》卷七经部七易类存目一）

《读易索隐》六卷浙江巡抚采进本

明洪鼐撰。朱彝尊《经义考》载有是书，注曰“未见”。此本纸墨尚新，盖刻于彝尊后也。（《总目》卷七经部七易类存目一）

《春秋说》三十卷《附录》三卷山东巡抚采进本

明王浸大撰。朱彝尊《经义考》不载，盖此本为浸大孙云龙所录，未及刊版故也。（《总目》卷三十经部三十春秋类存目一）

四库馆臣在编纂全书时，亦对书籍的真伪进行辨识。如《越绝书》一书提要所称该书后有《续越绝书》二卷，但朱彝尊《经义考》称《续越绝书》为钱槼伪撰。四库馆臣认为朱氏与钱槼友善，所言应不虚，而且该书未见传本，断定《续越绝书》一书为伪。

《越绝书》十五卷兵部侍郎纪昀家藏本

不著撰人名氏。……别有《续越绝书》二卷……朱彝尊《经义考》谓为钱槼伪撰，诡云得之石匣中。槼与彝尊友善，所言当实。今未见传本，其伪妄亦不待辨。（《总目》卷六十六史部二十二载记类）

3.著作流传考

朱彝尊著录书籍时往往交代书籍的流传情况，四库馆臣便或直接、或间接引用朱氏之语，以交代此书的归属与流传信息。如《五百家注音辩昌黎先生文集》一书提要中，四库馆臣便间接引用朱彝尊《曝书亭集》卷第五十二跋《跋五百家昌黎集注》中的文字，交代此书曾有宋椠本在长洲文氏，后归李日华家[①]。又有《天籁集》一书，四库馆臣引用朱氏《曝书亭集》卷第三十六序《白兰谷天籁集序》文中对此书流传情况的叙述，以交代此书流传与版本信息[②]。

> **《五百家注音辩昌黎先生文集》四十卷**
>
> 宋魏仲举编。朱彝尊称此书尚有宋椠本在长洲文氏，后归李日华家。正集之外，尚有《外集》十卷、《别集》一卷、附《论语笔解》十卷。此本止四十卷，而《外集》《别集》不与焉。(《总目》卷一百五十集部三别集类三)
>
> **《天籁集》二卷编修汪如藻家藏本**
>
> 金白朴撰。……是本乃所作词集，世久失传。康熙中，六安杨希洛始得于白氏之裔，凡二百篇。前有王博文序，后有孙作序，及曹安赞。希洛以示朱彝尊，彝尊分为二卷，序而传之。(《总目》卷一百九十九集部五十二词曲类二)

四库馆臣有时会直接引用朱氏文字，并指出出处。如《景定建康志》一书提要则直接引用朱氏跋语，指出此书乃是周在浚从曹寅处借录后，开始传于世。《斗南老人集》一书提要，四库馆臣引用朱彝尊《静志居诗话》中文字，指出此书“旧藏项氏天籁阁，继归高氏稽古堂，后为华山马思赞所藏”，并进而指出世所传胡奎集皆出天籁阁抄本。

> **《景定建康志》五十卷两淮马裕家藏本**
>
> 明嘉靖、万历间，是书尚有刊本在南京国子监，见黄佐《南廱志》中。然所存版止七百五十九面，则亦已阙佚不全。其后流传几绝，朱彝尊《曝书亭集》有是书跋，称“周在浚尝语以曾睹是书阙本，访之三十年未得。后从曹寅处借归录之，始复传于世”云。(《总目》卷六十八史部二十四)
>
> **《斗南老人集》六卷两淮盐政采进本**
>
> 明胡奎撰。朱彝尊《静志居诗话》称：“吾乡云东逸史曾手录其稿，旧藏项氏天籁阁，继归高氏稽古堂，后为华山马思赞所藏。”案今世所传奎集皆出天籁阁抄本，止有四卷。(《总目》卷一百六十九集部二十二别集类二十二)

① 朱彝尊《曝书亭集》卷第五十二跋《跋五百家昌黎集注》:《昌黎集训注》四十卷、《外集》十卷、《别集》一卷、附《论语笔解》十卷。……是书向藏长洲文伯仁家，归吾乡李太仆君实，盖宋槧之最精者。惜中间阙三卷后人补钞，原注已失不可复睹，当更访诸藏书家。

② 朱彝尊《曝书亭集》卷第三十六序《白兰谷天籁集序》:……康熙庚辰八月之望，六安杨秀才希洛千里造予，袖中出兰谷《天籁集》，则仁甫之词也。前有王尚书、子勉序，述仁甫家世本末，颇详。始知仁甫名朴，又字太素，为枢判寓斋之子。后有洪武中助教江阴孙大雅序，及安丘教谕松江曹安赞……白氏于明初由姑孰徙六安，希洛得之于其裔孙某，将锓木以行，属予正其误，乃析为二卷，序其端。

四库馆臣在编纂《四库全书》时，搜罗全国之书，其所见自比朱彝尊所见广甚，故而四库采进的一些书籍，朱氏注曰“未见”“已佚”。四库馆臣在提要中仍引用朱氏相关文字，并以朱氏的判断证明此书流传稀少。参见表6–10。

表6–10 以朱氏的判断证明此书流传稀少

书名	提要文字
《四书集义精要》二十八卷	此本仅存二十八卷，至《孟子 · 滕文公上》篇而止，其后并已缺佚，亦非完帙。然朱彝尊《经义考》注云“未见”，则流传颇罕。
《春秋阐义》十二卷	是书朱彝尊《经义考》注曰：“未见。”盖不甚传。
《周易总义》二十卷	祓人不足重，其书世亦不甚传，故朱彝尊《经义考》注曰：“未见。
《春秋分纪》九十卷	明以来其书罕传，故朱彝尊《经义考》注曰：“未见。”
《易学滥觞》一卷	朱彝尊《经义考》载此书，注曰：“已佚。”则彝尊亦未及见，知为稀遘之本矣。
《易说》四卷	自明以来，外间绝少传本，故朱彝尊《经义考》注云：“已佚。”
《慈湖诗传》二十卷永乐大典本	是书原本二十卷，焦竑《国史经籍志》及黄虞稷《千顷堂书目》尚载其名，而朱彝尊《经义考》注曰“已佚”。今海内藏书咸集秘府，而是书之目阙焉，则彝尊所说为可信。

4.著作卷数考

卷数是书目著录的基本要素之一。从历代书目著录卷数的不同，可以考见书籍卷帙分合、刊印流传的轨迹。张宗友认为《四库全书总目》对朱氏《经义考》中卷数著录的利用，可分为定卷数、推分合、溯因由、存异同、考失误等方面①。窃以为张氏所言也符合《总目》对朱氏其他著述的引用。

引以为据。如《皇甫司勋集》一书，四库馆臣在详细列出该集内收录皇甫汸诸类文体卷数后，引“朱彝尊《静志居诗话》称汸集六十卷”为据，佐证著作卷数。

《皇甫司勋集》六十卷内府藏本

明皇甫汸撰。汸有《百泉子绪论》，已著录。……晚年手自删削，定为赋一卷、诗三十二卷、杂文二十七卷，冠以《集原》一篇。其诸集之名仍分注各卷之末。朱彝尊《静志居诗话》称，汸集六十卷，即此本也。（《总目》卷一百七十二集部二十五别集类二十五）

① 张宗友.《经义考》研究[M].北京：中华书局，2009：304.

判定卷数。如《春秋钩元》一书，四库采进的浙江吴玉墀家藏本不分卷数，四库馆臣根据“朱彝尊《经义考》作四卷”，断从朱氏，将此本析为四卷。

> **《春秋钩元》四卷浙江吴玉墀家藏本**
>
> 明石光霁撰。……朱彝尊《经义考》作四卷。此本不分卷数，疑传写者所合并。今从彝尊之说，仍析为四卷著录焉。(《总目》卷二十八经部春秋类三)

推断分合。如《周易文诠》一书，采进的两淮马裕家藏本有四卷，而《经义考》载八卷，四库馆臣认为两淮马裕家藏本首尾完具，不似阙佚，推断或是后人将此书原来的八卷合并成了四卷。又如《云庄礼记集说》一书，朱彝尊《经义考》作三十卷，而采进的通行本为十卷，四库馆臣推断为坊贾合并卷数的缘故。

> **《周易文诠》四卷两淮马裕家藏本**
>
> 元赵汸撰。……《经义考》载八卷，此本旧钞止四卷，然首尾完具，不似有所阙佚，或后人合并欤?(《总目》卷四经部四易类四)
>
> **《云庄礼记集说》十卷通行本**
>
> 元陈澔撰。……朱彝尊《经义考》作三十卷，今本十卷，坊贾所合并也。(《总目》卷二十一经部二十一礼类三)

推溯因由。《易象意言》一卷朱彝尊《经义考》仅列其书名，而不举其卷数，四库馆臣详细列出此书成书过程，认为此书今悉散佚，故而朱氏不能录卷数。

> **《易象意言》一卷永乐大典本**
>
> 宋蔡渊撰。……董真卿《周易会通》称渊《周易经传训解》外，又有《卦爻辞旨》，论六十四卦大义；《易象意言》，杂论卦爻十翼；《象数余论》，杂论易大义，并成于开禧乙丑。今悉散佚，故朱彝尊《经义考》仅列其书名，而不能举其卷数。(《总目》卷三经部三易类)

存录异载。《学易象数举隅》一书，四库馆臣详细列出了不同书家对此书及卷数的著录信息，并未断定孰是孰非，只是指出采进的安徽巡抚采进本二卷，似非完书。

> **《学易象数举隅》二卷安徽巡抚采进本**
>
> 明汪敬撰。……所著有《易传通释》及此书。《明史·艺文志》不著录，朱彝尊《经义考》载此书四卷，而《通释》则阙其卷数。《江南通志》载之，则均无卷数。此本二卷，似尚非完书也。(《总目》卷七经部七易类存目一)

考他书失误。《春秋左传评注测义》一书提要中，四库馆臣以采进的浙江吴玉墀家藏本七十卷，与朱氏著录七十卷合，推断《浙江通志》本著录的三十卷为误。

《春秋左传评注测义》七十卷浙江吴玉墀家藏本

明凌稚隆撰。……朱彝尊《经义考》作七十卷，《浙江通志》作三十卷，此本与彝尊所记合，知《通志》为传写误矣。(《总目》卷三十经部三十春秋类存目一)

(三)著作评价考证

1.引以为论

直接引用朱氏对著者或著作的评述文字，作为提要中的评论观点。如明施峻撰《琏川诗集》一书提要中，四库馆臣直接引用朱彝尊《静志居诗话》对施峻诗的评价之语，“平叔以七律自诩，间党交称焉。然殊不见好，诸体过修边幅，未免气馁”[①]，来点评该诗集。

《琏川诗集》八卷浙江汪汝瑮家藏本

明施峻撰。峻字平叔，归安人，嘉靖乙未进士，官至青州府知府。朱彝尊《静志居诗话》，谓平叔以七律自诩，然殊不见好。诸体过修边幅，未免气馁。(《总目》卷一百七十七集部三十别集类存目四)

又如，明余寅撰《农丈人文集》一书提要中，四库馆臣直接引用朱彝尊《静志居诗话》余寅条下评语，“君房自负古文，然于作者尚远。其于诗自谓涉其藩，未窥其奥，亦自知之明”[②]，作为对该书的评价。明吴稼竳《元盖副草》一书提要中，四库馆臣直接引用朱彝尊《静志居诗话》中吴稼竳条目下“翁晋乐府如健儿骑骏马，左右驰突，靡不如意”[③]之语作为对吴稼竳乐府诗的评价。

《农丈人文集》二十卷、《诗集》八卷浙江巡抚采进本

明余寅撰。寅有《乙未私志》，已著录。朱彝尊《静志居诗话》，谓其自负古文，然于作者尚远，其于诗自谓涉其藩，未窥其奥，亦自知之矣。(《总目》卷一百七十九集部三十二别集类存目六)

《元盖副草》二十卷浙江孙仰曾家藏本

明吴稼竳撰。稼竳少年，以诗见称于王世贞，朱彝尊《静志居诗话》亦称其乐府如“健儿骑骏马，左右驰突，靡不如意”。(《总目》卷一百八十集部三十三别

① 朱彝尊.静志居诗话:卷十二[M].刻本.清嘉庆扶荔山房.

② 朱彝尊.静志居诗话:卷十五[M].刻本.清嘉庆扶荔山房.

③ 朱彝尊.静志居诗话:卷十七[M].刻本.清嘉庆扶荔山房.

集类存目七）

有时，四库馆臣在引用朱彝尊的评价为论后，并加以肯定或申明。如《胡仲子集》一书提要中，四库馆臣在引用了一大段朱彝尊《静志居诗话》中朱氏对胡翰诗作的肯定性评点之后，以一句“斯言允矣”，表示认同朱氏的评述。又如《宋元资治通鉴》一书提要中，四库馆臣在引述朱彝尊《静志居诗话》中对薛应旂“孤陋寡闻”的评点与例证之后，以《宋元资治通鉴》一书“大抵以商辂等《通鉴纲目续编》为蓝本，而稍摭他书附益之。于《宋》《元》二史，未尝参考其表志”，来证实朱彝尊评述的正确，同时也用以指出《宋元资治通鉴》一书的价值有限。

《胡仲子集》十卷浙江汪汝瑮家藏本

明胡翰撰。翰字仲子，一字仲申，金华人。……朱彝尊《静志居诗话》曰：“金华承黄文献溍、柳文肃贯、吴贞文莱之后，多以古文词鸣，诗非所好。以诗论，吾必以仲申为巨擘焉。独孤及之论曰：五言之源生于《国风》，广于《离骚》，著于苏、李，盛于曹、刘。汉魏作者，质有余而文不足。以今揆昔，则有朱弦疏越，太羹遗味之叹。诵仲申五言，正犹路鼗出于土鼓，篆籀生于鸟迹。庶几哉，升堂之彦乎。宜潜溪有学林老虎文渊鲸之目也。”斯言允矣。（《总目》卷一百六十九集部二十二别集类二十二）

《宋元资治通鉴》一百五十七卷内府藏本

明薛应旂撰。应旂有《四书人物考》，已著录。是编续司马光《资治通鉴》而作。朱彝尊《静志居诗话》尝讥其“孤陋寡闻。如王偁、李焘、杨仲良、徐梦莘、刘时举、彭百川、李心传、叶绍翁、陈均、徐自明诸家之书，多未寓目，并《辽》《金》二史亦削而不书，惟道学宗派特详尔”。今核其书，大抵以商辂等《通鉴纲目续编》为蓝本，而稍摭他书附益之。于《宋》《元》二史，未尝参考其表志……。（《总目》卷四十八）

2.引以为据

有时馆臣所撰提要中的论据几乎全取朱氏《经义考》中文字。如明孙瑴撰《古微书》提要，四库馆臣直接引用了朱彝尊《经义考》卷二百三十九郑玄《六艺论》条下按语，然后酌加损益，错综其文而成，来说明“义理则当尊正轨，考证则不废旁稽”的考证之法；而且还以“《经义考·毖纬》一门，其所引据出瑴书者八九”，来说明《古微书》在辑佚谶纬文献上的价值。

《古微书》三十六卷江苏巡抚采进本

明孙瑴撰。考刘向《七略》，不著纬书。然民间私相传习，则自秦以来有之。……《经义考·毖纬》一门其所引据，出瑴书者十之八九，则用力亦可谓勤矣。……然义理则当尊正轨，考证则不废旁稽。……至于蔡沈《书集传》所称“周天三百六十五度四分度之一”，实《洛书甄曜度》《尚书考灵曜》之文。“黑道二去黄道北，赤道二去黄道南，白道二去黄道西，青道二去黄道东”，实《河图帝览嬉》之文。朱子注《楚词》“昆仑者，地之中也，地下有八柱，互相牵制，名山大川，孔穴相通”，实《河图括地象》之文。“三足乌，阳精也”，实《春秋元命包》之文(案此四条皆朱彝尊《经义考》之说)。……。然则瑴辑此编于经义亦不无所裨，未可尽斥为好异，故今仍附著《五经总义》之末焉。(《总目》卷二十三经部三十三五经总义类)

《经义考》卷二百三十九郑玄《六艺论》条下朱氏按语

不观九峰蔡氏之《书传》乎？周天三百六十五度四分度之一，此《洛书甄曜度》《尚书考灵曜》之文也；黑道二去黄道北，赤道二去黄道南，白道二去黄道西，青道二去黄道东，此《河图帝览嬉》之文也，而蔡氏引之，于蔡氏乎何伤？不观新安文公之注《楚辞》乎？昆仑者，地之中也，地下有八柱，互相牵制，名山大川孔穴相通，此《河图括地象》之文也；三足乌者，阳精也，此《春秋元命包》之文也。而文公引之，于文公乎何损？乃一偏之论，在汉儒则有罪，在宋儒则无诛，斯后学之心窃有未平矣。

《伐檀斋集》一书提要中，四库馆臣先提出论断，认为张元凯“诗大抵推陈出新，不袭窠臼”，再以朱氏评论“《静志居诗话》谓其高出世贞之上”为旁证。又如《翏翏集》一书提要，四库馆臣认为其诗不出七子流派，进而引用朱彝尊《静志居诗话》称其“赋景有余，言情不足，如观翦采花，青红碧绿，非不烂然，即而视之，总与根株不相符”的评价之语，作为论据，并认为朱氏的评价为“可谓定评”。

《伐檀斋集》十二卷浙江孙仰曾家藏本

明张元凯撰。其诗大抵推陈出新，不袭窠臼。而风骨遒上，伉壮自喜，每渊渊有金石声。所作《西苑宫词》，《静志居诗话》谓其高出世贞之上。(《总目》卷一百七十二集部二十五别集类二十五)

《翏翏集》四十卷浙江孙仰曾家藏本

明俞安期撰。安期之名，本由依附七子而成，故诗亦不出其流派。朱彝尊《静志居诗话》，称其赋景有余，言情不足，如观翦采花，青红碧绿，非不烂然，即而视之，总与根株不相符。可谓定评矣。(《总目》卷一百七十八集部三十一别集

类存目五）

3. 以朱氏不收推诗作水平不高

四库馆臣在个别著述提要中，先提出自己对著述的评价，这些评价往往不高，进而以朱彝尊著述不收录来证实自己的观点。如《枫林集》十卷，四库馆臣认为“诗学《击壤集》而不成，颇近鄙俚”，故“《明诗综》绝不登其一字”；《自愉堂集》十卷“酬应尺牍居其大半，他作亦多亢厉之音”，故“《明诗综》不登一字”；《道山集》六卷提要中著者“于诗殊不擅长”，故“《明诗综》不登一字”。反过来，也证明在四库馆臣眼中，朱彝尊的《明诗综》收诗严格，被其收录与否是衡量诗作水平高低的标准。

《枫林集》十卷安徽巡抚采进本

明朱升撰。……诗学《击壤集》而不成，颇近鄙俚。故朱彝尊《明诗综》绝不登其一字。（《总目》卷一百七十五集部二十八别集类存目二）

《自愉堂集》十卷（浙江巡抚采进本）

明来俨然撰。俨然字望之，三原人。万历乙未进士，官兵部主事。是集凡文四卷，诗六卷，乃其子复临所刊。酬应尺牍居其大半，他作亦多亢厉之音。朱彝尊《明诗综》不登一字，殆病其粗犷。（《总目》卷一百七十九集部三十二别集类存目六）

《道山集》六卷浙江汪汝瑮家藏本

明郑棠撰。棠以文章选入翰林，由典籍至检讨，而于诗殊不擅长。朱彝尊作《明诗综》，不登一字，盖非疏漏矣。（《总目》卷一百七十五集部二十八别集类存目二）

三、对朱氏著述的补充与订正

（一）对朱氏著述的补充

1. 补著者籍贯

在《散花庵词》一书的提要中，四库馆臣详细考证著者宋黄昇为闽人。并指出朱彝尊《词综》未详细注明黄昇的里籍，所以附著于此，是为朱彝尊所著书籍著者信息的补充。

《散花庵词》一卷安徽巡抚采进本

宋黄昇撰。……梅涧《诗话》载庆之《过玉林诗》绝句云:“一步离家是出尘,几重山色几重云。沙溪清浅桥边路,折得梅花又见君。”则昇必庆之之同里,隐居是地,故获见称于闽帅。又游九功亦建阳人,其《答叔旸》五言古诗一首,尚载在《诗家鼎脔》。是昇为闽人,可以考见。朱彝尊《词综》及近时厉鹗《宋诗纪事》均未及详其里籍,今附著于此焉。(《总目》卷一百九十九集部五十二词曲类二)

2.补著者、卷数信息

朱彝尊《经义考》有王氏《春秋左翼》,但并未注明著者名字、书籍卷数。四库馆臣根据朱氏所录《春秋左翼》焦竑之《序》与四库采进本《春秋左翼》卷《首》序相合,指出《经义考》所录王氏《春秋左翼》即明王震撰《春秋左翼》四十三卷,对朱氏著录的书籍信息做了补充。

《春秋左翼》四十三卷浙江汪启淑家藏本

明王震撰。震字子省,乌程人。……朱彝尊《经义考》有王氏《春秋左翼》,不著撰人名字,亦不载卷数,而所录焦竑之《序》与此本卷《首》序合,当即此书也。(《总目》卷三十经部三十春秋类存目一)

(二)对朱氏著述的订正

《四库全书总目》对朱氏著述的订正较多,如果加以归纳的话,朱氏著述的失误有以下几种情况:(1)未见原书,传闻、传写致误;(2)因袭致误;(3)失检、失考致误;(4)改名致误;(5)误分卷帙、误系作者;(6)刊本脱字;等等。值得指出的是,馆臣在有所校正时,下语谨慎,每加揣度之词,以疑问语气成文,绝不厚诬朱氏,留有进一步探讨的余地。这种审慎的态度,无疑是可取的。[①]

1.订正著者信息之误

(1)著者姓名之误

四库馆臣考察著作著者姓名时,往往对照《明诗综》,有时发现朱彝尊《明诗综》存在校勘不严或考察不细的情况,因而在引用《明诗综》的同时又对《明诗综》进行了勘误。

如通过按语的方式指出《明诗综》将《古今鹾略》与《鹾略补》的著者“汪砢玉”错写成了“汪珂玉”;《登州集》的著者林弼,又名唐臣,而对于“弼”与“唐臣”孰是初名、孰是改名,四库馆臣与朱氏的说法不一致,四库馆臣推断,朱氏受《宋濂序》的误导认为弼初名唐臣是不准确的;又如《履坦幽怀集》的著者祝淇,

① 张宗友.《经义考》研究[M].北京:中华书局,2009:327.

《明诗综》作“祝祺”，云“或作淇”，四库馆臣依据此书的家刻本“编修祝德麟家藏本”考证，认为应为祝淇，无作“祺”之说；再如《水明楼集》的著者陈荐夫“名藻”，而《明诗综》作“名邦藻”，四库馆臣利用该集中的行状考察，认为此乃朱氏衍字之误。相关提要文字如下：

《古今鹾略》九卷、《鹾略补》九卷浙江汪启淑家藏本

明汪砢玉撰。(案,《明诗综》作珂玉,字之误也)砢玉字玉水,徽州人,寄籍嘉兴。崇祯中官山东盐运使判官。(《总目》卷八十四史部四十政书类存目二)

《登州集》二十三卷福建巡抚采进本

明林弼撰。弼又名唐臣,以时禁国号名氏,遂仍旧名。是弼其初名,唐臣乃其改名。朱彝尊《明诗综》则云弼初名唐臣,当由《宋濂序》谓唐臣更名为弼致误,然《宋序》未尝言初名唐臣也。至弼改名既久,而此本之首尚署“林唐臣撰”,殊乖其实。今仍署弼名,著之录焉。(《总目》卷一百六十九集部二十二别集类二十二)

《履坦幽怀集》二卷编修祝德麟家藏本

明祝淇撰。淇字汝渊,号梦窗,海宁人。以子萃贵,封刑部主事。《明诗综》作“祝祺”,云“或作淇”。此本乃其家刻,明作“淇”字,则《诗综》误也。(《总目》卷一百七十五集部二十八别集类存目二)

《水明楼集》十四卷福建巡抚采进本

明陈荐夫撰。荐夫名藻,以字行,更字幼儒,闽县人,万历甲午举人。朱彝尊《明诗综》作名邦藻。以集中行状考之,《明诗综》误衍一“邦”字也。(《总目》卷一百七十九集部三十二别集类存目六)

又，四库馆臣根据《嘉兴府志》载“陈泰交字同倩，所著有《尚书注考》”，《经义考》“引项皋谟之说，称同倩治《尚书》作《注考》”，肯定《尚书注考》一书的著者为明陈泰交，并非朱彝尊《经义考》中所记的“陈泰来”，而且四库馆臣认为，此误乃是朱彝尊未见到此书，审核不严所致。

《尚书注考》一卷浙江吴玉墀家藏本

明陈泰交撰。朱彝尊《经义考》载陈氏泰来《尚书注考》一卷,注曰“未见”。又注泰来字长水,平湖人。万历丁丑进士,官至礼部精膳司员外郎。案吴永芳《嘉兴府志》,载陈泰交字同倩,万历中国子监生,所著有《尚书注考》。与《经义考》迥异。然《经义考》引项皋谟之说,称同倩治《尚书》作《注考》云云,明出泰交之字。

则彝尊未见其书，误以泰交为泰来审矣。[1]（《总目》卷十二经部十二书类二）

又，《大易缉说》一书提要，四库馆臣在介绍此书主要内容时，提到《易说》二卷的作者，王申子的书中载录为阳氏，而《经义考》作杨氏，属于同音之误。

《大易缉说》内府藏本

元王申子撰。……同时有玉井阳氏者（案阳氏佚其名字，惟其姓见申子此书中，字为阴阳之阳，盖宋阳枋之族也。朱彝尊《经义考》作杨氏，误。谨附订于此），受《易》于朱子门人暖渊，已传五世，著《易说》二卷以驳之。申子又一一辨答，其大端具见于书中。（《总目》卷四经部四易类四）

（2）著者之误

四库馆臣考证清孙之騄所编《玉川子诗集注》中所收《栉铭》一诗实为唐罗衮所撰，《唐文粹》误题为卢仝，孙之騄承《唐文粹》之误；而朱彝尊《明诗综》将其定为明人所作，实为舛谬。笔者查阅清刻晴川八识本唐卢仝《玉川子诗集注》卷三有《栉铭》一篇，其中文字为“人之有发兮，旦旦思理，有身兮，有心兮，胡不如是?”清文渊阁四库全书本《明诗综》卷七十四《项真一首》条目有“予尝见其为闽人铭梳奁曰：人之有发，旦旦思理，有身有心兮，不如是。”确如四库馆臣所言，朱氏《明诗综》所载文字仅去《栉铭》中的语气词“兮”，列为明人诗作，实为不妥。

《玉川子诗集注》五卷浙江巡抚采进本

国朝孙之騄撰。卢仝诗，……之騄又增入《栉铭》一篇、《月诗》一篇，编为五卷。……《栉铭》则仅与《梳铭》异数字，乃一诗而讹为两题，不当重入。且彭叔夏《文苑英华辨证》据罗衮《四铭小序》，知《栉铭》乃衮所作，《唐文粹》误题为卢仝。之騄均未能订正，殊考之未详也。案朱彝尊《明诗综》以《栉铭》为明人所作，仅删去二“兮”字，尤为舛谬，并附订于此。（《总目》卷一百七十四集部二十七别集类存目一）

又，《大易粹言》一书，四库馆臣根据此书序文所记，认为此书乃温陵曾穜命方闻一辑，所以此书编者为方闻一。而朱彝尊《经义考》承《宋志》，认为此书编者为曾穜，实误。

《大易粹言》十卷江苏蒋曾莹家藏本

宋方闻一编。闻一，舒州人。淳熙中为郡博士。时温陵曾穜守舒州，命闻

①《影印文渊阁四库全书》本已改作“泰交”，备要本点校本仍作“泰来”。

一辑为是书，旧《序》甚明。朱彝尊《经义考》承《宋志》之误，以为穜作，非也。（《总目》卷三经部三易类三）

又，在明高攀龙《春秋孔义》一书提要中，针对《经义考》所载“李攀龙有《春秋孔义》十二卷”，四库馆臣考证，李攀龙“惟以诗名，不以经术见”，而且《墓志》、本传亦未有对此书的记载，因此李攀龙并未著《春秋孔义》一书。而《经义考》中所载高攀龙、李攀龙所著书名、卷数相同，乃是朱彝尊因袭前人之误考核不严所致。

《春秋孔义》十二卷浙江汪启淑家藏本

明高攀龙撰。朱彝尊《经义考》此书之外别有李攀龙《春秋孔义》十二卷，注曰“未见”。今案书名卷数并同，攀龙之名又相同，不应如是之巧合。考李攀龙惟以诗名，不以经术见。其《墓志》、本传亦不云尝有是书。岂诸家书目或有以攀龙之名同，因而误高为李者，彝尊未及考核，误分为二欤？（《总目》卷二十八经部二十八春秋类三）

另，在《石刻铺叙》一书提要中，四库馆臣指出，朱彝尊曾得此书抄本，并为之跋。朱彝尊《曝书亭集》第四十三卷跋文中确有“按宏父本名惇，绍兴十三年以右朝散郎知台州府事，其以字称者避光宗讳也”[①]。四库馆臣认为，《石刻铺叙》著者曾宏父并非朱彝尊所称的曾宏父。此书著者曾宏父，字幼卿，庐陵人；朱彝尊所指曾宏父，名惇，建昌人。朱彝尊混淆宋朝两个曾宏父，导致了本书著者的张冠李戴。以至于厉鹗等刻《南宋杂事诗》时，承袭了朱彝尊的错误，将此书的著者题为曾惇。

《石刻铺叙》二卷副都御史黄登贤家藏本

宋曾宏父撰。宏父字幼卿，自称凤墅逸客，庐陵人。……国朝初年，朱彝尊得射渎抄本，自为之跋，有珊瑚木难之喻。此本末有此跋及彝尊名字二印，盖犹其手迹。然跋中谓宏父名惇，以字行，则未免舛误。考宋有两曾宏父，其一名惇，字宏父，为曾布之孙，曾纡之子。后人避宁宗讳，多以字行，遂与此宏父混而为一。实则与作此书者各一人也。……近厉鹗等刻《南宋杂事诗》，直题此书为曾惇撰，是承彝尊之讹矣。（《总目》卷八十六史部四十二目录类二）

（3）著者师承之误

① 朱彝尊.石刻铺叙跋[M]//朱彝尊.曝书亭集:第四十三跋.清康熙本.

在明凌云翰《柘轩集》的提要中，四库馆臣对朱彝尊《静志居诗话》称“云翰学于陈众仲”一说不认同，据《王羽序》文字考证，“云翰所师事者乃程文，而非陈旅[①]”，并认为诸家所记甚明，朱彝尊之言证据不足。

《柘轩集》四卷两淮盐政采进本

明凌云翰撰。朱彝尊《静志居诗话》称“云翰学于陈众仲，故其诗华而不为靡，驰骋而不离乎轨”。今案集有宣德中《王羽序》云：“莆田陈众仲提举浙路儒学政，以文鸣于东南，程以文声誉与之伯仲。柘轩泛扫程门，获承指授。”其里人夏节，作云翰行述，亦云早游黟南程以文之门。是云翰所师事者乃程文，而非陈旅，诸家所记甚明。彝尊之言未知何据。（《总目》卷一百六十九·集部二十二别集类二十二）

（4）著者科举仕履之误

四库馆臣指出《周易传义约说》的著者明方献夫为弘治乙丑进士，并指出朱彝尊《经义考》沿用《姓谱》，认为献夫为正德辛巳进士是错误的；《春秋经传辨疑》的著者明童品，朱彝尊《经义考》称其官至兵部员外郎，而四库馆臣则根据朱国桢《涌幢小品》所载，称童品登第后为兵部主事，后家居十九年至卒，未担任过兵部员外郎[②]一职，并认为朱彝尊考据不足，听信传闻致误。

《周易传义约说》十二卷两江总督采进本

明方献夫撰。献夫初名献科，字叔贤，南海人。弘治乙丑进士。案朱彝尊《经义考》引《姓谱》以献夫为正德辛巳进士，误也。（《总目》卷七经部七易类存目一）

《春秋经传辨疑》一卷内府藏本

明童品撰。……朱彝尊《经义考》称其官至兵部员外郎。朱国桢《涌幢小品》则称其登第后为兵部主事，仅两考，引年致仕。家居十九年，以读书丧明而卒。其学问行谊，不后于章懋，而以有传有不传为惜。所述本末甚详，知《经义考》以传闻误也。（《总目》卷二十八经部二十八春秋类三）

2.订正著作信息之误

（1）书名之误

四库馆臣在提要中指出，朱氏著录书名之误的原因或是校勘不严，或是未见原

① 陈旅（1288—1343），字众仲，莆田人。

② 据古代文臣等级划分，兵部员外郎从六品，兵部主事从八品。

书因讹传讹，或是因袭前人之误。如《鳌峰类稿》一书提要中，四库馆臣指出朱彝尊《明诗综》载录毛纪有《鳌头类稿》，两书乃为一本，是朱彝尊校刊疏忽致误，将“峰”字误刊为“头”字。

《鳌峰类稿》二十六卷浙江巡抚采进本

明毛纪撰。……朱彝尊《明诗综》载纪有《鳌头类稿》，盖即此编。校刊偶疏误以“峰”字为“头”字也。（《总目》卷一百七十五集部二十八别集类存目二）

又如，《用易详解》一书，焦竑《经籍志》载录书名为《谦斋详解》，朱彝尊《经义考》载录书名为《周易详解》。四库馆臣依据本书著者李杞自序中的文字，考证李杞的本意是“取《文中子》之言，以‘用易’名编”，书名应为《用易详解》。此书四库馆采用的是永乐大典本，可知民间流传稀少，故而四库馆臣推断朱彝尊等人有此误的原因在于未见原书以至于传闻讹异。

《用易详解》十六卷永乐大典本。

宋李杞撰。焦竑《经籍志》作《谦斋详解》，朱彝尊《经义考》作《周易详解》。考杞《自序》，称“经必以史证，后世歧而为二，尊经太过，反入于虚无之域，无以见经为万世有用之学。故取《文中子》之言，以‘用易’名编。”其述称名之义甚详。竑及彝尊殆未见原书，故传闻讹异欤？（《总目》卷三经部三易类三）

又，《易义古象通》一书提要中，四库馆臣根据书前《明象总论》八篇考证，魏濬将此书冠以“易义”的本义在于“言即象以通义也”；而朱彝尊《经义考》将此书改名为《周易古象通》，则与濬名书之意不合。

《易义古象通》八卷浙江巡抚采进本

明魏濬撰。是书前有《明象总论》八篇，……大旨谓文、周之《易》即象著理，孔子之《易》以理明象。又于汉、魏、晋、唐诸人所论象义，取其近正者，故名《古象通》。而冠以“易义”，言即象以通义也。朱彝尊《经义考》改曰《周易古象通》，则与濬名书之意不合矣。（《总目》卷五经部五易类五）

（2）卷数之误

《法书通释》一书，四库馆采进本为衍圣公孔昭焕家藏本，卷数为二，而朱彝尊《静志居诗话》载录“《法书通释》一卷”，四库馆臣推断朱彝尊偶误记所致。

《法书通释》二卷衍圣公孔昭焕家藏本

明张绅撰。……案《静志居诗话》曰："张绅工大小篆，精于赏鉴，法书名画，多所品题，撰《法书通释》一卷。"今检此本实为两卷，盖朱彝尊偶误记也。（《总目》卷一百一十四子部二十四）

又如，《大学新编》一书，四库馆采用的江西巡抚采进本为五卷，分别为《大学正文》一卷、《略疏》一卷、《发明》一卷、《广义》二卷，而朱彝尊《经义考》载录为一卷，四库馆臣认为朱彝尊没有见到原书，根据传闻载录致误。

《大学新编》五卷江西巡抚采进本

明刘元卿撰。……是书前列《大学正文》一卷，以丰坊伪石经为据，殊为不考。其《略疏》一卷，乃诠发大旨，以诚意为主，亦与朱子互异。《发明》一卷，乃取明儒所论与己意相合者。《广义》二卷，则本真德秀《衍义》而删节之，又附益以明初诸事。朱彝尊《经义考》作一卷，由未见其书，据传闻载之故也。（《总目》卷三十七经部三十七四书类存目）

又，《筮宗》一书，朱彝尊《经义考》作三卷，四库馆臣根据内府藏本考证此书为一卷，内有三篇：《明本》第一，《述筮》第二，《先传考》第三，推断朱彝尊将一篇误为一卷。

《周易辑闻》六卷附《易雅》一卷《筮宗》一卷内府藏本

宋赵汝楳撰。……《筮宗》一卷，朱彝尊《经义考》作三卷，盖是书原本题《明本》第一，《述筮》第二，《先传考》第三，彝尊以一篇为一卷也。（《总目》卷三经部三易类三）

（3）序文之误

《周易爻变义蕴》一书提要，四库馆臣指出《经义考》所载此书《序》，序文内题"至治丙戌"。而根据干支纪年法，至治有壬戌而无丙戌，故而断定此类纪年法错误必《经义考》刊板之讹。

《周易爻变义蕴》四卷浙江吴玉墀家藏本

元陈应润撰。……《经义考》载此《序》题"至治丙戌"。至治有壬戌无丙戌，干支不合。……此必《经义考》刊板之讹，非此本传写之误也。（《总目》卷四经部四易类四）

《易学启蒙通释》一书提要，四库馆臣指出《经义考》将此书序文弄错，将朱子原《序》误当作胡方平自己所作之《序》，并以序文末题识“淳熙丙午暮春既望，云台真逸手记”为证，云台真逸为朱熹之号，而且淳熙丙午距离胡方平撰书之时（元己丑）约一百一十三年，均证明朱彝尊之误。

> **《易学启蒙通释》二卷内府藏本**
>
> 宋胡方平撰。……董真卿所称方平《自序》，今本佚之，惟存《后序》一篇。朱彝尊《经义考》乃竟以朱子原《序》为方平之《序》，可谓千虑之一失。徐氏通志堂刻本，于此《序》之末题“淳熙丙午暮春既望，云台真逸手记”，是显著朱子之别号矣。……今刊正之，俾无滋后来之疑焉。（《总目》卷三经部三易类三）

（4）分合之误

宋朱子撰《诗集传》一书提要中，四库馆臣以按语方式指出朱彝尊《经义考》将吴棫《诗补音》与《韵补》两书合为一书，是错误的。笔者查证，《书录解题》中将两书分别载录，其中《诗补音》可见清武英殿聚珍版丛书宋陈振孙《直斋书录解题》卷二，《韵补》见卷三。

> **《诗集传》八卷通行本**
>
> 宋朱子撰。……至其音叶，朱子初用吴棫《诗补音》。（案棫《诗补音》与所作《韵补》为两书，《书录解题》所载甚明。《经义考》合为一书，误也。）（《总目》卷十五经部十五诗类一）

《读易余言》一书提要中，朱彝尊将载录崔铣《读易余言》五卷、《易大象说》一卷，而四库馆臣考证，副都御史黄登贤家藏本《读易馀言》第三卷即《大象说》，推断朱彝尊将一书析开为二，乃分书之误。

> **《读易余言》五卷副都御史黄登贤家藏本**
>
> 明崔铣撰。……朱彝尊《经义考》载铣《读易余言》五卷，又载铣《易大象说》一卷，考此书第三卷即《大象说》，彝尊以其别本单行，遂析为二，偶未考也。（《总目》卷五经部五易类五）

3.订正评点之误

《总目》在引用朱彝尊对作品的评价文字时，并未一味推崇，而往往根据实际情况展开分析，指出朱彝尊评点不完备之处，充分体现了《总目》“辨章学术”的准确严谨性。

如《西郊笑端集》一卷提要，对于朱彝尊《静志居诗话》举《题海屋诗》一诗的“过桥云磬天台寺，泊岸风帆日本船”两句为例，评价董纪诗作“亦不为率漫也”[①]，以及《明诗综》引张汝弼之语“良史诗率漫，若弗冀有传者”[②]评价董纪诗作，《总目》认为朱彝尊《静志居诗话》和《明诗综》皆未收全董纪作品，因而亦未见到董纪作品全集，仅以个别作品就限定其作品价值，“执一二语以争之，亦未尽纪所长也”，否定了朱彝尊对董纪诗作“率漫”的评点。

> **《西郊笑端集》一卷两淮盐政采进本**
>
> 明董纪撰。纪字良史，以字行，……朱彝尊《静志居诗话》则举其《题海屋诗》“过桥云磬天台寺，泊岸风帆日本船”句，谓亦不为率漫。然纪集明世未经再刻，流播颇稀，《明史·艺文志》亦阙而不载。彝尊《明诗综》所录但采之赖良《大雅集》中，未及见其全帙，故所摘佳句仅此。今观此集，过质伤俚之弊诚所不免。然其合作，往往得元、白、张、王遗意。汝弼以一格绳人，不足以尽诗体。彝尊执一二语以争之，亦未尽纪所长也。(《总目》卷一百六十九集部二十二别集类二十二)

《桂林点易丹》一书提要中，四库馆臣在列出此书主要内容之后，指出朱彝尊在《经义考》中引用张云章之语“以圣经比之道家炉火，亦异于吾所闻矣”[③]，来评价改书，只是据其书名而言，该书内容无一字涉及丹经，实为望文生义、评价不当。

> **《桂林点易丹》十六卷两江总督采进本**
>
> 明顾懋樊撰。……是书前有其父《七宝山解易影》数则并《诸儒姓氏考》一卷。所胪列自周至明几数百家，而颇多前后失次。盖以摭录示富，未必悉睹原书。其所训解，大都顺文敷衍，不出讲章门径。《经义考》引张云章之说，斥其以圣经比之道家炉火，亦特据其书名而言，实则无一字涉丹经也。(《总目》卷八经部八易类存目二)

又，《类编草堂诗馀》一书，朱彝尊《词综》评价此书选词无目，甚是诟病。而四库馆臣认为此书虽然有杂而不纯的弊病，但“名章俊句，错在其间”，瑕不掩瑜。并指出朱彝尊对此书一概诋排，评价是不公平的。这也展现了四库馆臣著作评价一分为二的辩证观。

---

① 朱彝尊.静志居诗话[M].北京:人民文学出版社,1998:103.

② 朱彝尊.明诗综[M].北京:中华书局,2007:272.

③ 张云章曰:“钱唐顾懋樊霖调撰易丹,不专主帖,括而设特,以圣经比之道家炉火,亦异于吾所闻矣。”(见清朱彝尊《经义考》卷六十五《易》,清文渊阁四库全书本)

《类编草堂诗馀》四卷通行本

不著编辑者名氏。……朱彝尊作《词综》，称《草堂》选词可谓无目，其诟之甚至。今观所录，虽未免杂而不纯，不及《花间》诸集之精善。然利钝互陈，瑕瑜不掩，名章俊句，亦错出其间。一概诋排，亦未为公论。（《总目》卷一百九十九集部五十二词曲类二）

4.订正征引之误

指出征引诗句有异。如与浙江巡抚采进本相较，朱彝尊《静志居诗话》征引明张治《夜过洞庭》一诗的文字有三处出入：晓发吴阊门，作“武昌门”；夕渡广陵沚，作“黄陵沚”；洞庭三百里，作“八百里”。对于造成征引诗句文字不同，四库馆臣推断是朱彝尊所见版本不同，或是翻本，或是张思眷重校之本。

《龙湖文集》十五卷浙江巡抚采进本

明张治撰。朱彝尊《静志居诗话》尝摘其《夜过洞庭》诗云：“晓发吴阊门，夕渡广陵沚，日暮江帆迟，洞庭三百里。微风澹无波，明月照天水，隐隐见君山，钟声翠微里。”以吴地而混于楚，且云：“文肃家茶陵，与洞庭湖密迩，何得以君山属吴耶？”今观集中是诗，晓发吴阊门，作“武昌门”；夕渡广陵沚，作“黄陵沚”；洞庭三百里，作“八百里”。则固未尝涉于吴地，岂彝尊所见之本，乃思眷《序》所谓翻本杂淆，或思眷重校，因彝尊是语，而改之欤？（《总目》卷一百七十六集部二十九别集类存目三）

朱彝尊《词综》根据《容斋随笔》所载黄庭坚手书本，认为《念奴娇》一首中的“浪淘尽”三字于调不协，“多情”句应上四下五，将“浪淘尽”改为“浪声沉”，“多情应笑我早生华发”改为“多情应是我笑生华发”。四库馆臣以毛蘋此调中有“蘋无地”“阆风顶”，皆作仄平仄，字句没有不协调的说法，认为朱彝尊所依的黄庭坚手书本的改动不合理，在四库本中并未对原文进行改动。

《东坡词》一卷江苏巡抚采进本

宋苏轼撰。……至集中《念奴娇》一首，朱彝尊《词综》据《容斋随笔》所载黄庭坚手书本，改“浪淘尽”为“浪声沉”，“多情应笑我早生华发”为“多情应是我笑生华发”。因谓“浪淘尽”三字于调不协，“多情”句应上四下五。然考毛蘋此调，如“蘋无地”“阆风顶”，皆作仄平仄，岂可俱谓之未协。（《总目》卷一百九十八集部五十一词曲类一）

订正征引诗句之误。如《石门诗集》一卷提要，《明诗综》载其《岳阳楼》一诗

“数声”实作“数峰”，刊刻之误。

《石门诗集》一卷福建巡抚采进本

明高瀫撰。《明诗综》载其《岳阳楼》一诗，有“残雨数声衡岳晓”句。今检原集，“数声”实作“数峰”，较“声”字为工。考徐熥《晋安风雅》所载亦同。盖《诗综》刊本偶误耳。(《总目》卷一百七十八集部三十一别集类存目五)

如《天山草堂存稿》八卷提要，朱彝尊《明诗综》认为何维柏的《乞休诗》为何维柏“侍其父与乡人，为九老会时所作”，而四库馆臣考证，《乞休诗》为万历丙子年何维柏得旨归老时所作，并推测朱彝尊可能是没有见到《天山草堂存稿》八卷，所以才征引错误。

《天山草堂存稿》八卷浙江巡抚采进本

明何维柏撰。朱彝尊《明诗综》谓其《乞休诗》云：“乐事尚饶新岁月，胜游不改旧云山。”乃侍其父与乡人，为九老会时所作。今考《乞休诗》为万历丙子，得旨归老之作。而和其父与九老韵七律二首，则作于嘉靖戊申，乃劾严嵩后削籍归里时作。彝尊征引偶误，殆亦未见此集与。(《总目》卷一百七十七集部三十别集类存目四)

又如，《刘古直集》一书提要指出，朱彝尊引用“公于诗，兴之所到，笔不能阁，而无毫发点缀呻吟之病”之语，表示源于李东阳语。而四库馆臣考证，此语乃在王承裕所作序中，并非来自李东阳序。

《刘古直集》十六卷浙江汪汝瑮家藏本

明刘珝撰。……朱彝尊《明诗综》谓其诗率意涂写，不事翦裁，盖肖其为人也。彝尊又引李东阳语，谓“公于诗，兴之所到，笔不能阁，而无毫发点缀呻吟之病”云云。考《东阳序》中无此语，其语乃在《王承裕序》中。(《总目》卷一百七十五集部二十八别集类存目二)

《总目》在征引朱彝尊著述的同时，对其的考查辨正充分展现了四库馆臣严谨的学术态度。当然，对朱彝尊著述加以校补的，远不止《总目》一书。如《经义考》一书，现存的校补著作还有：全祖望《读易别录》三卷，翁方纲《经义考补正》十二卷，谢启昆《小学考》五十卷，罗振玉《经义考目录》《校记》九卷。比较而言，全氏、谢氏专就《经义考》一类之失加以订正，翁氏、罗氏则对《经义考》全书加以订正，与这四书相比，《四库全书总目》校正的针对性不强，不是对《经义考》全面的校正，而是限于考证、引用所及，因而比较零散[①]。

四、对朱氏著述文字的误用

《四库全书总目》虽然借鉴众多大家，仍不免疏漏错讹之处，现有众多辨正四库全书提要的文章，常见的提要辨正著作就有胡玉缙《四库全书总目提要补正》、余嘉锡《四库提要辨证》、崔富章《四库提要补正》、李裕民《四库提要订误》、杨武泉《四库全书总目辨误》、司马朝军《〈四库全书总目〉研究》等。对于官书出错之事，余嘉锡有精辟的分析：

> 古人积毕生精力，专著一书，其间抵牾尚不自保，况此官书，成于众手，迫之以期限，绳之以考成，十余年间，办《全书》七部，《荟要》二部，校勘鲁鱼之时多，而讨论指意之功少，中间复奉命纂条新书十余种，编辑佚书数百种，又于著录之书，删改其字句，销毁之书，签识其违碍，固已日不暇给，救过弗遑。安有余力从容研究乎？且其参考书籍，假之中秘，则遗失有罚，取诸私室，则藏弃未备，自不免因陋就简，仓卒成篇。[②]

可见，余嘉锡对四库馆臣编书出错是比较宽容的，分析也比较中肯。《总目》在取材朱彝尊著述的时候，也产生了一些错误。余嘉锡《四库提要辨证》、胡玉缙《四库全书总目提要补正》对此多有涉及，庄清辉列举13条提要以说明《四库全书总目》对《经义考》的误用，其中有12例系“参酌余嘉锡《四库提要辨证》与胡玉缙《四库全书总目提要补正》”。庄清辉将误用的情况分为五类：《四库全书总目》误用朱彝尊《经义考》之误；《四库全书总目》未能详考《经义考》所载之序而率尔立论，致有疏失之处；《四库全书总目》以《经义考》不误反诬《经义考》；从《经义考》辨正《四库全书总目》之误；《经义考》之误，《四库全书总目》未能纠举之。张宗友列举了《四库全书总目》对《经义考》的12处误引，并将误引原因归纳为：仅据一说，误系作者；未加细检，致所引人名、书名、卷数、存佚有误；未核出处，误以《曝书亭集》文为《经义考》文；未究其实，对朱氏的批评过当；为证己说，误系材料来源，实则朱氏为当[③]。

庄清辉与张宗友二人对《四库全书总目》误用《经义考》的分析，基本反映了四库馆臣著述引用的常见错误，在对朱彝尊其他著述征引的提要中也有类似的问题

① 张宗友.《经义考》研究[M].北京：中华书局，2009：327.
② 余嘉锡.四库提要辨证：序录[M].北京：中华书局，1985：49.
③ 张宗友.《经义考》研究[M].北京：中华书局，2009：338.

出现。余嘉锡谓四库馆臣“及其自行考索，征引群籍，又往往失之眉睫之前”，可谓知言[①]。兹列举几例《四库全书总目》对朱氏著述的误用如下：

1.考查不细文字引用错误

如《兰庭集》提要中，四库馆臣引用“其名《明诗综》作晋”来证《兰庭集》的著者名为“晋”而非“缙”，并进而从晋、缙二字的本义解释出发，认为“晋”的“明出地上”之义与“孔昭”的意义相近，断定著作姓名为“谢晋”，而非该书中两篇诗作所题的“谢缙”，可以说四库馆臣的推断是可信的。明钱谷《吴都文粹续集》卷二“城池人物”有：“谢孔昭，讳晋，号兰庭生，一号深翠道人，晚年遂称葵邱翁，与金耻庵、陈怡庵同里闬，为髫年交。善诗，有唐人格律。……所著有《兰庭集》二十卷行世”[②]，亦可证实四库馆臣的推断。

《兰庭集》二卷两淮盐政采进本

明谢晋撰。晋字孔昭，吴县人。工画山水，尝自戏为谢叠山。其名《明诗综》作晋，而集末《赠盛启东》一首，乃自题“葵邱谢缙”，又附见《沈大本诗》一首，题作“寄谢缙”。案《易象传》称“明出地上晋”。《杂卦传》称“晋，昼也”。以其字孔昭推之，作“晋”有理，作“缙”无义，本集或传写之误耶。其始末不甚可考。(《总目》卷一百七十集部二十三别集类二十三)

但笔者查阅清文渊阁四库全书本朱彝尊《明诗综》，与谢晋及谢缙有关的文字条目各有1条，分别为：

谢缙，缙字孔昭，吴人，有《兰庭集》。张继孟云，孔昭诗愤戚而不伤，和悦而不流，可谓得性情之正。(《明诗综》卷二十二)

谢晋，晋字无可，晚更名孔渊，会稽儒学生。(《明诗综》卷八十)

从上述两条目可看，《明诗综》辑录的诗人中谢缙、谢晋是两个人，而且《兰亭集》的著者朱彝尊题为“谢缙”，并非四库馆臣所说的“其名《明诗综》作晋”，此是四库馆臣引用时考察不细之误。

又，在《毛诗正义》一书的提要中，四库馆臣根据郑玄《诗谱》、陆玑《毛诗草木虫鱼疏》中文字，认为作《毛诗故训传》者乃毛亨，非毛苌。并引用朱彝尊《经义考》“以《毛诗》二十九卷题毛亨撰，注曰‘佚’。《毛诗训故传》三十卷题毛苌撰，注曰‘存’”，认为朱氏的做法“意主调停，尤为于古无据”是可信的。

① 张宗友.《经义考》研究[M].北京：中华书局，2009：338.

② 钱谷.吴都文粹续集：卷二　城池人物[M].清文渊阁四库全书本.

《毛诗正义》四十卷内府藏本

汉毛亨传，郑玄笺，唐孔颖达疏。……据是二书，则作《传》者乃毛亨，非毛苌，故孔氏《正义》亦云大毛公为其《传》，由小毛公而题毛也[①]。……朱彝尊《经义考》乃以《毛诗》二十九卷题毛亨撰，注曰"佚"。《毛诗训故传》三十卷题毛苌撰，注曰"存"。意主调停，尤为于古无据。今参稽众说，定作《传》者为毛亨。(《总目》卷十五经部十五诗类一)

但根据《经义考》卷一百中文字，朱彝尊载录应是《毛诗传》为毛苌所撰，存；《毛诗训故传》为毛亨撰，佚。原文与四库馆臣提要所引条目在书名、著者、存佚方面均有出入。盖四库馆臣疏忽，未加细检，导致引用错误。

《毛氏苌诗传》，《汉志》二十九卷，《唐志》十卷，存。

《毛氏亨诗故训传》，《汉志》三十阙卷，《释文》《序》《录》二十卷，佚。(《经义考》卷一百诗)

2.引用著述出处错误

四库馆臣在撰写提要时，大量引用了朱彝尊著述中的考证文字，恐是参考著述较多，往往只是朱彝尊所撰文字，却混淆了文字来源著述。如《春秋经解》一书提要中，四库馆臣称朱彝尊《经义考》有关宋崔子方的履历与著述的记载，与《永乐大典》中文字不同，推断朱彝尊误记崔子方与曾子开之事，相关文字见下：

《春秋经解》十二卷永乐大典本

宋崔子方撰。……朱彝尊《经义考》称其尝知滁州，曾子开为作《茶仙亭记》，《经解》诸书皆罢官后所作。考子方，《宋史》无传，惟李心传《建炎以来系年要录》称其于绍圣间三上疏乞置《春秋》博士，不报，乃隐居真州六合县，杜门著书者三十余年。陈振孙《书录解题》所载，大略相同。朱震进书札子，亦称为东川布衣。彝尊之说，不知何据？惟《永乐大典》引《仪真志》一条云："子方与苏、黄游，尝为知滁州曾子开作《茶仙亭记》，刻石醉翁亭侧，黄庭坚称为六合佳士。"殆彝尊误记是事，故云然与？(《总目》卷二十七经部二十七)

《经义考》卷一百八十三有载，"崔氏子方《春秋经解》，《宋志》十二卷，佚。"

① 郑玄《诗谱》曰："鲁人大毛公为训诂，传于其家，河间献王得而献之，以小毛公为博士。"陆玑《毛诗草木虫鱼疏》亦云："孔子删《诗》授卜商，商为之序，以授鲁人曾申，申授魏人李克，克授鲁人孟仲子，仲子授根牟子，根牟子授赵人荀卿，荀卿授鲁国毛亨，毛亨作《训诂传》以授赵国毛苌。时人谓亨为大毛公，苌为小毛公。"

但是检《经义考》全文，并没有称崔子方知滁州的文字。倒是朱彝尊《曝书亭集》卷三十四《涪陵崔氏（春秋本例）序》中有对此事的记载，其文云：

> 涪陵崔子方彦直，自称西畴居士。尝与苏黄诸君子游。知滁州日，曾子开曾为作记，刻石醉翁亭侧。其说《春秋》，有《经解》十二卷，《本例》二十卷。建炎中，江端友请下湖州，取所著《春秋传》储秘书省，于是其孙若上之于朝。今其《解》不可得见，惟《本例》独存。

大概四库馆臣是根据此段文字来立论的。所以，可见误系崔子方与曾子开之事，应该载于《曝书亭集》，而不同《经义考》①。此处为四库馆臣注载文字出处错误。

3.未加考证引用朱氏之误

朱氏著述在撰写记载方面有失误之处，前文提到四库馆臣对朱氏著述的诸多订误与补充，但有时四库馆臣偶有疏漏，不仅未考证发现朱氏之误，反而加以引用，以讹传讹致误。

如《周易正义》一书提要中，四库馆臣引“京口闵康之又申王难顾”，实误。

> **《周易正义》十卷内府刊本**
>
> 魏王弼、晋韩康伯注，唐孔颖达疏。《易》本卜筮之书，故末派寖流于谶纬。王弼乘其极敝而攻之，遂能排击汉儒，自标新学。然《隋书经籍志》载晋扬州刺史顾夷等有《周易难王辅嗣义》一卷，《册府元龟》又载顾悦之（案悦之即顾夷之字）《难王弼易义》四十余条，京口闵康之又申王难顾，是在当日已有异同。（《总目》卷一经部一）

考查朱彝尊《经义考》卷十引用《册府元龟》文字，引文为“京口闵康之申王难顾”；而查阅宋王钦若《册府元龟》卷六百六，原文中“申王难顾”的应为“关康之”，而非“闵康之”，姓名引用错误。而四库馆臣在撰写提要上，未加考证，直接引用《经义考》文字，造成二次引用错误。

> 《册府元龟》：“顾悦之《难王弼易义》四十余条，京口闵康之申王难顾，远有情理。”（清朱彝尊《经义考》卷十清文渊阁四库全书本）
>
> 关康之，世居京口，以文义见称，征通直郎不就。顾悦之《难王弼易义》四十余条，康之申王难顾，远有情理。（宋王钦若《册府元龟》卷六百六明刻初印本）

① 张宗友.《经义考》研究[M].北京：中华书局，2009：333.

四库馆臣又将《周易难王辅嗣义》一书的作者顾夷与《难王弼易义》一书的作者顾悦之视为一人，认为“悦之即顾夷之字”，此又一误。考察清姚振宗《隋书经籍志考证》两段文字，《周易难王辅嗣义》一书为晋扬州刺史顾夷等撰，夷字君齐，为吴郡人；《宋书隐逸传》记载《难王弼易义》四十余条的作者顾悦之为晋陵人。所以，顾夷与顾悦之，两者籍贯不同，出处不同，应为两人。而四库馆臣不加考辨，仅仅从朱彝尊《经义考》载录“《册府元龟》又载顾悦之《难王弼易义》四十余条，京口闵康之又申王难顾”等文字，断定顾夷与顾悦之为一人，着实以偏概全。

> 梁有《周易难王辅嗣义》一卷，晋扬州刺史顾夷等撰。亡梁刘峻《世说文学篇》注，顾氏谱曰，夷，字君齐，吴郡人。
>
> 《宋书隐逸传》：关康之，字伯愉，河东杨人，世居京口。少而笃学。晋陵顾悦之《难王弼易义》四十余条，康之申王难顾，远有情理。（清姚振宗《隋书经籍志考证》卷一经部一　民国师石山房丛书本）

4.考证不全片面引用致误

如《易论》一书，沈廷励序文称该书著者徐善为南昌人，而徐善自署为嘉禾（今嘉兴）人。对此，四库馆臣根据朱彝尊《曝书亭集》中所载徐敬可有《左传地名考序》，以及阎若璩《潜邱札记》所载《左传地名考》为秀水徐胜敬可所作的信息，不确定徐善、徐敬可是不是同一个人。

> **《易论》无卷数浙江范懋柱家天一阁藏本**
>
> 国朝徐善撰。书首有沈廷励《序》，称为南州徐敬可，则当为南昌人，而善自署曰嘉禾。考朱彝尊《曝书亭集》有徐敬可《左传地名考序》，又阎若璩《潜邱札记》亦称“秀水徐胜敬可，为人作《左传地名考》”云云。其字与里贯皆合，惟名有异，未知为一人二人也。（《总目》卷九经部九）

对此，余嘉锡在《四库提要辨证》中指出，《曝书亭集》书中多处有徐善即徐敬可的提示。如卷三十四《春秋地名考序》云：“吾乡徐处士善所辑”；卷三十三载录《报徐敬可处士书》一首，亦论《地名考》事；卷三十四《徐氏四易序》有“处士徐善敬可，著《四易》”，可知徐善擅长《易》学；卷四十五《书宋史张浚传后》文中有徐秀才善敬可之语[①]。由上可知，徐善即徐敬可，《春秋地名考》与《易论》为徐善一人所著。因此，四库馆臣未能考察《曝书亭集》全书，也未通读《春秋地名考序》全文，故而不能判定徐善即为徐敬可。

---

① 余嘉锡.四库提要辨证[M].北京：中华书局，2007：22.

另外，余嘉锡考证，阎若璩《潜邱札记》吴玉搢编刻本称“秀水徐胜敬可，为人作《左传地名考》”，而阎若璩《潜邱札记》家刻本则载“秀水徐善敬可，为人作《左传地名考》”。《潜邱札记》版本刊刻之误，也是导致四库馆臣犹疑不决，不能判定徐善与徐敬可是否为同一人的原因之一。

5.朱氏正确馆臣评论失当

如《周易参同契通真义》一书提要中，四库馆臣认为此书是道家之言，而朱彝尊《经义考》将此书列为《周易》之中，不伦不类，是不恰当的。

《周易参同契通真义》三卷浙江巡抚采进本

后蜀彭晓撰。……案：《唐志》列《参同契》于《五行》类，固为失当。朱彝尊《经义考》列《周易》之中，则又不伦。惟葛洪所云得魏伯阳作书本旨，若预睹陈抟以后牵异学阻乱圣经者。是此书本末源流，道家原了了，儒者反愦愦也。今仍列之于道家，庶可知丹经自丹经，易象自易象，不以方士之说淆羲、文、周、孔之大训焉。(《总目》卷一百四十六子部五十六)

查阅《经义考》卷七十九，魏氏(伯阳)《周易参同契》条下有朱氏按语，云：

《参同契》本道家之言，不当列于经义。然朱子尝为之《注》，且谓“无害于《易》”，故附载之。是书诸家注解颇众，则概略而不记也。

从该文看出，朱氏已知晓《周易参同契》为道家之言，只不过此书业经朱子作《注》，比较重要，因而加以“附载”，其本意则并非要将其归入《易》类。四库馆臣的“不伦”之说，恐与事实不符①。

第三节　《四库全书总目》征引曹溶著述考

一、曹溶与《学海类编》

(一)曹溶及其藏书思想

曹溶（1613—1685），字洁躬，一字鉴躬，号秋岳，又号倦圃，浙江嘉兴人。明崇祯十年（1637）进士，官御史。入清后历顺天府学政、国子监祭酒、广东布政

① 张宗友.《经义考》研究[M].北京：中华书局，2009：337.

使。清康熙初年，裁缺归里后，溶筑室范蠡湖滨，颜曰“倦圃”，别构静惕堂，聚文史其中，以诵读著述为事。著有《静惕堂集》《金石表》《崇祯五十年辅臣传》，辑有《续献征录》。

曹溶性酷嗜书，广收博采，藏书至数万卷。作为藏书家的曹溶，其最可贵之处，是明确主张藏书应广为流通，互借互抄。曾著《流通古书约》，力倡古书流通，反对秘不示人，以至湮没无闻，并力所能及地将藏书刊布流传，提出“彼此藏书家，各就观目录，标出所缺者，先经注，次史逸，次文集，次杂说。视所著门类同，时代先后同，卷帙多寡同，约定有无相易，则主人自命门下之役，精工缮写，较对无误，一两月间，各赍所钞互换”，期望“山潜冢秘，羡衍人间”[①]。在曹溶等藏书家的呼吁之下，图书流通得到了明清时期嘉兴及周边地区开明藏书家的一致认同与积极拥护。《学海类编》便是曹溶这一藏书思想的成果之一。

(二)《学海类编》及其价值

《学海类编》，曹溶辑，陶樾增订。陶樾，字艾村，浙江秀水人，系曹溶门生。此书收辑唐宋至清代有关经学、杂史、考订，各代遗闻等著述和一些笔记杂录，多为短篇小品，是一部以汇辑丛残为主的丛书，总为正续两集，收录图书431种，计810卷。全书分经翼、史参、子类、集余四大类，以类相从。经翼汇集经注；史参多取稗史；子部选取宋、明人理学著作；集余选取文集之余杂著。

在这部丛书的序中，陶越述其师之言谓：“近日盛行汉、魏、唐、宋丛书及《毛氏津逮》《陈氏秘笈》《商氏百川学海》等编，搜罗既狭，分类不清，未免无用之书亦杂其中，而又删汰不全，是编皆本来完帙，选择精严，无滥收者，亦可谓富而美矣。”[②]为了达到这一目的，曹氏取材谨严，选录书籍要求严格。书前陶越所作《辑书大意》对这部丛书的编纂从思想内容到收书的标准、范围作了比较明确的规定，指出该书选辑唐、宋至清初诸书零篇散帙，间有元、明人遗著，但明确以下之书均不选录：

> 二氏之书，专说玄虚及成仙作佛之事不录；诬妄之书不录；志怪之书不录；因果报应之书不录；荒诞不经之书不录；秽亵谑詈及一切游戏之书不录；不全之书不录；诗不系事者不录；杂抄旧著成编、不出自手笔者不录；《汉魏丛书》《津逮秘书》及《说海》《谈丛》等书所载者不录；部帙浩繁者不录；近日新刻之书及旧版

① 祁承㸁，等.藏书记:图文本[M].扬州:广陵书社,2010:98.

② 贾馥茗，编译馆.教育大辞书:9[M].台北:文景书局,2000:1 051-1 052.

流传尚多者不录；明末说部书不录；茶经、酒谱诸二棒不录。[①]

《学海类编》的收书标准体现了辑者反对空谈、讲究实际的经世致用思想，表明了辑者要力矫明代丛书删改割裂之弊，使丛书的编辑更为完善的主张。而这恰恰反映了清初丛书发展的趋势，对于后世丛书的发展具有重要的意义。

其一，收书范围广内容丰富，资料翔实。《学海类编》是一部大型综合性丛书，收录之书种类之多仅次于明陶宗仪所编的《说郛》[②]。该书所收之书除传统的经、史、子、集著作外，杂著所占比重大，诸如考据、笔记、游览、养殖、养生等等，这些都是重要的历史文献。此外，所收部分书卷帙较完整，比《说郛》收书完整的多，如《愧郯录》，《说郛》本为一卷删节过甚，而《学海类编》本为十五卷本；《江表志》，《说郛》本仅一卷，《学海类编》为三卷足本，其他还有许多书也比《说郛》完善得多。

其二，部分收书极为罕见。《学海类编》的序中说这部丛书所收之书"皆海内士大夫家藏抄本，人世所稀见者"[③]。这话虽然未免有些夸大，但确实也有些罕见之书，具有较高的版本价值。如：《愧郯录》，《直斋书录解题》《文献通考》《宋史・艺文志》及《宋史・艺文志补》都不载，仅焦氏《经籍志》始载之；《默记》，《宋史・艺文志》、晁氏《读书志》《直斋书录解题》都未见著录，《古今说海》和《说郛》虽收录，但仅一卷，不是全本，而此为三卷比较完整；施德辉的《北窗炙蜾录》明以来传本就很少，被认为是几佚而幸存的秘籍；许谦的《读书丛说》其版久佚，流传较少；《保越录》也极为罕见，直到清咸丰年间也不易得到，李慈铭在《越缦堂读书记》中说他曾寻求此书多年而未得，后从内府借出，见之狂喜。这些都说明《学海类编》在保存和流传古书方面的贡献[④]。

其三，收书分类明晰细密。先以四部分类，次以小类丛之，各书编排则按作者年代先后为序，一目了然。编排体例采用了四部分类法，分为经翼、史参、子类、集余四大类，集余类又分为行诣、事功、文辞、艺能、保摄、游览等小类。分类虽不尽合理，却确实体现了仃类编黟的原则，较为可取。这是在《四库全书》以前我

① 曹溶.学海类编：一[M].扬州：江苏广陵古籍刻印社，1994：3-5.

②《说郛》，元末明初陶宗仪（？—1396）编的一部综合性大型丛书汇集，全书一百卷，收书一千余种。此书分类选辑历代士林罕见之经、史、小说、杂记而成，所辑之书，有的世无传本，乃从类书中抄合而成，节录各书，仅存梗概。陶宗仪原刻本久佚，仅有明抄本流传。明陶埏又加以校勘重新编次，为一百二十卷，收书一千二百余种，又续编四十六卷，收书五百六十余种。（赵传仁，鲍延毅，葛增福.中国书名释义大辞典[M].济南：山东友谊出版社，2007：851）

③ 曹溶.学海类编：一[M].扬州：江苏广陵古籍刻印社，1994：2.

④ 李春光.古籍丛书述论[M].沈阳：辽沈书社，1991：110-116.

们能看到的唯一按四部分类的清代丛书。

《学海类编》今有清道光十一年（1831）六安晁氏木活字排印本，通行有民国九年（1920）涵芬楼影印本。

二、《四库全书总目》与《学海类编》

（一）《总目》对《学海类编》的评价

四库馆开，全国藏书家积极献书，其中四库馆臣程晋芳[①]曾奉诏进献书籍数百种。《总目》著录其“编修程晋芳家藏本”书有350余种，其中有183种书籍共332卷被用作为辑编《四库全书》的底本；另有167种书籍被作为存目编入《总目》中，其中编修程晋芳家藏本《学海类编》（无卷数）被存目收入子部杂家类。对于《学海类编》一书，四库馆臣在提要中如是评价：

> 此编裒辑唐、宋以至国初诸书零篇散帙，统为正续二集，各分经翼、史参、子类、集余四类，而集余之中又分行诣、事功、文词、纪述、考据、艺能、保摄、游览八子目，为书四百二十二种，而真本仅十之一，伪本乃十之九。或改头换面，别立书名，或移甲为乙，伪题作者，颠倒谬妄，不可殚述。以徐乾《学教习堂条约》、项维贞《燕台笔录》二书考之，一成于溶卒之年，一成于溶卒之后，溶安得采入斯集？或无赖书贾以溶家富图籍，遂托名于溶欤？（《总目》卷一百三十四）

从提要之语可以看出，四库馆臣对《学海类编》一书的评价并不高，认为其所收之书作伪严重，真本仅“十之一”。这表明，曹溶《学海类编》编纂并不谨严，选择有失细致，仍然难免明末丛书编辑的陋习。“明自万历以后，诈伪繁兴。所纂丛书，往往改头换面，不可究诘。曹溶生于明末，故尚沿积习，以侈储藏之富也”。[②]另外，是书编定之后，迄未刊印，仅有抄本流传，迨道光年间，始由六安晁氏据汲古阁抄本用木活字版排印，方始流传于世。从清初编定的《学海类编》到道光十一年（1831）的首次活字刊行，二百多年间《学海类编》被辗转相抄，很有可能被为他人或书商所窜改，在其中混入了其他丛书的书，因而有些弊病是沿袭其他丛书所

① 程晋芳（1718—1784）清代经学家、诗人。初名廷璜，字鱼门，号蕺园，安徽歙县岑山渡人。清乾隆三十六年（1771）进士，由内阁中书改授吏部主事，迁员外郎，被举荐纂修《四库全书》，任总目协勘官。家世业盐于淮扬，殷富，晋芳曾购书5万卷，召辍学之士于家共同探讨，又好施与。与商盘、袁枚相唱和，并与吴敬梓交谊深厚。晚年与朱筠、戴震游。著述甚丰，著有《蕺园诗》30卷、《勉和斋文》10卷等。

② 见《四库全书总目》卷二百集部五十三词曲类存目。

致[①]。通过对比，我们发现，《学海类编》序文中称本书收书四百二十余种，《总目》称收书四百二十二种，而现存的《学海类编》收书四百三十一种。可以推断，四库馆臣“无赖书贾以溶家富图籍，遂托名于溶”的说法可信。

但四库馆臣“以徐乾《学教习堂条约》、项维贞《燕台笔录》二书考之，一成于溶卒之年，一成于溶卒之后，溶安得采入斯集”之语倒也经不住推敲。众所周知，《学海类编》一书是曹溶辑录，后其门人陶越增订，虽然徐乾与项维贞二人所著之书，曹溶未及见，但不能排除被陶越增订收录的可能性。陶越增订时有可能会偏离曹溶编书的初衷，编纂与选书未达到曹溶所订立的标准。

(二)对《学海类编》的征引

虽然四库馆臣对《学海类编》的评价不高，但《总目》提要中多次引用《学海类编》。梳理《总目》，笔者发现去除《学海类编》一书的提要，其他提及《学海类编》的著述提要有84条，而且这84种著述均为《学海类编》所收，其中69种为编修程晋芳家藏本。参见表6-11。

考察四库馆臣对《学海类编》的应用与征引，大概有以下几个方面：

1.取《学海类编》本补他本之佚

《学海类编》收书范围广，很多不完整，但在其他书缺佚之时能够起到增补缺佚的作用。如《岁寒堂诗话》，《永乐大典》本少了两条，《学海类编》所收虽不是全本，但恰恰保留了《永乐大典》本所缺部分，四库馆臣“据以增入，庶为全璧”。

> 考《说郛》及《学海类编》载此书，均止寥寥三四页。此本为《永乐大典》所载，犹属完帙。然有二条，此本遗去，而见于《学海类编》者。今谨据以增入，庶为全璧。(《总目》卷一百九十五集部四十八)

又如《高斋漫录》一书是馆臣从《永乐大典》中辑佚所得，世鲜流传，《学海类编》本而只存五页。但在辑佚过程中，馆臣参照了《学海类编》，“其或溶本有之，而《永乐大典》失载者，亦参校补入”。

> 陈振孙《书录解题》载此书二卷，世鲜流传。近时曹溶尝采入《学海类编》，而只存五页，盖自他书抄撮而成，姑以备数，遗漏宏多。今从《永乐大典》各韵中捃摭裒辑，视溶所收多逾什之三四，其或溶本有之，而《永乐大典》失载者，亦参校补入。略用时代铨次，合为一卷。虽未必尴之完帙，然大略亦可睹矣。(《总目》卷一百四十一子部五十一)

① 李春光.古籍丛书述论[M].沈阳:辽沈书社,1991:110-116.

表6-11 征引《学海类编》著述提要在《总目》中的分布

部	类	篇数		合计
		收录	存目	
经部	易	1	1	8
	书	1	1	
	诗		2	
	礼		2	
史部	总叙	1		28
	正史		1	
	杂史		2	
	传记		2	
	载记	3		
	时令	1		
	地理	1	7	
	职官		1	
	政书		8	
	史评		1	
子部	儒家		6	33
	法家	3		
	农家	1		
	谱录		1	
	杂家	3	9	
	小说	3	4	
	道家		3	
集部	别集	1		15
	诗文评	1	10	
	词曲		3	
合计				84

《江表志》一书，福建巡抚采进本缺序文，四库馆臣得以从《学海类编》本采辑，补录成完帙。

晁氏《读书志》称文宝有序，题庚戌，乃大中祥符三年，此本无之。今从《学海类编》补录成完帙焉。(《总目》卷六十六史部二十二)

2. 证《学海类编》收书考据为真

四库馆臣考证，《学海类编》中的一些书，曹溶的考据正确，优于其他版本。如编修程晋芳家藏本宋程大昌所著《诗论》一卷，该书朱彝尊《经义考》题为《诗论》，《江南通志》题为《毛诗辨正考》，独曹溶《学海类编》作《诗论》，与原本相同，书名为真。

> 是书本载大昌《考古编》中，故《宋志》不列其名。朱彝尊《经义考》始别立标题，谓之《诗议》，曹溶《学海类编》则作《诗论》，《江南通志》则作《毛诗辨正考》。原本实作《诗论》，则曹溶本是也。又曹溶本作十八篇，而彝尊引陆元辅之言谓程氏《诗议》十七篇。（《总目》卷十七经部十七诗类存目一）

又如编修程晋芳家藏本宋俞琬所著《炉火鉴戒录》一卷，四库馆臣认为曹溶将《席上腐谈》第二卷的下半卷别为一篇，属于伪中之真，还原了该书的卷帙归属原貌。

> 今核其文，即所作《席上腐谈》第二卷之下半卷。曹溶割裂其文，别为一书，收之《学海类编》中。然琬原有此书，特以散佚不完，附其大概于《席上腐谈》中。溶摘出别行，较所收凿空赝造之书，别立书名人名者，尚属伪中之真矣。（《总目》卷一百四十七子部五十七道家类存目）

又如浙江吴玉墀家藏本《困学斋杂录》一卷，曹溶因"鲜于枢自号困学民，题所居曰困学斋"，定为该书为元鲜于枢所著。四库馆臣表示认同，认为"溶定为枢作，似乎可信"。

> 原本不著名氏，故嘉靖中袁袠跋称撰人未详。曹溶收入《学海类编》，以鲜于枢自号困学民，题所居曰困学斋，遂以此书为枢撰。今考其书，虽随笔劄录，草草不甚经意，而笔墨之间，具有雅人深致，非俗士所能伪托。且元初诸人，亦别无称困学斋者，溶定为枢作，似乎可信。（《总目》卷一百二十二子部三十二杂家类六）

3.考《学海类编》所收之书不完整

虽然陶越在《学海类编》的序中称"是编皆本来完帙，选择精严，无滥收者，亦可谓富而美矣"，但《学海类编》所收的许多书在一些方面却和其书序大为异趣，一些书并不完整。参见表6-12。

表6-12 《总目》指出《学海类编》所收不全之书

著述	著者	版本	提要文字	出处
《岁时广记》四卷	宋陈元靓	编修程晋芳家藏本	其书《宋志》不著录，惟见于钱曾《读书敏求记》，称前列《图说》，分四时，为四卷，今此本乃曹溶《学海类编》所载，卷首并无《图说》，盖传钞者佚之。	卷六十七史部二十三时令类
《常熟水论》一卷	明薛尚质	编修程晋芳家藏本	此本为曹溶《学海类编》所载，仅有《水利论》及《杂论》，而无所谓名臣奏议及唐宋成说者，盖删其前半，非完书矣。	卷七十五史部三十一地理类存目四
《江防总论》一卷、《海防总论》一卷	清姜宸英	编修程晋芳家藏本	是二书载曹溶《学海类编》中。各冠《总论》于前，而条系其形势之略于后，题曰《附录》。案《江防论》末称："依海道所经，自广东西路始，福建、浙江、江南、登莱、天津卫、辽阳，以次及之。"又括海南所经各省郡县，自为一卷，与论后所附录全不相应。又称"其沿海山河，寇入犯分合，日本舆地，皆有图"。今亦无图。知曹溶删节其文，非宸英之原帙也。	卷七十五史部三十一地理类存目四
《类博杂言》一卷	明岳正	编修程晋芳家藏本	《明史˙艺文志》作二卷。今已编入《正类博稿》中。此本乃曹溶《学海类编》所收，仅存六页，非其全也。	卷一百二十四子部三十四杂家类存目一
《賷斋杂著》一卷	明陆埰	编修程晋芳家藏本	此编乃其笔记，载曹溶《学海类编》中。仅十四条，盖摘录不完之本也。	卷一百二十七子部三十七杂家类存目四
《拊掌录》一卷		编修程晋芳家藏本	《说郛》载此书题为宋元怀。前有自序，称延祐改元立春日，輾然子书，盖元怀自号也。此本见曹溶《学海类编》中，失去前序，遂以为无名氏耳。	卷一百四十四子部五十四小说家类存目二

4.考《学海类编》所收之书为伪

除了收书不全之外，《学海类编》还收录一些伪书。“伪书”系指一书的公认著者及时代并非这书的真正著者及时代的书[①]，或简言之“著者不真实的书”[②]。伪书的存在，不仅是对书籍作者署名权的侵害，同时是对读者的欺骗。清代是以一个学术文化高度发达的朝代，清代的辨伪学者对伪书存在的危害认识得比较清楚，考据辨伪之学盛行。编纂《四库全书》时，清政府征集、搜访到大批古籍图书，书籍的聚集为学者的学术考证、辨伪准备了条件[③]。我国当代文献学研究学者杜择逊认为，《四库全书总目》不仅是我国古典目录学集大成之作，也是清朝前期辨伪学方面的集大成者[④]。杜氏通过总结《四库全书总目》的初步辨伪成就，辨定和怀疑的伪书就有570多部，而宋至清的著名辨伪学者朱熹、宋濂、胡应麟、姚际恒四家总共辨出的伪书也不过173部。

在引用《学海类编》的提要条目中，四库馆臣经过文献考证，认为《学海类编》所收伪书“或改头换面，别立书名，或移甲为乙，伪题作者，颠倒谬妄”。

（1）改头换面，别立书名

提要中四库馆臣认为，《学海类编》存在收书考据不严，致使一些书书名错误。如《尚书砭蔡编》一书，《学海类编》题为《尚书蔡注考误》，而沈道原《序》称《砭蔡编》，《经义考》题为《尚书砭蔡编》，四库馆臣判定曹溶改易此书旧名以示新异。

> 此本载曹溶《学海类编》中，题曰《尚书蔡注考误》。案沈道原《序》亦称《砭蔡编》，则《经义考》所题为是。溶辑《学海类编》，多改易旧名以示新异，不足为据也。(《总目》卷十二经部十二书类二)

四库馆臣通过文献比较与考证，认为《学海类编》所收部分书为摘录其他书部分内容、别立书名而成。如《礼经奥旨》乃为《六经奥论》之一卷，《邦计汇编》乃为《册府元龟》“邦计”一门之总叙，《后渠庸书》卷为《士翼》中内容摘抄。参见表6-13。

---

① 杜泽逊.文献学概要[M].北京:中华书局,2001:226.

② 曹之.中国古籍编撰史[M].武汉:武汉大学出版社,1999:511.

③ 李明山.中国古代版权史[M].北京:社会科学文献出版社,2012:233.

④ 杜泽逊.文献学概要[M].北京:中华书局,2002:247.

表6-13 《学海类编》所收改头换面别立书名之类伪书

序号	书名	著者	提要文字	出处
1	《礼经奥旨》一卷	宋郑樵	考其文即《六经奥论》之一卷也。《六经奥论》本危邦辅托之郑樵。此更伪中作伪，摘其一卷，别立书名以炫世。曹溶漫收之《学海类编》中，失考甚矣。	卷二十五经部二十五礼类存目三
2	《邦计汇编》一卷	宋李维	是书载曹溶《学海类编》中，实《册府元龟》"邦计"一门之总叙。	卷八十四史部四十政书类存目二
3	《元海运志》一卷	明危素	是编载曹溶《学海类编》中。验其文，乃邱濬《大学衍义补》之海运一条也，亦不善作伪矣。	卷八十四史部四十政书类存目二
4	《后渠庸书》一卷	明崔铣	然诸条皆见所作《士翼》中。殆后人摘抄，伪立此名，曹溶不及详核，误收入《学海类编》耳。	卷九十六子部六儒家类存目二
5	《吴氏诗话》二卷	宋吴氏	此书载曹溶《学海类编》中，题曰宋吴氏撰。名与字未详。今核其文，即吴子良《林下偶谈》中摘其论诗之语，非别一书也。	卷一百九十七集部五十文评类存目
6	《馀冬诗话》三卷	明何孟春	是书载《学海类编》中。今检其文，实于《孟春馀冬序录》中摘其论诗者，诡题此名也。所论多作理语。	卷一百九十七集部五十诗文评类存目
7	《全唐诗说》一卷、《诗评》一卷	明王世贞	是二书载曹溶《学海类编》中。实则割剥世贞《艺苑卮言》，钞为两卷。世贞著作，初无此二名也。	卷一百九十七集部五十诗文评类存目
8	《恬志堂诗话》三卷	明李日华	此编载曹溶《学海类编》中，乃摘其诸杂著中论诗之语，凑合成编。	卷一百九十七集部五十文评类存目
9	《佘山诗话》三卷	明陈继儒	此书别无传本，惟《学海类编》载之。然其文皆摭拾继儒他说部而成，殆非其本书。	卷一百九十七集部五十文评类存目

续表

序号	书名	著者	提要文字	出处
10	《唐诗谈丛》一卷	明胡震亨	是书载曹溶《学海类编》中，实即《唐音癸签》之文。癸签凡分体、发微、评汇、乐通、诂笺、谈丛、集录七门。此摘其谈丛一门，别立名目耳。	卷一百九十七集部五十诗文评类存目
11	《四六金针》一卷	清陈维崧	此书载《学海类编》中，取元陈绎曾《文说》中所论四六之法，割剥成编。颇为浅陋，必非维崧之笔。殆以维崧工于四六，故假其名。	卷一百九十七集部五十诗文评类存目
12	《枣林艺篑》一卷	清谈迁	是编载曹溶所辑《学海类编》中，实迁《枣林杂俎》之一卷也。所谈诗文，皆不出明人门径。其载张弼推尊洪武正韵一条，尤为纰缪。	卷一百九十七集部五十诗文评类存目
13	《词品》一卷	元涵虚子	臧懋循《元人百种曲》尝列之卷首。此本载曹溶《学海类编》中。殆即从《百种曲》中钞出，借其名以备数者也。	卷二百集部五十三曲类存目
14	《青溪寇轨》一卷	宋方勺	是编记宣和二年青溪妖寇方腊作乱，童贯、谭稹等讨平之事，原载勺《泊宅编》中。曹溶摘入《学海类编》，因改题此名。	卷五十二史部八杂史类存目一
15	《青岩丛录》一卷	明王祎	此书论纬书及释、道两家源流，堪舆、医书同异，凡五篇。已见祎本集。曹溶《学海类编》摘出别行，并别立此名。	卷一百二十四子部三十四杂家类存目一
16	《月下偶谈》一卷	宋俞琰	今核其文，即琬所著《席上腐谈》中摘录数十条，别题此名耳。曹溶《学海类编》所收，往往如此也。	卷一百二十七子部三十七杂家类存目四

续表

序号	书名	著者	提要文字	出处
17	《木笔杂钞》二卷		其书载曹溶《学海类编》中。今考其书，皆宋吴子良《荆溪林下偶谈》之文，原书本八卷。此本摘抄二卷，别标新名，又伪撰小序弁于首。盖奸黠书贾所为，曹溶不辨而收之耳。	卷一百二十七子部三十七杂家类存目四
18	《俨山外纪》一卷	明陆深	此书载《学海类编》中，乃曹溶于深《俨山堂外集》之中随意摘录数十条，改题此名，非深自著之书也。	卷一百三十一子部四十一杂家类存目八
19	《张邦昌事略》一卷	宋王称	核其文，即《东都事略·僭伪传》也。摘其一卷，别立名目，又改“王偁”为“王称”，可谓愈伪愈拙。曹溶收之《学海类编》，盖偶未考也。	卷六十四史部二十传记类存目六
20	《西夏事略》一卷	王称	考验其文，即王偁《东都事略》中之《西夏传》，作伪者抄出，别题此名。曹溶《学海类编》收之，失考甚矣。	卷六十六史部二十二载记类
21	《历代铨政要略》一卷	宋杨亿	此书《宋史·艺文志》不著录，亿本传亦不载，惟曹溶《学海类编》收之。细核其文，乃《册府元龟·铨政》一门总序也，已为割裂作伪。	卷八十史部三十六职官类存目
22	《贡举叙略》一卷	宋陈彭年	载曹溶《学海类编》中，实《册府元龟·贡举》一门之《总序》。	卷八十三史部三十九政书类存目一
23	《周易议卦》一卷	明王崇庆	本载所著《五经心义》中，曹溶摘入《学海类编》。	卷七经部七易类存目一
24	《古文尚书考》一卷	清陆陇其	是书原载陇其《三鱼堂集》中，曹溶《学海类编》始摘录别行。	卷十四经部十四书类存目二
25	《黔志》一卷	明王士性	曹溶收入《学海类编》中。核其所载，即士性游记中之一篇。书贾摘出，别立此名以售欺者也。	卷七十八史部三十四地理类存目七
26	《豫志》一卷	明王士性	亦其《五岳游草》之一篇，曹溶摘入《学海类编》者也。	卷七十八史部三十四地理类存目七

续表

序号	书名	著者	提要文字	出处
27	《盐法考略》一卷、《钱法纂要》一卷	明邱濬	此二书诸家书录皆不载。以其文考之，即濬《大学衍义补》中之两篇也。曹溶割裂其文，并载《学海类编》中。	卷八十四史部四十政书类存目二
28	《传习录略》一卷		取王守仁《传习录》删存大略，曹溶收入《学海类编》者。	卷九十五子部五儒家类存目一
29	《心斋约言》一卷	明王艮	《明史·艺文志》载《心斋语录》二卷，此本改其名曰《约言》，又止一卷，亦《学海类编》之节本也。	卷九十六子部六儒家类存目二
30	《刑法叙略》一卷	宋刘筠	是编载曹溶《学海类编》中。今考其文，即《册府元龟》刑法一门之总叙也。	卷一百一子部十一法家类
31	《学术辨》一卷	清陆陇其	此曹溶《学海类编》摘录别行之本也。	卷九十七子部七儒家类存目三
32	《明漕运志》一卷	清曹溶	此书溶自载于所辑《学海类编》中。今考其文，与谷应泰《明史记事本末·河漕转运篇》无一字之异。溶断断不至如此，知《学海类编》决非溶家原本也。	卷八十四史部四十政书类存目二
33	《燕台笔录》一卷	清项惟贞	此本载曹溶《学海类编》中。惟贞字端伯，秀水人。朱彝尊之门人也。然检核其文，实即朱彝尊《日下旧闻》内《风俗》一门。疑彝尊尝属之裒辑偶存残稿，作伪者遂别标此名也。	卷七十七史部三十三地理类存目六

（2）移甲为乙，伪题作者

除了摘录部分内容别立书名作伪之外，四库馆臣还发现《学海类编》中存在一些嫁人名伪造之书。这些书盖书贾所依托，曹溶不考，误收入《学海类编》。如编修程晋芳家藏本《山左笔谈》一卷，《学海类编》定为明黄淳耀所著，但四库馆臣从著者生平考察出发，认为“黄淳耀生平未到过山东”，而该书所记均是“山东风土、形势、山川、古迹，及海运备倭诸事”，“疑亦出伪托”。

是编所纪，皆山东风土、形势、山川、古迹，及海运备倭诸事宜。征引拉杂，殊鲜伦理。案：淳耀生平未尝游山东，所著《陶菴集》内亦无此书名，此本见曹溶《学海类编》中，疑亦出伪托也。(《总目》卷七十七史部三十三地理类存目六)

又如编修程晋芳家藏本《拯荒事略》一卷，《学海类编》载此书著者为元欧阳玄，四库馆臣从书中所记内容与事实有矛盾，又因“《学海类编》所载诸书，十有五伪”，认为“此书殆亦托名于玄也”。

然其书但引故实二十二条，无一字之擘画。其“唐天复甲子竹放花结米”一条，尤不近理。竹米偶生，非人力可致。采食竹米，亦何需官为经理耶？《学海类编》所载诸书，十有五伪。此书殆亦托名于玄也。(《总目》卷八十四史部四十政书类存目二)

又如编修程晋芳家藏本《国赋纪略》一卷，《学海类编》载此书著者为明倪元璐，然四库馆臣认为该书内容疏陋万状，与明倪元璐的其他著作与风格不一，疑为嫁名元璐之作。

是书载古来赋税诸法，每类引故实一条，疏陋万状，必非元璐所为。殆亦抄撮类书类略数条，嫁名元璐耳。《学海类编》所收，大抵此类也。(《总目》卷八十四史部四十政书类存目二)

又如《易牙遗意》二卷，该书仿《古食经》之遗，上卷为酝造、脯鲊、蔬菜三类，下卷为笼造、炉造、糕饼、汤饼、斋食、果实、诸汤、诸药八类。四库馆臣考奕与王宾、王履齐名，是明初称吴中三高士，未必营心刀俎若此。推断此书或好事者伪撰，托名于元韩奕。

是编仿《古食经》之遗，上卷为酝造、脯鲊、蔬菜三类，下卷为笼造、炉造、糕饼、汤饼、斋食、果实、诸汤、诸药八类。周履靖校刊，称为当时豪家所珍。考奕与王宾、王履齐名，明初称吴中三高士，未必营心刀俎若此，或好事者伪撰，托名于奕耶。周氏《夷门广牍》、胡氏《格致丛书》、曹氏《学海类编》所载古书，十有九伪，大抵不足据也。(《总目》卷一百十六子部二十六谱录类存目)

综上所述，四库馆臣在撰写《四库全书总目》时，参考了曹溶的《学海类编》，并订正了《学海类编》存在的问题。但瑕不掩瑜，《学海类编》仍不失为一部有特色、有价值的大型丛书。

第七章　守护文澜　补钞库书

清乾隆四十六年（1781）十二月，第一部《四库全书》抄写完毕并装潢进呈，贮于北京紫禁城皇宫文渊阁。接着抄6部，分别存于沈阳故宫文溯阁、京郊圆明园文源阁、承德避暑山庄文津阁、镇江文宗阁、扬州文汇阁和杭州文澜阁珍藏。七阁之书都钤有玺印，如文渊阁藏本册首钤“文渊阁宝”朱文方印，卷尾钤“乾隆御览之宝”朱文方印。

《四库全书》完成至今的两百年间中国历经动乱，《四库全书》也同样饱经沧桑，多份抄本在战火中被毁。其中文源阁本在1860年英法联军攻占北京，火烧圆明园时被焚毁；文宗、文汇阁本在太平天国运动期间被毁；杭州文澜阁藏书楼清咸丰十一年（1861）在太平军第二次攻占杭州时倒塌，所藏《四库全书》散落民间，后由藏书家丁氏兄弟收拾、整理、补钞，才抢救回原书的四分之一，于清光绪七年（1881）再度存放入修复后的文澜阁。文澜阁本在民国时期又经大规模修补，大部分内容已经恢复，现藏于浙江省图书馆；文渊阁本原藏北京故宫，后经上海、南京转运至台湾，现藏台北故宫博物院；文溯阁本民国十一年（1922）险些被卖给日本人，现藏甘肃省图书馆；承德避暑山庄文津阁本于民国三年（1914）移入北京京师图书馆（今中国国家图书馆），是目前唯一的原架原函原书保存的版本。

为了保护《四库全书》这一中华民族的珍贵遗产，两百多年来，国人为之付出了巨大的努力与心血。嘉兴籍文人志士以保存与弘扬祖国文化为己任，在保护《四库全书》等方面也做出了很多努力。

第一节　陈其泰与文澜阁

一、司守文澜阁

乾隆帝“思江浙为人文渊薮，朕翠华临莅，士子涵濡教泽，乐育渐摩，已非一日，其间力学好古之士、愿读中秘书者，自不乏人”[①]，认为所修《四库全书》宜广布流传，以光文治。为了实现“俾江浙士子得以就近观摩誊录，用昭我国家藏书美富，教思无穷之盛轨”[②]的目的，故而后抄三部全书存于江浙。

杭州文澜阁始建于清乾隆四十七年（1782），四十九年（1784）竣工，所贮《四库全书》约35 990册，6 190函。每册长清官尺七寸七分，宽五寸九分。一面八行，每行二十一字，注文双行小字，书面用颜色绢连书包起，经部用葵绿色，史部用红色，子部用白色，集部用灰黑色，卷首饰有“古稀天子之宝”和“乾隆御览之宝”朱印。

文澜阁建成后，藏书的统辖权和经费管理归于两浙江南都盐运司，浙江盐运司遴选董事、司事等管理书阁，负责典守、整理、晾晒阁中《四库全书》。清道光十九年（1839）以后移归西湖诂经精舍及紫阳书院掌管。《四库全书》入文澜阁之后，司阁事者最早是桐乡陆费墀，名义是“阁司”。后来司阁事者，或称司事，或称训导，或称董事，或称监督。道光间摄馆务的，有周竹所、章黼、仇养正、陈其泰、陆光祺等人；同治以后管理阁书的，有丁申、林一枝、吴恒、徐恩绶、陆檀、张宗云、丁丙、姚士隆、王同、孙树礼、王寿搏、孙峻、张荫椿诸人[③]。

在诸多司阁事者，嘉兴籍人士有两位：桐乡人陆费墀、海盐人陈其泰。近人陆费逵在增辑《四部备要》缘起中说：“先宗伯公自壬辰（1772）任总校官，至戊申（1788）校杭州文澜阁贮书。总摄馆务，凡十七年。《行述》载辰入酉出，寒暑未尝少懈。”[④]

陈其泰（生卒年不详），字静轩，号琴斋，别号桐花凤阁主人。原籍海宁，寄籍海盐。清道光十九年（1839）举人，历署云和、长兴两县训导、教谕。著述有《行素斋诗文集》《行素斋子史札记》《琴斋随笔》（以上均未刊，焚于火）及《春熙书屋

① 中国历史第一档案馆.纂修四库全书档案[M].上海：上海古籍出版社，1997：1 589.

② 中国历史第一档案馆.纂修四库全书档案[M].上海：上海古籍出版社，1997：1 589.

③ 洪焕春.浙江文献丛考[M].杭州：浙江人民出版社，1983：114.

④ 陆费墀之事详见本书“任职四库　编纂巨著”一章。

诗抄》《桐花风阁诗文稿》《鸿雪词》等[①]。陈其泰自道光十七年（1837）临杭州紫阳书院，兼司文澜阁《四库全书》事达十余载。陈其泰兼管文澜阁藏书时，“日携阁中书若干卷，泛舟西湖，编摩忘倦，且属费君丹旭为图”，成“西湖掌书图”[②]。西湖掌书图原藏于钱塘丁氏，《文澜阁志》摹印。另有他人所题《西湖掌书图》诗作两首：

题陈琴斋学博其泰西湖掌书图

徐　荣

纯皇翠辇幸湖山，手把珊瑚种紫澜。四库传抄征俊秀，百年监理到儒官。金题玉躞珠宫晓，绿幕黄帘碧落寒。好是轻桡来画里，一编常得倚花看。

题陈丈琴斋西湖掌书图

江　湜

不读中秘书，犹为外翰林。虽无尺寸柄，著书正人心。陈君今古焉不学，儒官更典文澜阁。读书所得道气浓，望见颜色知心胸。惜君老矣不用世，犹堪纂述名山中。嗟余亦是耽书者，卅年萤雪南窗下。一朝乞食向西湖，忽自置身胥吏亚。回首家藏一万编，饥来捻卖等云烟。凭谁永护文澜阁，待我他年励少年。

二、管理阁书开放

司阁事者除了典守、整理、晾晒书籍之外，还要负责管理士子抄录或借阅书籍事务。清乾隆四十九年（1784）初，正当颁发“南三阁”的三部《四库全书》缮成，开始陆续颁发之际，乾隆皇帝为“南三阁”库书的使用问题专门发了一道上谕，重申颁赐库书的目的是为嘉惠士林，使士子得以就近抄录传观。但乾隆皇帝对地方官员的“做派”深有了解，很有可能库书到后深扃阁中，“名至而实不归”，士子无缘得与，为此他于该年二月二十一日发出上谕：

第恐地方大吏过于珍护，读书稽古之士无由得窥美富，广布流传，千缃万帙，徒为插架之供，无裨观摩之实，殊非朕崇文典学、传示无穷之意。将来全书缮竣，分贮三阁后，如有愿读中秘书者，许其陆续领出，广为传写。[③]

根据乾隆皇帝历次上谕，文澜阁实行对外开放。在办妥一切手续后，允许士子

① 严宝善.陈其泰评《红楼梦》叙录补证[J].杭州大学学报,1980(6):51-52.
② 徐雁平.清代东南书院与学术及文学[M].合肥:安徽教育出版社,2007:697.
③ 中国第一历史档案馆.纂修四库全书档案[M].上海:上海古籍出版社,1997:1 768.

入阁读书抄录或借阅归家研读。这种待遇不仅限于浙江十一府士子，即或外省人欲读库书亦同样对待。文澜阁《四库全书》的入藏，无疑对浙江的文教事业发展起了积极的推动作用，增加了浙江文化的内涵和积淀，为西湖增添了文澜读书的胜景。

在文澜阁对外开放期间，嘉兴人士也受益其中，著名校勘家嘉兴钱泰吉就曾抄校文澜阁库书。钱泰吉（1791—1864），秀水（今浙江嘉兴）人，曾多次借文澜阁库书校勘史籍。清道光十七年（1837），为校荀悦《汉纪》，钱泰吉曾托其友屠筱园传抄文澜阁本王益之《西汉年纪》，用以校勘各本。二十一年（1841）五月，钱泰吉寓杭州螺子峰法华寺，借文澜阁本《史记正义》与明震泽王廷措本《史记正义》参校。钱泰吉《甘泉乡人稿》卷五《校史记杂识》有云："道光二十七年七月朔至八月三日，依文澜阁本校《正义》一过。时海宁陈琴斋其泰司阁事，为请于盐运使，领阁书至海昌逾月，例所不许也，琴斋徇余意求得之。"[①]由此可知，陈其泰为司阁事当在清道光二十七年（1847）左右。

陈其泰与钱泰吉有同乡之谊，在钱泰吉提出借《史记正义》之求后，遂禀明盐运使，得到盐运使特许后，此书由钱泰吉携归海宁居所抄校，逾月归还，使钱泰吉得以从容校勘。钱泰吉校勘的《史记评林》一百三十卷，所校之本有中统本、游明本、震泽王氏本、汪谅本、秦藩本、汲古阁本、武英殿本、明南雍本、明正德慎独斋本、叶石君校王本等十余种，文澜阁本即为其中重要之一种[②]。

第二节 补钞文澜库书

一、海宁别下斋与丁丙补钞

清咸丰十一年（1861），文澜阁毁于太平天国战火，阁中藏书随之散逸。幸得杭州八千卷楼藏书楼传人丁申、丁丙兄弟抢救收购，得8 140册；加上徐夔之在上海所收549册，共得8 689册，后又陆续有所得，至9 000余册。清光绪七年（1881），清点暂贮杭州府学尊经阁的文澜阁《四库全书》，发现除去《古今图书集成》外，《四库全书》实有残书8 389册，只占原藏书的四分之一。为了挽救文澜阁《四库全书》，丁氏兄弟发起补钞藏书，恢复巨著原貌，因丁丙在此次抄事件起到了重要作

① 王国平. 西湖文献集成：第20册　书院·文澜阁·西泠印社专辑[M]. 杭州：杭州出版社，2004：143.

② 顾志兴. 文澜阁与四库全书[M]. 杭州：杭州出版社，2004：25-26.

用，后人称之为“丁丙补钞”。

清光绪八年（1882）五月，在众多有识之士的帮助下，丁氏兄弟开始组织主持库书的补钞工作。库书补钞初期，主要由丁丙提供家藏的典籍作为底本，但随着补钞工作的日益深入，丁家的藏书已不能满足需要。于是丁丙便向省内外藏书家借用底本，才得以完成这一盛事。从清光绪八年（1882）至十四年（1888）的七年时间里，丁丙遍征诸藏书家，如范氏天一阁、卢氏抱经楼、汪氏振绮堂、孙氏寿松堂、蒋氏别下斋、沈氏味经堂、袁氏卧雪楼、瞿氏恬裕斋、朱氏结一庐、陆氏皕宋楼、胡氏退补斋、丁氏持静斋等，先后配抄残书和补钞全帙约23 000余册；清光绪二十三年（1897），又补钞38种(册数不详)，所缺者不及百种。

在丁丙借书的众多藏书楼中，海宁别下斋是当时浙江著名的藏书楼之一。别下斋藏书楼的主人为蒋光煦。蒋光煦（1813—1860），字生沐，一字爱荀，号放庵居士，浙江海宁人，居硖石镇通济桥南大街。诸生，候补训导。十岁起即喜藏书，藏书达十万卷，其中多宋元旧椠、旧精抄本，多世所罕睹，藏书处称别下斋，斋名来自《论语·季氏》中的“生而知之者，上也；学而知之者，次也；困而不学，民斯为下矣”之语，意在鼓励好学上进。蒋氏所藏书画亦多，金石文物储于商觚周鼎秦镜汉璧之斋。蒋氏又喜刻书，所刻《别下斋丛书》《涉闻旧梓》等丛书，世人称为善本。

别下斋在当时的藏书界闻名遐迩，著名学者俞樾曾至蒋家，见“图书满室，乔木蔚然，叹为方雅之族”。管庭芬《别下斋书画录》序中言：“光煦别下斋藏书数万卷，不乏宋钞元刻，亦皆手为雠校，丹黄灿然。每得一书，必商之于丹徒严太史问樵、嘉兴李学博香浊、吴江翁处士小海，故插架所列，亦不亚于来青阁。”①

可惜的是蒋光煦别下斋的藏书未能很好地保存下来。清咸丰十年（1860）八月，太平军入浙，焚硖石，别下斋遭兵火。是年冬，蒋光煦呕血而亡。虽然别下斋毁于战火，但尚有劫余之书被蒋氏后人收藏。在补钞文澜阁《四库全书》时，丁丙“祭告备礼”从蒋氏后人处借其残存而抄②。现如今，别下斋的旧藏流传下来的很少，当地的海宁图书馆仅藏有几册。据原海宁图书馆管理员黄长林的《海宁藏书家事略》一文中所记，抗战胜利后，在硖石河西街曾见到一批旧书，约有六七捆，是“别下斋”所藏，内有《尚友录》《宋诗纪事》等，问其价，每捆为米二斗，惜因他当时无米而未曾买入③。虽说蒋光煦的别下斋藏书未能被《四库全书》收录，但蒋氏所藏之书却助库书补钞一臂之力，使得丁丙补钞得以功德圆满。

① 陈心蓉.嘉兴刻书史[M].合肥:黄山书社,2013:200.

② 顾志兴.文澜阁与四库全书[M].杭州:杭州出版社,2004:130-131.

③ 海宁市政协文教卫体与文史委员会.海宁世家:下[M].北京:人民日报出版社,2012:885.

二、单不庵与库书补钞

民国初年任浙江图书馆馆长的钱恂检查文澜阁库书，编《壬子文澜阁所存书目》，并将库书搬迁至浙江图书馆的红洋房。虽然文澜阁《四库全书》经丁丙补钞后已基本恢复原貌，但尚有残缺未全者。钱恂便有效仿丁氏补全《四库全书》之意。在离浙赴京之际，钱恂请浙江省政府拨给公款四千银元，以作补钞库书费用，又连同在京的浙江同乡会，联合倡议补钞库书所缺之书，又请浙江巡按使行文教育部，商借已移入北京的文津阁本《四库全书》作补钞。此次补钞从民国四年（1915）到民国十二年（1923），历时八年，因民国四年是乙卯年而被称为“乙卯补钞”。八年之间，写成缺书13种，缺卷20种，又从坊肆购回旧钞182种，以易丁钞，计费银6 200元。此次补钞，虽功犹未竟，实开后在京续钞之先河。在这次乙卯补钞中，单不庵起到了很多作用。

单不庵（1878—1930），又作不厂，名丕，号伯宽、角优，以字行，曾用名恭修、常惺，生于海宁硖石，祖籍萧山。父亲沅华、伯父棣华均以治宋学闻名。单不庵少年丧父，家境清贫。清光绪二十七年（1901）补博士弟子员，获第一。三十二年（1906），应钱恂之邀，去日本半年。回国后任双山学堂堂长，不久任嘉兴秀水学堂教习。先后任教于开智学堂、浙江第一师范学校、嘉兴浙江省立第二中学等校。民国七年（1918）前，曾两度担任浙江图书馆编辑，补钞文澜阁《四库全书》。民国九年（1920），应聘任北京大学国文系讲师兼图书馆主任，不久升任教授。民国十三年（1924）南归，被浙江省立二中聘为教员，旋任浙江图书馆中文部主任，管理文澜阁《四库全书》及善本工作。后应蔡元培邀请，赴沪中央研究院襄理院事。单不庵继承家学，深研宋理学，重考据，长训诂，曾重新校勘段氏《说文解字注》，著有《宋儒年谱》《二程学说之异同》《宋代哲学思想史》等。生平藏书8 000余册，大多经他亲手校订批注，后由浙江图书馆购藏。

乙卯补钞时，在北京设立了补钞文澜阁四库全书馆，钱恂负责；另设立驻杭补钞文澜阁书分馆，聘请单不庵与陈瀚为校理。单不庵为钱恂内弟，时任浙江图书馆编辑。关于单不庵参与文澜阁库书补钞一事，相关文献多有记载。据钱恂之弟钱玄同回忆，民国元年（1911）钱恂担任浙江图书馆长时就曾请单不庵去帮同整理文澜阁的《四库全书》，“至民国三四年间，先兄（钱恂）在北京邀集浙江同乡，集资补钞，即请单先生在杭主持其事。单先生那时悉心搜求，从事补钞，又在旧书坊中买回太平天国以前窃售的旧钞也不少”[①]。

① 钱玄同.关于反抗帝国主义[M].西安:陕西人民出版社,2013:167.

据考，单不庵不仅参与了钱恂主持的乙卯补钞，而且在浙江图书馆任职管理文澜阁《四库全书》及善本工作时，还曾借文渊阁库书等用于补钞文澜阁库书。如曹聚仁[①]在《山水·思想·人物》一书中有言："民国初年，浙江省立图书馆成立，《四库全书》移藏新馆；文澜阁也就成为阁员的宿舍（今西湖博物馆）。单不庵先生一家住在最后的一进，那是绿梅的院落。""民国十五年（1926）前后，单不庵先生主馆政，又就文渊阁原书补钞完书。""丁丙补钞尚有不全，等到单不庵主政西湖图书馆馆政时，我们把所缺部分，从北京文渊阁钞了来，可以说钞全了。"[②]

在补钞文澜阁库书的过程中，单不庵曾撰《跋补钞文澜阁书六种》一文[③]。现将该文中六篇跋文摘录如下，我们可以从中一窥单不庵补钞文澜阁库书的情况。

(明)黄道周《易象正》

右《易象正》卷初下，丁氏钞后所重缺，今据《石斋九种》通行本钞补。原书首目次，次凡例序述，不分卷，又次卷初上下，又次卷一至卷十四，而殿以卷终上下；合卷初卷终以计，都十六卷，与提要合。文津阁本以目次充卷首上，凡例序述充卷首下，而删去卷初上下之目，并原书卷初上下全缺之，谬一。卷十三四全阙，谬二。卷终上缺《岁宝限吞卦图》与《杂卦次序图》，卷终下缺《蓍法进退盈虚图》，谬三。有此三谬，不复可据，故此钞悉依原书。

原书之通行本，如"夷狄""胡虏"等字皆空格，此必因前清文网严峻，刻书者有意阙之。钞后得原刻本，用朱笔复校一过(初校墨笔，再校朱笔，示别也)，要在不失石斋书著书之真相尔。

(明)张次仲《待轩诗记》

右《待轩诗记》，据张氏原刻本补钞。

张刻本无卷数。《总目》作八卷者，四库馆臣所臆定。其实张氏此书，《国风》每国自为起讫，都十五篇；《大小雅》每什自为起讫，都十一篇；《周颂》三什分三篇，《鲁颂》《商颂》各一篇，合以《学诗》《小笺》《总论》，全书都三十二篇。补钞时无阁书可据，故依原刻不分卷。今考文津阁本，卷首删孙治序，朱嘉征书后，黄

① 曹聚仁(1900—1972)，浙江兰溪人，民国著名记者、作家。毕业于浙江第一师范。1922年到上海，任教于爱国女中、暨南大学、复旦大学等校。曾主编《涛声》《芒种》等杂志。抗日战争爆发后，任战地记者，曾报道淞沪战役、台儿庄之捷。1950年赴香港，任新加坡《南洋商报》驻港特派记者。50年代后期，主办《循环日报》《正午报》等报纸。著有《中国学术思想史随笔》《万里行记》《现代中国通鉴》等。1927年初，军阀孙传芳的军队强驻真如暨南大学校舍，教学无法进行，曹乃应单不庵馆长之聘，去杭州西湖文澜阁浙江省立图书馆工作半年多，参与整理、校对《四库全书》。

② 曹聚仁.山水·思想·人物[M].北京:生活·读书·新知三联书店,2007:23-34.

③ 单不庵.跋补钞文澜阁书六种[J].国立北京大学国学季刊,1923(3):527-530.

百学跋,《小笺总论》后附诗,《诗经通谱》五篇,而《小笺总论》本分上下篇者则并为一。以卷数论,卷一起《周南》讫《鄁风》,卷二起《鄘风》讫《齐风》,卷三起《魏风》讫《豳风》,卷四起《小雅·鹿鸣》讫《小宛》,卷五起《小雅·小弁》讫《何草不黄》,卷六起《大雅·文王》讫《板》,卷七起《大雅·荡》讫《召旻》,卷八起《周颂》讫《商颂》。至若目录之删削,已见《提要》。补钞既据原刻,今姑仍其旧焉。

(清)芮长恤《纲目分注拾遗》

右《纲目分注拾遗》卷二至卷四,据通行本钞补。

此书与文津本颇有不同:如卷二"田畴"条"某侯骑见之"改"塌顿侦知之","此某所以无备而斩塌顿也"改"此塌顿所以无备而被斩也";"顾荣说陈敏"条"中国丧乱,某夷内侮"改"天降丧乱,竟起干戈","冉闵杀某羯"题改"灭石氏","闵知某之不为己用"改"闵知其党不为己用",而"冉闵杀其羯"改"而冉闵所杀"(疑有脱字);"常炜"条"杀某之日"改"石氏之灭"。卷三"汉魏衣冠"注"此盖某服也"改"前此仪服具用北魏之制";卷三"假手于某以抒中国之愤耳"改"张光晟之奏实缘此而建议";"夷某之笑乎"改"回纥之笑乎"。疑皆阁臣所改,不可盖据。又卷三"汉魏衣冠"条下夺"孝文慕中国"四句,尤不值一噱矣。

(宋)岳珂《金陀续编》

右《金陀续编》卷二十二,丁氏漏钞,今据明嘉靖本补钞。

以文津本核之,开卷标题"襄阳石刻事迹一",复空六格题"刘光祖编",此阁臣所臆改;此钞仍原刊之旧,故不复改。卷中"兀术"改"乌珠","虏"改"敌",阁本如此,亦决非原文。又第八页"复襄阳"条,阁本夺"王领军趋襄阳,李成引兵出城四十里迎战"二句。第十四页"最"下有阙文,阁本与下句连写,不复注"阙"字,此其误尤不足辨。至开卷第一条,阁本顶格,此钞低二格,体例虽异,然无妄考之讥,此固可自信耳。

(宋)朱翌《猗觉寮杂记》

右《猗觉寮杂记》,丁氏钞后重失之,今据鲍氏知不足斋本钞补。

《提要》载"鲍本割下卷之六十八条移入上卷以均篇页,失古人著书之意"。考武英殿聚珍本截下卷三十七条匀入上卷,文津本即因之;同一割截,于鲍氏则病之,于己则隐之,其谓之何!兹姑仍鲍本之旧,盖慎也。文津本此书卷上少"陵寝为柏城"条,卷下少"搜神"条,又"五星二十八宿"条少七十四字,"曹相以齐狱市属后相"条少七十一字,此脱文之显见者。卷上"唐造茶"条分二则,"坡云百尺飞泉泻漏天"条分三则,"韩退之文章"条分二则,此误分之显见者。卷上"玄菟郡"条与下条并为一,此误合之显见者。卷下"倪宽为张汤作奏"条、"致仕给半禄”条，不在“劝人以杀”条下而移“螟蛉”条下，此任意移易之显见者。此外讹夺，尚不胜指。惟卷上“李虚中与□生”条合而为一，卷下“带阔狭与骰子”条不合而分，又“孔子作《春秋》”条不复见，尚足纠鲍本之失。第合全书以论，疵累究多，故悉仍鲍本之旧。即《与丞相洪适书》亦任附卷末，而撮记大略于此。

(清)阎若璩《潜丘札记》

阎百诗《潜丘札记》，以吴玉搢编本为最善，阁藏因之。此本乃眷西堂刊，即《提要》所称“学林缀缉其祖之残稿漫无体例”者也。今吴本久不传。据文津校此本，删削全条者，卷一都三百八十一条(卷次依本书，下同)，卷二都一百五十八条，卷三一条，卷四下“丧服翼注”一条、“补正《日知录》”一条，又卷四上文十六篇，卷五文四十六篇，卷六全卷，凡本书上标“删”字者皆是。两条合一条者，卷一六条，卷二四条，卷三二条，卷四下“丧服翼注”一条，凡本书上标“接前条”者皆是。一条析二条者，卷一二条，卷四下“补正《日知录》”三十条，凡本书上标“某某起提行”者皆是。加注者二条，皆见卷一，凡顺文补于上者即是。由首两卷次为第三者，卷一采二十三条，卷二采一百二十四条，凡本书上标“卷四第几行”者即是。其改字删句处，尤更仆难数，亦一一校注于上。就中如“牧斋”作“近有人”(见卷三)，或作“时流”，或作“选家”(均见卷四)，尚得曰文网严峻，吴氏有意改之。一作“遵王”[①]，一作“锡鬯”[②]，此必出于不学无术之馆臣，故既荒谬，又矛盾。不然，吴氏以博洽名，何至若是！其他讹夺之处有无庸置疑者则注明之，疑者则标作某字以别之，此以阁本校此书之大较也。亦既校正，不复移写，正欲使读者得见删订之得失；且吴本既亡，阁本又未尽足凭，自不如不钞之足以示慎，当亦识者所心许也。

从单氏跋文可以看出文澜阁库书补钞的一些原则与方法，同时学者们严谨的治学态度与精湛的考据功力可见一斑。

一是底本选择慎之又慎。丁氏补钞时因为不能直接向北方三阁补钞（文渊在内廷，文津在热河行宫，文溯在奉天行宫，皆是禁地），而文宗、文汇又皆全毁，所以只能根据传世的刻本或抄本。虽然乙卯补钞时，文津阁本可以借钞，但补钞者并没有盲目钞就，而是在比较所得版本之后再谨慎选择更优的版本。如《易象正》据《石斋九种》通行本钞补，《金陀续编》卷二十二据明嘉靖本补钞，《猗觉寮杂记》据鲍氏知不足斋本钞补，均不是据文津本。如未发现更好的版本时，单氏认为“自不如不钞之足以示慎，当亦识者所心许也”。

① 钱曾(1629—1701)，字遵王，号也是翁。江苏常熟人。清代藏书家、版本学家。

② 墨彝卑(1629—1709)，字锡鬯，浙江嘉兴人。与陈维崧、纳兰性德并称“清词三大师”。

二是书籍勘误细之又细。在与文津阁本所藏书籍的逐条比对中，单氏发现了文津阁本的残陋之处。首先书中内容缺失严重，如文津阁本《易象正》有三谬：以目次充卷首上，凡例序述充卷首下，而删去卷初上下之目，并原书卷初上下全缺之；卷十三四全阙；卷终上缺《岁宝限吞卦图》与《杂卦次序图》，卷终下缺《蓍法进退盈虚图》。其次篡改严重，主要是改动卷数、颠倒次序和删改文句的毛病颇多。如《待轩诗记》原刻无卷数，四库馆臣作八卷。对于勘误之处，单氏表示其"用朱笔复校一过（初校墨笔，再校朱笔，示别也）"，要不失原著书之真相。当然，单氏也指出文津本在一些地方可补其他版本之失，如《猗觉寮杂记》文津阁本"卷上'李虚中与□生'条合而为一，卷下'带阔狭与骰子'条不合而分，又'孔子作《春秋》'条不复见，可以纠鲍本之失"。

三是对四库馆臣提出质疑。对于四库馆臣在编修《四库全书》时的一些行为，单氏提出质疑。如四库馆臣在提要中评价《猗觉寮杂记》知不足斋本"割下卷之六十八条移入上卷以均篇页"的做法是"失古人著书之意"，而在其编修的武英殿聚珍本中却"截下卷三十七条匀入上卷"，同样的做法四库馆臣"于鲍氏则病之，于己则隐之"，单氏发出"其谓之何"的感慨。对于书中文字的篡改，如"牧斋"作"近有人"或"时流"或"选家"，"夷某之笑乎"改"回纥之笑乎"，单氏认为盖因文网严峻，四库馆臣或著者迫于政治因素有意改之，尚情有可原。但是将钱谦益改为"遵王"或"锡鬯"，此种张冠李戴的低级错误，单氏认为"此必出于不学无术之馆臣，故既荒谬又矛盾"，批评可谓严厉而中肯。

三、张宗祥与库书补钞

张宗祥（1882—1965），原名思曾，后慕文天祥为人，改名宗祥，字阆声，号冷僧，别署铁如意馆主。海宁硖石镇人。清光绪二十五年（1899）中秀才，二十八年（1902）中举人。先后任教于硖石开智学堂、桐乡桐溪学堂、嘉兴府中学堂和秀水学堂。三十三年（1907）应聘至浙江高等学堂任教，又兼教于两级师范学堂和杭州府中学。清宣统二年（1910）赴北京应试，得一等，任大理院推事兼教清华学堂地理课。辛亥革命后，在浙江军政府教育司工作。民国三年（1914）进京任教育部视学，与鲁迅、朱宗莱、单不庵等钻研古籍。后兼任京师图书馆主任，负责整理故宫移来的大量古籍，成《善本书目》4卷，纠正了过去著录的不少讹漏。民国十一年（1922）南返杭州，任浙江教育厅厅长。民国十四年（1925）调任瓯海道尹。民国十五年（1926）冬，定居上海，专事抄校古籍。民国二十年（1930），赴汉口任平汉铁路局秘书。抗战期间随局内迁，后到重庆，任职于交通部，不久入中国农民银行，并担任文澜阁《四库全书》保管委员会委员。抗战胜利后，回到上海。新中国成立后，历任浙江图书馆馆长、浙江省文史研究馆副馆长、中国美术家协会浙江分会副主席、西泠印社第三任社长，并任浙江省人大代表、政协常委、中国国民党革命委员会浙江省委常委等。

张宗祥少时与蒋百里一起勤奋苦读，俱文采斐然，长大成才各有贡献，硖石镇上流传“文有张冷僧，武有蒋百里”之说。张宗祥精于书法，善绘画，并擅长校勘古籍，他治学勤奋谨严，经他精心校勘的古籍有300多种，已出版的有《说郛》《国榷》《罪惟录》《越绝书》等10余种。生平抄书成癖，边抄边校，往往夜以继日；运笔如飞，一昼夜能抄二万四五千字。一生抄校九千余卷，前无古人。其书法学李北海，兼融汉魏碑法，雄浑洒脱，一气呵成，流传颇广。亦善画，印有《冷僧书画集》。工诗能文，精鉴赏，通晓医药、戏曲、文学、史地等。昆曲《十五贯》新中国成立后演出剧本亦由其改定。他重视乡邦文献，海宁学者著作经他校订的有500多卷。1957年，张宗祥将藏书2 000余册捐赠给海宁县图书馆。

(一)参与乙卯补钞

张宗祥参与文澜阁库书的补钞一事，其所撰《补钞文澜阁〈四库全书〉史实》一文记录详实[①]。民国一年（1912），钱恂任浙江图书馆馆长，鉴于文澜阁环境潮湿、易生白蚁，遂将文澜阁《四库全书》搬入文澜阁隔壁的红洋房。这一举动遭到了一些人士的反对，便向教育司申诉。时任教育司司长的是沈钧儒（字衡山，嘉兴人），主管社会教育的是朱希祖（字逖先，海盐人）和沈兼士（湖州人）、钱玄同。因钱玄同是钱恂教养大的小弟弟，朱希祖和沈兼士都是章太炎的学生，章太炎和钱恂是老友，均不敢去质问此事，最终沈钧儒派时任教育部视学的张宗祥前去问询此事。张宗祥本就赞成钱恂之举，到杭州后看到钱恂将《四库全书》管理得很好，遂让钱恂亲笔书写信件一封，报告红洋房的使用情况。后来沈钧儒根据钱恂的亲笔信在政务会议上提出该议题并讨论通过，红洋房就此定为馆屋，始终没有异议。红洋房现为浙江图书馆古籍部。

钱恂主持库书补钞时，由于一些书籍补钞进度慢，使得浙江省政府出资的四千银圆费用未能及时报销，浙江省议会每开一次会便出一责问案，责问钞书费用的使用情况，这使心气颇高的钱恂不愿将在北京补钞的一些书寄回杭州，这一状况延续了四五年。民国十一年（1922），张宗祥出任浙江教育厅厅长，当张宗祥从北京前往杭州赴任之际，单不庵向张宗祥提出此事，张宗祥便积极斡旋，上任后，即在浙江

① 王国平.西湖文献集成:第20册　书院.文澜阁·西泠印社专辑[M],杭州:杭州出版社,2004:375-391.

省议会开会时提出文澜阁库书补钞费用的报告，解决了四千银圆的抄书费用，并将钱恂等在北京补钞的书籍交人浙江图书馆。

（二）主持癸亥补钞

虽经两次补钞，但《四库全书》尚未钞竣。而且张宗祥发现，由于丁氏补钞时不能得到四库原本，书籍获取渠道有限，所补钞的诸书中有与四库本不相符合的情况。有些补钞之书丁氏所据之本是八千卷楼中的善本，较四库本为佳，可是也有难觅的书随便凑数远不及四库本的。张宗祥出任浙江省教育厅厅长后，便吩咐时任浙江图书馆馆长的章仲铭核对乙卯补钞中所编文澜阁书目录，检查有无错误或漏脱之书，并代印一批经水不褪的红色的抄本纸张，准备文澜阁库书补钞之事。

当时，经费问题是库书补钞的头等大事。经历乙卯补钞后，张宗祥在政府资金有限不能给予足够支持的情况下，发起了库书补钞经费的募集活动[①]。1922年初冬，张宗祥到上海联络浙江籍贯人士周庆云（湖州人）、张元济（海盐人）、沈冕士（绍兴人）、蒋汝藻（湖州人）等，提出向浙江籍丝商、盐商、达官们募集资金的想法，众人一拍即合。张宗祥还做出了“除了死亡，一定管到底”的承诺。此次募捐共聚集资金16 200元，其中杭州募集9 000余元、上海募集6 000元，湖州、嘉兴、宁波三府人士捐助最多。

民国十二年（1923），经费问题解决后，张宗祥开始组织库书的补钞工作。因为该年为癸亥年，故此次补钞史称“癸亥补钞”。此次补钞在京杭两地分头钞补，少数利用浙江图书馆馆藏善本、大部分则利用北京京师图书馆的文津阁本。据周庆云所撰《补钞文澜阁四库阙简记录》[②]一书所记，此次补钞工作的组织分工明确：张宗祥为发起人兼总务干事；周庆云为发起人兼会计干事，负责费用的收支管理；沈铭昌、沈宝昌、沈尔昌、姚煜、王体仁、张元济、徐棠、刘承干为发起人兼评议干事。在杭州补钞处，吴宪奎为稽核干事；在北京补钞处，吴震川为稽核干事，堵福诜为监理，徐伟为总校。

其间，张元济与吴士鉴、沈铭昌、周庆云、昊宪奎等联名致函浙江省教育厅，请求派员校钞《四库全书》。函述浙江文澜阁《四库全书》，虽经多次补钞，但尚有所缺，“兹经同人集议筹经费，就近在杭沪一带延请绩学之士，将图书馆所有普通书中善本及搜集别本，详加校对，或择要重钞，以期完善”[③]。该函等到浙江省教育厅

---

① 王国平.西湖文献集成:第20册　书院·文澜阁·西泠印社专辑[M].杭州:杭州出版社,2004:138.

② 周庆云,等.补钞文澜阁四库阙简记录[M].刻本.1926.

③ 张树年.张元济年谱[M].北京:商务印书馆,1991:253.

批准。

直至民国十三年（1924）十二月，《四库全书》全部补钞完毕，总共耗银16 600元，总计补钞阙书、阙卷217种、4 497卷、2 046册。库书补钞之事竣工，恰好张宗祥的教育厅厅长职务任满。需要提到的是，在以上所列补钞文澜阁库书的组织人员中，嘉兴地区的就有四位，分别为张宗祥、姚煜[①]、张元济、徐棠[②]。

由于张宗祥等人的组织有序，癸亥补钞相较于前两次补钞，不仅进展较快，而且补钞的书籍质量上乘。究其原因，一是经费募集的成功为库书补钞解决了后顾之忧，而且张宗祥将经费管理得事务委托于银行家出身的周庆云，周庆云精打细算，将所有募集款项均存于银行生息，最终钞书工作完成经费还略有结余。二是书籍纸张要求严格，张宗祥一再强调要使用经水不褪的红色的钞本纸张，碰到章仲铭代印的纸张遇水褪色厉害时，张宗祥选择自己出钱赔补，坚持不用该批纸张。三是钞写要求严格，在堵福诜前往北京监理库书补钞之际，张宗祥强调写钞人员字体须工整秀丽，工资视情况而定，金石文字等难钞的，钞费可增加。后堵福诜在北京觅得写生218人，校理20人，绘图、满文、篆隶15人，建立了稳定的钞书团队，完成了北京处库书的钞补工作。四是校对装订要求严格，库书钞好后需校对两次，且在书册后盖章以示责任者，书籍的装订则必须选择可靠的店铺加工。五是补正丁钞之误，为了保证文澜阁整部库书的质量，除了补钞所缺书目，此次补钞还重新校订了丁钞的诸多舛误并择要重钞，共校正丁丙钞本213种、5 610卷、2 251册，重钞577页。

(三)护书完璧归杭

此外，文澜阁《四库全书》在民国二十三年（1934）由当时的浙江省图书馆馆长陈训慈补钞1种。在众多浙江籍人士的持续努力之下，凝聚了浙江人心血的文澜阁《四库全书》终得补全。与其他幸存的三部阁书相比，文澜阁本似乎注定不平凡。民国二十六年（1937）抗战军兴，文澜阁书辗转迁至贵阳，藏在山洞中，张宗祥一直关注阁书的管理与保护工作，每年必惦记库书的翻晒事宜。民国三十三年

① 姚煜(1868—1923后)，字文敷、文甫，浙江海宁人。清末民国初官员、书法家。光绪年间官盐运使、南洋学监；民国八年(1919)、民国十一年(1922)两任上海海关监督官。工书法，擅篆、隶书。民国四年(1915)重修扬州大明寺，为大明寺中门题篆书“栖灵遗址”四字，并长题史可法祠墓。民国十年(1921)与沈宝昌获悉日人欲重金购买东汉《三老忌日碑》，即与丁辅之等集款八千金购得，并安置于西泠印社石室内，石遂免于外流。晚年长斋念佛。

② 徐棠(1866—?)，字冠南，浙江桐乡人。清光绪二十年(1894)中举，年轻有为，任江苏候补道，授花翎二品衔。由于其在维新运动的影响下崇尚实业，不久弃官从商，利用祖业在上海广置地产，又在金融界投资，在中国银行、交通银行、通商银行及浙江实业、兴业银行等均有股份，同时在上海独资开设华丰石粉厂、天伦织绸厂，在杭州开办西湖炼乳公司等，成为名震江浙的大实业家。张宗祥募集资金时候，徐一次性捐款五百元大洋。

（1944）独山战事紧张，阁书又自黔迁至重庆青木关。民国三十四年（1945）当时浙省旅渝人士发起组设“文澜阁四库全书保管委员会”，委员有徐青甫、张宗祥、竺可桢、陈训慈、蒋复璁、顾树森等，毛春翔是秘书与管理负责人。保管委员会以保管妥善库书为理由，实际是预为以后原璧返浙。日寇投降之后，当时南京政府想将文澜阁《四库全书》调至南京，时在重庆任图书馆馆长的蒋复璁征求张宗祥的意见，张以“补钞时未用公家一纸一笔，都是向浙人募来的私财，外省的富翁也不曾惊动一个。所以现在这一部书多多少少有一部分是属于浙人公有的”为由，委婉否定了蒋复璁的意见。民国三十五年（1946）五月十五日，文澜阁《四库全书》从重庆启运，途中历经艰险，于七月五日抵达杭州。1950年，张宗祥任浙江图书馆馆长，再续前缘，又担负起了管理文澜阁《四库全书》的重任。

第三节　文澜补钞本的价值

文澜阁《四库全书》历经太平天国战争，所藏书籍也多散佚，后经浙江士人发起的钞补工作，才使文澜阁《四库全书》得以补全，而且补钞册数远远多于原书残存数量。今天看来，文澜阁《四库全书》钞本具有较高的历史价值和文献价值，独步江南，为国内外学者提供了大量难得的资料。民国时期“四库学”兴起之时，学者们对于七阁四库均作过研究，其中以文澜阁《四库全书》为研究对象的文章最多，占半数以上，这与文澜阁《四库全书》具有不同于其他六阁之独特价值有直接关系[①]。

一、版本补足价值

《四库全书》编修时乾隆采取寓禁于征的政策，将修书与禁书融于一体，虽然《四库全书》开馆前后清政府运用政权的力量在全国各地搜访图书，但民间藏书家对文字狱心有余悸，生怕因书遭祸，又担心珍本遗失，故所献本子并不是最好的本子，最终《四库全书》部分书籍所用版本并非最优，而文澜阁补钞本恰恰弥补了原钞本的阙陷。

丁氏补钞文澜阁《四库全书》非抄自四库本，而是采自民间藏书家藏本，其搜访的十七大藏书家不乏宋元旧椠、初刊精钞，故丁钞底本与原书多有不同，其所钞

① 甘肃省图书馆，甘肃四库全书研究会.2005年四库全书研讨会文选［M］.兰州：敦煌文艺出版社，2006：166.

底本不少要胜过四库本，尤其是四库本钞自的残缺书，丁抄觅到了全本。如《尚书要义》二十卷首一卷，武英殿本《提要》云“原目二十卷，中第七卷、第八卷、第九卷并佚”，而丁钞满了全书二十卷；《春秋谳义》原书十二卷，文渊本存一至九卷，丁氏钞全；《白云稿》十一卷，四库本存五卷，丁氏钞全[①]。

钱恂“乙卯补钞”时，虽然主要依据文津阁本，但在版本选择上优胜《四库全书》原钞本。如：张拭《南轩易说》，壬子文澜阁所存书目记此书三卷全缺，钱钞据沈氏枕碧楼本钞写，五卷三册，较《四库全书》采用内府藏本为佳；张次仲《待轩诗记》八卷，壬子文澜阁所存书目记此书八卷全缺，钱钞据原刻本补钞，六册不分卷，较《四库全书》采用浙江巡抚进本更好；朱翌《猗觉寮杂纪》二卷，钱钞本据知不斋本补钞，二卷二册，鲍氏知不足斋刻本将其下卷六十八条移入上卷，以均篇页，结构更好合理，较《四库全书》的两淮马裕家藏本更好[②]。

张宗祥“癸亥补钞”依据浙江省图书馆所藏书善本及文津阁等版本的基础上，选较好版本补钞。版本上看，部分补钞本比原钞本更优（三次补钞的部分库书所依版本情形见表7-1所示）；数量上看，补钞后的文澜阁《四库全书》共有36 917册，比原颁的35 990册多出近千册[③]。所以说，文澜阁《四库全书》补钞本可以补足现存其他三阁所据之原本的残缺[④]。此外，丁氏补钞时的江南诸藏书楼今多不存，藏书亦多有散佚，因而文澜阁《四库全书》补钞本还是江南诸藏书楼藏书的见证，具有弥足珍贵的版本价值。

表7-1 部分文澜阁库书补钞所用书籍版本情形

书目	著者	补钞时间	补钞所用版本	四库原版本
《尚书要义》二十卷《首》一卷	宋魏了翁	丁氏补钞	澹生堂藏明钞本	慈溪郑大节二老阁藏本
《松隐文集》四十卷	宋曹勉	丁氏补钞	丁氏八千卷楼藏清钞本	鲍士恭家藏钞本
《铁庵集》四十五卷	宋方大琮	丁氏补钞	丁氏八千卷楼藏明正德刻本	鲍士恭家藏本

① 童正伦.丁氏补钞文澜阁四库全书述评[J].图书馆研究与工作,2011(4):66-70.

② 吴育良.文澜阁《四库全书》的补钞及价值[J].晋图学刊,2013(1):75-78.

③ 冯源.杭州文澜阁《四库全书》影印出版历时10年重约5吨[OL].(2015-07-19)[2016-12-10].http://news.xinhuanet.com/politics/2015-07/19/c_1115970902.htm.

④ 何槐昌,郑丽军.一部具有特色的《四库全书》——《文澜阁四库全书》[J].图书馆工作与研究,2003(4):30-31.

续表

书目	著者	补钞时间	补钞所用版本	四库原版本
《唐才子传》十卷	元辛文房	丁氏补钞	丁氏八千卷楼藏日本正保本	永乐大典本
《历代制度详说》十五卷	宋吕祖谦	丁氏补钞	丁氏八千卷楼藏旧钞本	两淮马裕家藏本
《纲目分注拾遗》卷二至卷四	清芮长恤	乙卯补钞	通行本	浙江巡抚采进本
《易象正》十六卷	明黄道周	乙卯补钞	《石斋九种》通行本	福建巡抚采进本
《猗觉寮杂纪》二卷	宋朱翌	乙卯补钞	鲍氏知不足斋刻本	两淮马裕家藏本
《待轩诗记》八卷	明张次仲	乙卯补钞	原刻本	浙江巡抚采进本
《南轩易说》五卷	宋张栻	乙卯补钞	沈氏枕碧楼本	内府藏本
《阴符经讲义》四卷	宋夏元鼎	癸亥补钞	涵芬楼正统道藏本	浙江巡抚采进本
《通鉴纲目外纪》一卷	清宫内府编	癸亥补钞	清康熙刊本	清乾隆四十年奉敕撰本
《石山医案附案》一卷	明汪机	癸亥补钞	石竹山房印《汪氏医学丛书》本	两淮盐政采进本
《石渠宝笈》卷首至二十六、又二十九至三十一、三十三、又三七至四十四	清宫内府编	癸亥补钞	涵芬楼印本	清乾隆十九年奉敕撰本
《春秋辑传》十三卷《宗旨》一卷《春秋凡例》二卷	明王樵	癸亥补钞	明万历刊本	直隶总督采进本
《东坡志林》五卷	宋苏轼	癸亥补钞	涵芬楼正统道藏本	内府藏本
《昌谷外集》一卷	唐李贺	癸亥补钞	凌濛初朱墨版本	浙江巡抚采进本
《宋诗钞》卷二十	清吴之振	癸亥补钞	钱氏鉴古堂本	内府藏本

续表

书目	著者	补钞时间	补钞所用版本	四库原版本
《于湖词》卷三	宋张孝祥	癸亥补钞	钱塘汪氏刊《宋六十名家词》本	安徽巡抚采进本
《黄氏日钞》卷十九、二七、三二、六八、七一	明锺惺	癸亥补钞	清乾隆刊本	江苏周厚堉家藏本

二、文献复原价值

《四库全书》编修时出于政治需要，四库馆臣对原书进行了大肆删改，删句、删段、删页，有的书甚至删改得面目全非，特别是对金、元、清人有诋毁侮辱之处，使得其书变成废书。这在前面单不庵的跋文中可见一斑，民国初年的学者对此诟病不已。如鲁迅先生在《病后杂谈之余》中所写："乾隆朝的纂修《四库全书》，是许多人颂为一代之盛业的，但他们却不但捣乱了古书的格式，还修改了古人的文章。"[①]历史学家吴晗亦言："清人纂修《四库全书》而古书亡矣！"

文澜阁《四库全书》补钞时，清王朝已走向了灭亡或已灭亡，时过境迁之下，补钞者们无需再迫于政治压力篡改书籍。另外，补钞所依版本用了许多私人家藏书的珍本、善本，而这些珍本、善本没有经过朝廷删改，补钞主事者均坚持忠于原文，因而补钞本保留了原书的原貌。丁氏钞书时按照书本钞录，不加校改，"校字除庙讳改写外，均照原文"[②]。乙卯补钞时也是忠于原书的，这从单不庵的跋文"补钞既据原刻，今姑仍其旧焉""钞后得原刻本，用朱笔复校一过，要在不失石斋书著书之真相尔"字句可以看出。

所以，文澜阁补钞本匡谬补阙，恢复了历史的真实性和作者的撰写本意，校正了总目、简明目录之讹，特别是使具有民族思想的一批著作，重新放射出气壮山河的光芒，使文澜阁《四库全书》具备了其他三阁书所没有的独特风貌。虽然文澜阁补钞本从文物价值而言不及四库原本，但从文献价值而言则要胜过四库原本[③]。

① 鲁迅．且介亭杂文[M]．上海：译林出版社，2013：155.

② 孙树礼．补钞阁书章程[M]//孙树礼．文澜阁志：卷上．扬州：广陵书社，2006.

③ 童正伦．丁氏补钞文澜阁四库全书述评[J]．图书馆研究与工作，2011(4)：66-70.

三、地域文化价值

文澜阁《四库全书》不仅仅是一部大型典籍，还是浙江明清时期灿烂的藏书文化的一个缩影，更是江南文化渊薮的一个见证。有学者曾论及清嘉、道以后，浙江人文之盛，文澜阁《四库全书》起了重要作用。顾志兴曾考证，除了前文所提到的钱泰吉外，乾隆、嘉庆、道光年间，还有汪中、钱熙咸、孙星衍、朱绪曾、阮元、刘凤诰、陈奂、顾观光、钱熙祚、张文虎、李长龄等许许多多的大儒、学者及藏书家曾就阁校书、钞书。张金吾、陆心源等江浙藏书大家所藏阁本，皆就文澜阁传钞。现代国学大师马浮(一浮)尝寓杭州，遍读文澜阁《四库全书》，王謇《续补藏书纪事诗・马浮》诗中曾以崇敬的心情咏之："书读孤山穷四库，生也有涯知无涯。"民国早期宁波张寿镛辑刻《四明丛书》、青田端木彧辑《处州丛书》，亦就文澜阁中钞录先哲遗书。嘉庆、道光以来，浙江纂修府县志者及寒门士子就阁读书者更日踵其门[①]。可以说，文澜阁《四库全书》曾经为浙江文化教育事业的发展起到了积极的作用，并且影响到周边省份。

相对于文澜阁《四库全书》对浙江文人的文化哺育，浙江人士对文澜阁《四库全书》亦是爱护备至。与现存的其他三阁《四库全书》不同，文澜阁《四库全书》历经多次战火、多次迁徙、多次补钞，凝聚了众多浙江人士的关注、努力与心血，对文澜阁《四库全书》的保护体现了浙江人士一种内在的文化力量。嘉兴人士参与文澜阁《四库全书》的补钞，构成了浙江文化不可或缺的重要部分。

文澜阁《四库全书》特别是其中的补钞本，对于浙江人来说，不仅仅是一种文献，更是一段历史，是反映了浙江人的文化自觉、自我反省和自我重建的一段历史。如今，文澜阁《四库全书》已经成了浙江文化的一个象征符号，使得更多的浙江人由此逐渐形成一种文化认同与归属感。2004年5月，杭州出版社与浙江图书馆签署了共同合作整理出版文澜阁《四库全书》的协议。2006年2月22日，文澜阁《四库全书》的经部开机印刷。2015年7月，文澜阁《四库全书》延续浙江前辈文化人的"四库情缘"，在政府部门、出版界和民间聚力之下，历时10年完成影印出版，在新时代再一次焕发了青春。

① 顾志兴.文澜阁与《四库全书》[M].杭州:杭州出版社,2004:19.

第八章　影印出版　校勘研究

19世纪末至20世纪初，主张以研究国学、保护国粹为己任的学者致力于收集与编印具有学术价值和史料价值的文献旧籍，从事大规模的古籍校勘整理。另外，清朝末年，西方先进的印刷技术随着洋枪洋炮声传入中国，一些出版机构使用了新的印刷技术，大大提高了书籍的出版效益。在此背景之下，二十世纪二三十年代，我国古籍的整理出版与校勘迎来了一个黄金时代。民国后，许多学者和有识之士担心，如果不立即刊印《四库全书》，《四库全书》就有可能不复存在。如叶恭绰①所言："若不亟为影印，以广流传，恐不再五十年不沦胥以亡，即以饱群蠹，好古之士宁不伤心？"②学界与出版界主张影印出版《四库全书》的热情高涨。从提出建议到实施选印计划，再到第一部《四库全书》的全书影印，前后经历了长达几十年的时间。此外，《四库全书》成书后，嘉兴学者就开始了对其的研究与改造。伴随着《四库全书》的出版，学界开始重视对《四库全书》校勘与研究，正式揭开了"四库学"研究的序幕。在《四库全书》的影印与研究中，嘉兴籍人士起到了举足轻重的作用。

第一节　张元济与《四库全书》的影印

张元济（1867—1959），字筱斋，号菊生，浙江海盐人。清光绪十八年（1892）中进士，选翰林院庶吉士，散馆，授刑部贵州司主事。二十二年（1896），以第一名考取总理各国事务衙门章京。二十四年（1897），经翰林院徐致靖举荐，与康有为同

① 叶恭绰(1881—1968),字裕甫(玉甫、玉虎、玉父),又字誉虎,号遐庵。祖籍浙江余姚。早年毕业于京师大学堂仕学馆;后留学日本,加入孙中山领导的同盟会。曾任北洋政府交通总长、孙中山广州国民政府财政部部长、南京国民政府铁道部部长。1927年出任北京大学国学馆馆长。中华人民共和国成立后,曾任中央文史馆副馆长,第二届中国政协常委。

② 叶恭绰.遐庵汇稿:第2辑　上编　公牍[M].遐庵年谱汇稿编印会,1946:48.

日被光绪皇帝召见。光绪喜读新书，尝开列书单交总理衙门购进，即由张元济负责进呈。戊戌政变作，被“革职永不叙用”。乃赴沪，任南洋公学译书院院长，后一度兼任该校总办。二十七年（1900）冬，与蔡元培等创办《外交报》。二十八年（1901）初，应夏瑞芳之邀，入商务印书馆。1954年商务印书馆公私合营后仍任董事长，并当选为第一、二届全国人民代表大会代表。退休后专门从事古籍校勘与版本研究，其间编印《四部丛刊》《百衲本二十四史》。张元济曾参与张宗祥主持的文澜阁《四库全书》的癸亥补钞。

商务印书馆，清光绪二十三年（1897）成立于上海，创办人为夏瑞芳、鲍咸恩、鲍咸昌、高凤池等。初办时的商务印书馆仅是印刷商业簿册的小印刷所，设备简陋，开始时是翻印英国人为印度小学生编印的进口教材，后请牧师译注汉文，出版中英对照的《华英初阶》，继编印出版高一级的《华英进阶》，又承印《圣经》。光绪二十六年（1900）接盘日商修文印刷局，在我国首先应用纸型、铅印版取代铅活字版直接印刷的技术。二十七年（1901）应夏瑞芳之邀，张元济参加商务印书馆工作。张的加入使商务印书馆从一般印刷业务走向文化事业出版活动，发生根本性变化。二十八年（1902）商务印书馆招收新股，吸收日资和日籍技术人员编辑人员，并实行改组，设立印刷所、编辑所、发行所，二十九年（1903）正式成立商务印书馆股份有限公司[①]。清光绪二十七年（1901）至1959年，张元济任职于商务印书馆，1954年商务印书馆公私合营后仍任董事长。在张的主持下，商务印书馆影印了大量的古籍，为我国图书保护与出版事业的发展做出了巨大的贡献。

张元济是我国出版界的前辈，影印古籍是他六十年出版活动的一个重要组成部分。张元济是将古籍的保护与文化的传承和国家的热爱联系在一起的，他在《影印四部丛刊启》里说：“睹乔木而思故家，考文献而爱旧邦。知新温故，二者并重。”他还认为，教育总要从自己固有文化出发，“以国民精神为主，故学成之辈无不知爱其国、卫其种”[②]。他影印古籍一为挽救文化遗产，使其免于湮灭，二为学者解决求书困难。在民国十六年（1927）年一月二十一日致信傅增湘，说：“吾辈生当斯世，他事无可为，惟保存吾国数千年之文明，不致因时势失坠，此为应尽之责。能使古书多流传一部，即于保存上多一分效力。吾辈秉烛余光，能有几时，不能不努力为之也。”[③]而在众多古籍的影印中，《四库全书》的选印出版最能体现其出版精神。

① 万启盈．中国近代印刷工业史[M]．上海：上海人民出版社，2012：382.

② 汪家熔．张元济主持的古籍影印工作[G]//上海市出版工作者协会出版史料编辑部．出版史料：第五辑，1986：22.

③ 汪家熔．张元济主持的古籍影印工作[G]//上海市出版工作者协会出版史料编辑部．出版史料：第五辑，1986：22.

一、首次影印计划并未施行

鉴于《四库全书》在清末毁坏严重，为了挽救这些岌岌可危的古籍，张元济1917年开始就曾多次与当局商议让商务印书馆主持影印《四库全书》。张元济第一次提出影印《四库全书》的计划，与犹太人实业家哈同[①]有关。作为一个敏感而有实力的冒险家商人，在用现代印刷技术印行了皇皇巨著——《频伽大藏经》，取得了一定的出版经验和商业利益后，哈同在民国四年（1915）起意将《四库全书》列入其生财计划。民国五年（1916），哈同在中华书局的支持下，打算向当时的北洋政府借印《四库全书》。北洋政府提出赠送100部影印本作为回报，哈同不敢接受此条件，最终没能实现这一影印计划。

哈同想印行《四库全书》的消息，很快就被与其同处一隅的张元济获知。虽然知道以是时商务的实力无法与哈同相比，但显然，民族责任心和追求事业与发展的梦想促使张元济决定置身其中。民国六年（1917）一月六日，他利用出身翰林的地位与关系，托陈叔通以商务印书馆的名义直接向北洋政府的教育部呈文申请，商借京师图书馆藏文津阁《四库全书》影印；张又于一月八日致信于时任中华民国教育总长的范静生[②]，范静生为中华书局首任所长，支持中华书局来影印《四库全书》。十八日张元济的请求被教育部驳回。《张元济日记》[③]对此事的相关记载如下：

> 莼孙[④]来，言中华怂恿哈同出资印《四库全书》。向政府借出。因政府欲令

① 哈同(Silas Aaron Hardoon，1851—1931)，犹太人，出生于巴格达。1856年随父母迁居印度孟买，并加入英国籍。1872年只身东来香港，第二年转到上海，在沙逊洋行供职。1887年担任上海法租界公董局董事，1898年又改任上海公共租界工部局董事。1901年脱离沙逊洋行独立创办哈同洋行，专营房地产业，在开发经营南京路时获得巨大成功(他占有南京路地产的44%)。1904年开始在静安寺路购地300亩花费70万两银元兴建上海最大的私人花园爱俪园，为当时沪上私人花园之冠，更是上海著名的胜迹。哈同热衷于中国古典文化，还在园内创办了仓圣明智大学。哈同与其妻罗氏还在杭州西湖的孤山平湖秋月附近建造了园林建筑，称为“罗苑”，现为平湖秋月景点的一部分。

② 范静生(1875—1927)，湖南湘阴人，是梁启超的得意门生。百日维新失败后，逃亡日本。先后在日本大同学校、东京高等师范学校学习。1911年任清华大学总办，1922年担任北京师范大学校长。曾于1912年、1916年、1920年三度出任中华民国教育总长。

③ 张元济.张元济日记[M].石家庄：河北教育出版社，2001.(文中以下有关日记条目均来自本书。)

④ 孟森(1869—1937)，字莼孙，号心史，武进人，北大教授，清史学科奠基人。

捐书一百部，故未定议。即函托叔通[①]探问。（1917年1月4日）

呈教部，假图书馆《四库全书》及其他各本影印。托叔通代递。（1917年1月6日）

借印京师图书馆《四库全书》呈被教部批驳。当顶一呈，并致范静生信。（1917年1月18日）

商借文津阁《四库全书》不成，张元济转而寻求与哈同合作。当年一月三十日，张元济致信当时地位显赫的清朝要臣岑春煊[②]，恳请他介绍与哈同接洽合作承印《四库全书》。当时岑春煊在日本，便给张元济写了封介绍信。二月十九日，张元济持岑春煊信往访哈同，但哈同已与中华书局有约在先，故回答"茫然"。张元济认为影印《四库全书》是一项大工程，肯定要货比三家，选择合适的价格。哈同觉其言之有理，遂派其管事姬觉弥与张元济商谈。这位姬觉弥，是哈同的大管家，炙手可热，又监印过《频伽大藏经》，对书籍出版十分内行。但当时双方并未就《四库全书》一事谈拢。

持岑西林信往访哈同，为承印《四库全书》事。哈同茫然。告以此系大宗印刷，将来必须比较印价。哈云自然，遂招其管事姬君，佛陀，号觉弥者来与谈。知其已在彼局牢笼，高言我处相距太远，校印人不愿。彼又言拟印《道藏》，又言拟印《四库》未收书，缪小山已辑有一部等语。（1917年2月19日）

经过多方努力和岑春煊的斡旋，四月十六日，岑春煊约张元济于哈同花园午饭，席间，姬觉弥言将有大宗印件托商务印行。张元济即派郑炎佐前去接洽。商谈结果是，《四库全书》可分一半与商务承印。至此，张元济终于得到了《四库全书》的承印权。

姬觉弥言，顾晓舟经手印件久不出。又言有字课等大宗印刷，将托本馆。余允即派人趋前接洽。即缮函，属郑炎佐往。（1917年4月16日）

郑炎佐往晤姬君，并晤邹景叔。云《四库全书》可分一半与我处承印。（1917年4月17日）

① 陈叔通（1876—1966），名敬第，字叔通。浙江杭州人。清末翰林。长期担任上海商务印书馆董事、浙江兴业银行董事。新中国成立后曾任全国人民代表大会常务委员会副委员长、中华全国工商业联合会主任委员。

② 岑春煊（1861—1933），原名春泽，字云阶，广西西林人，山西大学堂（今山西大学）创建者之一。1900年八国联军进犯京津地区，岑春煊率兵"勤王"有功，成为清末重臣，与袁世凯势力抗衡，史称"南岑北袁"。

然而，由于时局动荡等原因，此次影印《四库全书》的筹划最终不了了之，并未取得实质性进展。但从史料可知，倡议印行《四库全书》，张元济应居首功，商务印书馆为《四库全书》广泛传播所作的努力已经开始。

二、第二次影印计划再次搁浅

第一次世界大战后，鉴于战争惨烈，欧洲本位文化的自信极大动摇，一些人转向东方寻求希望。法国总统声言："欲图战后文明之进步，必先使世界史上最古光彩灿然之中国文化与法国文化两者的关系深厚固结。"[①]民国八年（1919）八月，受当时民国政府委派，官员叶恭绰率代表团赴欧考察，到巴黎参加和会。以叶恭绰为首的一批学者在会议期间大力宣传《四库全书》，与班乐卫[②]、伯希和[③]等一起提议建立巴黎大学中国学院（汉学研究所），并向中国政府借用《四库全书》，以研究中国文化。北洋政府答应每年资助中国学院10万法郎，法国方面同意每年由外交部协助2万法郎。

在准备影印《四库全书》借出之前，北洋政府派学者陈垣[④]到京师图书馆调查文津阁本的具体情况，与此同时，叶恭绰托商务印书馆估算《四库全书》影印工程的费用、工期等事宜，张元济属鲍咸昌[⑤]进行估算。据《张元济年谱》记载，民国九年（1920）一月十日，张元济约鲍咸昌等商影印《四库全书》事。鲍咸昌的估算结果是，"《四库全书》计100万页，石印六开连史毛边各150部，约70万元；三架机印为期须19年"。张元济认为，"如此长期，说不出去"，"改为十三架，五年可完。如

① 单滨新.蔡元培授予班乐卫北大荣誉博士[N].人民政协报,2013-04-04(7).

② 保罗·班乐卫(Paul Painlevé,1863—1933),法国著名数学家,在力学与航空学理论方面多有建树。第一次世界大战时期,历任法国公共教育部长、陆军部长、航空部长等职,并在战后参与组织左翼联盟。1917年和1925年两次出任法国内阁总理,1924年当选议会议长。

③ 保罗·伯希和(Paul Pelliot,1878—1945),世界著名的法国汉学家、探险家。就学于巴黎大学,主修英语,后入法国汉学中心学习汉语,继入国立东方语言学校,专攻东方各国语文历史。曾从师法国汉学家E.E.沙婉(1865—1918)等人学习,致力于中国学研究。1908年往中国敦煌石窟探险,购买了大批敦煌文物,带回法国,今藏法国国家图书馆博物馆。伯希和是欧美公认的中国学领袖,其影响遍及欧美日本及中国。

④ 陈垣(1880—1971),广东新会人。字援庵,又字圆庵。中国历史学家、宗教史学家、教育家。曾任国立北京大学、北平师范大学、辅仁大学的教授。1949年以前,担任过京师图书馆馆长、故宫博物院图书馆馆长。1949年后,任中国科学院历史研究所第二所所长。历任第一、二、三届全国人民代表大会常务委员会委员。

⑤ 鲍咸昌(1864—1929),字仲言。浙江鄞县人。基督教徒。商务印书馆创办人之一,1910年,任商务印书馆印刷所所长。1920年4月,任商务印书馆总经理兼印刷所所长。

果成议，应特别建屋添机”[①]。并将估算约数转告于叶恭绰。当年二月六日，张元济还致信傅增湘[②]，托其代揽影印《四库全书》。

同年三月，巴黎大学中国学院正式宣布成立，班乐卫任首任院长。六月二十二日至九月十一日，班乐卫受北洋政府之邀，率领由法国文化界、知识界知名人士组成的访问团来中国访问，顺道到上海并参观商务印书馆印刷厂，参观后表示，希望法国能对该厂的事业有所贡献，并提议商务印书馆今后也可多编辑一些法文书籍。法国内阁总理班乐卫是一个热爱中国文化的人，访问期间获睹《四库全书》，在他感觉，《四库全书》就像伏尔泰的百科全书一样有价值，于是建议以庚子赔款来印行。为此，北洋政府迅速决定在北京设立文化局，专门施行印行之事，允诺影印后分赠法国总统及中国学院。

九月，北洋政府教育部提出刊行四库全书说帖，谓“此书负世界重名，各国皆争先快睹。近顷，13本图书馆欲出资重写一份，法国巴黎大学复冀送往展览，宜乘此机会，由政府提倡奖助，设立刊行机关，妥定章程，推举声望卓著人员办理其事。并指定文渊阁或文溯阁、文津阁本，由原管官厅暂行点交该处经管，招商承印，准其发行预约券”[③]。后经国务会议议决照办，十月呈请总统明令派朱启钤[④]督理印行事宜，并委派叶恭绰主领其事。叶恭绰便安排朱启钤与张元济展开磋商，商议由商务印书馆承担印书事宜，将商务印书馆拉入了《四库全书》保存和传播的计划。对于此事，张元济及商务印书馆高度重视，在张元济1920年的日记中，多次出现筹划影印《四库全书》之事的记录，兹摘录如下：

> 约高、鲍、谢、李等[⑤]讨论印四库全书事。(1920年9月28日)
>
> (致书王显华)告将入京商印四库事，并我之主张。(1920年9月30日)
>
> 与谢燕堂详算《四库全书》印刷成本。(1920年10月1日)
>
> 约高、鲍、李等讨论承印四库全书之事。余提出消极进行之策，不如请政府

① 张树年.张元济年谱[M].北京:商务印书馆,1991:182.

② 傅增湘(1872—1949),字沅叔,现当代著名藏书家,四川江安县人。清光绪二十四年(1898)进士,选入翰林院为庶吉士。1917年12月至“五四”运动前,曾入内阁任教育总长。

③ 商务印书馆.1897—1992商务印书馆九十五年:我和商务印书馆[M].北京:商务印书馆,1992:142-143.

④ 朱启钤(1872—1964),中国营造学社创始人。贵州开阳人,字桂莘,晚年号蠖公。清光绪举人。1903年任京师大学堂译书馆监督。后历任北京城内警察总监、东三省蒙务局督办、津浦路北段总办等职。1912年7月起,连任陆徵祥、赵秉钧内阁交通部总长。1913年8月代理国务总理,稍后任熊希龄内阁内务部总长。1914年兼任京都市政督办。1918年8月当选为安福国会参议院副议长。1919年任南北议和北方总代表。中华人民共和国成立后,曾任政协全国委员会委员、中央文史馆馆员。

⑤ 即高凤池、鲍咸昌、谢燕堂、李拔可等人,均为商务印书馆创始人。

预垫若干，一面售预约券，购得若干再行开印。翰稍有难色，后亦谓可行。鲍则云可相机行事。(1920年10月2日)

从上述四条日记可以看出，张元济在赴京之前，与商务印书馆的同仁多次商讨此事，在详细计算了印刷成本后，张提出的是“请政府预垫若干，一面售预约券”的消极进行之策。与初次动议影印不同，此次张元济的考虑更加全面慎重。所以十月八日，当与叶恭绰具体面谈《四库全书》影印一事时，张元济准备充足。

玉虎(按，即叶恭绰)谈四库事。有财部印刷局。又董授经等。又范静生似将为中华说项，然甚愿与商务商，能否联合各家，组织一承印机关，以免烦言。又言政府已筹定周转用款约三十余万。又问纸能否一律。余云终难免参差，但不甚相远。问期，余云用三开至快约五六年。问价，余云一百部约一百五十万元。加一百，在二百万外。但系约略之数。余问预约如何定价。云不能太贵，恐于销路有关。余问销路如何估计。云每省一部，每督军一部，学校五部，哈同五部，个人有力者十五部，有力之机关六部，政府廿五部，此为一百部。日本三十部，欧美七十部。余云销路恐不能得如此之多。但购买者既有此志，却不甚争价。余意定价可昂。余言此事责任甚大，我处为利益计，不愿任。但彼此交好，为不誉计，可以效劳。有两办法：甲，为公家作主，但我处代办料、代印。领得若干款，即印若干。乙，为我处承办，政府包。筹得之费作为垫款，一面售预约，售得之价陆续归还。但须订明售出若干部方能开印，不及作罢。过若干部，我处得应得之手续费，余尽归公。玉谓甲册不妥、恐将来无结果。乙册售价恐不能过昂。能否联合各家承印。余谓联合难办，只可各定合同，由朱桂莘(按，即朱启钤)总其成。玉云恐不能办。余云由我联合，亦无人能总其成。他家或肯如此，我处则不愿。且敢预言必无结果。玉云不知桂莘意如何。拟约伊来京再谈。又谈书面纸可分四色，套子可用布。此系八日之事，误记于此。(1920年10月9日)

据张元济上条日记所载，张元济与叶恭绰商谈的内容比较全面。叶恭绰表达了政府愿与商务印书馆合作的意愿，希望商务印书馆联合各家，组织一承印机关，政府已筹定周转用款约三十余万，对用纸、印期与售价等问题进行了询问，而且对拟影印200部的销路已做好计划。张元济认为联合难办，并提出了影印《四库全书》的两种方式，政府拨款、商务印书馆代印，或是商务印书馆承办，政府筹款作为垫款。从日记看，双方商量并没有达成一致。

陶兰泉[①]约晚饭后八点钟派车来接，至任振彩家晤朱桂莘。据言决不自行设局，须与一有经验，有信用之公司订约承办，务求保障确实。问余有何办法。余先问明用何格式。朱云决定三开，须带有美术性质。余历举工程之巨，及办理之难，断无一家可以专办之理。又告以工料继长增高，在长时间内无从预估。朱言可代筹一办法。如无办法，渠亦不办。如有办法，可以办到，即当进行。后兰泉言，最好由政府筹款，购买民国九年公债，每年抽签之后即以该款充用。现时一面仍售预约。余言由商家代办，盈亏均归公家。朱意不以为然，遂约定十四晚再行续商。(1920年10月12日)

午后二时应桂莘、静生之招，至北京图书馆，看四库全书。遇王叔均、叶玉虎、徐端甫、陶兰泉诸人。四库全书即用三开，内匡已甚不宽舒，天地亦不甚宽展。原书系绢面仿蝶装，将书脊包裹。经部茶青、史部红、子部蓝、集部灰。另橱式四册，尺寸甚大，每石只能印一张。(1920年10月14日)

晚赴静生之招，在任振彩处谈四库全书事。余言三开净本，制版连印墨约一百六十万。书每部纸装套约七千元，加手续损耗，壹百部至少三百万元。四开制版九十余万，纸装套五十余万，加手续损耗五十万，一百部约二百万元。至印刷有分印，选印两种办法。分印仅依次分批。选印系择其未曾刊行或久已失板者。定价极昂，即二三成之书，亦可定价七八成。其余常见之书，即不印亦无妨碍。如能售出即以所溢得之价续印亦可。但总以不售预约为宜。至招商承印，亦有两法：一为先订短期合同，至多一年一为，完全代办。有多少款办多少事。玉虎均不谓然。桂莘则谓必须觅一可靠之公司承办。余谓经费完全有着，余亦不敢应允。缘组织过大，毫无把握。工料两项尤难预估。最后决定托余代拟计划书。余请先向各印刷公司估价，免至受人责备。桂莘谓毫无标准，可以不必。余谓不能过速，须回沪后再行商议。(1920年10月15日)

余告玉虎，四库事必与同人力筹省时、省工办法、借酬盛意。但一家总难担任、必须分与他家。(1920年10月25日)

从上述几条日记中可以看到，十月十二日至二十五日，张元济与朱启钤、叶恭绰、沈静生等人多次商谈《四库全书》一事，双方就合作的方式产生分歧。政府一方认为“决不自行设局，须与一有经验、有信用的公司订约承办”，张认为“工程之巨，及办理之难，断无一家可以专办之理”。再加上，照原式影印，需用手工纸，要

① 陶湘(1871—1940)，民国著名藏书家、刻书家。江苏武进人。字兰泉，号涉园。清末以县学生保送鸿胪寺序班，后累擢至道员。清光绪二十八年(1902)任京汉路养路处机器厂总办、上海三新纱厂总办。

求比较高的质量，国内产量无法供应，可能功废半途。之后双方虽又商谈过，但很难取得一致意见，加上北洋政府难以筹措足够费用，此次影印计划又再次搁浅。后来，北洋政府曾印过样本，遍送东西各国，但对于影印全书，并未采取其他措施，延搁数年，寝于无形。

三、第三次影印计划功败垂成

民国十三年（1924）二月，张元济以商务印书馆成立将届30年，希望影印四库全书以为建馆纪念，并计划以印书赢利为续修《四库全书》的经费，“拟请海内通人，选择四库存目及未收书，刊为续编”[①]。张元济派高梦旦[②]进京与清室内务府接洽，商借文渊阁《四库全书》运沪影印事宜。

计划将版式缩小影印，可省成本、工期。预计全书运抵上海后，以半年为筹备期。一年半后开印，分十期出书，每期二百册，半年一期，斥资500万，分五年印完。由于经过了精心的准备和五年的等待，清室方面也乐于获得一笔收入，因此，最终达成协议，拟定领印办法十二条，并报请北洋政府国务院、内务部、交通部、教育部备案，由交通部派专列运沪实行。几经磋商，始得同意，订定领印办法十三条。三月中，报请北洋政府国务院及内务部、教育部、交通部备案，由交通部令行京奉、津浦、沪宁三路局预备专车，沿途护送到上海[③]。

四月五日，商务派员会同内务府委员到文渊阁查点装箱，至七日所装约得三分之一。眼看谋求有望，忽然又起波折。八日，由所谓大总统府秘书厅致国务院一道公函，查禁“四库”出京。谓“风闻文渊阁一部四库全书，竟由沪上商家托词刷印，商明清室内务府人等，有即日装运出京之说，殊堪诧异。……应由该院行文该内务府阻止，一面分别函交通部、饬警察厅查禁装运出京”。表面上是说“爱护古籍，格外慎重”，其时贿选总统曹锟亲信李彦青出面向商务印书馆索贿6万元未遂，全书运沪一事被迫停止。四月十五日由张元济致函当时国务院总理孙宝琦，言：“此书关系中国文化，且卷帙繁重，印刷不易，需费尤多，……今敝公司所印，系就原书缩照，定价较廉，意在广为流布。窃维与政府宣传文化、嘉惠中外之意，尚不相悖。何敢为罔利之计？”[④]声明借印经过情形，并非与清室私相授受，仍请放行运沪。

---

① 黄爱平.《四库全书》纂修研究[M].北京：中国人民大学出版社，1989：413.

② 高梦旦（1870—1936），出版家，名凤谦，字梦旦，长乐龙门乡人。清光绪二十九年（1903），张元济聘梦旦入馆任编译所国文部部长，后继任编译所所长、董事等。

③ 商务印书馆.1897—1992商务印书馆九十五年：我和商务印书馆[M].北京：商务印书馆，1992：144.

④ 张元济.致孙宝琦[M]//张元济.张元济书札.北京：商务印书馆，1997：462.

孙宝琦五月三日复函张元济，谓“有主张照原书式样不改者，有主张在京印行者，一时尚难解决，必须通盘筹划，方能定计。”并邀张去京共同商议。八日，张元济第二次去函，说明照原书式样与在京印行，为不可能之事，信中文字所述如下：

> 敝馆工厂经营几三十年，一切设备，糜金五百万。前议影印是书，虽不能以全力贯注，然须以大部分供给之，尚须五年，方能蒇事。敝馆虽有分厂，设在京师，然若印是书，则必须加两、三倍之建筑。其他机械工具称是。敝馆实无此力量。故日不可能也。于是又有谓不能在京印行，不妨在京摄照寄沪印刷者。敝馆计划此事，宁不筹虑及此?果如所言，器具、技手均须分拨若干至京，而于他项印刷工程，必多牵掣。在事实上实有难行。又照相之事，因气候之转移，时有变坏，故制版上石之后，不能不取原书复勘。如原书在京，则必须逐叶寄京校对，靡费既多，耗时太甚。商力绵薄，讵克胜此。故亦日不可能也。[①]

信中，张元济还表达了商务印书馆影印《四库全书》一事的能力与责任，并竭诚希望政府能够站在古籍保护、文化传承的立场，促成此事，切勿重蹈覆辙。

> 商务印书馆若不印此书，在若干时期以内，必无人能肩此任。此若干时期以内，又不知经几许沧桑，今仅存之三部，恐且为永乐大典之续矣……如各方误会不易了解，尽可作罢，不再渎陈。惟望政府诸公，指拨帑项，妙选通才，克期兴工，毋再蹈五年以前之覆辙。[②]

后未见孙宝琦回函。此次影印计划因意外之梗半途而废。

四、第四次影印计划复归泡影

民国十四年（1925），北洋政府段祺瑞执政，教育总长章士钊，交通总长叶恭绰又知会张元济，政府有意允印《四库全书》。当年六月十日，叶恭绰托人转告张元济，言“京津同人颇主乘时重提印著《四库全书》事。机不可失，务望指定一人来商”[③]。翌日，张元济回复叶恭绰，谓“招印《四库》，盛意极感。时局变迁，未敢轻试。”[④]十三日，叶恭绰再次致电张元济，言“印《四库》书事，现在多人赞成，

① 张元济.致孙宝琦[M]//张元济.张元济书札.北京：商务印书馆，1997:65.

② 张元济.致孙宝琦[M]//张元济.张元济书札.北京：商务印书馆，1997:66.

③ 张元济.张元济全集：第一卷　书信[M].北京：商务印书馆，2007:299.

④ 张元济.张元济全集：第一卷　书信[M].北京：商务印书馆，2007:299.

望即定专员来商”[①]。七月二十一日，章士钊致电张元济与高梦旦、李拔可，言印行《四库全书》事“兹政府有意继续前议办理，务请贵馆委派代表来京会商”[②]。张元济即日复函，主要为开具六条先决条件，但旬月无回音。后经孙壮探询，叶恭绰责怪“馆中无意为之”。八月十日，张元济托傅增湘代询叶恭绰，商务开具六条，“何者可办？何者未能？乞其明白答复。如有其他办法，亦望见告，以便开会详细商酌”[③]。在傅增湘等人的斡旋下，八月中旬，张元济派李拔可代表商务印书馆赴京接洽承印《四库全书》事。

此次承印《四库全书》一事的洽谈并非一帆风顺。在版本问题上，当时商务印书馆准备了五种样本，后合同商定，缩印分三种版本：特种九开本、甲种九开本、乙种四开本。特种九开本为原式大小，印三十部，由政府出资供分藏国内各大图书馆。甲种九开本、乙种四开本都是缩印本，用四开本印版改制，不另摄影，即以四开本的一页分为四页，拟印行八十部，由商务印书馆定价发售，以广流传。当时还有主张专用手工连史纸印六开本，另行摄影，使每页版匡大小能与四部丛刊相同，亦因采购纸张无把握，而且费用过大，作为罢论[④]。为保护版权，只可拍摄影印，不能另制版，章士钊言“如商务承印此书实在亏耗之时，政府亦须补助”[⑤]，张元济等人认为“补助一层，不受较为干净，既免谣言，亦免妒忌”[⑥]，而拒绝章士钊的提议。至于经费，张元济言“政府定印之款即就赔款着想，……只盼退还赔款，并无希望政府直接拨款之意。吾兄奔走已极辛苦，宁敢再出题目乎”[⑦]。对于《四库全书》影印之地，张元济坚持将《四库全书》一次性运到上海再进行影印。但《四库全书》运沪一事却遭到当时教部司长高步瀛的阻挠，要求商务印书馆将《四库全书》分运至上海。张对此极为愤慨，并致信傅增湘，托其向当局陈明利弊。

拔可来信述教部司长高君不允将《四库全书》运出。仲骞、森玉商改四次分运，我兄竭力斡旋，为设种种方法，以防后患，至深感荷。惟政府未能稳定，战事难免复作。在同政府之下，以一司长可以抗令不遵，则易一政府，更可取消前政府之命令。即现政府可保无虞，而司长可以不遵执政、总长命令，则此次即从高

① 张元济.张元济全集:第一卷　书信[M].北京:商务印书馆,2007:299.

② 张元济.张元济全集:第三卷　书信[M].北京:商务印书馆,2007:212.

③ 张元济.张元济全集:第三卷　书信[M].北京:商务印书馆,2007:322.

④ 丁英桂.商务印书馆与四库全书[M]//商务印书馆.1897—1992商务印书馆九十五年:我和商务印书馆.北京:商务印书馆,1992:143-145.

⑤ 袁景华.章士钊先生年谱[M].长春:吉林人民出版社,2001:178.

⑥ 张元济.张元济全集:第二卷　书信[M].北京:商务印书馆,2007:34.

⑦ 张元济.张元济全集:第二卷　书信[M].北京:商务印书馆,2007:41.

司长四次分运之议，至第二期领书，一科员、一录事、甚至于一公民，亦何尝不可起而阻止？彼时公司预约已经售去，第一次书亦已印成，岂非进退维谷、制我死命!故不能一次运沪，宁可不印。前日已电拔可南归，想已转达。弟在公司二十余年，今借三十年纪念之机会，希冀印成此书，为社会稍尽微劳，即可藉此结束。公司同人以垫本太多，危险太大，本多反对，今竟如此，尚复何言！……先运子、集两部之言，全未从营业方面着想。至留京局照相亦不可行。若缩短摄影期，原无不可，但必须添造房屋，添办机器。一时骤添许多工手，工作必大增涨，而照成之片不能随照随印，必须另存铅皮。铅皮之价又须搁起，且其占地位。存版房又须另造，此事恐要赔钱。但商家总望少赔，政府何不稍加体恤？此层亦请剀切为当局诸君言之。①

同时，商务印书馆还面临着同行的从中作梗，先拟商借印京师图书馆所藏之文津阁本，遭有人暗中捣乱，故又有影印故宫藏文渊阁本之意。对于此支冷箭，张元济主张需针锋相对，让真相来说话。在民国十四年（1925）九月二十二日给李拔可的信中，张如是写道：

印刷局如此捣乱，未知有何人暗中主持？渠既明发传单，鄙意不能置之不理。民国九年弟曾有一详细计划书寄与朱桂莘、叶玉虎两君。此稿曾有存底，偏寻不着，是否由兄带去？鄙意拟即据此将该局传单所指各节明白答复，使外人了然于此事之真相，不然他人且将疑我于此可获大利，故不敢一启口也。②

在众多人士的协助之下，后终商定查点影印文津阁本。对于此事的一波三折，张元济在十月五日给傅增湘的信中感叹："此事弟尝譬之唐三藏取经，层层难关，均已度过，此时总算望见大雷音寺矣。白马驮归，尚未知在何日，尚望诸大护法家始终保佑。"③十二日，李拔可在京代表商务与教育部签订影印《四库全书》合同。十七日，教育部发出训令，叙述政府决定经过，并令京师图书馆将文津阁本《四库全书》点交商务印书馆运沪，并着交通部协同运送。

本年九月二十五日奉临时执政令，四库全书为我国最大之典籍，甄综国故，世界共推。……兹据教育总长提议，将文渊、文津两阁全书，择一运沪，交商务印书馆参照中西版式缩本影印，以广流传。规划至当，事属可行，准由该部将文

① 张树年.张元济年谱[M].北京：商务印书馆，1991：257.

② 张树年.张元济年谱[M].北京：商务印书馆，1991：259.

③ 张元济.张元济全集：第三卷　书信[M].北京：商务印书馆，2007：324-325.

津阁全书一部点交移沪影印。……全书运沪时，交通部并应协同运送。其余承印事宜，即着该部商同该印书馆妥为办理。[①]

十月二十日全书查点完毕，装成1 024箱。二十二日，京师图书馆与商务印书馆订立《四库全书》专项合同，规定全书6 144函，于5年期间分16次运还[②]。因江浙战争重起，铁路中断原定陆运改水运。十月下旬，由海路运《四库全书》事，最后因恐遭各种不测而遂止。李拔可先行乘轮回沪，全书仍退归京师图书馆保管。

民国十五年（1926）秋，时局已暂平息，商务印书馆重议《四库全书》运沪，但政府更迭，书已送回上架，新来的教育部次长以“此事不但部中反对者多，且阁员中亦少明白真相者”[③]予以回绝。此次影印《四库全书》计划又遭失败。

虽经多方呼吁与积极奔走，商务印书馆影印《四库全书》的四次计划均以失败告终，但张元济并未放弃希望。此间，张元济曾致函好友傅增湘吐露心声说：如此一大事因缘，自然不能不有许多魔障，但使吾辈力行不懈，终当有登彼岸之时[④]。当然，商务印书馆影印《四库全书》的尝试与努力为后来人影印《四库全书》提供了诸多经验与借鉴。

第二节　蒋复璁与《四库全书》的影印

蒋复璁（1898—1990），海宁硖石人。为海宁蒋氏别下斋后人，是藏书家蒋光煦之曾孙，20世纪著名的图书馆学专家。出生藏书世家，自幼受到家庭良好教育。民国九年（1920），经堂叔蒋方震（百里）引荐于梁启超，进松坡图书馆任秘书编辑。十二年（1923），北大哲学系毕业，兼任北京、清华两所大学的讲师。十五年（1926），任国立北平图书馆编纂。十九年（1930）七月，获浙江省政府选派考取“德国洪博基金会”奖学金，留学德国柏林大学哲学系及图书馆学院毕业。归国后即投身图书馆事业，1940年前后曾开放抗战文库，收购古籍善本，影响甚大。后蒋复璁对文物的维护和修缮作出了极大贡献，使台北故宫博物院跻身世界五大博物院之列，被誉为“中国国宝的守护神”。著有《珍帚斋文集》130余万字，主编有《徐志

① 丁英桂.商务印书馆与四库全书[M]//商务印书馆.1897-1992商务印书馆九十五年：我和商务印书馆.北京：商务印书馆，1992：143-145.

② 丁英桂.商务印书馆与四库全书[M]//商务印书馆.1897—1992商务印书馆九十五年：我和商务印书馆.北京：商务印书馆，1992：143-145.

③ 王齐，卢仁龙.大事因缘，百年遂愿——商务印书馆与《四库全书》的影印传播[N].中华读书报，2003-08-13(14).

④ 张元济.张元济全集：第三卷　书信[M].北京：商务印书馆，2007：330.

摩全集》和《蒋百里先生全集》。

蒋复璁一生都在与图书打交道，回国后任图书馆筹备处主任时，即主持影印《四库全书》。在《影印文渊阁四库全书珍本后序》中，蒋氏称："学林惩《永乐大典》灭亡之不可复，而亟图影印《四库全书》，以广其传，藉访不虞也。"在蒋复璁主持下，文渊阁《四库全书》得以选印出版，蒋复璁以此与各图书馆交换西文图书。

自此，蒋复璁与《四库全书》结下了不解之缘。抗战期间，浙江杭州文澜阁《四库全书》辗转运到重庆。在蒋复璁等努力下，《四库全书》最终回到浙江杭州。

除了《四库全书》，蒋复璁在动荡时期还保护了大量古籍。如1941年初，蒋复璁冒险潜往上海，协同张元济、郑振铎等人组织"文献保护同志会"，对沦陷区的古籍展开抢救工作，收集包括大量宋元刊本在内的珍贵古籍3 800多种，达数万册。1945年，抗战胜利，蒋复璁任教育部京沪区特派员，主持江南地区文教单位接收事宜，成功从"军统"戴笠手中接收追回原叶恭绰、叶公超叔侄保藏，转手由粤商陈存仁捐赠国家的国宝毛公鼎；还通过中国驻日军事代表团收回日军从香港劫走的大量珍贵古籍。

在民国时期主持选印《四库全书》之后，20世纪80年代，蒋复璁又主持了文渊阁《四库全书》的全书影印工作，使得《四库全书》终以全套形式面世。

一、文渊阁《四库全书》的选印

影印四库之计划历经多次而未能实现，终其原因，诚如蒋复璁所言："固其间不乏或因私欲而加阻梗，亦缘其书卷帙过巨，影印费用高昂。且所需技术工人之召致，国产纸张之生产，皆有不敷之感，故承办者难其事。"故在计划影印四库全书之际，有人提出了选印的计划，赞同者先后有教育部司长高步瀛、辽宁董众、坐办金梁等，并草拟出了书目，但最终没能付诸实践。蒋氏在其《影印文渊阁四库全书珍本后序》一文中对此事多有记载。

> 影印四库之主要目的在广流传而资保存文化，非在堂皇富丽之观赏。然四库所收之书，坊间通行者实居泰半，四库全帙，究非学子所切需。全书之影印既难成功，乃有倡选印之议者。民国十四年教育部司长高步瀛氏首发之，并草拟选印书目表，列四库罕见之书一百七十七种。惟其时正第三次影印计划垂成之际，其议故未受到重视。继和其议者则有辽宁董众。董氏当奉天计划影印文溯四库之时，以其工程巨大，徒耗物力，无裨实际，乃主张延聘硕学鸿儒，精选其中固本，委托上海商务印书馆来奉摄照，运沪制版印行。迨文溯四库影印工作，因

杨氏被刺后，陷于停顿，坐办金梁始赞同董氏之议，于十九年撰拟孤本选目表，得书三百八十八种，卒以张学良仍无诚意举办，选印事亦成画饼。

“九一八”事变发生后，文溯阁《四库全书》沦入日人之手。在这民族危亡之际，有识之士深恐《四库全书》遭《永乐大典》的命运，遂重拾影印之议。

民国十七年，国民政府完成北伐，统一全国，奠都南京后，即留意发展文化事业，亦有筹印四库之议。因其时张学良以影印文溯四库事通告海内外，并电复国民政府，略谓筹备已妥，乞以见让云云，遂缓其事。及九一八事变发生，文溯阁书沦入日人之手，四库又少一部，识者忧之。

民国廿二年元月，余奉派筹备中央图书馆之设立，时值九一八事变之后，经济困窘，仅由交通部按月补助二千元为筹备经费。图书馆以书为主体，故余以一千元作购书费，余一千元为租屋及一切人事等项费用。然以此区区之数而作中央图书馆之建设，实如缘木求鱼，乃面陈教育部朱故兼部长骝先先生，承蒙俞允，以筹印四库为首要工作。盖一以四库全书名著海内外，为纪念中央图书馆之设立而影印四库，藉艺林盛事而丕显国家之守藏；再则藉四库版税所得之书，以备与国外图书馆交换之用。中馆预算后虽成立，亦仅月给四千元，故中馆对四库珍本作交换之用，颇见功效，今日中馆架上之西文参考书籍，甚多尚为当年四库交换所得。余卸命先赴北平，调查文渊阁四库全书内容，旋经王前教育部长雪艇先生提经行政院会议通过，乃赴沪与商务印书馆接洽影印事宜。

民国二十二年（1933）初，蒋复璁被国民政府任命为中央图书馆筹备处主任，负责中央图书馆的设立工作，但由于经费紧张，图书馆的建设举步维艰，于是《四库全书》影印工作旧事重提。从蒋氏所记中看出，当时中央图书馆想借影印《四库全书》纪念中央图书馆的设立，并作为与国外图书馆交换之用。是年四月，教育部委托蒋复璁亲自找到张元济，希望商务印书馆印行《四库全书》未刊本。时任商务印书馆董事的张元济曾在致傅增湘的书信中提到，“初由蒋某（按蒋复璁）来商，即百里之侄，持其叔之信来见”[①]。当时商务在遭受“一·二八”战火重创后，正处于

① 张元济.张元济全集：第三卷　书信[M].北京：商务印书馆，2007：394.

恢复期，张元济遂将此事介绍给当时主持商务印书馆事务的王云五[1]。王云五虽不甚熟悉古籍，但他知道这是十几年都没有等来的机会，因此他对张元济说："为营业计可以不做。为名誉计、为本馆同人宗旨，却不能不做。""四库不能全印，诚属憾事，然能印未刊之本，慰情究为聊胜。"[2]蒋复璁于五月两次赴上海与商务印书馆进行磋商，与商务印书馆签订了《影印四库全书未刊本草合同》。

让人更意想不到的是，针对中央图书馆筹备处初步拟定的《影印四库全书未刊本草目》，在教育界文化界内部掀起了一场激烈争论。当时，时任国立北平图书馆副馆长袁同礼和善本部主任赵万里主张以善本代库本，并得到了原北京大学校长、时任国立北平图书馆馆长的蔡元培的支持。一时之间，众多知名学者纷纷发表意见，其中对《影印四库全书未刊本草目》中366种选书发表的意见尤多。

> 方四库珍本初集拟议筹印之时，亦颇有图沮其事者。或遍邀津沪学界名流联衔致书教长，或于报端发表谈话，佥谓宜延聘专家组织委员会，从长计议。综反对意见，大抵不过以四库本多经馆臣改窜，孤本秘笈，近年颇有发现，应选取以取代四库本。或应取文渊、文津二本校勘，择善而从，不可专印文渊四库等等。

张元济对以善本代替库本的建议进行了反驳，七月十三日，他致信袁同礼：

> 影印《四库》未刊本，公主张拟用善本替代，并联合南北各学术团体及学者，即日草具公函，向教育部当局建议，甚盛！甚盛！惟弟窃以为兹二事者不妨兼营并进，而不必并为一谈。《四库》所收，非尽善本，且有残缺讹误，无庸讳言；但其间有未经刊行，或虽已刊行而原本不易购求者，如能及早影印，俾得流传，当亦大雅之所许。……至以善本代库本，则鄙见窃以为不必，且于事势亦有所不能；善本难遇，乞假尤难，往返商榷，更多耽搁，如是则观成无期；且善本亦正无穷，……故弟窃以为二公高见与教育部原意，分之两利，合之两妨。[3]

张元济还主张，"不如先以珍本为基础，徐图续印，日久便可成一全《四库》

① 王云五(1888—1979)，名鸿桢，字日祥，号岫庐，笔名出岫、之瑞、龙倦飞、龙一江等。出生于上海，广东香山(今中山)人。现代出版家、商务印书馆总经理。1907年春任振群学社社长。1909年任闸北留美预备学堂教务长，1912年底任北京英文《民主报》主编及北京大学、国民大学、中国公学大学部等英语教授。1921年，由胡适推荐到商务编译所工作。在商务工作的25年时间里，王云五引进国外先进的科学管理方法，以平民化的出版视角、商业化的经营手段，带领商务走向新的出版辉煌，并为我国近代文化教育事业作出了大量贡献。

② 张元济.张元济书札[M].北京：商务印书馆，1997：381.

③ 张树年.张元济年谱[M].北京：商务印书馆，1991：380.

书”[①]。最后，教育部采纳了张元济的建议，王雪艇（时任教育部部长）“以诸家意见虽具价值，但不宜与影印文渊四库混为一谈，可以并行而不悖”为由，力排众议，坚持选印文渊阁《四库全书》，并对《影印四库全书未刊本草目》进行讨论修改。民国二年（1933）八月，教育部聘请张元济等17人组成编订《四库全书》未刊珍本目录委员会。至十月，终于编定《四库全书珍本初集目录》，选定书目二百三十一种。当时战事紧张，北平告急，古物南迁，文渊阁《四库全书》转运至上海，为影印工作带来了巨大便利。

> 为期其事早日实现，急应学术界迫切之需，经呈准初步选印其中罕传之书二百三十一种、一千九百六十册，名曰《四库珍本初集》。斯时华北局势动荡不安，中央为策文物安全计令将国立故宫博物院等机构所藏文物南迁，陆续运存上海，文渊四库亦在其中，故珍本摄照工作得以顺利进行。……余乃秉承王雪艇先生之命与商务印书馆总经理王云五先生通力合作而卒底于成，于二十四年出版竣事，遂未蹈第三次影印计划之覆辙。

全书的摄影工作从十一月十七日始，是日上午10时，由故宫博物院驻沪办事处主任、中央图书馆馆长蒋复璁，商务印书馆总经理王云五，以及全体影印工作人员合影留念后开工，前后约经6个月始拍摄完成。影印工作开始于民国十三年（1934）七月，至十四年（1935）七月，《四库全书珍本初集》共计231种，分装1 960册，先后分四期陆续出齐，共印1 000部，定价800元[②]。

商务印书馆缴交政府100部作为版税，蒋复璁即以这100部书作为交换物，进行出版品国际交换工作，换得大量珍贵书籍，其中包括不少国外论述中国的作品，如1771年Osbeck Peter所著《中国和东方航海记》，1804年Barrow John所著《北京及其它地区的旅行》，1863年Knight Captain所著《喀什米尔和西藏的徒步旅行记》，1879年Edikins Joseph所著《中国人佛教》等，大大丰富了馆藏。

其他由商务印书馆发行的900部，被国内外人士抢购一空。珍本初集出版后，原定计划续印二集，因抗战爆发，续印计划中断，但《四库全书珍本初集》的出版部分实现了人们近20年来的愿望。对于张元济而言，《四库全书珍本初集》的出版更是他多年多方呼吁与积极奔走的产物，夙愿得偿自是感慨万千。在民国二十二年（1933）十一月二十三日给汪兆镛的信中，张元济谓“商馆承印《四库》未刊本之事，经多数争论，卒从原议定局，现已开始摄照。此事创议于十年以前，不过藉偿

① 张树年.张元济年谱[M].北京：商务印书馆，1991：381.

② 王涛，等.商务印书馆一百一十年[M].北京：商务印书馆，2009：331-333.

夙愿，聊尽义务而已”[①]。

值得一提的是，在《四库全书》选印的过程中，另一位嘉兴人士丁英桂也起到了重要作用。丁英桂（1901—1986），平湖乍浦镇人。民国三年（1914）高小毕业，翌年考入上海商务印书馆商业补习学校，学成后留馆工作。一生致力于出版事业，负责孤本、珍本和善本古籍的印行工作，负责出版的有影印宋本《杜工部集》《百衲本二十四史》及明正统本《道藏》《元明参考丛刊》等，其中《杜工部集》是善本古籍影印的创举。在商务印书馆多年中为张元济辑印古籍的助手，曾经多次参与《四库全书》的筹印工作，并负责影印出版《四库全书珍本初集》。

二、文渊阁《四库全书》的全书影印

1949年，文渊阁《四库全书》被国民党搬至台北故宫博物院。1969年，台湾商务印书馆与台北故宫博物院继续合作，重印《四库全书珍本初集》。时任台北故宫博物院院长的蒋复璁主持了《四库全书珍本》诸集的影印工作。1971—1974年，印成第二至五集，连初集共印960种。1975年又编印《别辑》，收《四库总目》著录的辑自《永乐大典》诸佚书214种（共385种，其余的已收入初集至五集）。1976—1982年，又扩印第六至十二集，收704种。总计13集，共印四库书1 872种、15 830卷，占《四库全书》收录总数3 503种的54%，就卷数言，占44%[②]。

1982年，台湾商务印书馆决定全书影印文渊阁《四库全书》。9月，台湾故宫博物院管理委员会第8届第10次常务会议决议同意影印文渊阁《四库全书》，引起了社会各界巨大反响。蒋复璁1983年从台北故宫博物院退休，仍参与主持文渊阁《四库全书》的全书影印工作，为《四库全书》的出版做出巨大贡献。他在1984年撰写的《〈四库全书〉的性质与编纂及影印的经过》一文，记述了文渊阁《四库全书》全书影印的缘由与经过。

> 据该馆执事者言，如继续选印，尚需十数年，方克完成全书之影印。而先后出售，难得有一部之完整，无法适应购者，而珍本无页码，无法编索引，亦无目录以排比，故请全部一次印行，经故宫博物院管理委员会第八届第十次常会通过，分十集出版，现已印至第三集，大约再有两年，可以出齐。

1986年3月28日，全书影印工作告竣。全书整编完成后，又编辑全书目录及索引，另加编总目、简明目录的索引，全套共1 501册，净重2.36吨，首印300套。

① 张树年.张元济年谱[M].北京：商务印书馆，1991：387.

② 汪家熔.台湾商务印书馆影印《四库全书》概况[J].古籍整理出版情况简报，1987：27-30.

在全书影印之时，蒋复璁又提出了以《四库全书》的影印为基础，在四库各版本的校勘、文史教学、四库学的专题研究等方面加强对《四库全书》的研究，同时提出续修《四库全书》的希望。

> 一、现在国家文化复兴，大学设立文史系的已属不少，其他研究院及学术机构亦是不少，在四库影印出版之后，大家不妨将四库各书作一番校勘，为善为恶，以明四库的真相。在学校可用四库来督课学生，于中国学术史及目录学都有裨益。在专家也可藉此改进四库，充实中华文化。或者可在文、史系及图书馆学系开四库学一门课，或在研究所作一专题研究，不仅可以启发这个宝藏，对中华文化亦必大有贡献。二、四库全书，限于乾隆初年，清代朴学盛于乾、嘉，其书之不在四库者甚多，故实有扩大广收的必要。况乾隆以后，著作更多，印刷益便，迄今二百余年，新出图书及前因违碍被禁之书，入民国后解禁而出现者亦颇不少。又四库存目之书，徒以立场不同而未收入四库，亦应重予搜辑。凡此数端，四库全书应予续修，限于清末。凡民国以后出版之书，以科学繁兴，体例在所必变，不在此次续修之列。

蒋复璁的这些想法对《四库全书》的后续研究极具指导意义，二十世纪八九十年代至今，随着四库全书的影印出版，“四库学”研究方兴未艾。

同时蒋复璁积极筹划《四库全书》的续修工作。自1985年开始，蒋复璁和王振鹄拟定了续修《四库全书》计划，拟根据中国历代书籍目录补齐书目，并根据乾隆以后的书籍与历史记载，继续整理清朝末期之古籍，同时考虑到原《四库全书》编修时，凡含有民族意识、反清思想的典籍均被修改、查禁、销毁，使之失诸公正，续修时亦应补充[①]。作为台湾版续修四库全书的总召集人，蒋复璁召集了钱穆、王梦鸥、高明、黄彰健、王叔岷、昌彼得、陈磐安等著名学者，计划从已选出的2万多种书目中，精选5 000种，花费5~8年的时间，来完成续修《四库全书》的工作[②]。1987年，续修《四库全书》所需书目准备完毕，准备付诸编修。后由于各种原因，台湾版续修《四库全书》的编纂及出版没能得以实现，但台湾打算实施续修《四库全书》的计划对大陆推动续修《四库全书》的编纂工作产生了一定的影响。2002年，大陆版《续修四库全书》编纂出版，全书共1 800册。《续修四库全书》的问世也圆了张元济、蒋复璁等学者的续修之梦。

① 辛希孟.中国图书情报工作文库[M].北京：中央编译出版社，1996：259.

② 吕尚.台湾续修《四库全书》[N].明报（香港），1987-05-06.

第三节 《四库全书》影印本的价值

由张元济、蒋复璁等出版界人士开启的《四库全书》影印工程一直延续到今。虽然对于《四库全书》的影印一直以来颇有争议，一些学者认为，四库本价值有限，实用性不大，成本太高，反对影印，但对出版社影印《四库全书》的决心似乎影响不大，《四库全书》影印一直在继续。由20世纪初开始《四库全书》的影印具有重要的意义。

（一）推动《四库全书》的保护与传播

20世纪30年代开始《四库全书》选印，《四库全书珍本初集》作为交换品远播重洋，向世界展示了东方文化的魅力，更是推动了全书的影印与传播。1982年开始全书影印的文渊阁《四库全书》在内地掀起了购买的热潮，在台湾影印全书还不到3年时间，内地就购买了200多套，还有100多套缩微品。1987年，上海古籍出版社据台湾影印本文渊阁《四库全书》为底本，缩至32开重新出版，两年出齐，出版后在国内外销售了1 000多套。据不完全统计，到20世纪90年代中期，内地大中小图书馆购置《四库全书》影印本的估计在2 500家以上[①]。2000年，上海人民出版社和香港迪志文化公司制作了电子版文渊阁《四库全书》，再次推动了《四库全书》的传播。2003年，上海商务印书馆开始影印文津阁《四库全书》，2006年出版完成，全书采用四合一版，全套1 500册。2004年，杭州出版社与浙江图书馆合作整理影印文澜阁《四库全书》，并于2015年告竣，全书篇幅采用大16开本，全套共1 559册。2006年，文溯阁《四库全书》的影印工作也已经启动，目前部分库书已影印出版。当初藏之七阁、外人难得一见的《四库全书》如今成了常见之书，再也不会重复《永乐大典》散佚损毁的厄运了。可见，全书的影印满足了国内外学术研究者与图书馆对古籍的需求，实现了历代影印主持者们保存古籍与传承传统文化的初衷。

（二）推动“四库学”研究的兴盛

《四库全书》的影印吸引了众多学界的关注，关于选印、全书影印的论争，关于是否影印的论争更是推动了国内外对《四库全书》的关注度，推动了中华文化的研究与传承。伴随着《四库全书》的影印出版，古籍的方便获取使得学界对《四库全书》的研究展开了全面攻势，20世纪以来，学术界有关《四库全书》的研究，曾先

① 李常庆.《四库全书》出版研究[M].郑州：中州古籍出版社，2008：112.

后出现过两次高潮。

自1917年提出的影印《四库全书》的举措，吸引了学术界乃至全社会的极大关注。而在历经艰难曲折之后，终于由商务印书馆出版选印本《四库全书珍本初集》，不但部分实现了中外人士多年的愿望，而且大大增强了《四库全书》的影响力，促进了学术界研究工作的开展。民国年间，有关《四库全书》论著相继出现，诸如杨家骆《四库大辞典》、任松如《四库全书答问》等，都取得了令人瞩目的成就。

20世纪80年代以后，对《四库全书》的研究出现了第二个高潮，迄今方兴未艾。1982年，台湾商务印书馆开始筹备影印文渊阁《四库全书》全本。任台北故宫博物院副院长的昌彼得先生于次年特撰《影印四库全书的意义》一文，明确标举出"四库学"。1986年，随着台湾商务印书馆影印《文渊阁四库全书》全本的推出，海峡两岸迅即掀起了"四库热"。伴随《四库全书》的广泛传播和各种大型丛书的陆续问世，学术界的研究也迎来了发展的高峰，先后出现了一批颇有深度和影响的著作与学术论文。如今，"四库学"不但成了专学，而且成了一门显学[①]。

《四库全书》的影印出版还推动了学校教学内容的更新、传统学科的改造和新兴学科的建立，有些大学还成立了"四库学"研究中心或《四库全书》研究会。可以说，20世纪以来，正是由于《四库全书》的影印，"四库学"的研究才能结出硕果并持续升温。

（三）向世界展示中国出版实力

中国古籍之整理出版，是颇见学术功底的工作，非有深厚之国学涵养难以承担此任，非有雄厚之出版实力亦难促成此事。《四库全书》作为大型书籍，它的影印出版是一项浩大的工程，天时地利人和缺一不可。《四库全书》之所以能够影印出版，除了巨大的市场需求之外，还有两个重要的因素：一是有像张元济、蒋复璁这样矢志不渝、一心拯救古籍的仁人志士，和长期致力于国学研究、具有较高学术造诣的学者，正是他们的存在，才有了影印《四库全书》的动议计划；二是当时出版社已具备影印出版大型书籍的实力，而且有政府的巨大推动力。张元济曾对顾廷龙说过这样一番话："影印之事，如早十年，各种条件没有具备，不可以做；迟二十年，物力维艰，就不能够做。能于文化销沉之际，得网罗仅存之本，为古人续命，这是多么幸运啊！"[②]承印《四库全书》的商务印书馆就是较早引进西方印刷技术的出版机构之一，且经过多年的运营，积累丰富的古籍出版经验，因而能够成为《四库全

① 黄爱平．推进"四库学"研究的重要举措[M]//甘肃省图书馆，天津图书馆．四库全书研究论文篇目索引(1908—2010)．北京：国家图书馆出版社，2013：6.

② 顾廷龙．顾廷龙学述[M]．杭州：浙江人民出版社，2000：32.

书》影印的承办者。不管是民国时期《四库全书》的选印，还是二十世纪八十年代《四库全书》的全书影印，商务印书馆都向世人展示了自己的出版实力，也是二十世纪我国出版事业蓬勃发展的一个见证。

第四节 《四库全书》的校勘与研究

《四库全书》成书之后，后世对其评价及认识随着岁月的流逝发生了巨大的变化。自《四库全书》成书后，有人就发现了《四库全书》收书不全的情况，并致力于《四库全书》的完善与补充。《四库全书》的编修作为清朝的一项文化盛事，从清乾隆时期至二十世纪初期几乎听不到对该丛书提出批评的声音。推翻清王朝统治，建立中华民国政府后不久，即20世纪20—30年代，不少学者及有识之士开始对《四库全书》的编纂提出激烈的批评。到了20世纪后期，尽管有一部分学者对《四库全书》的编纂仍持否定态度，也有不少人从保护古籍及其文化价值的角度来重新评价《四库全书》的编纂。伴随着《四库全书》的影印出版，后世对《四库全书》的研究与改造不断升温，嘉兴籍学者也积极参与这一文化盛事。

一、鲍廷博的四库学贡献

在《四库全书》征书期间，桐乡藏书家鲍廷博曾积极进献书籍，其因书籍进献多、收录比例高、版本优良，而被誉为“天下献书之冠”。殊不知，鲍廷博除了进献图书之外，还参与了《四库全书简明目录》刻本的出版工作，另外，在编辑《知不足斋丛书》的过程中，鲍廷博还对四库录副书进行了校勘，推动了《四库全书》的传播与流传。

（一）校雠《四库全书简明目录》刻本

清廷编纂《四库全书总目》的同时，根据乾隆帝的敕令，另编《四库全书简明目录》20卷，只载卷数、撰者，且删去《存目》。《四库全书简明目录》于清乾隆四十七年（1782）七月缮写进呈，是年赵怀玉因事告假回到杭州，特意誊录一副本带回，当地士子闻知，纷纷前来借抄传录。为了使该书广为流传，赵怀玉遂悉心校勘，于乾隆四十九年（1784）刻于杭城，此本成为地方最早的《四库全书简明目录》刻本。在赵怀玉刊刻时，全力襄其事者有二人：一为鲍廷博，一为权德舆。但是，鲍廷博外事大多让儿子出面，故我们见到的资料上，皆云鲍士恭，而真正参与其事者乃鲍廷博本人。对于刊刻《四库全书简明目录》一事，赵怀玉记述说：

> 臣怀玉幸预分校之役，尝就全书处恭录副墨，以归东南。士林借钞接踵，时恐不给，臣德舆、臣士恭并以书籍经进，上邀崇赉，感叨异数，矢报无由，爰其悉心雠勘，敬畀剞劂……臣等无任踊跃欢忭，谨拜手稽首，以识末简。内阁中书臣赵怀玉、刑部奉天司行走主事臣权德舆、监生鲍士恭恭纪。[①]

由于资料的缺乏，我们所能知道的就是这些，至于鲍廷博校勘了其中的哪些内容有待进一步考证[②]。《四库全书简明目录》的刊刻出版，给学者使用书籍带来了很大的便利，正如顾志兴所言："有了《四库全书简明目录》，犹如书海导航有了明灯，使士子由此目而检总目，再由总目而检全书，自然方便。"[③]

（二）校刊四库录副书

《四库全书》编修期间，一些馆员乘编书之际，抄录馆中之书，特别是那些四库馆臣从《永乐大典》中辑佚出来的书，所抄之书又被传抄，于是出现了很多私家录副之书。馆外学者中获得四库馆书录副本数量最多的应数鲍廷博。《四库全书》修书期间，他通过各种关系从馆中录副。鲍廷博所获得的四库书录副本，有不少被收入《知不足斋丛书》并得以刊刻流传于世。该丛书所收的四库大典本之录副本即有：《金楼子》六卷、《藏海诗话》一卷、《南湖集》十卷附录三卷、、《江南余载》二卷、《庆元党禁》一卷、《逍遥集》一卷、《百正集》三卷、《五代史纂误》三卷、《岭外代答》十卷、《漓山集》三卷补遗一卷、《画墁集》八卷补遗一卷、《斜川集》六卷附录二卷订误一卷[④]。

四库录副书在编入《知不足斋丛书》刊行前，鲍廷博都要亲自或请人作一番精心的校勘或订补。现存的知不足斋录副本中多可见有鲍氏或他人校订的痕迹。如，大典本《斜川集》，鲍氏在获得此录副本后，即将其校订后刻入丛书中。据法式善《斜川集补遗序》载："乾隆四十七年，仁和吴君长元钞得《斜川集》零篇于孙中翰寓斋，……吴君寄其乡人鲍氏，属刻于知不足斋。……遂独任剞劂役，商榷体例，订证讹误，釐成六卷，鲍氏与有力焉。"[⑤]此书当为吴长元从孙氏家中抄得此书后即寄回给鲍廷博，鲍廷博订正讹误后，编为六卷，收入《知不足斋丛书》。知不足斋钞

① 赵怀玉．恭纪［M］//纪昀，等．钦定四库全书简明目录：卷尾．上海：上海古籍出版社，1985．
② 付嘉豪．鲍廷博与《四库全书》［J］．图书馆理论与实践，2011（6）：60-64．
③ 顾志兴．文澜阁与四库全书［M］．杭州：杭州出版社，2004：95-96．
④ 张升．四库全书馆研究［M］．北京：北京师范大学出版社，2012：299．
⑤ 张升．四库全书馆研究［M］．北京：北京师范大学出版社，2012：296．

本《彝斋文编》四卷补遗一卷中多有校改痕迹，书后有题记："乾隆乙卯七月廿八日，偕赵晋斋诣文澜阁检《四库全书》本校正一过，补诗三首文一篇，歙西鲍廷博记。"鲍氏钞校本《老圃集》二卷，鲍氏题记云："乾隆己酉孟冬传嘉兴沈比部叔埏本并校""乾隆乙卯八月初四日文澜阁《四库全书》本恭校""嘉庆戊午四月十四日重抄完，次日校讫"[①]。又如台湾有资料载："《日涉园集》十卷二册，清乾隆间歙西鲍氏知不足斋钞校本。……全书有绿色标点，朱笔手校，为嘉庆五年（1800）鲍廷博所校。"《巴西文集》一卷载："知不足斋写本，十行十九字，计一百二十七番。鲍以文廷博手校。"[②]

鲍廷博所编《知不足斋丛书》中收入的四库录副本对今天我们研究四库学具有重要的参考价值。私家录副之书，主要是大典本、《四库全书》底本、存目书及其他采进本。存目书及其他采进本在后来散佚较严重，录副本可以在一定程度上弥补这方面的缺憾。四库书录副本保留了较多四库底本的特色，可与四库定本作比较，以考察《四库全书》删改、校勘的问题。

（三）参编《四库未收书提要》

《四库全书》由于体例限制，不可能将天下图书全部编纂进去，而征书时亦不可能将天下图籍一网打尽。清嘉庆四年（1799），阮元初任浙江巡抚，发现有不少珍本秘籍为《四库全书》所未收，于是，留意于当地宋元以前四库未收之图籍，仿照四库体例，进行搜集、编订和撰写提要之工作。此事历时十余年，至嘉庆中叶，进呈之书有175种，均为《四库全书》该收而未收、或虽收而版本还可优选之书。这些书进献之后，嘉庆帝令仿《四库全书》之式排比装潢，钤盖"嘉庆御览之宝"朱文方印，赐名《宛委别藏》，藏于宫中。

在搜集进献书籍过程中，阮元邀请鲍廷博、何元锡等人参与撰写提要，冠于书前，随书进呈。清道光二年（1822），阮元的儿子阮福将这些提要汇编为五卷，附在阮元文集之后，阮福在此书序中记述该事云：

> 家大人在浙时，曾购得四库未收古书，进呈内府，每进一书，必仿四库提要之式，奏进提要一篇。凡所考论，皆从采访之处，先查此书原委，继而又属鲍廷博、何元锡诸君子参互审定，家大父亲加改定，纂写而后奏之。数十年久，进书一百数十部。此提要散藏于扬州及大兄京邸，福因偕弟祜孔厚校刻《揅经室集》，请录刊提要于集内。家大父谕：此篇半不出于己笔，即一篇之中，创改亦复

① 张玉范.木犀轩藏书题记及书录[M].北京:北京大学出版社,1985:291.

② 傅增湘.藏园群书经眼录[M].北京:中华书局,1983:1 305.

居半。文不必存，而书应存。[①]

这些提要多出自鲍廷博、何元锡等人之手，阮元亦承认“半不出于己笔”，故阮福将这些提要汇编题为《揅经室外集》，后来诸家重刊，往往题为《四库未收书提要》。对于浙江巡抚续进书的校理，时人多有赞誉，清人蒋光煦曾题《揅经室外集绝句》表彰此事，云：“遗书一百七十五，曾向丹墀奏进来。原委已教何鲍订，好从纪陆嗣高才。”[②]这里的“鲍”即鲍廷博，“渌饮”为其字。[③]《四库未收书提要》可以说是清乾隆以后对《四库全书》拟加补修的开端。

二、张元济的四库学贡献

张元济在主持古籍出版和书目编纂等活动中亦对《四库全书》进行了深入的研究。在民国时期“四库学”刚刚起步之时，张元济就已经触及了“四库学”研究的核心——对《四库全书》及《四库全书总目》进行审查和评判，他的一系列成果直接推动了我国“四库学”研究的发展。

（一）改造《四库全书》

乾隆时期，虽然天禄琳琅和私家所藏宋元善本充盈，但纂修《四库全书》时并未充分利用，而且当时所收之书并非最优，又因政治违碍而窜改原书，所以库本瑕疵甚多。张元济在主持影印古籍之际，有机会见到了《四库全书》的诸多库本。如民国二十二年（1933）二月初，在商务印书馆影印《四库全书珍本初集》之际，张元济曾赴杭州阅浙江省立图书馆藏文澜阁《四库全书》。

这次到杭州是去文澜阁借阅四库全书藏本，以校勘商务印书馆据以影印的文渊阁藏本。需借的书目已预先开好带去，校勘的方法是由张菊生先生带着俞镜清、许宝骅（商务金华分馆经理）、徐莲僧（先生内侄，在金城银行工作，临时帮忙）共四人同去，首先由张先生将调阅到的藏本翻阅一遍，注明篇数，再依次递交下去，由其他三人各复核一次。张先生是翻查得很快的，三个人都有些赶不上。某天，有一册书经张先生批注了“题跋二篇”字样，但三人核对下来都只有

① 阮福．四库未收书提要序［M］//永瑢，纪昀，等．四库全书总目提要［M］．北京：中华书局，1965：1 845.

② 丁申．武林藏书录［M］．祁承㸁，等．澹生堂藏书约：外八种．卷上．上海：上海古籍出版社，2005：25-26.

③ 付嘉豪．鲍廷博与《四库全书》［J］．图书馆理论与实践，2011（6）：60-64.

一篇，于是推俞经理向张先生报告，张先生说："是两篇，你们再仔细看看！"经过仔细核阅，原来这两篇跋文衔接在一起，第一篇跋文的署名正好写到一行的末一个字，粗看以为是一篇。由此可见张先生处事的敏捷和精细。[①]

有了不同库本的比较，再加上其藏书楼涵芬楼亦藏有不少古籍珍本，张元济在对比诸多版本之后发现《四库全书》一些库本的瑕疵。如，宋代程俱的《麟台故事》，《四库全书》所收乃《永乐大典》本。涵芬楼藏有该书残影宋钞本三卷，张元济以家藏本与《四库全书总目》所描述的库本进行比较，发现库本"所录各条，有不完者，有分合错乱者，颠倒讹夺，不胜枚举。《大典》编辑无绪，纂修《四库》诸臣，裒辑丛残，凭空排比"[②]。另外，《四库全书》很多书在抄写方面也有很多问题。

为了弥补《四库全书》在选目与抄写方面的不足，纠正讹谬、残缺、窜改之弊，张元济便积极改造《四库全书》，主持编校、辑印了《四部丛刊》《百衲本二十四史》等大型书籍。他认真参校众多版本，以确定四库底本，凡四库著录者，多援以相互比勘，评论库本之优劣得失，故其所编印之书所用底本多优于《四库全书》。

《四部丛刊》广收"家悬户诵"之四部要籍，其所选底本多为宋元旧刻旧钞，很多较库本更接近原书的本来面貌，多有可替代库本者。《四部丛刊》还收入了一批非常有用的工具书，其中最负盛名的是宋刻《太平御览》之书，新中国成立后，北京中华书局为了满足学术界的迫切需要，将它单独约定缩印成四大本（原来分装成136册），这一上千年前问世的大型工具书，为今天科学研究所提供的宝贵资料实在太多，以致中华版虽一印再印，在书店里一直供不应求，这事实说明了《丛刊》中所收的工具书如何深受欢迎。《四部丛刊》还发掘了一些从未面世的稿本。如清代查继佐的《罪惟录》保存有大量明朝史料，因为作者的立场是反清的，所以一直没有刻本，《四部丛刊》将其收录，使得一些十分重要的史籍得以重见天日，与广大读者见面。从1922年起，到抗战爆发为止，《四部丛刊》由上海商务印书馆编辑，共出了初编、续编、三编，实共502种，分装成3 100多册，可以说是二十世纪我国新出的规模最大的丛书。

有感于"为学不可不读史，尤不可不读正史"，张元济着手辑印《百衲本二十四史》。所谓百衲本，是指采用的各种版本，残缺不全，通过相互补缀而成，有如借人的百衲衣。在辑印过程中，张元济尽可能采用最古的刻本，并参校众本（包括殿本），改正古本的谬误之处，从而使《百衲本二十四史》成了中华本之前正史最标准

① 宋应离，袁喜生，刘小敏.20世纪中国著名编辑出版家研究资料汇辑：第1辑[M].郑州：河南大学出版社，2005：54.

② 江曦.论张元济的四库学贡献[J].图书馆研究与工作，2009(4)：61-63.

的本子[①]。

(二)订正《四库全书总目》

《四库全书总目》撰写出自多人之手，且受朝廷正统影响，瑕疵甚多。民国时期订正《四库全书总目》而成专著者有胡玉缙《四库全书总目提要补正》和余嘉锡《四库提要辩证》。张元济自然也注意到《四库全书总目》的陋病。在1920年拟影印《四库全书》之时，张元济在致高梦旦书信中称"《四库提要》卷帙甚繁，割裱太陋，抄写不称，影印恐难销"[②]。因而张元济每得一古籍，但凡见于《四库全书总目》者，必将其与《四库全书总目》中提要相比照参考，张氏的校勘成果在其《涵芬楼烬余书录》中可见一斑。

如，《四库全书总目》史部地理类宋龚明之《中吴纪闻》提要云该书"宋末书已罕传，元至正间，武宁卢熊修苏州志，访求而校定之，明末常熟毛晋始授诸梓"。张元济《涵芬楼烬余书录》明弘治刻本《中吴纪闻》条云："前龚明之序，后至正二十五年武宁卢熊记……卷首有弘治七年知昆山县事慈溪杨子器序，谓'公武所记，在元至正二十五年，上溯宋之淳熙元年所序，凡历二百二十余年。元运讫于至正三十二年，及于皇明，通计三百六十余年，未有刻而传者，乃重加校勘，命邑义民严春刻而传之'云云。是可为卢氏确未刊行之证。"[③]张元济根据龚明之的序证明《四库全书总目》所云"元至正间，武宁卢熊修苏州志，访求而校定之"，是正确的，但馆臣认为"明末常熟毛晋始授诸梓"则是错误的，因为该书在明弘治年间就已经付梓刊刻了。当然，像这样的订误还有很多，据统计，张氏发现并订正《四库全书总目》谬误近60条[④]。

三、陈乃乾的四库学贡献

陈乃乾（1896—1971），字乃乾，浙江海宁人，是清代著名藏书家向山阁主人陈仲鱼后裔。文献学家，编辑出版家。早年就学于东吴大学国文系，在校期间酷爱读书经常流连书肆中，对版本学有浓厚的兴趣，毕业后经先辈徐蓉初、费景韩指点，遂精版本目录之学。又曾馆于著名藏书家徐乃昌的积学斋，遍览其藏书，又因此得与海内藏书家、古书商往还。民国五年（1916）任上海进步书店编辑。20世纪20年

① 江曦.论张元济的四库学贡献[J].图书馆研究与工作,2009(4):61-63.

② 张元济.张元济全集:第三卷　书信[M].北京:商务印书馆,2007:130.

③ 张元济.张元济全集:第八卷　古籍研究著作[M].北京:商务印书馆,2009:283.

④ 江曦.论张元济的四库学贡献[J].图书馆研究与工作,2009(4):61-63.

代起，在古书流通处（该书店创设于民国七年（1918），九年后歇业，其存书全部卖给中国书店）佐理店主购销古旧书籍，编印大部头丛书如《知不足斋丛书》、章太炎的《章氏丛书》《百一庐金石丛书》等。20年代中期，与金诵清在上海合办中国书店，经营古旧书业，编印《清代学术丛书》《经典集林》《周秦诸子斠注十种》《重订曲苑》等稀见古书。民国十五年（1926）任大东书局编辑、发行所长，兼任持志学院、国民大学教授。30年代，任开明书店编辑，辑印《清名家词》《元人小令集》等，参与编辑出版《二十五史》《二十五史补编》等巨著。抗战胜利后，任上海市通志馆及文献委员会编纂。新中国成立后，任上海市社会文化事业管理处编纂。1956年调往北京，任古籍出版社编辑，后又任中华书局编辑。“文化大革命”中被遣送浙江天台女儿家。1971年2月逝世于浙东偏僻山村。

陈乃乾一生治学严谨，博学强记，在历史学、考古学、版本学、目录学、地方史志、文化掌故等学术领域都有很深的造诣，他还校勘、整理、编辑、出版了一大批中国古籍和工具书，为后学者留下了一批珍贵的文化遗产。他一生著述颇丰，涉及文史领域的多个学科，其中校勘出版的古籍占有相当的比重。他校勘的《三国志》，是《二十四史》中校勘工作颇具特点的一种史书。陈乃乾用百衲本、清武英殿本、金陵活字本、江南书局本等4种版本互相勘对，又取原书复勘，并加采翁同龢、杨通、吴承仕诸家之说，作了进一步整理和点校。是书的点校整理出版，为促进史学研究，繁荣祖国文化做出了贡献，在海内外学术界产生很大的反响。他一生酷爱藏书，积至万卷，颇多善本。1956年调北京工作时，曾包用一节火车皮，将藏书全部运京，成为一时佳话。

陈乃乾是20世纪我国杰出的目录、索引学家。他精于版本目录，编纂索引，潜心学术研究，成绩斐然。对于编制目录索引的作用，陈乃乾曾言：“假定有爱好读中国书的人，要我当一名义务顾问，我却很愿意。如果你要问我研究某种学问，应该先看哪几部书？或者要研究某种问题，应该买去某种书作参考？我一定能够使你得到满意的答复。只要在可能范围以内，我极愿牺牲了一部分时间和精神来和你讨论。”[①]其目录学著作中有两部与《四库全书》有关。

（一）编辑《四库全书总目索引》

为了解决翻阅200卷《四库全书总目》的困难，陈乃乾编制《四库全书总目索引》。《四库全书总目索引》是陈乃乾出版的最早的一部索引，民国十五年（1926）上海大东书局出版，3册，为石印本。此索引以上海大东书局印行的《四库全书总

① 陈乃乾.陈乃乾文集[M].北京:国家图书馆出版社,2009:99.

目提要》和《四库未收书目提要》为底本，目的是供读者检索四库全书总目和未收书目中的作者名和书名提供便利。在《四库全书总目索引》卷首，陈乃乾交代了编制该索引的初衷与体例。

四库全书总目索引叙例

古人著书立说，必希望“藏之名山，传之其人”。其目的专求后之君子来赏识我的著作，却不想用我的著作去开导后学。故一切著作，皆含有神秘性。

索引所以节省读书时间使便于检查之用，但此为“神秘性”的著作家所不许，且为保持“藏之名山传之其人”的庄严态度起见，更不宜有此。故前人的著作，皆无索引。

乃乾愿牺牲日力，为古书做索引。此《四库书目索引》即为第一步之成功。《四库书目》的分类法，系参酌旧例而加以变更。是否确当，自是另一问题。但无论确当与不确当，凡以其书隶属某部某类，皆受编目者个人意志之裁判。天下后世诸学者，若非与编目者同一意志，将用何法以检查之耶？故需要索引尤亟。

编纂之例有六：

（一）本拟用书名第一字排比，然书名无一定标准（如《李长吉歌诗》或题《昌谷集》），颇感困难，因改用著作人姓名排比，且可借此考见某人有著作若干种。

（二）一书为数人同撰或经他人补撰及注释辑订者，在各人姓名下互见之。

（三）原书不著撰人姓名，《提要》疑为某人所撰者，仍入无名氏。

（四）附刻者不另著其目（如吴筠《宗元集》附《内丹九章经》）。如系两人所撰，则互见之（如顾况《华阳集》附《顾非熊诗》）。

（五）集后附刻年谱，其年谱虽为他人所撰，亦不另著。

（六）通行本《四库总目》附后阮元《四库未收书目》，兹编亦采及之。[①]

这部索引将《四库全书总目》所收书的作者姓名首字排比，并且还收入了清阮元的《四库未收书目》所收各书作者。因此，利用此书，可检得《四库全书总目》与《四库未收书目》二书所收之书。此书据通行本《四库全书总目》编制，在当时作为较早的一部《四库全书总目》索引，是很有实用价值的。胡韫玉为此书题词：“工具书以检查便利为要。乃乾先生所编之《索引》，省却学者无数时间，可贵也。”姚光则题词：“清代《四库全书总目》，其编次以书为本位。今乃乾先生所辑之《索

① 朱一玄，陈桂声，李士金．文史工具书手册[M]．沈阳：辽宁出版社，1989：568-569.

引》，则以人为前提。用意有别，实足为各家学案之纲领，非第便检查已也。”[①]

《四库全书总目索引》一书出版后，引起了学界的广泛关注，一些学者也发现此书并非完整，略有错漏。刘纯《〈四库全书总目索引〉评略》一文认为该书的编纂体例并不太科学完善，如“书名无一定标准，确系编制索引之困难，然亦非绝对不可解决者，即以李长吉歌诗或题昌谷集而论，编者双方均可收入，按照李字昌字之次序分别排比，再于李长吉歌诗下附注或题昌谷集，又于昌谷集下附注即李长吉歌诗。似此彼此互见，阅者双方俱可检查，不致有一隅之失”[②]。鞠增钰《〈四库总目索引〉与〈四库撰人录〉》一文则将陈垣的《四库撰人录》与陈乃乾的《四库全书总目索引》进行比较，认为两者均用四库全书总目所载著者姓名笔画为次序编纂索引，用意相同；但后者不载著者履历，同姓不以朝代为次，而以名之笔画为次，这是两书的不同之处。鞠增钰在互校两书时，发现陈氏之书存在校对不细及编纂失检之处[③]。

（二）编辑《索引式的禁书总录》

《四库全书》编修期间禁毁的书籍众多，产生了一些禁毁书目。由于书籍众多，使用不便，陈乃乾在前人的基础上编校了《索引式的禁书总录》，以方便学者利用相关书籍。

该书二卷，另有附录一卷。陈乃乾根据清姚觐元《咫进斋所刻禁书四种》(《四库馆奏准书目》《军机处奏准书目》《浙江省奏缴书目》《河南省奏缴书目》)及江西、湖北、广东等五省奏缴书目及分次奏缴总目，删并重复、校补缺失，编成《四库全书》期间销毁的禁书总录。是书收乾隆朝历次禁书谕，四库馆、军机处查禁毁书奏折，姚觐元、邓实汇刻禁书原委和作者收集的乾隆朝禁书书目。上卷收《全毁书目》，下卷收《抽毁书目》，附录列《禁毁书板目》《禁毁书石刻目》《毋庸销毁书目》《查办禁书谕折》《四库馆查办违碍书籍条款》和《旧本序跋》。该书著录全毁书2 453种，抽毁书402种，销毁书板目50种，石刻目24种[④]。所列书均于卷首列检字索引，书目按笔画多寡排列，凡四库馆或军机处奏准的书籍，前加眉圈以示区别。全部书目，注明著者、版本，写明铲毁、抽毁、摘毁、删毁、全毁原因。该书著录简单，仅载书名、人名，至于各书卷数、刊本、年代，均不见载，但检查起来，益

① 朱一玄，陈桂声，李士金. 文史工具书手册[M]. 沈阳：辽宁出版社，1989：569-570.

② 刘纯.《四库全书总目索引》评略[J]. 图书馆学季刊，1926(4)：152-156.

③ 孙彦. 民国期刊资料分类汇编：四库全书研究[M]. 北京：国家图书馆出版社，2010：864.

④ 郝润华，侯富芳. 二十世纪以来中国古籍目录提要[M]. 上海：华东师范大学出版社，2012：337-338.

为便利。这本《索引式的禁书总录》是史学工作者、文献目录学工作者研究四库学的重要资料。该书有北平富晋书社民国二十一年（1932）铅印本、上海慎初堂民国二十一年（1932）刊本。

1956年，孙殿起在陈乃乾《索引式的禁书总录》的基础上，加以自己所经见诸书，编成了《清代禁书知见录》，备注该书卷数、作者里贯及刊刻年代等，又依书名的笔画多寡排列，是对《索引式的禁书总录》的一次完善。

诚然，致力或涉及四库学研究的嘉兴学者还有很多，以上所举几位不过是其中的佼佼者。正是因为有了众人推动，四库学才能够结出硕果，并不断地发展。

主要参考文献

[1] 卞僧慧.吕留良谱长编[M].北京:中华书局,2003.

[2] 曹溶.学海类编[M].扬州:江苏广陵古籍刻印社,1994.

[3] 曹之.中国古籍编撰史[M].武汉:武汉大学出版社,1999.

[4] 陈秉才,王锦贵.中国历史书籍目录学[M].北京:书目文献出版社,1984.

[5] 陈乃乾.索引式的禁书总录[M].北京:富晋书社,1932.

[6] 陈文新.中国文学编史:清前中期卷[M].长沙:湖南人民出版社,2006.

[7] 陈文新.《清实录》科举史料汇编[M].武汉:武汉大学出版社,2009.

[8] 陈心蓉.嘉兴藏书史[M].北京:国家图书馆出版社,2010.

[9] 崔富章.四库提要补正[M].杭州:杭州大学出版社,1990.

[10] 丁申.武林藏书录[M].上海:上海古典文学出版社,1957.

[11] 冯浩菲.中国古籍整理体式研究[M].北京:高等教育出版社,2003.

[12] 甘肃省图书馆,天津图书馆.四库全书研究论文篇目索引(1908—2010)[M].北京:国家图书馆出版社,2013.

[13] 顾福仁,等.嘉善县志[M].台北:成文出版社,1970.

[14] 顾炎武.顾亭林诗文集[M].北京:中华书局,1959.

[15] 顾志兴.文澜阁与四库全书[M].杭州:杭州出版社,2004.

[16] 郭伯恭.四库全书纂修考[M].长沙:岳麓书社,2010.

[17] 海宁市政协文教卫体与文史委员会.海宁世家[M].北京:人民日报出版社,2012.

[18] 郝润华,侯富芳.二十世纪以来中国古籍目录提要[M].上海:华东师范大学出版社,2012.

[19] 洪焕春.浙江文献丛考[M].杭州:浙江人民出版社,1983.

[20] 华立.《四库全书》纵横谈[M].上海:上海古籍出版社,1988.

[21] 黄爱平.四库全书纂修研究[M].北京:中国人民大学出版社,1989.

[22] 黄开国.经学辞典[M].成都:四川人民出版社,1993.

[23] 黄云眉.史学杂稿订存[M].济南:齐鲁书社,1980.

[24] 胡玉缙.四库全书总目提要补正[M].北京:中华书局,1964.

[25] 纪昀.中华文学百家经典　纪昀集[M].长春:时代文艺出版社,2002.

[26] 纪昀,等.钦定四库全书简明目录[M].上海:上海古籍出版社,1985.

[27] 嵇曾筠,李卫,傅王露,等.浙江通志[M].上海:商务印书馆,1934.

[28] 嘉善县志编纂委员会.嘉善县志[M].上海:三联书店,1995.

[29] 嘉兴市志编纂委员会.嘉兴市志[M].北京:中国书籍出版社,1997.

[30] 金性尧.都是文字惹的祸:清代文字狱[M].北京:故宫出版社,2012.

[31] 来新夏.清代目录提要[M].济南:齐鲁书社,1997.

[32] 雷梦辰.清代各省禁书汇考[M].北京:书目文献出版社,1989.

[33] 李常庆.《四库全书》出版研究[M].郑州:中州古籍出版社,2008.

[34] 李春光.古籍丛书述论[M].沈阳:辽沈书社,1991.

[35] 李茂如,胡天福,李若钧.历代史志书目著录医籍汇考[M].北京:人民卫生出版社,1994.

[36] 李希泌.中国古代藏书与近代图书馆史料[M].北京:中华书局,1982.

[37] 李玉安,黄正雨.中国藏书家通典[M].香港:中国国际文化出版社,2005.

[38] 李玉安,陈传艺.中国藏书家辞典[M].武汉:湖北教育出版社,1989.

[39] 李裕民.四库提要订误[M].北京:书目文献出版社,1990.

[40] 李云.中医人名辞典[M].北京:国际文化出版公司,1988.

[41] 刘凤强.四库全书馆发微[M].兰州:兰州大学出版社,2015.

[42] 刘尚恒.鲍廷博谱[M].合肥:黄山书社,2010.

[43] 罗积勇,李爱国,黄燕妮.中国古籍校勘史[M].武汉:武汉大学出版社,2015.

[44] 吕留良.吕留良诗文集[M].徐正,等点校.杭州:浙江古籍出版社,2011.

[45] 马汉钦.明代诗歌总集与选集研究[M].哈尔滨:哈尔滨工程大学出版社,2009.

[46] 穆衡伯.古籍杂谈[M].苏州:凤凰出版社,2010.

[47] 任松如.四库全书答问[M].成都:巴蜀书社,1988.

[48] 阮元.定香亭笔谈[M].上海:商务印书馆,1936.

[49] 商务印书馆.1897—1992商务印书馆九十五年:我和商务印书馆[M].北京:商务印书馆,1992.

[50] 沈大明.《大清律例》与清代的社会控制[M].上海:上海人民出版社,2007.

[51] 沈善洪,费君清.浙江文化史[M].杭州:浙江大学出版社,2009.

[52] 宋慈抱.两浙著述考[M].杭州:浙江人民出版社,1988.

[53] 司马朝军.《四库全书总目》编纂考[M].武汉:武汉大学出版社,2005.

[54] 司马朝军.《四库全书总目》研究[M].北京:社会科学文献出版社,2004.

[55] 四库未收书辑刊编纂委员会.四库未收书辑刊:6辑[M].北京:北京出版社,1997.

[56] 孙树礼.文澜阁志[M].扬州:广陵书社,2006.

[57] 桐乡市政协文史资料委员会.桐乡运河文化:24辑[M].北京:台海出版社,2006.

[58] 田汝成.西湖游览志余[M].杭州:浙江人民出版社,1980.

[59] 王彬.清代禁书总述[M].北京:中国书店,1999.

[60] 王重民.办理四库全书档案[M].北京:北京图书馆,1934.

[61] 王东,钟苏.浙江印刷史[M].杭州:杭州出版社,2013.

[62] 王俊义,黄爱平.清代学术与文化[M].沈阳:辽宁教育出版社,1993.

[63] 王涛,等.商务印书馆一百一十年[M].北京:商务印书馆,2009.

[64] 翁方纲.翁方纲纂四库提要稿[M].上海:上海科学技术文献出版社,2005.

[65] 翁方纲,等.四库提要分纂稿[M].上海:上海书店出版社,2006.

[66] 翁广平.鲍渌饮传[M].南京图书馆藏清抄本.

[67] 吴枫,宋一夫.中华儒学通典[M].海口:南海出版公司,1992.

[68] 吴晗.江浙藏书家史略[M].北京:中华书局,1981。

[69] 吴宣德.中国区域教育发展概论[M].武汉:湖北教育出版社,2003.

[70] 徐良雄.中国藏书文化研究[M].宁波:宁波出版社,2003.

[71] 徐雁平.清代东南书院与学术及文学[M].合肥:安徽教育出版社,2007.

[72] 许瑶光,吴仰贤,等.嘉兴府志[M].清光绪四年(1878)刻本.

[73] 杨家骆.四库全书学典[M].上海:世界书局,1946.

[74] 杨武泉.四库全书总目辨误[M].上海:上海古籍出版社,2001.

[75] 叶昌炽.藏书纪事诗:卷五[M].北京:北京燕山出版社,2008.

[76] 永瑢,纪昀,等.四库全书总目[M].北京:中华书局,1965.

[77] 余嘉锡.四库提要辨证[M].北京:中华书局,2007.

[78] 元章,钟夏.朱彝尊选集[M].上海:上海古籍出版社,1991.

[79] 张升.《永乐大典》流传与辑佚研究[M].北京:北京师范大学出版社,2010.

[80] 张升.四库全书提要稿辑存[M].北京:北京图书馆出版社,2006.

[81] 张升.四库全书馆研究[M].北京:北京师范大学出版社,2012.

[82] 张元济.张元济日记[M].石家庄:河北教育出版社,2001.

[83] 张元济.张元济书札[M].北京:商务印书馆,1997.

[84] 张宗友.《经义考》研究[M].北京:中华书局,2009.

[85] 浙江省通志馆,浙江省地方志编纂委员会.重修浙江通志稿:六册著述考[M].标点本.北京:方志出版社,2010.

[86] 中国一历史档案馆.纂修四库全书档案[M].上海:上海古籍出版社,1997.

[87] 中国人民政治协商会议浙江省桐乡县委员会文史资料工作委员会.桐乡文史资料:3辑 桐乡县历史名人史料[M].1986.

[88] 朱彝尊,汪森.词综[M].上海:上海古籍出版社,2014.

[89] 朱彝尊.经义考[M].北京:中华书局,1998.

[90] 朱彝尊.静志居诗话[M].北京:人民文学出版社,1998.

[91] 朱彝尊.明诗综[M].北京:中华书局,2007.

[92] 朱彝尊.曝书亭集[M].文渊阁四库全书影印本.

[93] 周积明.文化视野下的四库全书总目[M].北京:中国青年出版社,2001.

后　记

在《〈四库全书〉与嘉兴》书稿即将付梓之际，心里满是激动、感恩与不安。自从2013年8月《〈四库全书〉与嘉兴》被列为浙江省社会科学界联合会研究课题以来的4年多里，书稿撰写断断续续，今能成篇，其间的艰辛与不易恐不是三言两语能道得清说得明的。

2008年来嘉兴工作时，对嘉兴的了解仅限于南湖、烟雨楼、一大会址几个概念。2010年前后，因参与嘉兴学院图书馆的嘉兴名人研究全文数据库建设，在文献资料的收集过程中发现了许多古代嘉兴人与清修《四库全书》均有交集，便随手将这类文献汇集在一起。数据库建设完成之后，怀着嘉兴到底有多少人参与了《四库全书》编修的好奇，重新研读手头已有的文献，发现《四库全书》与嘉兴文化有无穷的魅力。随后自己读得越多，想要了解的也越多，于是一发不可收拾，继而萌生了全面考察《四库全书》与嘉兴关系的念头。

好在前几年在图书馆工作，熟悉各类数据库的检索方法，让文献的查找轻松了不少。前期花了大量时间，通过对《四库全书总目》的逐篇梳理、四库馆臣的逐个比对、四库相关档案的逐项归类、四库相关书目的逐条记录等，制作出了一张张表格，经过分类统计与梳理分析，《四库全书》与嘉兴关系的脉络也逐渐清晰起来。期间在文献考述的基础上撰写的《嘉兴人对〈四库全书〉的贡献》一文，被列入2013年嘉兴市哲学社会科学规划重点项目，并获得嘉兴市第十九届社会科学优秀成果奖二等奖，更加奠定了我继续前行的决心与信心。

然而，随着书稿撰写工作的不断深入，心里的惶恐与不安不断滋生。面对嘉兴悠久灿烂的历史文化与《四库全书》丰富浩瀚的研究文献，常常陷入无从下手的窘迫，有时候一条文献的获取要耗费几天的时间，有时候花费心思找到的文献却用不上。如此，在文献获取与整理上兜兜转转，欣喜与郁闷相伴而生，方明白学海无涯、学无止境，在历史面前个人不过是沧海一粟。于是乎，每每敬畏于前人著述的丰硕、藏书的丰厚、治学的严谨与文化传承的坚守，也就更多地自惭于个人能力的不足与水平的有限，只好相信勤能补拙与坚持到底的力量。特别是2014年至2016年的三年中，由于工作岗位的频繁变动，在不同的新工作中进行角色转换，精力耗费很大，书稿撰写的时间很难保证，只有到寒暑假等节假日、周末或是晚上不用写工作文稿时，才能静下心来码上几段书稿文字。每次出门远行，总不忘在行李箱里放上一本文献，在途中闲暇时看上几页、划上几笔。近几年，书稿几乎成了节假日里牵肠挂肚的东西。欣慰的是，自己没有中途放弃，哪怕困难再多，最终还是坚持了下来。我想这应该可以算是自己从《四库全书》中汲取的营养吧。

书稿初稿完成后，前后校稿多次，每校一遍总觉有不满意之处。《四库全书总目》载录、未收嘉兴人著述，禁毁嘉兴人著述，嘉兴籍四库馆臣等的统计可能尚有遗漏，对相关问题的探究分析可能尚不够全面深入，嘉兴与《四库全书》的研究还可以进一步拓展。今且权当以此书抛砖引玉，以期他日或他人来完善。

此书得以成稿得到了许多人的支持与帮助。我研究生期间学的是汉语言文字学专业现代汉语方向，2009年刚到嘉兴学院图书馆工作时，常茫然于自己的专业与工作如何对接，迷失在各种图书情报类报刊之间。一次偶然的机会碰到文法学院的陈荣军博士，闲聊时谈到自己的困惑，陈老师的一句“你可以从文献考证的角度试试，或许能找到研究方向”，让我茅塞顿开。此后的这些年里，一直立足于嘉兴文化的视角、朝着文献考证的方向努力，本书便是受陈老师启迪的成果之一。在图书馆工作的七年里，我从一个傻丫头蜕变成一个母亲，人生大事都在这段时间完成，得到了图书馆同事太多的照顾与帮助，包括本书的撰写。凤元杰研究馆员对本书的选题多有指导，工作中的时常激励与严格要求更是让我不敢怠慢；王坚毅副研究馆员对本书选题的肯定给了我完成书稿的信心；黄田青副研究馆员总能在我找不到文献的时候伸出援助之手，快速准确帮忙找到所需的文献；李成研究员、曹泰斌教授、葛培华副教授在工作中的细心指导与不断鼓励，让我对世界的认知有了更广阔的视野；还有郭维真、何薇、陆加敏、范全青、童天乐、徐勤勤、黄淑芳、董文鸳、王娟、廖胜姣、马国祥等同事在工作与生活中多有关心与帮助，在此一并致谢。去年下半年我到了校长办公室工作，虽然挑战满满，但温馨和谐的工作氛围让我乐在其中。谢林明、黄金珠、王立玮三位主任的关心与指导和众同事的支持与帮助，让我能够在顺利完成工作之余，完成书稿的后期校对与出版工作，甚是感激。

本书的完成更是离不开在我身后默默关爱我的家人。我与先生同在嘉兴学院工作，他工作一直很忙，但在家时会帮我将凌乱的资料分门别类地整理好，或在我码字时在书桌旁放上一杯热茶，或在我因过敏性鼻炎受凉打喷嚏时一边唠叨着“这么大个人了还不知照顾自己”一边递上药片，或是主动带儿子睡觉、送儿子上兴趣班，或是在我遇到困难想放弃时说上几句鼓励的话。这几年，他还一直充当我的司机，载着我上班下班，风雨无阻。我们的儿子今年7周岁了，刚上二年级，本书刚开始动工时，他才上幼儿园。几年来，夜晚加班对于我来说是家常便饭。儿子5岁前，我总是争取给他讲完睡前故事，看他睡着再蹑手蹑脚地进书房；后来，儿子说他可以自己一边听故事一边看书等妈妈，但经常是我去看他时，他已经睡着了，他却因此在上小学前就认识了许多汉字，而“妈妈要加班、我不吵妈妈”已经在小小的脑海里生根发芽，成了小人儿两年多来对妈妈的支持与鼓励。我的父亲母亲，除了前两年帮我们带孩子外，这两年总在我和先生没有放假而孩子已放假的时候，风风火火地赶来救急。他们在的时候，我就过起了衣食无忧的生活，放心地看自己的书、码自己的字。还有我的公公婆婆，在儿子刚出生时来为我们带娃，帮助我们度过了最艰难的一段日子。后来公公生病卧床不起，婆婆在老家承担着照顾他的重任，我们身在远方，只能偶尔回去看看，却不能侍奉左右。2016年初公公病逝，先生对此伤心不已。今年初接婆婆过来小住，我们每天上班，她一人在家深感寂寞，没待几天就吵着要回去，先生只好让她回老家，之后也只能是电话时常问候问候。我自己常想，正是有这些可爱的家人，我才有生活的乐趣、工作的激情、写稿的动力，才会想着要坚持做好每一件事，不负他们的期望。在此，真诚地感谢他们。

本书能够在母校出版社出版，倍感荣幸。要大力感谢责任编辑对本书细致的校勘，并对本书的修改提出了许多建设性的意见。要感谢出版社其他编校、封面设计等人员，没有他们的辛苦付出，本书不会这样顺利出版。

生活还在继续，阅读与码字也还要继续，那就好好继续下去吧。

二〇一七年十月十五日于嘉兴